权威·前沿·原创

皮书系列为
“十二五”“十三五”“十四五”国家重点图书出版规划项目

智库成果出版与传播平台

总 编 权 衡 王德忠

国际城市发展报告（2022）

ANNUAL REPORT ON WORLD CITIES (2022)

全球韧性城市建设

主 编／屠启宇
副主编／苏 宁 陶希东

社会科学文献出版社
SOCIAL SCIENCES ACADEMIC PRESS (CHINA)

图书在版编目(CIP)数据

国际城市发展报告．2022／屠启宇主编．--北京：
社会科学文献出版社，2022.3
（国际城市蓝皮书）
ISBN 978-7-5201-9707-6

Ⅰ．①国… Ⅱ．①屠… Ⅲ．①城市经济-经济发展-
研究报告-世界-2022 Ⅳ．①F299.1

中国版本图书馆CIP数据核字（2022）第024778号

国际城市蓝皮书
国际城市发展报告（2022）

主　　编／屠启宇
副 主 编／苏　宁　陶希东

出 版 人／王利民
组稿编辑／邓泳红
责任编辑／吴　敏
责任印制／王京美

出　　版／社会科学文献出版社·皮书出版分社（010）59367127
　　　　　地址：北京市北三环中路甲29号院华龙大厦　邮编：100029
　　　　　网址：www.ssap.com.cn
发　　行／社会科学文献出版社（010）59367028
印　　装／天津千鹤文化传播有限公司

规　　格／开 本：787mm×1092mm　1/16
　　　　　印 张：27.5　字 数：410千字
版　　次／2022年3月第1版　2022年3月第1次印刷
书　　号／ISBN 978-7-5201-9707-6
定　　价／128.00元

读者服务电话：4008918866

致　谢

本书撰写获得如下资助：

上海社会科学院蓝皮书出版资助

上海市人民政府决策咨询研究基地屠启宇工作室2021年度研究阶段性成果（总报告B.2）

上海市软科学研究基地上海市创新型城市发展战略研究中心2022年度阶段性成果（创新城市篇）

欢迎关注本蓝皮书微信公众号：“国际城市观察”

上海蓝皮书编委会

《国际城市发展报告（2022）》
编委会

主要编撰者简介

屠启宇　本书主编，博士，上海社会科学院城市与人口发展研究所副所长、研究员，博士生导师，上海市规划委员会社会经济文化专业委员，上海市城市总体规划（2017～2035）编制核心专家，北京市“十四五”规划专家咨询委员会委员，上海市人民政府决策咨询研究基地屠启宇工作室领军人物，上海市软科学研究基地“上海社会科学院创新型城市发展战略研究中心”首席专家，主要研究方向：城市战略规划、城市创新体系、社会系统工程。

苏　宁　本书副主编，博士，上海社会科学院世界经济研究所副研究员，研究室副主任，主要研究方向：城市经济、国际城市比较。

陶希东　本书副主编，博士，上海社会科学院社会学研究所研究员，研究室主任，主要研究方向：社会治理、城市管理。

纪慰华　博士，上海市浦东改革与发展研究院副研究员，主要研究方向：区域经济、产业经济。

薛泽林　博士，上海社会科学院政治与公共管理研究所副研究员，主要研究方向：城市治理、智慧城市。

胡苏云 博士，上海社会科学院城市与人口发展研究所研究员，主要研究方向：人口经济学、社会保障、医疗卫生改革、人口老龄化。

盛 垒 博士，上海社会科学院世界经济研究所研究员，主要研究方向：城市创新、城市产业发展。

余全明 上海社会科学院应用经济研究所博士研究生，主要研究方向：产业经济。

刘玉博 博士，上海社会科学院城市与人口发展研究所助理研究员，主要研究方向：城市经济、区域经济。

李亚娟 博士，中国浦东干部学院教学研究部副教授，主要研究方向：城市文化、公共管理。

邓智团 博士，上海社会科学院城市与人口发展研究所研究员，主要研究方向：城市经济、创新经济。

陈 晨 博士，上海社会科学院城市与人口发展研究所助理研究员，主要研究方向：城市规划、区域经济。

辛晓睿 博士，浙江工商大学经济学院讲师，主要研究方向：生态经济与区域发展模式、产业集群与区域创新网络。

林 兰 博士，上海社会科学院城市与人口发展研究所研究员，主要研究方向：技术创新、高技术产业、城市文化。

樊豪斌 博士，上海社会科学院城市与人口发展研究所助理研究员，主要研究方向：城市经济。

程　鹏　博士，上海社会科学院城市与人口发展研究所助理研究员，主要研究方向：城市开发与规划控制、公平城市与城市治理。

吴　晨　同济大学政治与国际关系学院研究生，主要研究方向：城市治理、政治学理论。

张梓芃　上海社会科学院世界经济研究所硕士研究生，主要研究方向：国际政治经济学。

张　静　上海社会科学院城市与人口发展研究所研究生，主要研究方向：人口资源学。

邹明起　上海社会科学院世界经济研究所硕士研究生，主要研究方向：西方经济学。

刘文英　上海社会科学院世界经济研究所硕士研究生，主要研究方向：西方经济学。

毕林丰　上海师范大学哲学与法政学院社会保障专业硕士研究生，主要研究方向：社会保障政策。

张晓溪　上海交通大学医学院讲师。

赵　雨　上海社会科学院应用经济研究所博士研究生，主要研究方向：区域经济。

赵亭亭　上海零点市场调研有限公司研究员。

秦　群　上海社会科学院城市与人口发展研究所硕士研究生，主要研究方向：区域经济学。

王嘉炜　上海社会科学院城市与人口发展研究所硕士研究生，主要研究方向：人口资源、环境经济学。

蒋　励　美国杜克大学桑福德公共政策学院国际发展政策研究生，主要研究方向：社会政策、国际关系。

摘　要

《国际城市蓝皮书：国际城市发展报告》是由上海社会科学院全球城市发展战略创新团队开发的智库产品，定位是：为中国城市发展提供国际坐标系，至今已连续出版十一年。

一　年度主题：全球韧性城市建设

2022年版“国际城市蓝皮书”的主题是“全球韧性城市建设”，旨在从全球风险社会发展的新特点、新趋势出发，厘清韧性城市更广义的理论内涵，审视全球各大城市的韧性建设实践经验，寻求中国韧性城市建设的路径对策。韧性城市建设是后疫情时代全球各大都市的共同战略选择。国际经验表明，韧性城市建设是需要一整套政策与行动“组合拳”的系统工程，包括：组织先行，为韧性城市建设提供有力的制度保证；规划引领，为韧性城市建设提供有力的法律保障；硬软结合，制定韧性城市建设的全方位系统性举措；分布式布局，注重城市设施的分布式布局设置；技术支撑，构筑针对城市安全威胁的数字化风险感知预警系统；应急体系，为城市灾后快速恢复提供有力的制度保障。我国在实施新型城镇化战略和推动社会主义现代化国家建设过程中，需要全面统筹发展和安全两件大事，全面推动经济高质量发展，促进全体人民共同富裕。为此，更全面审视城市风险，更立体部署韧性城市建设无疑是一项重大战略性任务。

“国际城市蓝皮书”中“丝路节点城市指数”评价已持续开展了5年，

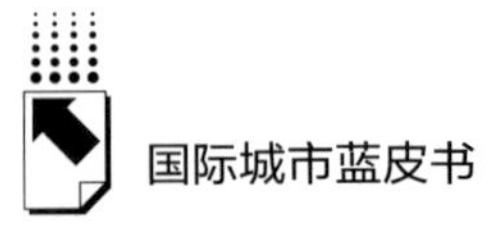

2018～2022 年正好跨越了从全球化深化到疫情冲击再到“战疫”常态化的起伏过程。根据对丝路节点城市指数排名以及区域分布的持续观察可见：丝路节点城市的功能不断提升，疫后经济复苏明显。重要节点城市数量从 2018 年的 14 个增加到了 2022 年的 35 个。但全球各区域发展的不均衡、两极化现象加剧，重要节点城市基本集聚在欧亚大陆。欧洲城市持续引领高质量发展，亚洲城市整体实力明显攀升。西亚城市处于连接欧亚大陆的桥梁地区，为近五年节点功能提升最快的城市集群，有力地展示了“一带一路”倡议在推动新型全球化发展中起到的积极作用。

二 专题报告：立体部署韧性城市建设

本书的 24 篇专题报告介绍了国际城市在创新塑活力、经济要振兴、托底保民生、文化软实力、“绿色新政”、全链条治理和以人民为中心营造城市空间等方面的立体塑造城市韧性。

城市创新篇，集中介绍了 3 个优秀创新城市新加坡、维也纳和悉尼在部署创新计划重塑后疫情时代增长动力、落实以人为中心的城市发展解决方案和塑造城市智能转型的生态系统等方面的举措。

城市经济篇，持续聚焦后疫情时代的经济提振策略，分别介绍了英国 11 个核心城市恢复主城区经济活力的具体方案、墨尔本城市恢复与经济振兴部署以及卢森堡以数字创新驱动经济可持续发展。

城市社会篇，疫情下北美社会矛盾锐化，催生城市创新举措包括解决住房问题、开展城市救助、建设宜居社区等，同时韩国积极推进城市数字医疗发展。

城市文化篇，介绍了国际组织以文化创意增强城市韧性的方案建议，并分析了京都、伦敦和明尼阿波利斯以升级创意空间、发展文化创意产业、打造街区文化推动城市经济复苏的方案。

城市生态篇，对照介绍了东京和洛杉矶在“零碳城市”目标下的策略方案，以及巴塞罗那超前部署绿色基础设施以提升城市生物多样性的情况。

城市治理篇，介绍了从技术维度以智慧城市方式升级城市治理链条的案例和从人的维度解决城市关键岗位人员职住平衡的案例。

城市空间篇，着力介绍了通过内城更新和公共空间营造来改善人民生活体验、激发人民活力的案例。

三 2010年代国际城市发展趋势10年大数据回顾

2010 年代是全球化发生重大变局的10 年。发端于以“城市让生活更美好”为主题的第41 届世界博览会，上海社会科学院启动了“国际城市蓝皮书”项目，宗旨就是持续介绍国际城市发展的重大理念、重大战略、重大项目和最佳案例。10 年来，“国际城市蓝皮书”共撰写 400 万字、形成 300 篇报告，提及 350 个城市。提及 100 次以上的 9 个城市分别是伦敦（287 次)、香港、维也纳、新加坡、上海、东京、纽约、巴黎、北京。蓝皮书也将关注点向中小城市、城乡互动、区域发展领域拓展。关注点从顶级城市向中小城市拓展只是我们研究内容拓展的一个方面。时代主题快速迭代变化。通过对10 年10 本报告400 万字全文内容的分析，得出了关键词的变化。可以看到人类文明的最新理念、最时髦话题在城市发展中都有所投射。10 年间年度第一关键词的变化分别是：发展/升级——创新/智慧——共享——节点——城市—区域——疫情/韧性。整个 2010 年代十年第一关键词是：创新，整整出现了810 次。创新是城市发展的硬道理！

2012 国际城市发展报告

2013 国际城市发展报告

2014 国际城市发展报告

2015 国际城市发展报告

2016 国际城市发展报告

2017 国际城市发展报告

2018 国际城市发展报告

2019 国际城市发展报告

2020 国际城市发展报告

2021 国际城市发展报告

《国际城市发展报告》十年关键词

2021年国际城市十大关注

挖掘时代大势与国际城市发展的深层次的暗线

解读对国际城市发展当前以及未来的重大影响

一　极端天气和疫情影响交织，韧性城市建设将成为后疫情时代全球城市发展的必然选择

2021年，全球气候变化带来的极端天气明显增多，与疫情交织对城市产生影响。2021年初美国得州遭遇百年一遇的暴雪天气袭击，气温骤降20℃，导致14个州电网故障、440万人遭遇断电并造成多人死亡；夏季，欧洲德国等地发生特大洪水，30年来最严重的热浪席卷了希腊，短期内造成数百起火灾，中国发生郑州特大暴雨、苏州和武汉强龙卷风、陕西西安局部强降水等极端天气，引发了内涝、山洪和地质灾害；12月，美国中部6个州遭遇了历史上最大的龙卷风袭击灾难，造成超过百人死亡。

值得重视的是，随着人类城市化发展，城市尤其是大城市应对不确定风险将成为常态，未来的城市发展将与更多极端天气、重大疫情、技术伦理等不确定性风险相伴相生。在无法从根本上精准预防“黑天鹅”“灰犀牛”事件的情况下，按照复杂适应性系统理念，以提高城市对风险灾难的抵御力、适应力、恢复力为目标，着力构筑包括功能韧性、过程韧性、系统韧性在内的“韧性城市”，将成为未来全球各大城市可持续发展的重大战略选择。

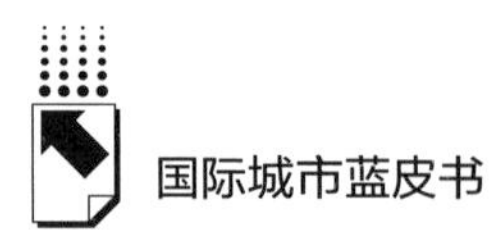

二　多波次疫情造成城市陷入停滞—重启恶性循环，经济发展不确定性影响长期化

2021年，新冠肺炎疫情反复，导致全球多个城市延长封锁时间或再次“封城”。1月，英格兰再次“封城”，2月奥克兰两度“封城”；6～8月德尔塔及德尔塔+变种肆虐期间，包括新德里、墨尔本、奥克兰在内的多个城市多次延长“封城”时间；7月拉姆达变种来袭，波及英国、日本、美国、德国、西班牙、以色列等诸多国家；11月奥密克戎变种来势汹汹，日本和以色列再次“封国”。

新冠肺炎疫情的多波次袭击，导致世界多个城市经济反复震荡。以伦敦为例，多波次疫情造成经济短期波动和长期提振困境。伦敦预期4～5月经济增速由6.2%升至7%，6～8月经济增速由6.8%降至5.1%，而3月、9月、10月、11月则预期经济增速呈收紧趋势，且均低于-5%。城市经济发展受到极大影响，面临诸多不确定性。同时，疫情的多波次袭击，干扰全球经济增长，导致经济发展不确定性影响长期化，权威机构屡次调整世界经济增速预测值。贯穿全年的疫情多波次来袭既对城市治理能力提出考验，又深深影响了城市经济的持续稳定运行。国际城市需重视疫情防控，提升城市治理能力，缩小疫情影响范围，避免城市经济震荡，同时增强城市恢复能力，缩短经济震荡时间，加快城市经济恢复速度，保障经济稳定运行。

三　C40城市签署《自然宣言》助力COP26大会，城市低碳发展迈出坚实步伐

2021年11月13日，《联合国气候变化框架公约》第二十六次缔约方大会（简称“COP26”）在英国格拉斯哥闭幕。各与会方就碳市场第六条相关基本规范达成一致，这将促使《巴黎协定》全面实施。会议期间宣布诸多消息，诸如超过100个国家共同承诺到2030年停止砍伐森林，并投入190

亿美元用于保护和修复森林；欧盟与美国共同发起“全球甲烷承诺”协定，超过 80 个国家承诺在 2030 年前实现减少 30% 的甲烷排放；40 多个国家，包括波兰、越南和智利等主要煤炭使用国，同意逐步淘汰煤电；11 个国家和地区宣布成立“超越石油和天然气联盟”等。对于城市来说，气候变化带来的灾害性影响极有可能因城市的高密度、枢纽性而被放大。

COP26 召开之前的 7 月 13 日，全球 31 个大都市签署了 C40 城市《自然宣言》，承诺到 2030 年，城市总建筑面积的 30% ~40% 将由绿色空间（如路旁树木、城市森林和公园）或可渗透空间（如可持续城市排水系统和吸水防洪路面）构成。《自然宣言》还承诺重点提升弱势社区的便利性和连通性，确保到 2030 年，70% 的城市人口可以在步行或骑车 15 分钟的范围内到达绿色或蓝色公共空间。《自然宣言》提示全球的城市应通过不断探索和实践基于自然的解决方案，提升城市气候适应性、生物多样性；并在更广泛的自然健康设计、自然教育、不同尺度的空间治理及生态修复等领域增强城市可持续性。

四 美国社会撕裂与动荡显著加剧，城市长期安全稳定需关注治理的包容力

2021 年 1 月 6 日，由于不认同美国大选结果，大批特朗普支持者涌入华盛顿特区，暴力冲击美国国会大厦，国会参众两院联席会议被迫中断，国会大厦发生警民冲突导致 5 人死亡，创下 1814 年以来美国国会受到的最大程度破坏纪录，当晚，华盛顿宣布实施“宵禁”。近年来，美国种族主义问题持续恶化，波特兰、纽约、芝加哥、旧金山等城市时常发生抗议甚至暴乱，2021 年更是愈演愈烈，犯罪分子聚众直接闯入商铺抢劫的所谓“零元购”风潮骤起，仅年末感恩节的一个周末全美就发生了 1470 多起抢劫商店事件，严重威胁着城市的安全与稳定。

作为政治、经济和文化等要素的集中地和交汇地，处于大变革时代的城市正在成为潜在冲突的多发地，城市长期安全稳定需关注整合治理能力。一方面，近年来数字经济的发展强化了城市的规模极化效应，并

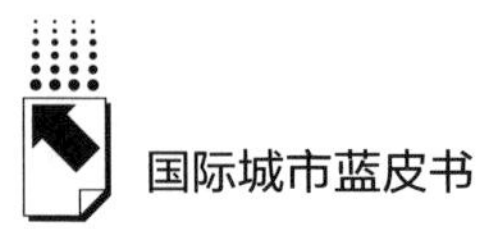

加剧了贫富分化问题，在这一过程中，中心城市的技术精英和资本精英由于拥有更强的资源配置能力，收入和生活品质快速提升，而处于边缘的普通白领和蓝领收入却增长有限，有人甚至因全球产业转移而失业，导致受经济影响底层民众的“民粹”主义意识抬头，社会极化问题愈发突出；另一方面，少数政客为了一己之利挑拨舆论，更是加剧了左右翼之间的分裂，并直接导致了相关城市的抗议和暴乱此起彼伏。未来，在全球化与外部整体环境不可测因素增多的情况下，保持城市的安全和稳定越来越需要政府提升治理的包容力。城市既要关注社会各个阶层的经济和生活需求，关注共容利益，做好兜底保障工作，也要在城市治理政策上关注不同声音，通过协商和参与达成目标共识，更要关注在大变革时代，应对不确定性风险的制度化路径，重建城市信任和城市命运共同体。

五　东京奥运会和迪拜世博会顺利延期召开，折射城市“大事件”举办新特征

东京奥运会与迪拜世博会等“大事件”因疫情推迟一年才正式举办。疫情影响下围绕城市大型活动出现一系列新的举措和规范。“非常时期”的“非常活动”性质，使主办方需要权衡健康、经济、社会、政治等诸多要素，并改变与调整基本做法。东京为了举办一届“安全、安心”的奥运会，大幅度减少了赴会海外人员数额，由最初预估的 20 万人降至 94000 人。东京都等地赛事以空场形式举办，仅有少数时段比赛允许观众进场。奥运会开幕式的理念也改为“情同与共”，以表达“疫情下大家难以共聚一堂，但可以通过体育让世界情同与共”的思想。以“沟通思想，创造未来”为主题的迪拜世博会于 2021 年 10 月 1 日顺利开幕，并将跨年延续到 2022 年 3 月，共有 192 个国家参展，预计将接待 2500 万名观众。迪拜世博会大量运用数字技术，通过线上线下互动强化“身临其境”的现场感知和体验。

东京奥运会与迪拜世博会等大型活动的举办表明，尽管受疫情影响，“大事件”仍将是推动城市与全球公众多层次接触与互动，全方位、多维度展现城市“软实力”及城市品牌的重要平台。但疫情的反复，对“大事件”

等城市活动的传统与非传统安全保护机制，以及城市举办大型活动时的经济、社会、技术应对能力及“冗余”选项提出了新要求。后疫情时代，线上线下相结合、安全和参与相融合的“大事件”举办模式，是主要全球城市需要关注与创新的新领域。2022 年北京冬奥会举办在即，中国特色的城市“大事件”将为全球城市带来更多启发。

六 苏伊士运河堵塞事件震动全球供应链神经，城市需要思考经济可行的供应链替代方案

2021 年 3 月 23 日早上，苏伊士运河区域刮起强风和沙尘暴，全球营运最大轮船之一的“长赐号”由于满载集装箱，在强风的冲击下，船体失衡，船首和船尾卡在运河岸边，阻塞了所有交通。直到 29 日“长赐号”脱困，大约有 300 艘船只在排队等待通过运河。苏伊士运河作为世界上最繁忙的贸易路线之一，堵塞事件对欧洲、亚洲和中东之间的贸易产生了重大的负面影响，估计对国际贸易造成约 96 亿美元的损失。直到运河疏通后，石油价格才开始下降，且 2021 年以来全球海洋运费率持续上涨，中国集装箱运价指数翻倍，堵河事件更是加剧了该趋势。

10%的全球贸易是通过苏伊士运河运输，运河每堵塞一天，就会造成 5.5 万个集装箱被延误。物流受阻对欧洲市场影响明显，欧洲的众多零售商的货物受堵塞事故影响，延期交付。苏伊士运河堵塞事件震动了全球供应链体系，既反映了供应链的脆弱性，也显示出国际航运大动脉对全球经济的重要性，有待进行强链补链。疫情影响下，全球生产网络中的城市节点易受到苏伊士运河、巴拿马运河、马六甲海峡、直布罗陀海峡等世界航运交通咽喉的风险传导，为此，寻找供应链备份，形成经济可行的供应链方案是需要思考的方向。

七 中老铁路开通与中欧班列新突破，基础设施新建设高潮助力新兴城市群体发展

2021 年，尽管疫情持续蔓延，但以中老铁路、中欧班列为代表的交

通基础设施建设与运营仍取得一系列重大突破，国际社会对基础设施建设的关注度上升，有助于新兴城市的对外联通度以及城市发展水平提升。2021 年 12 月 3 日，“一带一路”的标志性工程——中老铁路通车，使得老挝从“陆锁国”变为“陆联国”。中老铁路全线长 1035 公里，新建隧道、桥梁总长达 712 公里。该铁路是第一条采用中国标准、中老合作建设运营，并与中国铁路网直接连通的境外铁路。通车后，从昆明到万象 10 小时可达。中老铁路的开行，实现了中亚和东盟的互联互通，也从一个侧面映射了中欧班列在 2021 年所取得的重要突破。2021 年 1 ~ 10 月，中欧班列开行 12605 列、运送货物 121.6 万标准箱，同比分别增长 26%、33%；开行列数和运量均超 2020 年全年总量，实现了班列开行数量和货物发送量双增长。在中国持续推进发展中区域交通等基础设施建设及联通的同时，2021 年，欧盟、美国等发达国家和地区也提出“全球门户”“重建更美好世界”等全球基建规划，并计划投入大量资金予以推进。

中老铁路、中欧班列的建设与运营，对于欧亚大陆通道的联通，以及主要经济板块之间的经贸互动具有重要的推动作用。同时，“一带一路”基础设施在促进沿线区域经贸发展方面取得的实效，进一步带动了国际多类型经济资源投向发展中区域的基础设施领域。这为发展中国家新兴城市的发展提供了重要的对外经贸网络，并且缓解了不确定性因素对供应链带来的不利影响，进而促进新兴城市之间的互动，提高欧亚城市网络的整体性。

八 香港部署北部都会区，预示一体化力量突破体制局限推动新型城市空间建设

2021 年 10 月 6 日，香港特别行政区发布《施政报告》，宣布将在北部建设一个 300 平方公里、可容纳 250 万人生活的都会区。按计划，都会区面积约为香港城市土地面积的 30%，容纳人口约为当前香港总人口的 35%，

就业人数将由11.6万大幅增加至约65万。未来20年，香港还将通过都会区建设强化港深跨境口岸和交通基建，与深圳特区形成“双城三圈”的战略性布局。

区域经济活动一体化产生的内在驱动力，有助于克服城市之间行政体制差异产生的结构性摩擦力，甚至拥有改变区域发展重心和整体发展格局的力量。继美国启动“巨型区域”研究和欧洲识别“多中心巨型城市区域”之后，亚洲地区“巨型城市区域”也正在迅速崛起。2021年11月世界大都市协会发布《亚洲大都市报告》，基于联合国数据，将以中国“广深港”为代表的“巨型城市区域”，连同日本城市走廊、印度德里和中国上海多组城市—区域部署称为亚洲三种大都市空间格局。巨型城市区域是经济一体化的结果，这种突破体制局限的新型城市空间的变革与重构也将进一步加快经济一体化进程。在这种趋势下，能否把握时机，成功地转型成为区域网的“串联开关”，将成为决定未来城市活力的关键。

九　元宇宙概念从科幻畅想进入城市发展路径，加速虚拟与现实城市空间的交汇融合

2021年，“元宇宙”（Metaverse）概念大爆发，部分媒体甚至将当年称为“元宇宙元年”。追溯历史，“元宇宙”一词始于美国作家尼尔·斯蒂芬森（Neal Stephenson）于1992年出版的科幻小说《雪崩》（*Snow Crash*）中的“元宇宙”和“化身”（Avatar）两个概念。这些概念首先在文艺作品中得到了充分的想象和场景构建，如电影《黑客帝国》、《头号玩家》以及电视剧《黑镜》中的部分剧集。随着支撑元宇宙的人工智能、大数据、交互传感等技术的发展，元宇宙逐渐走向现实生活，融入城市发展。当年，韩国首尔市政府发布了《元宇宙首尔五年计划》，致力于成为全球首个加入元宇宙的大城市。该计划分为起步（2022年）、扩张（2023～2024年）、完成（2025～2026年）三个阶段，在经济、文化、旅游、教育等领域打造元宇宙行政服务生态，计划总投资39亿韩元。

元宇宙具有虚拟世界和现实世界交汇融合的天然属性，虚拟与现实世界之间具有共生、共促、共荣发展的关系，将对未来城市发展的生态、格局、价值带来变革性影响。因此，国际城市需要及时因应这一影响带来的机遇和挑战。一是，提前谋划元宇宙基础设施建设，包括但不限于支撑元宇宙世界运行的计算力和数据处理能力、实时虚拟环境交互传感设施。二是，提前设想、谋划、布局未来丰富的元宇宙应用场景，实现线上城市和线下城市的共融发展。三是，提前探究元宇宙城市的经济运行逻辑，挖掘供需潜力，赋能城市发展。四是，提前应对元宇宙城市可能的风险挑战，包括数据安全、伦理风险、资本绑架等，为元宇宙城市的可持续健康发展提供保障。

十　利物浦海事商城被《世界遗产名录》除名，再次折射城市历史文化遗产保护与发展困境

2021 年第 44 届世界遗产大会首次以在线形式审议世界遗产议题，新增 34 个世界遗产、3 个已列入项目实现重大拓展。其中，“泉州：宋元中国的世界海洋商贸中心”成为中国第 56 项世界遗产，重庆五里坡国家级自然保护区正式成为世界自然遗产“湖北神农架”的组成部分。令人关注的是，英国“利物浦海事商城”成为过去 10 年遭除名的首项世界遗产，也是继 2007 年阿曼阿拉伯羚羊保护区、2009 年德国德累斯顿易北河谷后，全球第三项遭到除名的世界遗产，原因在于大规模的城市开发严重破坏了世界遗产的真实性、完整性和突出的普遍价值（Outstanding Universal Value，OUV）。

城市历史文化遗产既是保存城市历史文化的重要现实载体，也是重要的文化、旅游和教育等发展资源，如何在城市历史文化遗产保护与城市发展之间找到平衡，是全世界城市普遍面临的问题。在山西平遥古城，2021 年 10 月的暴雨导致了多处古城墙的坍塌和文物保护单位受损，日渐浓重的商业化开发和民生功能退化让这一世界文化遗产的保护工作显得更加任重道远。正

如第44届世界遗产大会通过的《福州宣言》所言，气候变化导致的极端天气、自然灾害和其他负面影响日益频繁，人口增长、城市化、城市发展规划不足和资源过度开发利用等给城市历史文化遗产保护带来长期挑战。

执笔人：陶希东、苏宁、纪慰华、薛泽林、刘玉博、程鹏、陈晨、樊豪斌、余全明、陈睿

目 录

Ⅰ 总报告

Ⅱ 城市创新篇

Ⅲ 城市经济篇

Ⅳ　城市社会篇

Ⅴ　城市文化篇

Ⅵ　城市生态篇

Ⅶ 城市治理篇

Ⅷ 城市空间篇

皮书数据库阅读使用指南

总报告

General Reports

B.1

全球韧性城市建设：理论阐释、政策动态、中国道路

陶希东*

摘　要： 韧性城市是20世纪70年代以来城市安全发展中出现的最新理念，尤其是受到全球气候变化和新冠肺炎疫情的影响，韧性城市建设成为一项世界性共同议题，也是我国“十四五”时期的重大战略选择。韧性城市是一个跨越时空，涉及政治、经济、文化、社会、生态等多个领域的综合系统工程，需要全要素、全时空、全周期加以规划、建设和管理。西方国家在韧性城市建设方面积累了一定的基本经验。未来中国的韧性城市建设，重点要从功能韧性、过程韧性等方面发力，政府、市场、社会协同参与，全面形成更强大、更安全、更有效的城市安全综合防范体系。

---

* 陶希东，博士，上海社会科学院社会研究所研究员，研究室主任，主要研究方向：社会治理、城市管理。

关键词： 韧性城市 国际城市 城市功能 动态风险

人类发展史表明，伴随着城市化、全球化发展，城市越来越成为人们不断集聚的居住之所，全球一半以上人口已经居住在城市，人类正在迎来名副其实的“城市时代”。城市数量的增多和规模的扩大，使得其逐渐成为各类风险的孕育、集聚和发生之地，也是极端天气、台风、暴雨、洪水等自然灾害的主要侵害对象。针对全球气候不断变化，20 世纪 80 年代以来，欧美发达国家和一些著名的城市研究机构对韧性城市进行了大量的理论研究和实践探索。2020 年新冠肺炎疫情突袭而至，给全球城市带来严重冲击，尤其是以美国为代表的欧美城市的长期停摆、经济衰退和社会撕裂，再次掀起了韧性城市的建设热潮，以期从更宽领域、更高层次防范“黑天鹅”“灰犀牛”等事件带来的风险，确保城市居民的生命财产安全和城市运行安全，成为全球城市共同的责任和愿望。2021 年中国也出现了许多极端天气灾害，包括苏州和武汉强龙卷风、郑州特大洪水、陕西西安局部强降水、山西大暴雨等，引发了内涝、山洪和地质灾害。因此，从全球风险社会发展的新特点、新趋势出发，厘清韧性城市更广义的理论内涵，审视全球各大区域韧性城市建设的实践经验，寻求中国韧性城市的建设路径，无疑是我国在实施新型城镇化战略和推动社会主义现代化国家建设过程中，全面统筹发展和安全两件大事，全面推动经济高质量发展，推动全体人民共同富裕的重大战略任务。

一 韧性与韧性城市的缘起及演进

韧性的英文单词为“resilence”，有时候也被翻译为“弹性”“复原力”等。韧性的概念在信息技术、材料科学、心理学和生态学等领域有广泛应用，也已在欧洲的城市区域规划和政治中有所应用。在不同学科领域，韧性具有不同的内涵，其本身具有足够的可塑性，足以与当代新自由主义相一致。[①] 韧性城市是“韧性”现象与城市之间的有机融合与创新之物，是一个非常时髦的概念。在研究韧性城市之前，首先对“韧性”演变到“韧性城市”的过程做一个简明的回顾，这是理解韧性城市的基础和条件。

韧性最早起源于物理学领域材料、工程设施对外部冲击力的吸收能力。弹性源自拉丁语 resilio，意指当遇到突然或逐渐发生的冲击后的反弹属性。有研究表明,[②] 早在 17 世纪的古籍研究中就已经出现了韧性这一词。而“韧性概念”的正式出现，则是在 1867 年的力学研究领域,[③] 主要表现在材料科学及冶金学上，是指当材料遭受到使其发生变形的外部冲击力量时所表现出的抵抗能力，以及发生塑性变化和破裂过程中吸收能量的能力，材料的韧性程度越高，其承受外力冲击时发生断裂的可能性就越小。这是“韧性概念”的最原始概念。

1950 年代以来，韧性概念首先在工程领域得到使用形成“工程韧性”，是指某个线性系统或者个体在压力下保持返回原功能的能力。1960 年代以来，韧性概念开始被一些生态学家使用，特别是加拿大生态学家霍林（Holling）基于生态系统的动态平衡特点提出了“生态韧性”的相关概念及理论体系，用于指当生态系统受到外部干扰远离原有平衡状态时的自身重组能力、适应恢复到稳定状态的速度和能力。[④]

从 20 世纪 90 年代起，由于经济学家和地理学家的接纳，韧性概念开始向人类学、灾害学、经济学、社会学、城乡规划等社会科学领域过渡,[⑤] 并

① Joseph, J., “Resilience as Embedded Neoliberalism: A Governmentality Approach,” *Resilience*, 2013 (1), pp. 38 - 52.

② Yan Wang, David Hulse, Jason Von Meding, Madeline Brown, Laura Dedenbach, “Conceiving Resilience: Lexical Shifts and Proximal Meanings in the Human-centered Natural and Built Environment Literature from 1990 to 2018,” *Developments in the Built Environment*, 2020 (1), pp. 1 - 19.

③ Alexander, D. E., “Resilience and Disaster Risk Reduction: An Etymological Journey,” *Natural Hazards & Earth System Sciences*, 2013, 13 (11), pp. 2707 - 2716.

④ Holling C. S., “Resilience and Stability of Ecological Systems,” *Annual Review of Ecology & Systematics*, 1973, 4 (1), pp. 1 - 23.

⑤ W. Neil Adger, “Social and Ecological Resilience: Are They Related?” *Progress in Human Geography*, 2000, 24 (3), pp. 347 - 364.

被快速推广，产生了大量研究成果。正是在这种演变背景下，为了应对20世纪末以来越来越严峻的气候变化形势和多发的城市自然灾害，2002年倡导地区可持续发展国际理事会（ICLEI）首次提出“城市韧性”（urban resilience）议题，并将其引入城市与防灾研究，[①] 旨在增强城市系统对气候变化和灾难风险的综合应对能力。这一概念一经提出，就得到了联合国人居署、联合国防灾减灾署、经济合作与发展组织、韧性联盟等国际社会和相关研究机构的热烈响应，并产生了广泛而深远的影响。如联合国2015年发布的《2030年可持续发展议程》中多处明确提出“加快韧性基础设施建设”“建设更加包容、安全和韧性的城市和居住区”“增强社会韧性，降低贫穷者面对气候灾难和诸多冲击灾难的脆弱性”等具体发展目标。2016年，第三届联合国住房与可持续城市发展大会（人居Ⅲ）发布的《新城市议程》中直接将“韧性城市”作为未来城市建设的核心目标。2021年10月31日的世界城市日，在上海举办了以“应对气候变化，建设韧性城市”为主题的中国主场活动暨首届城市可持续发展全球大会，进一步凝聚了国际社会建设绿色低碳、韧性城市的共识，分享了国内外韧性城市建设的最新经验和做法。截至目前，城市韧性抑或韧性城市，已经成为城市建设、规划、管理和治理研究中的一个高频、时髦的议题，也成为全球各大城市防范风险的战略路径和政策工具。

二　韧性城市研究的简要述评及理论创新

（一）韧性城市的简要述评

韧性城市的概念被提出以来，就成为全球多个领域、广大学者关注的研究热点之一。近年来，韧性城市研究发展迅速，围绕“何谓韧性城市”“韧性城市有何特征”“如何测量城市韧性”“如何创建韧性城市”“城市风险

① 刘彦平：《城市韧性系统发展测度——基于中国288个城市的实证研究》，《城市发展研究》2021年第6期，第93～100页。

防范”等议题，国内外学术界和智库机构发表了大量的理论和实践研究成果，面大量广、汗牛充栋。通过对国内外重点文献的梳理发现，当今韧性城市的研究有以下几个鲜明特点。

一是，韧性城市仍然没有统一的规定性概念。如在全球率先启动“全球100韧性城市”项目的美国洛克菲勒基金，将城市韧性定义为城市（个体、社区、机构、商业体或系统）在遭受到任何持续慢性的压力或突然的灾害冲击时生存、适应并发展的能力；[①] 联合国防灾减灾署将韧性城市定义为“面对冲击和压力，能够做好准备、恢复和适应的城市”。美国学者Sara Meerow通过分析1973～2013年发表的172篇“城市韧性”文献后也认为，[②] 城市韧性这一术语还没有被明确定义，现有的城市韧性概念并没有使韧性理论和城市理论的关键概念实现完美的结合，仍存在争论，需要人们予以谨慎细微的考虑，并提出了一个新的城市韧性定义，即“城市韧性是指一个城市系统的能力及其所有组成部分跨越时空尺度的社会生态和社会技术网络，用以在面对干扰时维持或迅速恢复所需的功能和适应变化，并使限制当今或未来适应能力的系统快速转型”。此外，还有大量国内外学者对城市韧性或韧性城市提出了不同的见解，在此不做赘述。2021年中国城市规划学会年会期间，开展了韧性城市专题研讨，学者们围绕韧性、突发公共卫生事件、城市免疫空间和避难场所等议题，对韧性城市提出了各自的主张和看法。

二是，韧性城市的内涵尽管表现出系统综合性和要素多样化的发展趋势，但如何应对全球气候变化，仍然是当今韧性城市议题的核心。伴随着韧性思想不断从力学、工程学、物理学领域向生态学、社会学、经济学、城乡规划等人文科学领域渗透应用，在韧性城市的概念与内涵界定上，大部分学者或研究机构将城市视作一个整体的复杂巨型系统，面对来自内外部的各种急性冲击风险和慢性压力危机，通过增强城市经济、制度、技

---

① The Rockefeller Foundation, ARUP, Index C. R., “City Resilience Framework,” 2014.

② Sara Meerow, Joshua P. Newell, Melissa Stults, “Defining Urban Resilience: A Review,” *Landscape and Urban Planning*, 2016 (147), pp. 38–49.

术、文化、社会等多个系统的耦合，提高应对冲击风险的抵御力、适应力和快速恢复能力，全方位保障城市安全运行。如有研究者认为，城市韧性系统应该包括基础设施韧性、制度韧性、经济韧性和社会韧性等。可见，系统综合性、要素多样化，已经成为韧性城市理论建构的基本趋势，由于"韧性理论"对"人类社会生态系统及其维持力管理"方面的特殊启发作用，尤其是城市在如何应对全球气候变化带来的极端灾害方面，韧性理论显示出强大的指导功能。这也就决定了，虽然全球新冠肺炎疫情的暴发，促使韧性城市研究对公共卫生健康给予了极大的关注，并产生了一大批流行传染病防范、社会韧性等方面的韧性城市研究成果，但总体上，现有大部分的韧性城市理论研究成果和实践规划政策方案的关注点还是集中于应对全球气候变化方面，如低碳零碳、能源绿色转型，以及暴雨、洪水、海平面上升、干旱、冷冻、飓风等自然灾难，这也是目前韧性城市探讨中的重点议题。这一点也能从 2021 年世界城市日"应对气候变化，建设韧性城市"的主题可见一斑。

三是，韧性城市具有多样化、差异性特点，韧性测评是实践研究中的一个显著难点。韧性城市到底具备哪些显著特点？不同研究机构和学者们得出了不同的结论，如联合国国际减灾战略秘书处认为，韧性城市是指城市或城市系统能够化解和抵御外界的冲击，保持其主要特征和功能不受明显影响的能力。韧性城市具有稳健性、可恢复性、冗余性、智慧性和适应性五大特征。洛克菲勒基金会认为，韧性城市是指城市的个人、社区和系统在经历各种慢性压力和急性冲击下存续、适应和成长的能力，包含 7 个主要特征，即灵活性、冗余性、鲁棒性、智谋性、反思性、包容性和综合性。[①] 赫恩（Ahem）认为，韧性城市具备多能性（强调城市功能的混合和叠加）、冗余度和模块化（强调在时空上分散风险）、生态和社会的多样性、

① 《何为"韧性城市"？——权威概念解析及最新案例分析》，微信公众号"cityif"，2017 年 7 月 7 日。

多尺度的网络连接、有适应能力的规划和设计等5个特征。[①] 与此同时，学术界努力构建韧性测评体系，通过定性和定量的方法，旨在客观测度一个城市的韧性程度，典型的评估指标体系及评估方法包括：奥雅纳公司和洛克菲勒基金会合作制定的“韧性城市指数”，由领导力及策略（Leadership & strategy）、健康及福祉（Health & wellbeing）、经济及社会（Economy & society）、基础设施及环境（Infrastructure & environment）4个维度组成，细化为12个目标、52个绩效指标及156个二级指标；还有多学科地震工程研究中心（Multidisciplinary Center for Earthquake Engineering）的七维度评估框架；[②] 美国国家标准技术研究所（The National Institute of Standards and Technology）的“韧性矩阵”；美国的社区基线韧性评价指标（Baseline Resilience Indicators for Communities）；美国纽约的紧急事件与灾害韧性指数（The Resilience to Emergencies and Disasters Index）等。很明显，因对韧性城市的界定及理解视角不同，采取的指标体系与评价路径存在显著的多样性、差异性特点。[③] 近期，国内学者也开展了卓有成效的韧性城市评价研究，如刘彦平提出城市韧性发展指数框架，并对我国288个城市进行了韧性测评，提出了推动韧性城市平衡发展的路径和策略。[④]

（二）韧性城市理论的基本框架与新认识

截至目前，国内外不同学科（灾害学、经济学、地理学、城市学、社会学、行政学、管理学、生态学、建筑学等）围绕韧性城市进行了大量研究，虽然研究视角不同、观点各异，没有形成统一明确的概念界定，甚至还

---

① Ahem J.,“From Fail-safe to Safe-to-fail: Sustainability and Resilience in the New Urban World,” Landscape and Urban Planning, 2011 (4), pp. 341 – 343.

② Renschler C. S., Frazier A. E., Arendt L. A., et al.,“A Framework for Defining and Measuring Resilience at the Community Scale: The PEOPLES Resilience Framework,” Buffalo: MCEER, 2010.

③ 段怡嫣、翟国方、李文静：《城市韧性测度的国际研究进展》，《国际城市规划》2021年第6期，第1～10页。

④ 刘彦平：《城市韧性系统发展测度——基于中国288个城市的实证研究》，《城市发展研究》2021年第6期，第93～100页。

存在诸多争论，但总体上看，对韧性城市“在面对各种灾难或风险时，在注重提高系统自身抵御能力的同时，全面增强其适应性、恢复力和创新性，从而在远期提升城市系统的整体韧性”的基本内涵和特点有了基本统一的认识。因此，在吸收借鉴多学科研究成果、政策创新实践的基础上，我们对“韧性城市”提出以下几个新的理论观点，既供学术同行交流讨论，也为国内大中小城市政府推动韧性城市建设提供有益的行动方略。

一是，从理念上看，韧性城市是基于人本、安全、绿色、公平、包容、可持续发展等新理念引领的最新理想城市愿景。城市是人类重要的居住之所和经济交易场所，建设一座什么样的城市，历来是人们孜孜探求的答案。在不同时代，针对不同议题，人们对城市形成了不同内涵的理想城市愿景，如围绕科技创新，提出了“创意城市”“创新城市”“信息城市”“智慧城市”等；围绕生态环境保护，提出了“绿色城市”“低碳城市”“环保城市”“零碳城市”等；围绕社会发展，提出了“人本城市”“公平城市”“包容城市”“安全城市”“正义之城”等。近期国家主席习近平审时度势，提出了全新的“人民城市”概念。从当今世界处于百年未有之大变局、全球高度互联依存、全球气候变化、科技进步日新月异的世界大趋势以及中国全面进入高质量发展新阶段的特殊环境来看，当前的韧性城市建设，实质上就是以确定的“城市韧性”来有效应对“不确定、不可预测”的风险，全方位构筑城市安全底线，创造宜居宜业的“安全之城、繁荣之城、人文之城、创新之城”，让“城市让生活更美好”的目标落到实处，这是一个充分适应时代特征、尊重城市规律、彰显人类公共价值的美好理想城市愿景。具体来说，韧性城市体现了以下理念。第一，人本性和人民性，即最大限度地降低各类不确定性风险灾难对城市居民造成的财产和生命损失，让人民群众享有安全祥和的美好生活，是韧性城市建设的出发点和落脚点。第二，低碳化和绿色化。韧性城市关注应对全球气候变化的初衷表明，只有全面推动能源转型、碳达峰、碳中和，减少城市二氧化碳排放，增加生物多样性，减少城市人类活动对大气环境的破坏干扰，才是从根本上减少和化解极端天气变化造成城市灾难的唯一出路。第三，公平性和包容性。实践表明，一个社会高度不平等、严重种族隔离、大量非正规居住区、巨大数字鸿沟的城市，往往也是最无韧性的城市，在灾难面前大量低收入群体、有色族裔将承受更大的生命和财产损失。韧性城市建设本身就具有让所有人都具备抵御风险的同等机会和能力，在社会公平、社会包容中提高城市应对灾害的适应力和恢复力。第四，智能化和智慧化。包括数字经济、数字政府、数字社会在内的数字化转型，是当今全球城市发展的大趋势，也是韧性城市建设的重要支撑力量，只有依靠全新的科技动态感知系统和预测预警体系，在“黑天鹅”“灰犀牛”事件出现之前才能做到防患于未然、沉着应对。作为涵盖上述最新城市理念的“韧性城市”，其规划建设实际上是一件非常困难的事情（风险事故总是会发生，防不胜防），需要全方位推进、整体性部署，久久为功，但这样的城市，一定是未来很长时期符合人民根本利益的理想城市。

二是，从对象上看，自然和人为的综合“不确定性”风险，是韧性城市建设中需要关注的重点内容。根据现有研究，可以对韧性城市从狭义和广义上进行理解，从狭义上看，主要指的是城市防范自然灾害风险及其增强适应力和恢复力，特别是防范因气候变化而带来的洪水、暴雨、严寒、冰冻、海平面上升、干旱、热浪等；而从广义上理解，主要是指除了提高应对气候灾难的韧性外，还包括应对自然灾害、事故灾难、公共卫生事件和社会安全事件，也就是《中华人民共和国突发事件应对法》中提及的四个突发事件类型。当前，新冠肺炎疫情全球肆虐，成为全球韧性城市研究的重点对象。但随着全球风险社会的来临，韧性城市的建设范畴不仅需要采用“广义”的概念，更要客观理性地统筹考虑人类社会面临的各种新的“不确定性”，并全部纳入韧性城市规划、建设和研究的议题。具体而言，这些“不确定性”主要包括：第一，传统的气候变化带来的极端天气，包括城市特大暴雨、台风、冰冻、洪水、干旱、海平面上升等。第二，重大流行疾病的暴发。除了 SARS、禽流感、埃博拉病毒、新冠病毒外，还有可能面临随气候变暖导致的极地冻土层病毒外溢、基因突变引发的各类流行病等。第三，流动性风险。如高速

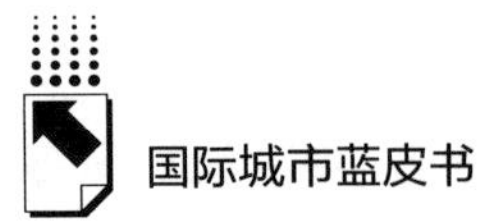

移动中的飞机和高铁、地铁、高速公路上的交通工具，以及流动在城市管道中的水气电等城市生命线工程，都存在发生重大不可预知灾难的可能。典型的有纽约“9·11”事件和伦敦地铁大爆炸导致城市功能瘫痪。第四，技术变革引发的风险。随着智慧城市的建设，城市越来越科技化、互联化、网络化、智能化，拥有大量的传感设备、节点，积累了大量的数据，这导致城市更容易面临网络攻击、数据安全、隐私泄露等方面的技术安全风险。与此同时，人工智能、人工合成生命等颠覆性新技术的出现，也隐藏着巨大的风险。第五，能源和经济危机的风险。从长远来看，城市受制于传统能源价格剧烈波动，甚至衰竭而存在的潜在风险。与此同时，由各类不确定风险而引发的短期或中长期经济危机（或金融危机），促使城市增强经济产业链、创新链、价值链的危机应对能力，提高经济韧性，实现灾后经济的快速复苏，这也是韧性城市应有的内在议题。

三是，从内容上看，软硬结合、“多维一体”，是城市韧性系统的基本框架。关于韧性城市的内容，也是学术界研究和争论的重要议题，有的认为韧性城市包括技术韧性、设施韧性、过程韧性、系统韧性等，有的则认为还包括社会韧性、制度韧性等。韧性城市建设是以全面提升城市应对多元化“不确定性”风险或灾难冲击的“抵御力、适应力、恢复力、学习力”为核心目的，重点从城市硬件设施（城市房屋建筑、道路桥梁、隧道堤坝、工厂学校、医院等）和制度、技术、组织、心态、文化等软件方面出发，全面开展政治、经济、社会、生态、文化、治理等“多维一体”的综合系统优化提升，确保城市以最坚固的城市建筑设施、最合理高效的资源调配体系、最完备的组织制度体系、最团结的社会凝聚力量，有效预防、沉着应对、快速适应各类内外部不确定性风险和危机，促使城市在各种风险中不断走向强大和繁荣。据此，韧性城市建设的主要内容可以分为硬韧性和软韧性两大类（见图1）。所谓“硬韧性”主要是指城市硬件设施对各类不确定性风险具有足够的抵抗力、适应力和恢复力，主要包括城市交通设施、管网能源生命线设施、城市建筑、生态维护设施、数字化新基建等。所谓“软韧性”主要是指城市社会、经济、制度、生态四个方面面对各类不确定风险的综合有效防范与适应提高能力和水平。其中，社会韧性包括人力资本、生活方式、社区协同、社区资本、社会文化资本、人口环境、风险意识等，经济韧性主要包括经济发展、产业链安全、经济结构、市场能力、生态经济等，制度韧性主要包括治理机制、政府服务、资源管理、风险预警及教育、紧急情况的响应能力、灾害救援和重建能力等，生态韧性主要包括绿化、生物多样性、生态系统和生态治理等。

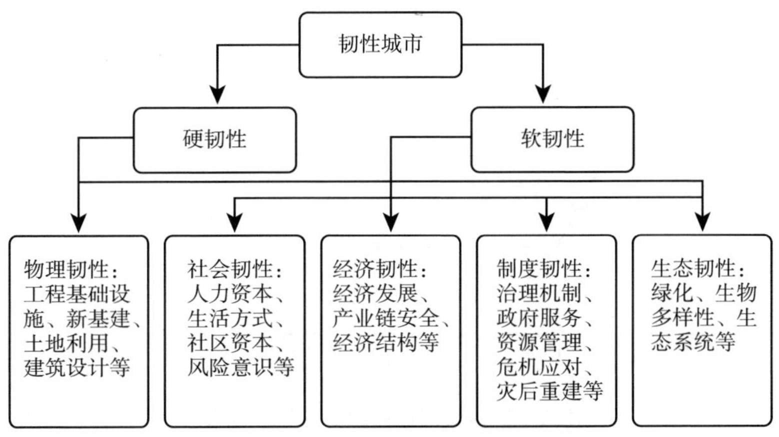

图 1　韧性城市建设的基本内容框架

四是，从过程上看，强调时间维度，实施事前、事中、事后的全周期治理，是韧性城市建设的核心要义。城市韧性的内涵不仅是指城市依靠“刚性抗灾”的理念，针对各类不确定性风险压力或内外部冲击强化综合抵抗力，进而最大限度地避免灾难给人民群众造成重大的生命和财产损失，更重要的是，城市韧性是一个时间维度的函数，贯穿灾难生成前的预防、灾难事故中的响应适应、灾难后的恢复提升全过程，形成一种“耐灾”的过程，与“灾难同在”，时刻做好最坏打算，提高警惕，当灾难真正来临时，发挥刚柔并济的力量，最大限度降低灾害损失，快速恢复城市功能，同时吸取教训、补上短板、提升学习，让城市为应对下一次更严重的灾难做好更充分、更全面的准备。循环往复，不断提升城市对各类“黑天鹅”“灰犀牛”事件的应对能力。因此，韧性城市建设中要注重城市硬件设施的加固强化，增强灾难发生时的抵抗力，打好防范和抵御风险的有准备之战。一旦灾难来临，城市便进入灾难的抵抗期和适应期，即图 2 中从 T_0 到 T_1 再到 T_2 的阶段，对一个具有韧性的城市而言，关键在于各要素系统协同，要打好化险为夷、转危为机的战略主动战，全过程响应，全周期治理，想方设法缩短从 T_1 到 T_2 的时间差，城市在最短的时间内，消除灾难带来的损害和影响，尽快恢复城市基础设施、经济、社会等方面的正常功能，促成更具应对能力的安全发展格局。

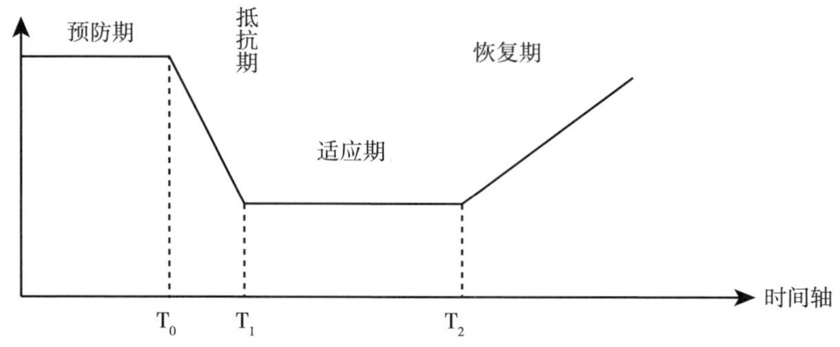

图 2　韧性城市建设的时间维度示意

五是，从主体上看，政社企民多主体共建共治，是韧性城市建设的根本方法。城市作为一个覆盖全要素、全过程、全时段的巨型复杂系统，各相关子系统之间保持着高度关联的关系，任何一个系统面临或发生风险，都会向其他子系统传导，从而影响整个城市系统的承载力、适应力和恢复力。这充分表明，韧性城市建设是集政治决策、政府管理、技术应用、市场参与、社会动员、制度创新等于一体的综合系统工程，需要政府、企业、社区、社会民众等多元主体的协同参与、紧密合作。其中，就政府而言，主要从城市规划、健全法规、标准制定、政策创新、应急管理、民众教育、数字治理、预警监测、城市更新等方面，发挥顶层设计、统筹协调、科学决策等职能和作用，构筑全方位的风险综合应对体系。企业则在加强自身风险防范、确保安全的基础上，加强风险科技投入及产品研发制造，积极构建产业链安全同盟关系，借助数字化转型，提升救灾物资的市场精准供给能力，满足抢险救灾需求，加快灾后经济复苏速度，维持灾难中或灾难后社会经济系统的稳定性、持续性、创新性。社会民众则要积极学习掌握风险预防的知识和技能，参与社区公共安全事务治理和社会公益事业，在灾难面前促成自救互救、风雨同舟、互帮互助、坚韧坚强的良好社会风向和社会心态。

三　韧性城市建设的全球政策创新与实践经验

韧性城市建设是纽约、巴黎、伦敦、东京等城市较早启动的一项防风险理念和政策行动，积累了许多可资借鉴的相关经验，总体而言，主要表现在以下几个方面。

（一）组织先行：为韧性城市建设提供有力的制度保障

韧性城市作为政府的一项重大战略任务，需要有专门的领导和管理机构，在城市层面进行统一领导、整体设计，实现“韧性城市建设制度化”，为韧性城市建设提供强有力的组织领导保障，这是西方发达国家韧性城市建设中的首要经验。如纽约设立有专门的“韧性城市建设办公室”“应对气候变化城市委员会”等机构，确保韧性理念在不同类型规划、不同部门之间的一致性与延续性，其中韧性城市建设办公室承担着执行关键项目实施及评估的职能，包括加快损失补偿审查和建设项目启动，推动韧性城市建设相关政策制定和项目的持续开展。伦敦从 2002 年开始每年举办“伦敦韧性峰会”（London resilience forum），并探索建立了一套以“伦敦韧性峰会”为中心，包括伦敦地区韧性项目委员会、风险顾问小组、韧性工作组、消防和应急规划局、地方韧性论坛和市区韧性论坛等不同性质机构在内的城市风险管理组织体系，以提高城市风险防范和应急管理能力。另有一些城市在 100RC 框架下设立了城市的首席韧性官，以引领与推动城市韧性提升，在各行各业培育城市韧性的拥护者，推动韧性理念在城市管理与城市文化中的传播与深入。[①] 与此同时，从城市韧性建设的整体性、综合性和系统性要求出发，注重创建跨地域、跨部门、跨领域的协同建设机制，克服“烟囱”效应，整合资源，形成合力，确保韧性城市建设项目的有效实施。

（二）规划引领：为韧性城市建设提供有力的法律保障

城市规划作为公共政策，韧性规划对于城市提升防灾减灾和气候变化适应能力有着不可小觑的重要价值。在规划编制中充分体现韧性城市理念，将气候变化的潜在影响积极融入城市规划编制与实践，甚至编制出台专门应对气候变化的韧性城市发展计划或规划，以此统领和指导韧性城市发展，是近年来西方发达国家推动韧性城市建设的重要经验之一。纽约、伦敦、芝加哥、鹿特丹、东京等国际大都市都不约而同地在空间规划中增加韧性城市规划细则，韧性城市已然成为这些国际大都市发展规划中的重要内容。如纽约市早在2007年的《更葱绿，更美好的纽约》中就提出韧性城市建设和气候适应项目。2013年制定的应对气候变化的韧性城市计划《更加强壮、更富韧性的纽约》中提出了一个为期10年的韧性城市建设项目清单。2014年纽约发布了《一座城市，一起重建》，拓展了韧性城市建设内容。2015年，纽约发布了更新、更全面的气候韧性建设计划《“一个纽约”规划：建设一个富强而公正的纽约》，以便持续实施应对气候变化路线服务（见图3）。伦敦市出台了《伦敦规划》《伦敦韧性战略》《管理风险和增强韧性》等政策报告，重点提升抗洪水、干旱等风险能力。东京依据日本《国土强韧化基本法》的要求，制定出台了宏观的《东京都国土强韧化地域规划》、《创造未来——东京都长期战略报告》以及具体的《东京都长期展望规划》、《东京都地域防灾规划》、《东京的防灾计划》等专项规划文件，全方位地推进实施不确定性风险的提前预防和灾后恢复重建策略（见图4）。

① 孟海星、沈清基：《超大城市韧性的概念、特点及其优化的国际经验解析》，《城市发展研究》2021年第7期，第75～84页。

表1　国际主要城市的韧性规划与计划

城市	计划名称	应对风险	发布时间	韧性计划内容
美国纽约	更加强壮、更富韧性的纽约	洪水、风暴	2013年6月	•社会韧性:扶贫以加强社会公平 •气候韧性:硬化工程和绿色生态结合 •组织韧性:《气候防护标准》《气候风险信息》《韧性评估指南》等 •基础设施韧性:改造电力、道路供排水等
荷兰鹿特丹	鹿特丹气候防护计划	洪水、海平面上升	2008年12月	•环境韧性:绿色增量、屋顶植绿及安装太阳能电板等 •基础设施韧性:“依水而生”进行城市规划 •社会韧性:住宅更新计划和配备保障房等
英国伦敦	管理风险和增强韧性	持续洪水、干旱和极端高温	2011年10月	•建构“伦敦气候变化公私协力机制”,出台《英国气候影响计划》 •制定韧性计划,成立气候变化和能源部 •管理洪水风险,增加公园和绿化
美国芝加哥	芝加哥气候行动计划	酷热夏天、浓雾、洪水和暴雨	2008年9月	•目标:建立人居环境和谐的大城市典范 •特色:建立滞纳雨水的绿色建筑、洪水管理、植树和绿色屋顶项目
厄瓜多尔基多市	基多气候变化战略	泥石流、洪水、干旱、冰川退缩	2009年10月	•重点领域:生态系统和生物多样性、饮用水供给、公共健康、基础设施和电力生产、气候风险管理
南非德班市	适应气候变化规划:面向韧性城市	洪水、海平面上升、海岸带侵蚀等	2010年11月	•目标:2020年成为非洲最富关怀、最宜居城市 •重点领域:水资源 、健康和灾害管理

资料来源：周利敏：《韧性城市：风险治理指标构建——兼论国际案例》，《北京行政学院学报》2016年第2期，第13～22页。

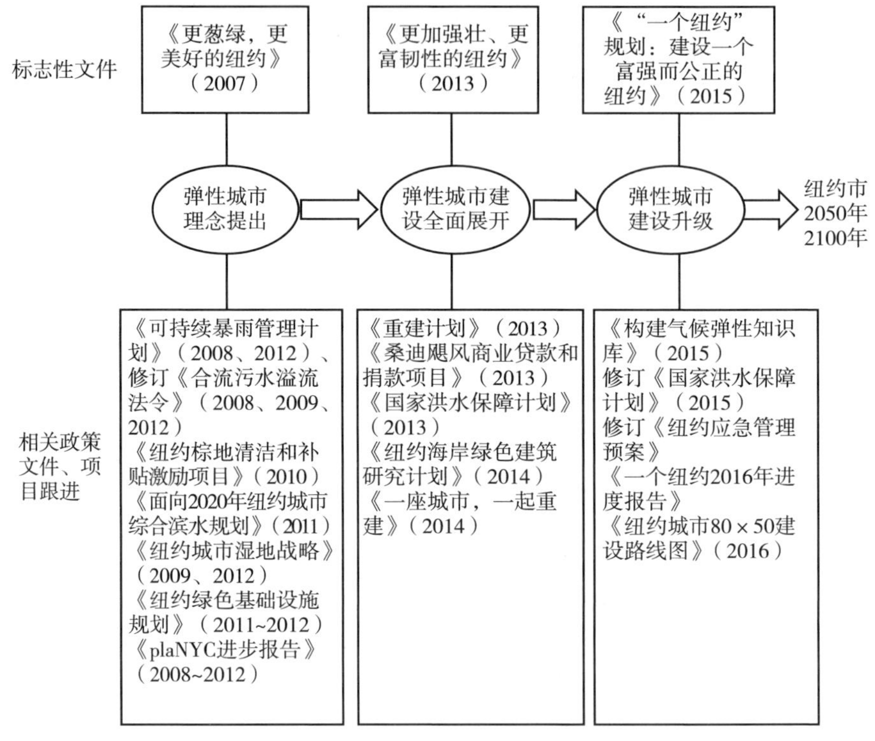

图3　纽约韧性城市建设的三个主要规划

（三）硬软结合：制定韧性城市建设的全方位系统性举措

城市韧性既体现为城市设施具有超强抵抗力等“硬实力”，更体现为社会民众能够自救互救、社区韧性、社会组织健全有效等“软实力”，是一个综合安全防范体系。从具体措施来看，软硬兼施、刚柔并举，全方位构筑核心基础设施韧性（防洪堤坝、垃圾回收、清洁水提供、废水处理和街道维护）、个人韧性（提高防灾减灾意识和自救互救能力）、社区韧性（协作互联）、社会韧性（社会规范、社会资本、互惠信任等）、制度韧性体系，是西方发达城市推动韧性城市建设的主要做法和战略选择。一方面，注重城市“硬韧性”建设，如美国纽约在韧性建设中，针对老化的基础设施体系，特别强调老旧基础设施、防灾设施、老建筑等的韧性改造和升级，增强对自然

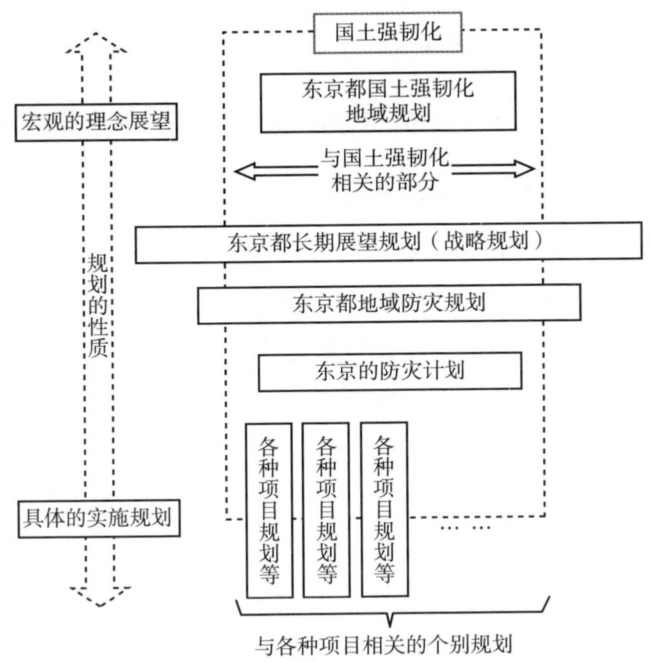

图 4　日本东京都的韧性城市相关规划及相互关系

资料来源：邵亦文、徐江：《城市规划中实现韧性构建：日本强韧化规划对中国的启示》，《城市与减灾》2017 年第 4 期，第 71 ~76 页。

灾害、洪水威胁等风险的安全防范能力，尤其是加大基础设施投入，2015 年，为了解决长期以来洪水对皇后区东南部造成的困扰，纽约市将在未来 10 年投资 19 亿美元，建设一个覆盖全域的强大的排水系统。纽约“2050 规划”针对基础设施改善与更新提出 3 条倡议：①对基础设施和城市防灾减灾提供前瞻性投资（着眼于提升基础设施应对未来不确定性的韧性）；②不断更新信息技术基础设施以顺应发展需要；③完善与维护固定资产管理方案，按时按预算完成基础设施新项目的交付。另一方面，高度重视以人为本和社区韧性为主要目的的“软韧性”建设，如日本东京在 2016 年编制的《东京都国土强韧化地域规划》中将构建集“自助、共助、公助”于一体的

防灾社会体系作为重要的规划内容；美国的社区应急响应队（CERT）着重培养社区的第一响应、快速响应能力。

（四）分布布局：注重城市设施的分布式、去中心化布局设置

韧性城市必须与各种各样的分布式基础设施、分布式生命线、分布式服务系统结合在一起，如日本东京作为世界上最大规模的城市，在“2040 规划”中提出“韧性压倒一切”。东京的韧性城市规划就把整个东京划分为 30 多个片区，每一个片区都逐步改造为拥有独立的能源供应系统、供水和水处理系统、水循环利用系统、通信保障和医疗保障系统。超大规模的城市进行分组团改造实际上是必然趋势，这种多组团分布式体系的韧性要明显强于原来单一的基础设施。还有一个例子就是日本神户，在 2015 年发生超级大地震后重建的神户就是一个分布式布局的典范韧性城市，其显著特点是神户整个城市被分为五个组团，每个组团都有一套独立的供水、污水处理、能源供应设施，并且都有足够的冗余，如果再次遭遇极端灾害，某个组团失效后的功能可以被其他组团承担，不至于城市功能的全部中断或整体瘫痪，有效提高了城市的韧性。

（五）技术支撑：构筑针对城市安全威胁的数字化风险感知预警系统

在大数据、人工智能等新技术快速发展的数据化网络时代，韧性城市的建设离不开数字科技的帮助和支持，尤其是如何利用现代科技手段，在全面收集城市安全运行多部门多领域数据、实时互通共享的基础上，第一时间检测并捕获感知危险风险的来源，为科学决策、及时响应、快速恢复提供技术支撑，成为韧性城市建设中的关键环节，也是西方发达城市开展韧性城市建设的重要依托。如伦敦重点构建的公开、透明、共享的“伦敦数据存储中心”（London Datastore），是伦敦开放和安全数据的中心登记机构，支持公共机构解决城市面临的一些最复杂的挑战，如糟糕的空气、住房等问题，既为应对各种可能性危机提供决策信息，又通过模型分析研判城市发展的未来

趋势，帮助提高城市韧性。美国纽约在应对海平面上升挑战方面，利用多项数据开发了网站来评估和显示因海平面上升而引起的潮汐泛滥，并开发智能工具“洪水灾害映射器”，查找基础设施的位置，然后根据当前站点的基础洪水高程、设施的使用寿命和临界水位来确定设计供水工程。① 英国伦敦的盎格鲁配水网（Anglian Water，英国自来水公司）采用了集成式泄漏和压力管理（ILPM）解决方案，能够检测漏水现象，甚至预测漏水位置，使盎格鲁配水网可以根据数据分析结果主动做出响应，而不必等待服务中断后才获知潜在问题。② 洛杉矶市提出“重视数据与技术在政府管理中的应用，通过建模、指标等树立情景意识和增强灾后恢复能力”；芝加哥提出“引入新技术手段提升预警信息发布与通信能力”等，具体举措如开发气候服务工具，使决策者和用户可以通过网络、电视、电脑、手机 App 等技术或设备收集与分享极端天气（如热浪）信息，进行合理决策，同时提供热浪风险和可能的避热建议，具有信息沟通便捷、速度快等优点，也为市民参与和多方协作提供了有效平台。③

（六）应急体系：为城市灾后快速恢复提供有力的制度保障

城市韧性是集灾害评估、灾难准备、灾难适应、灾后恢复等过程于一体的全生命周期过程，灾难发生以后的城市功能恢复力，直接体现着城市韧性能力。全方位加强城市应急管理体系建设，为可能发生的各类灾害做好最充分的准备，一旦灾难发生后，确保城市能够快速恢复，是西方发达国家建设韧性城市的主要方略。这方面已经有很成熟的经验，就加强城市灾后恢复力建设而言，突出体现在以下两点：一是，注重城市风险脆弱性评估。精准评估风险的危险程度，是制定有效、合理应对方案的前提。如日本东京都防灾

---

① 丁国胜、付晴：《纽约市城市规划响应气候变化的经验与启示——基于“3 个规划”的分析》，《现代城市研究》2021 年第 4 期，第 50 ~ 55 页。

② Jarrett Campbell、AVEVA：《五大案例分析：借数字化转型提升城市韧性》，北国网，2020 年 4 月 22 日。

③ 孟海星、沈清基：《超大城市韧性的概念、特点及其优化的国际经验解析》，《城市发展研究》2021 年第 7 期，第 75 ~ 84 页。

会议在2012年公布了《首都圈直下型地震等灾害引发的灾害情况预测》，并经过5年之久的综合调查研究，对东京都的最高预测震度从6级强提升至7级（见图5）。据估算，如果地震在冬季傍晚来袭，将造成约1万人遇难，经济损失约达112万亿日元（约合人民币9万亿元），这为提高灾难防范的有效性提供了科学支撑。二是，注重紧急救援物资的储存保障。如重建后神户市提出“三个三”的储备计划：每个家庭储备应对三天的水、食物和药品；社区避灾中心可以保障整个社区居民三天的吃住；在市民最容易达到的地方有一个城市级避灾中心，可以提供全体市民生存三天所需的物品，也就是说，当发生特大地震或其他灾害时，这个城市可以在九天之内保障供给充足。

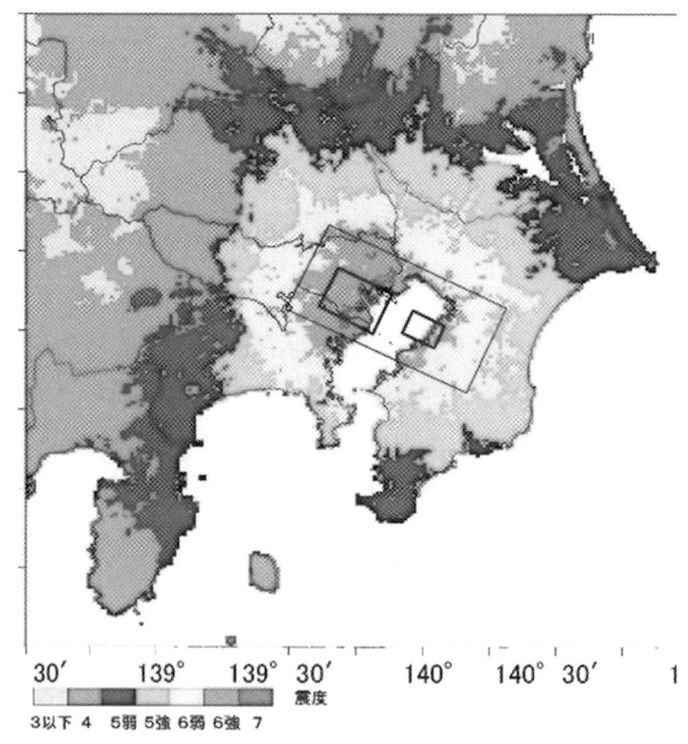

图5　日本首都圈直下型地震预测震级分布

资料来源：Record Japan 网站。

四　韧性城市建设的中国路径与策略

韧性城市率先由西方学者和国际机构倡导，但近年来，因新冠肺炎疫情“黑天鹅”事件的冲击以及多发极端天气灾害（如郑州特大暴雨）风险加剧，努力建设韧性安全城市，成为全球各大城市政府统筹安全和发展、推动高质量发展的共同战略选择。《中共中央关于制定国民经济和社会发展第十四个五年规划和二〇三五年远景目标的建议》明确提出“建设韧性城市，提高城市治理水平，加强特大城市治理中的风险防控”。同时，中国上海、北京、深圳、广州等一大批特大或超大城市，在各自的“十四五”规划中也纷纷提出推动“韧性城市”建设的愿景计划，旨在全面提高城市安全高效运行的能力。目前，除了个别城市制定了韧性城市建设实施意见外，大多数城市的韧性建设还处于起步阶段，尚未形成明晰的建设路径和总体方略。为此，我们提出如下总体性建设路径。

（一）树立韧性，形成适应城市复杂巨系统特点的动态风险综合防范意识

城市是一个多要素、多系统构成的复杂巨系统，各子系统之间存在高度关联性，系统的脆弱性和韧性都是城市系统特征的重要组成部分。韧性城市更多的是指面对未来各种不确定性风险，城市具有严密的预防体系，能够做出积极有效的应对和抵抗，更重要的是，城市在灾难经历过程中有强大的适应力，能够从灾害中快速恢复，让城市功能恢复或提升至更高水平，在动态中增强城市大安全防范能力。因此，无论是规划、建设还是管理，都要把安全放在第一位，自觉践行“人民城市”理念，全面认识并理解城市韧性的真正内涵，并切实转变传统的城市规划、建设和管理理念，形成符合韧性特点和要求的风险综合治理意识，是建设韧性城市的首要工作。具体而言，韧性城市建设要树立两个新的风险治理理念。

一是，从单一灾害防范向多灾害综合风险防范转变。除了关注传统地

震、海啸以及因气候变化而引发的极端天气灾害等自然灾害外，要从系统关联性角度出发探索气候变化风险带来的连锁反应，统筹考虑城市公共卫生事件、安全事故、突发事件等导致的公共安全潜在风险，更要关注概率小、损害严重的“黑天鹅”“灰犀牛”事件引发的经济、社会、自然等的不确定性风险，做到多方协同、未雨绸缪、防微杜渐。

二是，从静态的预防向动态的全周期风险治理转变，即城市安全不仅仅要关注灾前预防，更要关注“灾中的适应”和“灾后的恢复”，涵盖风险发生、应对、恢复的全周期运行过程，每个阶段都要做好最充分的准备，努力减轻灾中城市功能受损程度、缩短灾后功能恢复时间，让城市在一次次应对不确定性风险中逐渐走向强大。

（二）软硬兼顾、刚柔并举，全面提升城市功能或结构韧性

城市功能或结构韧性可以分为技术韧性、经济韧性、社会韧性和政府韧性等，既包括城市应对灾难风险的硬件设施体系建设，也包括优化决策、加强动员、增进社会交流互动等软件系统建设，为各类灾害和不确定性风险的沉着应对，提供不同系统的最强功能及相互支持体系，这是我国建设韧性城市的重要路径和战略选择。具体而言，要强化以下相关工作。

一是，全方位增强以城市生命线为核心的工程技术韧性。基于“城市生命线系统链”的视角，树立“大城市更新”理念，加大城市工程韧性的投资力度，实施城市硬件的全方位升级改造，提高城市硬件的灾难抵御力，对切实提高城市的整体韧性具有至关重要的作用。一方面，加快能源（电力、燃气）、交通、电信、水等管网廊道建设，不断修订基础设施、海防工程等领域的改造升级标准，彻底解决“设施陈旧、标准偏低、超期服役或超负”等问题，提高通信、能源、供排水、污水处理、交通、防洪、防御系统应对风险的能力。另一方面，针对老建筑、老旧小区、城中村等，采取“集中成片”“微更新”等多种方式，推进以人为本的高质量城市更新和综合改造，改善设施标准、服务标准和治理机制，在改善民生的同时根除隐藏在其中的安全风险隐患。

二是，全面构筑以内循环为主的新发展格局，增强城市应对各类极端风险灾害的经济韧性。此次新冠肺炎疫情大流行充分说明了一个国家或城市的经济，在面对突如其来而有巨大杀伤力的冲击时，能保持足够的韧性是极为重要的。同时也说明，城市经济体系在承受外部冲击、疫情影响时，实现产业链快速对接、工厂快速复工、工人快速到岗，促进经济快速复苏，也是韧性城市建设的重要内容，具体而言，重点强化以下相关工作：第一，围绕城市战略性新兴产业，努力打造以国内循环为主的本土化产业链、价值链和创新链，构筑互动合作的产业集群，预防国际外部不确定性因素或环境对本地经济的冲击。第二，高度重视并大力发展数字经济，做大做强数字经济平台，提高实体和线下经济应对危机冲击的运转能力。第三，在推动传统产业不断转型升级的基础上，大力发展创新型经济，打造具有包容性的城市产业结构，优化经济结构体系，实现经济创新发展的“多点开花”，为经济韧性打下坚实的结构性基础。

三是，面向基层和全体所有市民群体，稳步增强理性、沉着应对危机的社会韧性。社会韧性是指城市社会各个主体在面临威胁或者灾难来临时能够保持理性，不放大危险，这既涉及全体民众的危机认知，更体现为城市的社会互动交往和社会资本。具体而言，需要重点加强以下几点：第一，加大韧性相关知识、政策、技术的宣传推广力度，让全体居民掌握应对各种危机的相关方法和技能，增强社会民众的忧患意识，主动防范，做好准备，确保在重大危机和风险来临时，社会大局保持安全稳定。第二，全力推行基层社区营造战略，规划建设公共空间，举办公共活动，促进民众参与，为广大民众提供社会交往、互动交流的机会和空间，构筑家门口的“熟人支持网络”，增强应对危机或风险的集体合作能力。第三，重点针对低收入群体、弱势群体、社会边缘群体等，加大更有针对性的社会救助和社会帮扶力度，切实提高弱势群体抵御防范各类危机的综合能力，避免危机带来更大的不平等，降低危机给低收入群体造成的受损性。

四是，全面建立健全风险治理新机制，增强应对危机风险决策管控的政府韧性。政府韧性就是通过韧性城市的建设，使得政府在任何情况下都能够准确地搜集信息，率领民众抗击灾害，保证职能正常运行，具体而言，重点强化以下几点：第一，建立健全风险管控的全周期治理机制，明晰不同阶段、不同部门的职责权限，确保在危机应对中，政府不缺位、不错位、不越位，保持卓越的领导力，坚强领导、科学决策、有序组织引导防灾救灾活动。第二，搭建收集各类不确定性风险或危机全过程、全要素的数据信息整合平台，时刻做到“心中有数”，促使决策科学性、透明性和公平性，避免危机引发次生舆论灾难。第三，搭建上下多层级、左右多部门协同高效工作的跨部门协同工作机制，减少内耗、割裂，增强整体应对的合力和集体行动能力，实现资源最优配置，推动城市总体防御体系转型升级。

（三）注重全周期治理，提升城市应对风险挑战的过程韧性

过程韧性是针对危机或不确定性风险的事前、事中、事后进程而言，分别对应“维持力”“恢复力”“转型力”。韧性城市建设重点要围绕事前、事中、事后三个阶段，全周期采取应对措施，螺旋式提升城市应对灾难风险的韧性能力，具体而言，重点采取以下建设路径和举措。

一是，全面做好动态风险感知和防范准备，提高城市的风险抵抗力或维持力，具体措施包括：第一，针对城市物理系统和工程设施，提前进行全面风险和隐患排查，尤其是要充分利用“一网通管”等现代城市智慧系统，以物联网、人工智能、云计算等为依托，搭建城市全方位的风险动态感知系统，实时收集来自地面、地下、空中、水面、陆地等领域设施（交通设施、地下管网、高空设施、水域监测等）的全时空风险类型的数据，第一时间感知城市安全危机和风险，做到早发现问题、早补短板、早做预判、早预防。第二，完善城市各行各业的应急预案体系、物资储备体系，适时开展针对不同灾难风险的实战演练，为减少灾害风险的破坏性以及有效应对、快速恢复提供经验借鉴。第三，合理规划建设城市应急避难场所，明确城市空间“留白”和区域生命应急廊道建设，确保应急产业用地布局，最大限度地提升城市空间的冗余性和功能转换水平，促进常态化管

理状态向战时状态的有机转换。第四，加强城市综合灾害普查工作，制定城市灾害地图，编制灾害分区规划，针对易受灾地区（沿海低洼地区、城中村、老旧小区等）积极开展设施加固重建、提高设施标准、加大公共服务供给、制定专门应急方案等，减少灾害风险可能带来的巨大损失，提高防范恢复能力。

二是，全方位调动整合多元资源，提高城市重大不确定风险的应急救援执行力及恢复力。一旦不确定性灾难和风险来临时，领导有力、指挥有方、执行有效的应急救灾救援行动力、执行力直接关系着城市恢复力的强弱，也是城市韧性的重要体现。在韧性城市建设实践中，城市政府需要以强有力的决策力、指挥力、执行力，最大可能地缩短灾难持续时间，让城市受损的功能在最短时间内得以恢复。为此，需要重点做好以下几点：第一，搭建适时高效的应急救援指挥平台，尤其是当面对突如其来的重大不确定性风险时，城市党政部门要第一时间成立纵横互动融合的领导组织体系，主要负责领导人第一时间进入指挥平台，根据形势发展，适时做出人、财、物等方面的重大决策，并向社会公开，尽快实现应急救援的供需对接、减少灾害损失。第二，针对发生的灾难风险类型，充分发挥不同专业部门的优势，加大资源和政策向主体部门倾斜力度，形成多部门、多队伍、多力量共同参与、有序行动的抢险救援格局，最大限度缩短灾难的延续时间，快速恢复断裂的城市相关服务功能。

三是，建构完善的灾难应对反馈机制，提高城市风险治理的学习力、转型力。在一次次灾难的应对中，不断构筑起更具韧性、更强大的城市风险综合防控和适应能力，让城市时刻做好应对更大风险的准备，是韧性城市建设中的关键环节。从这个意义上说，不确定性风险灾难，既是城市发展面临的巨大挑战，也是不断构筑安全发展新格局、不断提升风险治理新能力的重要机遇。对此，需要重点强调以下几点：第一，全面开展灾难损失评估工作，全面梳理城市安全运行和风险治理中存在的短板和不足，总结灾难应对中的主要教训，为进一步提升城市安全防范措施提供依据。第二，因城制宜、因地制宜，强化研究，对城市韧性建设进行矩阵评估，更加明晰不同阶段不同部门的权限职责，全面构筑更具韧性的运行制度和政策体系，增强面对未来更大不确定性风险的综合防范能力。第三，加强应急防范队伍的专业能力培训学习，加大社会风险认知防范的宣传力度，创新针对风险易发地区、弱势群体的支持政策，加大韧性投资力度，吸引社会资本参与韧性城市建设，在社会包容、公平进程中不断提高社会韧性。

B.2

“一带一路”沿线国际城市指数（2022）：百强节点城市重心由欧入亚，整体分布差距加大，国际合作面临重要机遇

樊豪斌　蒋 励*

摘　要： 本报告沿用2021年丝路节点城市的研究方法和分析思路，更新城市发展数据，甄别“一带一路”倡议践行过程中出现的重要区域和城市。基于数据可得性，本报告共包含138个样本国家和350个样本城市，通过构建包含伙伴关系、区域影响、成长引领以及“五通”在内的评价指标体系，共甄选35个重要节点城市，主要位于西欧和东南亚地区，13个次要节点城市，主要位于西欧和东亚地区，34个一般节点城市，主要位于东欧地区。这三类节点城市构成深入推进“一带一路”高质量发展的重要空间载体。本报告识别了82个潜在节点城市，主要位于东南亚、南亚和西亚地区。报告进一步分析了在“五通”领域表现优秀的节点城市，以满足特定类型个性化投资需求。在进行区域分析时，课题组发现不同区域节点城市功能差异性仍然明显存在，且功能水平差距扩大。百强节点城市分布重心由欧洲向亚洲转移，东亚和南欧地区节点功能水平提升明显，西亚机遇与挑战并存。

关键词： “一带一路”　节点城市　城市指数　“五通”城市

---

* 樊豪斌，上海社会科学院城市与人口发展研究所助理研究员，上海市人民政府发展研究中心与复旦大学博士后，主要研究方向：城市经济；蒋励，美国杜克大学桑福德公共政策学院国际发展政策研究生，主要研究方向：社会政策、国际关系。

2021 年是“一带一路”倡议提出的第八年，尽管共建“一带一路”的国际环境渐趋复杂，但 2021 年 11 月 19 日习近平总书记在第三次出席“一带一路”建设座谈会时做出了“仍面临重要机遇”的重要论断。受疫情持续及全球宏观环境影响，世界政治经济格局正加速变革。中美在经济、贸易、科技等领域的博弈处在历史性关键时期。习近平总书记强调，总体上看，和平与发展的时代主题没有改变，经济全球化大方向没有改变，国际格局发展战略态势对我国有利，共建“一带一路”仍面临重要机遇。目前，已有 141 个国家和 32 个国际组织加入“一带一路”倡议，各领域的合作稳步推进，“一带一路”已成为当今世界范围最广、规模最大的国际合作平台之一。在 2021 年 9 月举行的可持续发展论坛上，各国对“一带一路”“五通”建设取得的成绩给予了高度评价。中国与共建“一带一路”各国在“五通”领域的合作将为实现 2030 年全球可持续发展议程的 17 项目标提供来自中国的智慧与方案。

八年来，“一带一路”从“大写意”向“工笔画”演进，把脉定向尤为关键。“一带一路”节点城市是向“工笔画”演进的重要载体和行动者。在经济全球化、数字战略与国家间战略博弈加剧的背景下，开展国际城市合作势在必行。本报告沿用丝路节点城市 2.0① 的研究方法和指标体系②，在评价三级指标公共卫生能力上新增疫苗接种率变量，并根据相应官方文件更新相关数据，给出了 2021 ~ 2022 年度各丝路节点城市指数变化的分析和建议。

一　丝路节点城市整体排名

本年度丝路节点城市纳入样本国家 138 个、样本城市 350 个，本部分就丝路城市整体得分情况和较上年得分变化情况做具体分析。

① 屠启宇主编《国际城市蓝皮书：国际城市发展报告（2021）》，社会科学文献出版社，2021。

② 样本国家和城市数量、指标体系及数据来源、数据处理方法，见附录。

（一）整体表现：全球经济复苏，指数均值上升，但首末位城市综合实力差距拉大

表 1 为丝路节点城市指数得分统计信息，本年度丝路节点城市指数综合得分均值为 39.81 分，较上年 38.93 分的均值水平上升了 0.88 分，甚至高于疫情前均值 39.11 分。综合指数得分最大值为 74.31 分，较上年最大值 71.84 分提升 2.47 分；最小值为 10.78 分，较上年最小值 15.67 分下降了 4.89 分；中位数为 38.62，与上年基本持平；极差为 63.53，与上年 56.17 相比明显上升。以上数据表明，随着疫情防控常态化，首末位城市在疫后复苏阶段的综合实力差距进一步拉大。本年度节点城市的功能提升主要体现在设施联通与贸易畅通上。其中，设施联通满分达标率①达 37.07%，较上年提升 2 个百分点，贸易畅通满分达标率达 32.43%，较上年提升 8 个百分点，说明随着国际交通与贸易往来的复苏，节点城市的设施联通与贸易畅通功能亦逐步恢复。节点城市在伙伴关系、区域影响和成长引领方面的表现与上年基本持平，但在政策沟通方面，满分达标率较上年下降了 7.2 个百分点，说明受国际政局变动、疫情反复的影响，节点城市整体在治理稳定性、公共卫生能力等方面表现不如上年。

表 1　丝路节点城市 2.0 指数统计得分信息

指数		均值	最大值	最小值	标准差	中位数
丝路节点城市指数		39.81	74.31	10.78	9.29	38.62
二级指数	伙伴关系	5.99	9.85	0.00	2.14	6.23
	区域影响	1.13	6.15	0.00	1.26	0.50
	成长引领	4.09	6.29	0.41	1.04	4.20
	政策沟通	7.72	13.34	0.01	3.08	8.38
	设施联通	5.19	12.67	0.30	2.65	4.15
	贸易畅通	4.54	12.39	0.00	1.72	4.18
	资金融通	6.46	13.98	2.36	2.23	6.31
	民心相通	4.68	11.07	0.00	1.81	4.86

① 满分达标率 =（指数得分/指标权重）×100%。

（二）频率分布：节点城市指数极化现象缓解，中等水平城市数量增加

以数值6为组距对2021年、2022年的350个样本城市丝路节点城市综合指数得分进行分组，所得频次分布如图1所示。2022年全样本指数得分较2021年虽然极值增加，但分布更为集中，说明随着疫后经济复苏，指数得分情况极化现象有所缓解。2022年全样本城市中，134个城市得分位于[34，40)，84个城市得分位于[40，46)，46个城市得分位于[46，52)。共有86.57%的城市处于[28，52)的中等水平，比上年增加4.29个百分点。

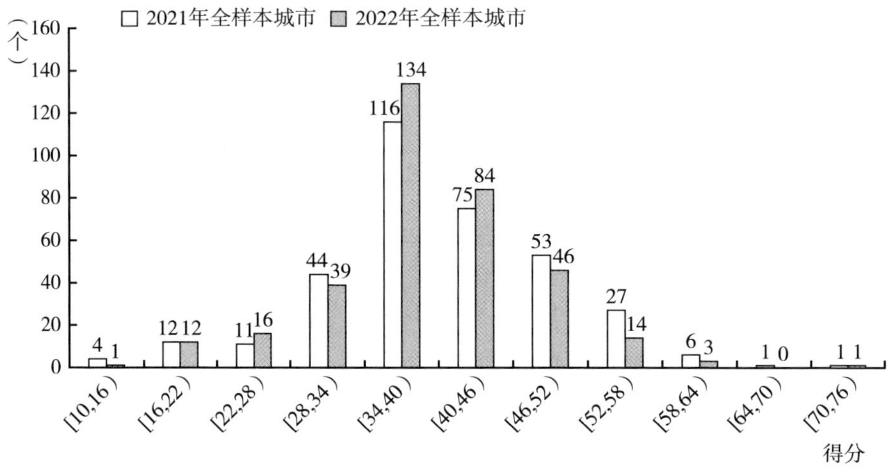

图1　2021～2022年全样本城市频次分布

（三）满分达标率：政策沟通面临挑战，但设施联通与贸易畅通复苏明显

如图2所示，2022年全样本城市的满分达标率情况与2021年基本一致。样本城市在伙伴关系与政策沟通两个二级指标上得分最高。伙伴关系满分达标率为59.9%，较上年提升2.27个百分点，说明虽然国际政局形势多变，但“一带一路”建设仍在积极推进。但政策沟通满分达标率为55.14%，较上年下降7.2个百分点。区域影响满分达标率最低，为11.3%，较上年下

降 1.93 个百分点，已连续两年下滑。受疫情的持续影响，节点城市的政策沟通能力和区域影响力面临挑战。在"五通"指数方面，设施联通满分达标率达 37.07%，较上年提升 2 个百分点；贸易畅通满分达标率达 32.43%，较上年提升 8 个百分点。在设施联通与贸易畅通方面，节点城市有明显复苏迹象。

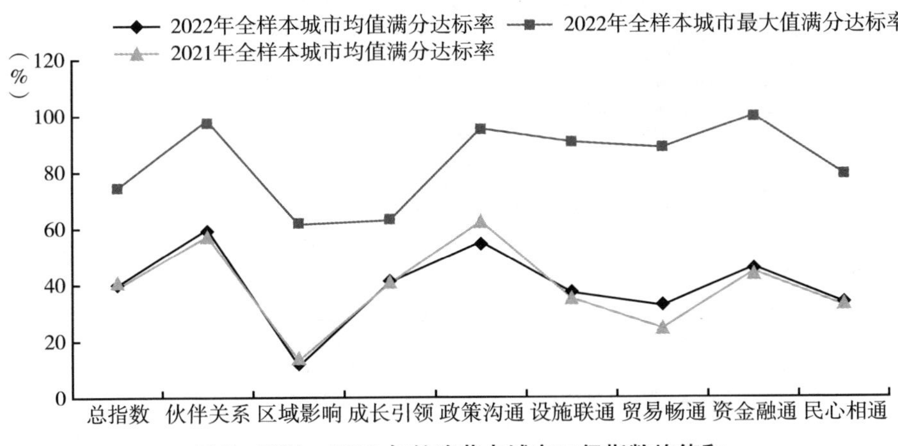

图 2　2021～2022 年丝路节点城市二级指数均值和最大值满分达标率

（四）2022年丝路节点城市20强：西欧城市持续领先，西亚重点城市迅速崛起

本年度指数得分前三名分别来自东南亚、东亚和西欧。新加坡以 74.31 分位居第一；首尔（韩国）得分 67.87 分，居第二；苏黎世（瑞士）得分 62.29 分，居第三。苏黎世是首个入围前三名的西欧城市。从图 4 的地理分布上看，前 20 强节点城市中，12 个城市来自欧洲，8 个城市来自亚洲，与上年基本一致。但从区域板块分析，与上年相比，前 20 强节点城市中新增 2 个西亚城市，分别为迪拜（阿拉伯联合酋长国，以下简称"阿联酋"）居第 12 名和多哈（卡塔尔）居第 17 名。阿联酋位于"一带一路"的交汇点，与中国是共建"一带一路"的重要合作伙伴。2013 年以来，中阿两国在能源、金融、产能、高新技术等领域合作亮点纷呈、成果喜人。迪拜是阿联酋首都，为西亚地区最大的区域中心城市之一。开展与迪拜的"一带一路"

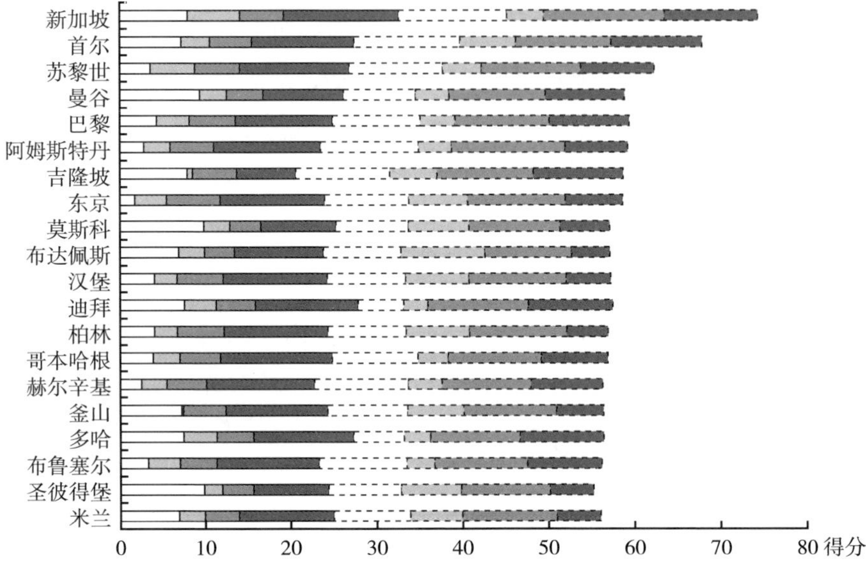

图 3　2022 年丝路节点城市指数得分前 20 强

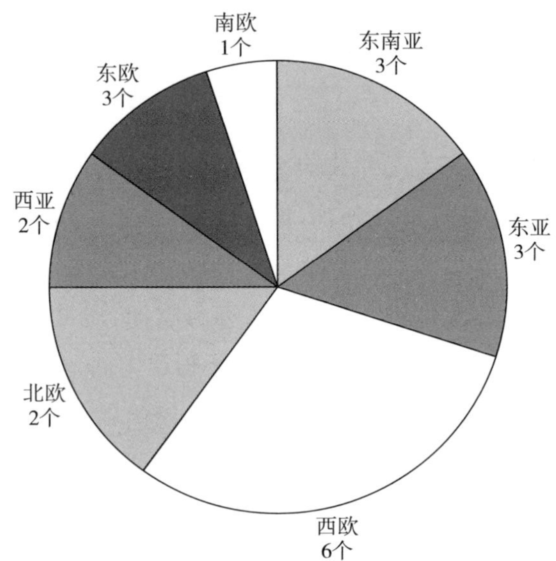

图 4　2022 年丝路节点城市 20 强分布

合作，对推进海湾地区的“一带一路”建设、促进中东和平稳定具有重要意义。卡塔尔地处亚洲、非洲和欧洲的十字路口，是最早响应“一带一路”倡议的国家之一，也是中东地区唯一与中国央行签署货币互换协议并拥有人民币清算和结算中心的国家。中国与卡塔尔共建“一带一路”已初步形成以油气合作为主轴、以基础设施建设为重点、以金融和投资为新增长点的合作新格局。多哈是卡塔尔首都与最大的城市，也是西亚地区著名的港口城市。近两年卡塔尔自由区建设成果显著，中方正积极地推进中国高科技企业参与卡塔尔自由区建设。

（五）2022年丝路节点城市100强：设施联通强势复苏，欧洲百强城市由东向西转移

如表 2 所示，本年度丝路节点前 100 强城市综合指数得分均值为 49.72 分，较上年提升 1.17 分，但尚未恢复至疫情前水平。随着全球防疫工作的稳步推进，经济逐步复苏但仍任重道远。综合得分最大值为 72.60 分，较上年上升 0.76 分，最小值为 42.55 分，较上年下降 0.76 分。在引入疫苗接种率数据后，前 100 强节点城市在政策沟通领域的差距进一步拉大，极差为 8.53，较上年扩大 36.9%。前 100 强节点城市综合指数得分的提升主要来自区域影响、设施联通、贸易畅通和资金融通四个二级指标。从满分达标率来看，设施联通进步最明显，满分达标率为 76.83%，较上年提升 24.01 个百分点，说明“一带一路”倡议在改善各成员国之间交通与基础设施障碍方面继续释放积极信号。但受国际环境的变化影响，本年度 100 强节点城市在伙伴关系与政策沟通等指标上的得分均有所下滑。

表 2　2022 年丝路节点城市 2.0 指数前 100 强城市得分统计信息

指数		均值	最小值	最大值	标准差	中位数	均值满分达标率（%）
丝路节点城市 2.0 指数		49.27	42.55	72.60	4.94	48.27	49.27
二级指标	伙伴关系	3.88	0.00	5.88	1.32	3.54	38.83

续表

指数		均值	最小值	最大值	标准差	中位数	均值满分达标率(%)
二级指标	区域影响	3.10	0.00	6.09	1.32	2.70	30.95
	成长引领	4.29	3.33	7.61	0.75	4.21	42.90
	政策沟通	8.64	3.82	12.35	2.17	8.69	61.75
	设施联通	10.76	6.44	13.59	1.64	10.90	76.83
	贸易畅通	4.39	1.51	11.00	1.57	4.05	31.39
	资金融通	9.77	3.41	11.47	1.34	9.80	69.80
	民心相通	4.43	0.33	10.71	2.40	4.11	31.66

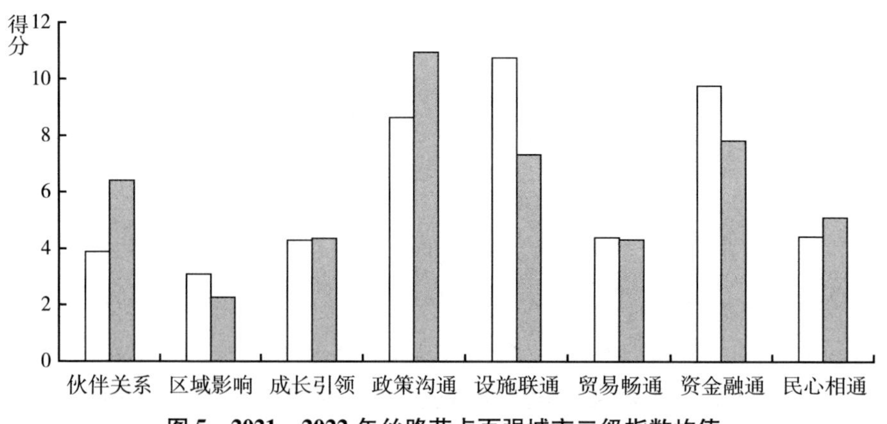

图 5　2021～2022 年丝路节点百强城市二级指数均值

从分布情况上看（见图 6），丝路节点百强城市主要分布于欧亚大陆（共计 95 个），且欧洲（55 个）、亚洲（40 个）节点城市实力同步增强，均较上年增加 1 个。但本年度欧洲百强节点城市的分布由东欧、北欧向西欧、南欧转移，东欧百强节点城市 18 个，较上年减少 3 个，西欧百强节点城市 17 个，较上年增加 3 个。亚洲百强节点城市共计 40 个，且分布向东南亚和东亚倾斜。其中，东南亚百强节点城市（12 个）较上年增加 1 个，东亚（12 个）增加 1 个。南非（2 个）、北非（1 个）以及澳大利亚和新西兰（2 个）地区的节点城市数量与上年持平，但西非城市拉各斯（尼日利亚）2022 年未能入围百强城市。

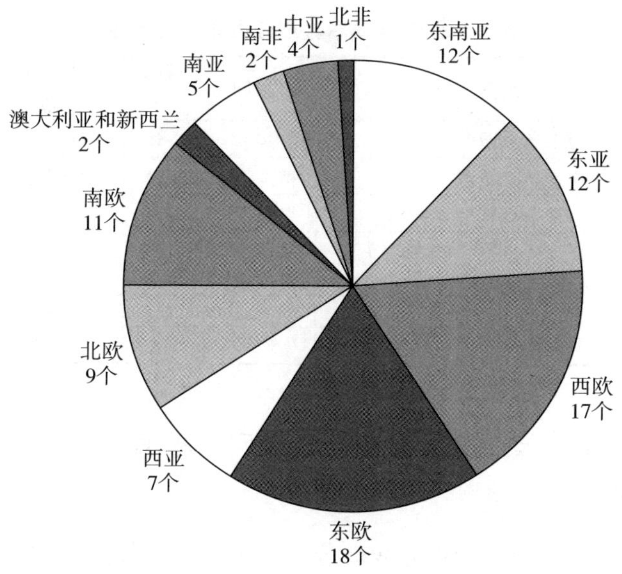

图 6　2022 年丝路节点百强城市分布

二　丝路节点城市类型划分

沿用 2021 年丝路节点城市分类方法①，根据丝路节点城市综合指数得分，以 2.5 分为组距，对样本城市得分进行分组（见表 3）。重要节点城市 35 个，较上年增加 5 个；次要节点城市 13 个，较上年减少 5 个；一般节点城市 34 个，与上年一致。此三类节点城市共计 82 个，较上年增加 6 个，说明“一带一路”建设中高质量发展的引领城市数量稳步增长。

① 课题组尝试利用 ArcGIS 工具对样本城市按自然间断点分级法（Jenks）进行分类，若以 5 类划分，得分从高向低，第 1 类城市共 51 个，第 2 类城市共 86 个，第 3 类城市共 76 个，第 4 类城市共 69 个，第 5 类城市共 68 个。尽管自然间断点分级方法较为常见，但结合实际，为了更明确地体现样本城市节点功能的层次性，本报告依然沿用较为传统的 2.5 分组距分类法对样本城市进行分类。

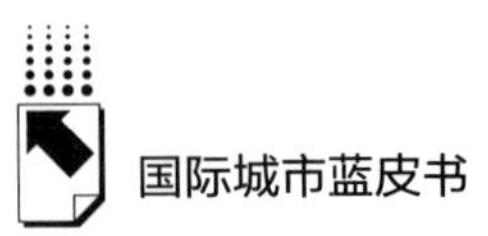

表 3　2022 年样本城市分类方法及数量

<table>
<tr><th>序号</th><th colspan="2">城市组别</th><th>区间</th><th>数量（个）</th><th>指数得分均值</th><th>城市类别符号</th></tr>
<tr><td>1</td><td colspan="2">重要节点城市</td><td>≥52</td><td>35</td><td>56.63</td><td>α</td></tr>
<tr><td>2</td><td colspan="2">次要节点城市</td><td>[49.5,52.0)</td><td>13</td><td>50.61</td><td>β</td></tr>
<tr><td>3</td><td colspan="2">一般节点城市</td><td>[47.0,49.5)</td><td>34</td><td>48.30</td><td>γ</td></tr>
<tr><td rowspan="3">4</td><td rowspan="3">潜在节点城市</td><td>潜在节点城市Ⅰ类</td><td>[44.5,47.0)</td><td>24</td><td>45.46</td><td>δ ++</td></tr>
<tr><td>潜在节点城市Ⅱ类</td><td>[42.0,44.5)</td><td>26</td><td>43.32</td><td>δ +</td></tr>
<tr><td>潜在节点城市Ⅲ类</td><td>[39.5,42.0)</td><td>32</td><td>40.97</td><td>δ</td></tr>
<tr><td>5</td><td colspan="2">普通城市</td><td><39.5</td><td>186</td><td>32.92</td><td>ε</td></tr>
</table>

（一）重要节点城市（α 城市）：民心相通“软实力”进一步提升，欧亚分布趋向平衡

重要节点城市综合指数得分≥52 分，共计 35 个，较上年增加 5 个，是推进“一带一路”建设最具影响力的沿线城市。重要节点城市综合指数得分均值 56.63 分，高于全样本城市 16.82 分，综合实力突出。重要节点城市在资金融通和民心相通方面的实力进一步增强，其中资金融通满分达标率 73%，较上年提升 9.53 个百分点；民心相通满分达标率 49.96%，较上年提升 9.63 个百分点，说明在经济全球化背景下，加强国际金融中心建设和文化沟通“软实力”对提升“一带一路”节点城市的综合竞争力至关重要。2021 年因疫情反复且大国博弈形势更趋复杂，重要节点城市在政策沟通与设施联通领域的满分达标率略有下滑，其中政策沟通下降 1.29 个百分点，设施联通下降 1.36 个百分点。

从空间分布上看（见图 7），重要节点城市主要分布于欧亚大陆，且欧亚分布趋于平衡，澳大利亚和新西兰地区的奥克兰首次入围重要节点城市。欧洲重要节点城市共计 19 个，集中位于西欧（10 个）地区，总数较上年减少 2 个，且分布由东欧向西欧、北欧、南欧转移。亚洲重要节点城市共计 15 个，较上年增加 7 个。其中东南亚 7 个，较上年增加 2 个；东亚 5 个，较上年增加 3 个；西亚 3 个，较上年增加 2 个。亚洲重要节点城市的占比稳步提升，亚欧地区“一体化融合”合作框架初见成效。2020 年底中国与新西兰签署了自贸协定，奥克兰抓住发展机遇，作为“一带一路”的重要节点城市将发挥区域性的关键作用。

表 4　2022 年重要节点城市指数得分

总分排名	国家	城市	区域	总得分	伙伴关系	区域影响	成长引领	政策沟通	设施联通	贸易畅通	资金融通	民心相通
1	新加坡	新加坡	东南亚	74.31	8.00	6.15	5.09	13.34	12.67	4.27	13.98	10.81
2	韩国	首尔	东亚	67.87	7.23	3.35	4.98	11.87	12.32	6.55	11.03	10.55
3	瑞士	苏黎世	西欧	62.29	3.62	5.21	5.28	12.73	10.90	4.50	11.56	8.51
4	法国	巴黎	西欧	59.43	4.38	3.81	5.43	11.29	10.21	4.06	10.98	9.26
5	荷兰	阿姆斯特丹	西欧	59.25	2.85	3.09	5.09	12.46	11.42	3.87	13.21	7.25
6	泰国	曼谷	东南亚	58.88	9.38	3.16	4.32	9.32	8.39	3.93	11.20	9.18
7	马来西亚	吉隆坡	东南亚	58.73	7.92	0.63	5.20	6.89	10.89	5.52	11.24	10.42
8	日本	东京	东亚	58.63	1.77	3.76	6.24	12.19	9.79	6.86	11.38	6.65
9	阿拉伯联合酋长国	迪拜	西亚	57.49	7.59	3.70	4.65	11.92	5.28	2.82	11.72	9.80
10	德国	汉堡	西欧	57.22	4.08	2.64	5.40	12.12	9.11	7.39	11.33	5.17
11	匈牙利	布达佩斯	东欧	57.17	6.92	3.02	3.52	10.36	8.99	9.82	10.07	4.46
12	俄罗斯	莫斯科	东欧	57.11	9.85	3.07	3.66	8.69	8.43	7.05	10.61	5.76
13	德国	柏林	西欧	56.92	4.08	2.68	5.43	12.12	9.11	7.39	11.31	4.81
14	丹麦	哥本哈根	北欧	56.89	3.92	3.12	4.74	13.04	9.97	3.56	10.82	7.73
15	卡塔尔	多哈	西亚	56.41	7.46	3.88	4.35	11.62	5.84	3.10	10.48	9.67
16	韩国	釜山	东亚	56.39	7.23	0.20	4.97	11.87	9.32	6.55	10.79	5.46
17	芬兰	赫尔辛基	北欧	56.29	2.54	2.97	4.63	12.61	10.92	3.92	10.40	8.30
18	比利时	布鲁塞尔	西欧	56.19	3.31	3.72	4.28	11.95	10.22	3.27	10.79	8.65
19	意大利	米兰	南欧	56.04	6.92	3.03	3.99	11.04	8.89	6.09	11.02	5.04

续表

总分排名	国家	城市	区域	总得分	伙伴关系	区域影响	成长引领	政策沟通	设施联通	贸易畅通	资金融通	民心相通
20	卢森堡	卢森堡	西欧	55.75	4.46	4.86	5.23	12.54	9.43	3.02	11.33	4.89
21	英国	伦敦	北欧	55.47	4.54	3.72	5.52	12.13	5.67	6.02	11.64	6.24
22	韩国	仁川	东亚	55.26	7.23	0.15	5.09	11.87	8.32	6.55	6.23	9.82
23	俄罗斯	圣彼得堡	东欧	55.21	9.85	2.12	3.71	8.69	8.43	7.05	10.33	5.03
24	德国	不莱梅	西欧	55.13	4.08	0.34	5.44	12.12	9.11	12.39	6.86	4.81
25	越南	胡志明市	东南亚	54.06	7.38	2.66	4.71	8.82	8.05	9.96	6.77	5.69
26	西班牙	马德里	南欧	53.91	3.92	3.22	4.44	11.69	9.44	5.50	10.85	4.83
27	葡萄牙	里斯本	南欧	53.12	6.92	3.17	3.88	12.00	8.90	3.49	10.52	4.23
28	德国	慕尼黑	西欧	53.05	4.08	2.74	5.60	8.12	9.11	7.39	11.21	4.81
29	新西兰	奥克兰	澳大利亚和新西兰	53.03	8.92	3.34	4.65	12.78	6.75	4.89	6.42	5.27
30	印度尼西亚	雅加达	东南亚	53.02	7.92	3.14	4.41	8.99	3.21	9.18	10.07	6.10
31	奥地利	维也纳	西欧	52.67	6.77	3.54	4.41	12.17	7.37	3.52	10.48	4.41
32	阿拉伯联合酋长国	阿布扎比	西亚	52.43	7.59	2.78	4.73	7.92	5.28	2.82	11.48	9.80
33	老挝	万象	东南亚	52.37	9.38	0.89	3.84	9.18	7.80	8.04	6.79	6.46
34	韩国	龙仁	东亚	52.04	7.23	0.06	5.32	11.87	9.32	6.55	6.23	5.46
35	柬埔寨	金边	东南亚	52.02	8.72	2.09	4.32	9.13	8.60	3.09	6.54	9.52
均值				56.63	6.23	2.86	4.76	11.07	8.79	5.71	10.22	6.99
满分达标率(%)				56.63	62.30	28.58	47.58	79.07	62.76	40.81	73.00	49.96
高于全样本均值				16.82	0.24	1.72	0.67	3.35	3.59	1.17	3.76	2.31

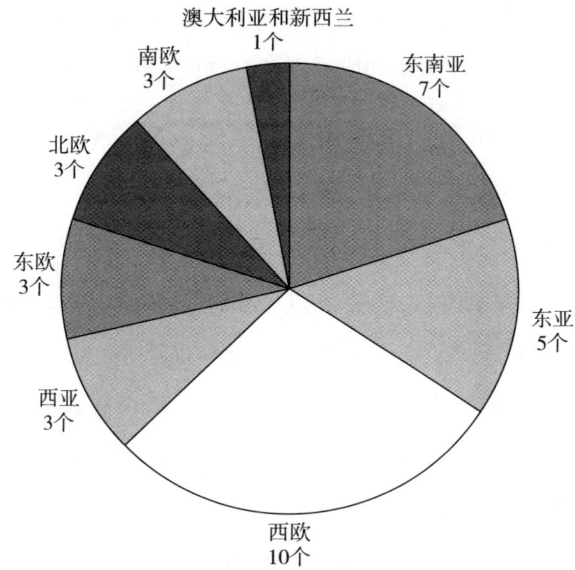

图 7 2022 年重要节点城市空间分布

对比重要节点城市与全样本的二级指数均值(见图 8),重要节点城市在"五通"领域优势明显,其中在政策沟通、设施联通、资金融通方面表现最为

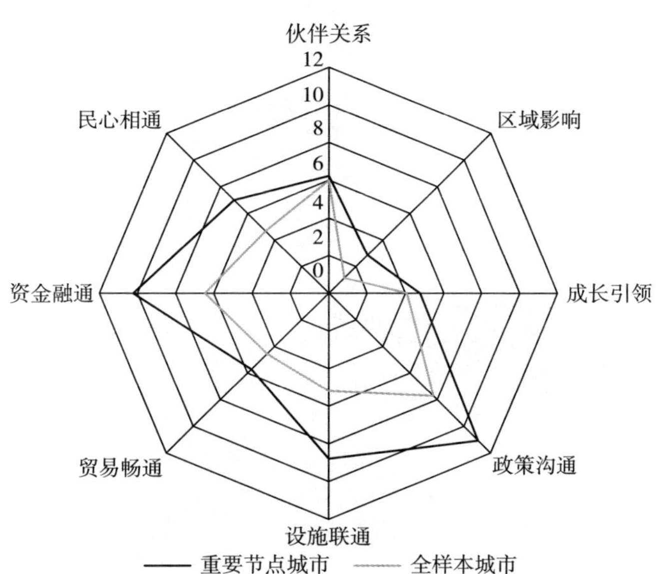

图 8 2022 年重要节点城市与全样本城市二级指数均值对比

突出，显著高于全样本均值；在民心相通方面较上年进步明显，与全样本均值的差距进一步拉大；在伙伴关系和成长引领方面的均值与全样本城市基本持平。

（二）次要节点城市（β 城市）：欧亚实力差距缩小，澳新城市潜力十足，伙伴关系表现下滑

次要节点城市综合指数得分位于［49.5，52.0），共计 13 个，数量较上年减少 5 个。如表 5 所示，次要节点城市综合指数得分均值 50.61 分，高于全样本均值 10.80 分，是潜在成为“一带一路”重要节点城市的高质量发展城市。在伙伴关系、政策沟通、设施联通、资金融通领域的满分达标率均高于 50%。成长引领、政策沟通和资金融通能力较上年有所提高，但伙伴关系、区域影响、设施联通的表现有所下滑。

本年度次要节点城市空间分布与上年相比更为均衡（见图 9）。13 个次要节点城市中 7 个位于欧洲，5 个位于亚洲，1 个位于大洋洲。在次要节点城市中，欧亚实力差距缩小。其中大洋洲的惠灵顿首次入围次要节点城市，上年次要节点城市奥克兰已晋级重要节点城市，说明大洋洲地区城市的整体影响力逐步提高。

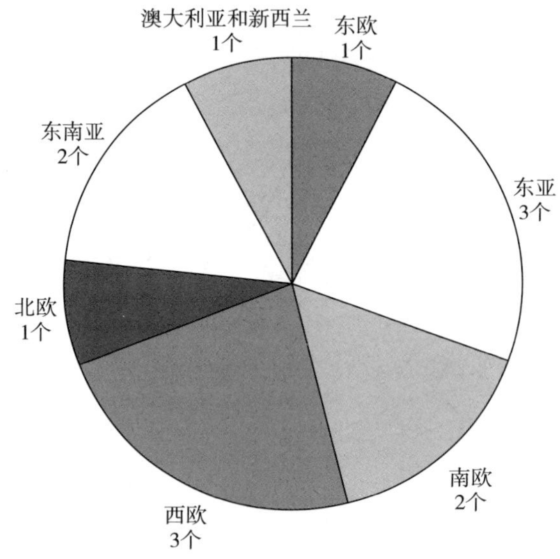

图 9　2022 年次要节点城市空间分布

表 5　2022 年次要节点城市指数得分

总分排名	国家	城市	区域	总得分	伙伴关系	区域影响	成长引领	政策沟通	设施联通	贸易畅通	资金融通	民心相通
36	波兰	华沙	东欧	51.80	6.92	2.94	3.74	10.83	8.94	3.29	10.36	4.78
37	韩国	大田	东亚	51.76	7.23	0.08	5.01	11.87	9.32	6.55	6.23	5.46
38	意大利	罗马	南欧	51.42	6.92	2.76	4.06	11.04	4.89	6.09	10.61	5.04
39	德国	科隆	西欧	51.38	4.08	1.81	5.58	12.12	9.11	7.39	6.86	4.44
40	韩国	大邱	东亚	51.31	7.23	0.12	4.89	11.87	9.32	6.55	6.23	5.09
41	韩国	水原	东亚	51.27	7.23	0.06	5.27	11.87	9.32	6.55	6.23	4.73
42	英国	格拉斯哥	北欧	51.01	4.54	2.25	5.43	12.13	5.67	6.02	10.57	4.42
43	缅甸	仰光	东南亚	49.81	8.38	1.47	2.76	7.46	10.00	3.18	6.14	10.43
44	新西兰	惠灵顿	澳大利亚和新西兰	49.67	8.92	1.74	4.46	12.78	4.75	4.89	10.86	1.27
45	菲律宾	马尼拉	东南亚	49.65	6.08	4.96	4.39	8.41	3.74	5.29	10.21	6.57
46	德国	罗斯托克	西欧	49.62	4.08	0.01	5.62	12.12	9.11	7.39	6.86	4.44
47	意大利	都灵	南欧	49.61	6.92	1.66	4.00	11.04	8.89	6.09	6.33	4.68
48	瑞士	伯尔尼	西欧	49.57	3.62	2.33	5.28	12.73	9.90	4.50	6.72	4.51
均值				50.61	6.32	1.71	4.65	11.25	7.92	5.68	8.02	5.07
满分达标率（%）				50.61	63.20	17.06	46.54	80.35	56.58	40.54	57.26	36.19
高于全样本均值				10.80	0.33	0.57	0.57	3.53	2.73	1.13	1.55	0.38

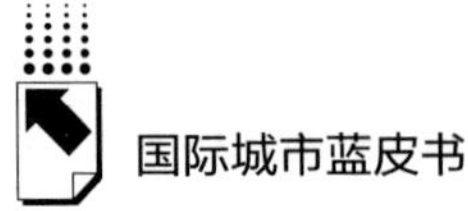

与全样本城市相比（见图 10），次要节点城市在政策沟通、设施联通、贸易畅通和资金融通等二级指数上得分较高。伙伴关系、区域影响、成长引领和民心相通均值与全样本基本持平。伙伴关系发展稍有不足，指数均值仅高于全样本均值 0. 33 分，仍有待提高。

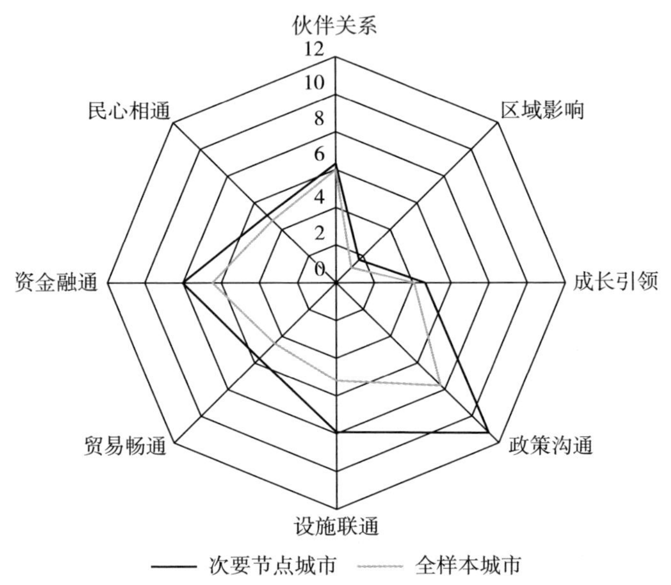

图 10　2022 年次要节点城市与全样本城市二级指数均值对比

（三）一般节点城市（γ 城市）：伙伴关系成绩突出，公共卫生能力亟待改善

一般节点城市综合指数得分位于［47. 0，49. 5），共计 34 个，较上年增加 6 个。一般节点城市综合指数得分均值 48. 30 分，高于全样本均值 8. 49 分。伙伴关系满分达标率进一步提升至 75. 63%，甚至高于次要节点城市，表现优异。但在引入疫苗接种率的指数变量后，一般节点城市的政策沟通的满分达标率下滑至 68. 80%，较上年下降 8 个百分点，说明一般节点城市在疫苗接种方面仍有待加强。

表 6　2022 年一般节点城市指数得分统计信息

总分排名	国家	城市	区域	总得分	伙伴关系	区域影响	成长引领	政策沟通	设施联通	贸易畅通	资金融通	民心相通
49	印度	新德里	南亚	49.35	6.23	2.74	4.92	8.38	8.15	5.97	10.24	2.72
50	俄罗斯	新西伯利亚	东欧	49.33	9.85	0.10	3.72	8.69	8.43	7.05	6.47	5.03
51	俄罗斯	叶卡捷琳堡	东欧	49.24	9.85	0.03	3.70	8.69	8.43	7.05	6.47	5.03
52	土耳其	伊斯坦布尔	西亚	49.13	6.26	0.70	3.87	8.81	8.69	4.51	10.36	5.93
53	南非	开普敦	南非	49.12	7.92	2.53	3.94	9.04	3.38	5.48	10.31	6.51
54	俄罗斯	喀山	东欧	49.01	9.85	0.16	3.70	8.69	8.43	7.05	6.47	4.66
55	俄罗斯	克拉斯诺亚尔斯克	东欧	48.94	9.85	0.02	3.77	8.69	8.43	7.05	6.47	4.66
56	俄罗斯	彼尔姆	东欧	48.82	9.85	0.02	3.65	8.69	8.43	7.05	6.47	4.66
57	西班牙	巴塞罗那	南欧	48.76	3.92	2.69	4.43	11.69	9.44	5.50	6.26	4.83
58	俄罗斯	下诺夫哥罗德	东欧	48.71	9.85	0.02	3.54	8.69	8.43	7.05	6.47	4.66
59	孟加拉国	达卡	南亚	48.69	8.23	2.45	4.38	7.59	8.65	3.18	3.41	10.79
60	俄罗斯	伏尔加格勒	东欧	48.67	9.85	0.02	3.50	8.69	8.43	7.05	6.47	4.66
61	俄罗斯	沃罗涅日	东欧	48.47	9.85	0.02	3.67	8.69	8.43	7.05	6.47	4.30
62	俄罗斯	车里雅宾斯克	东欧	48.47	9.85	0.02	3.66	8.69	8.43	7.05	6.47	4.30
63	哈萨克斯坦	阿拉木图	中亚	48.46	5.69	2.36	3.97	9.62	8.22	3.20	9.83	5.56
64	俄罗斯	乌法	东欧	48.44	9.85	0.02	3.63	8.69	8.43	7.05	6.47	4.30
65	日本	大阪	东亚	48.44	1.77	2.66	6.22	12.19	5.79	6.86	11.03	1.92
66	俄罗斯	罗斯托夫	东欧	48.40	9.85	0.02	3.59	8.69	8.43	7.05	6.47	4.30

续表

总分排名	国家	城市	区域	总得分	伙伴关系	区域影响	成长引领	政策沟通	设施联通	贸易畅通	资金融通	民心相通
67	俄罗斯	鄂木斯克	东欧	48.37	9.85	0.02	3.57	8.69	8.43	7.05	6.47	4.30
68	俄罗斯	萨马拉	东欧	48.33	9.85	0.02	3.53	8.69	8.43	7.05	6.47	4.30
69	巴基斯坦	拉合尔	南亚	48.24	9.00	2.08	4.07	6.84	5.83	8.17	6.65	5.61
70	意大利	热那亚	南欧	48.13	6.92	0.65	3.89	11.04	8.89	6.09	6.33	4.31
71	哈萨克斯坦	努尔苏丹	中亚	48.09	6.69	0.16	4.03	9.62	8.22	3.20	10.22	5.94
72	泰国	清迈	东南亚	47.95	9.38	0.04	4.24	9.32	8.39	3.93	7.10	5.54
73	阿塞拜疆	巴库	西亚	47.84	7.26	2.48	3.74	9.83	7.77	1.51	9.68	5.56
74	葡萄牙	波尔图	南欧	47.79	6.92	2.20	3.84	12.00	8.90	3.49	6.21	4.23
75	英国	曼彻斯特	北欧	47.66	4.54	2.76	5.49	12.13	5.67	6.02	6.64	4.42
76	法国	里昂	西欧	47.44	4.38	2.55	5.49	11.29	9.21	4.06	6.28	4.17
77	希腊	雅典	南欧	47.44	6.92	3.22	3.13	10.37	4.86	4.79	9.88	4.26
78	荷兰	鹿特丹	西欧	47.43	2.85	1.99	5.06	12.46	9.42	3.87	8.54	3.25
79	韩国	光州	东亚	47.38	7.23	0.08	5.00	11.87	5.32	6.55	6.23	5.09
80	摩洛哥	卡萨布兰卡	北非	47.36	6.13	2.88	3.81	9.57	3.58	5.19	10.52	5.68
81	越南	河内	东南亚	47.16	7.38	0.11	4.99	8.82	8.05	4.96	6.77	6.06
82	爱沙尼亚	塔林	北欧	47.13	3.46	2.04	3.98	11.98	7.70	3.01	10.08	4.88
均值				48.30	7.56	1.17	4.11	9.63	7.76	5.62	7.55	4.90
满分达标率(%)				48.30	75.62	11.73	41.09	68.80	55.40	40.16	53.93	34.97
高于全样本均值				8.49	1.57	0.04	0.02	1.92	2.56	1.08	1.09	0.21

从空间上看，一般节点城市的空间分布主要集中在欧洲（见图 11）。34 个一般节点城市分布于欧洲（21 个）、亚洲（11 个）、非洲（2 个）。其中东欧地区有一般节点城市 13 个，较上年增加 4 个。俄罗斯节点城市如新西伯利亚、叶卡捷琳堡、喀山和克拉斯诺亚尔斯克等原重要节点城市降至一般节点城市。2021 年下半年以来，俄罗斯新增确诊病例与病死率均达到疫情暴发以来的最高峰，而疫苗接种率为 33%，相对较低。因此，东欧节点城市在政策沟通指数上得分下滑明显。亚洲地区与非洲地区的一般节点城市数量与上年保持一致。

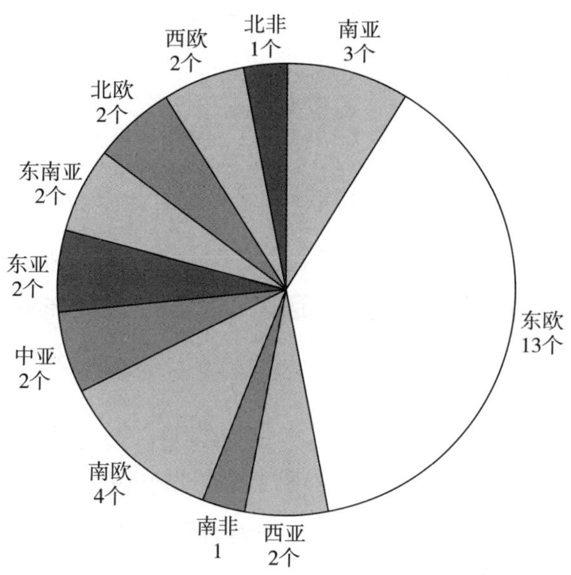

图 11　2022 年一般节点城市空间分布

一般节点城市在伙伴关系、政策沟通、设施联通、贸易畅通和资金融通方面表现均明显优于全样本平均水平。尤其在设施联通领域，一般节点城市较上年进步较大。但在区域影响、成长引领和民心相通方面仍有待提高，且此三个维度长期以来都是一般节点城市的短板领域，应采取有针对性的措施。

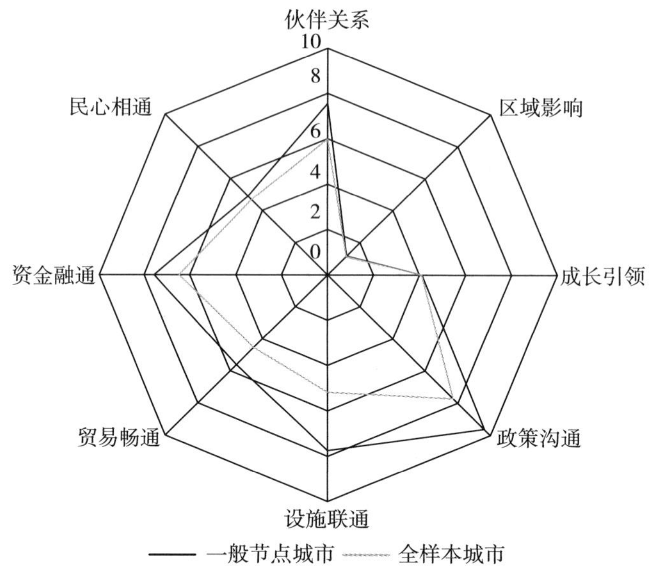

图 12　2022 年一般节点城市与全样本城市二级指数均值对比

（四）潜在节点城市：政策沟通表现优异，区域影响与贸易畅通有待提高

潜在节点城市综合指数得分处于［39.5，47.0），共计 82 个城市，是高质量共建“一带一路”的储备城市。潜在节点城市综合指数得分 43.03 分，高于全样本均值 3.22 分。以 2.5 分为组距，将潜在节点城市进一步划分为Ⅰ类潜在节点城市（δ ++ 城市），分值区间［44.5，47.0）；Ⅱ类潜在节点城市（δ + 城市），分值区间［42.0，44.5）以及Ⅲ类潜在节点城市（δ 城市），分值区间［39.5，42.0）。

1. Ⅰ类潜在节点城市共计24个

Ⅰ类潜在节点城市综合指数得分均值 45.46 分，高于全样本均值 5.65 分。与全样本均值相比，Ⅰ类潜在节点城市政策沟通较好，高于均值水平 2.38 分。从满分达标率角度看，Ⅰ类潜在节点城市政策沟通表现也最为突出，高达 72.10%。但贸易畅通方面表现欠佳，低于全样本均值 0.25 分。

表7　2022年I类潜在节点城市指数得分统计信息

总分排名	国家	城市	区域	总得分	伙伴关系	区域影响	成长引领	政策沟通	设施联通	贸易畅通	资金融通	民心相通
83	韩国	昌原	东亚	46.94	7.23	0.06	4.94	11.87	5.32	6.55	6.23	4.73
84	立陶宛	维尔纽斯	北欧	46.92	3.00	2.25	3.65	11.44	8.62	3.43	10.29	4.25
85	越南	海防	东南亚	46.51	7.38	0.03	4.79	8.82	8.05	4.96	6.77	5.69
86	英国	伯明翰	北欧	46.32	4.54	1.78	5.49	12.13	5.67	6.02	6.64	4.05
87	科威特	科威特市	西亚	46.12	6.13	4.25	4.04	9.18	4.23	3.14	10.18	4.98
88	英国	南安普敦	北欧	46.02	4.54	1.10	5.51	12.13	5.67	6.02	6.64	4.42
89	蒙古	乌兰巴托	东亚	46.00	7.59	1.29	3.53	10.35	7.90	3.06	5.93	6.34
90	罗马尼亚	布加勒斯特	东欧	45.92	6.15	2.74	3.27	10.16	8.81	3.50	6.22	5.06
91	土耳其	安卡拉	西亚	45.83	6.26	2.01	3.96	8.81	8.69	4.51	6.39	5.20
92	法国	波尔多	西欧	45.82	4.38	0.87	5.55	11.29	9.21	4.06	6.28	4.17
93	法国	里尔	西欧	45.72	4.38	0.90	5.41	11.29	9.21	4.06	6.28	4.17
94	印度	孟买	南亚	45.71	6.23	2.94	4.62	8.38	4.15	5.97	10.34	3.08
95	巴林	麦纳麦	西亚	45.03	5.46	2.79	4.66	10.00	2.88	3.44	10.64	5.16
96	英国	西约克	北欧	45.00	4.54	0.48	5.48	12.13	5.67	6.02	6.64	4.05
97	意大利	那不勒斯	南欧	44.93	6.92	1.05	3.93	11.04	4.89	6.09	6.33	4.68
98	吉尔吉斯斯坦	比什凯克	中亚	44.92	8.92	1.13	3.85	7.52	7.64	3.03	6.11	6.73
99	克罗地亚	萨格勒布	南欧	44.86	4.69	2.98	3.18	10.28	8.68	3.44	6.28	5.33

续表

总分排名	国家	城市	区域	总得分	伙伴关系	区域影响	成长引领	政策沟通	设施联通	贸易畅通	资金融通	民心相通
100	波兰	格但斯克	东欧	44.76	6.92	0.03	3.69	10.83	8.94	3.29	6.28	4.78
101	乌拉圭	蒙得维的亚	南美	44.72	7.13	4.16	3.45	11.82	4.43	3.04	6.21	4.49
102	塞尔维亚	贝尔格莱德	南欧	44.67	7.38	2.65	3.30	9.49	9.00	1.52	6.27	5.05
103	印度	加尔各答	南亚	44.59	6.23	1.93	4.53	8.38	8.15	5.97	6.31	3.08
104	比利时	安特卫普	西欧	44.58	3.31	2.43	4.23	11.95	9.22	3.27	6.25	3.92
105	南非	约翰内斯堡	南非	44.58	7.92	3.05	4.04	5.04	3.38	5.48	10.25	5.42
106	塔吉克斯坦	杜尚别	中亚	44.56	8.92	0.39	4.20	7.96	8.06	3.01	6.08	5.94
均值				45.46	6.09	1.80	4.30	10.09	6.94	4.29	7.16	4.78
满分达标率(%)				45.46	60.91	18.03	43.04	72.10	49.55	30.62	51.14	34.17
高于全样本均值				5.65	0.10	0.67	0.22	2.38	1.74	-0.25	0.70	0.10

从空间分布上看，I类潜在节点城市主要集中在欧亚大陆，其中欧洲12个，较上年增加2个；亚洲10个，较上年减少9个；南非1个；南美1个。潜在节点城市欧亚大陆的分布与上年相比更趋平衡。

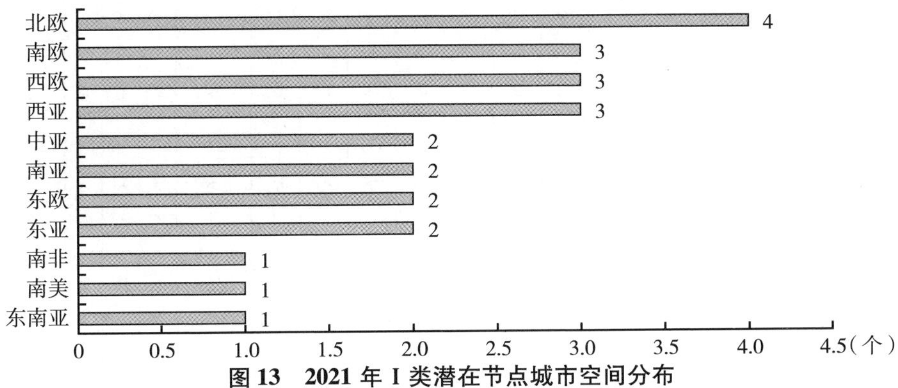

图13　2021年I类潜在节点城市空间分布

2. Ⅱ类潜在节点城市共计26个

Ⅱ类潜在节点城市综合指数得分均值43.32分，高于全样本均值3.51分。与全样本均值相比，Ⅱ类潜在节点城市政策沟通性较好，但伙伴关系较薄弱，二级指数得分低于全样本均值。贸易畅通较上年进步明显，已达到全样本平均水平。从满分达标率角度看，Ⅱ类潜在节点城市在政策沟通领域分值较高，为66.80%，区域影响力相对不足。

Ⅱ类潜在节点城市主要分布于亚洲，共计26个，主要分布于欧亚大陆。其中亚洲共计14个，欧洲共计10个（见图14）。与上年相比，亚洲Ⅱ类潜在节点

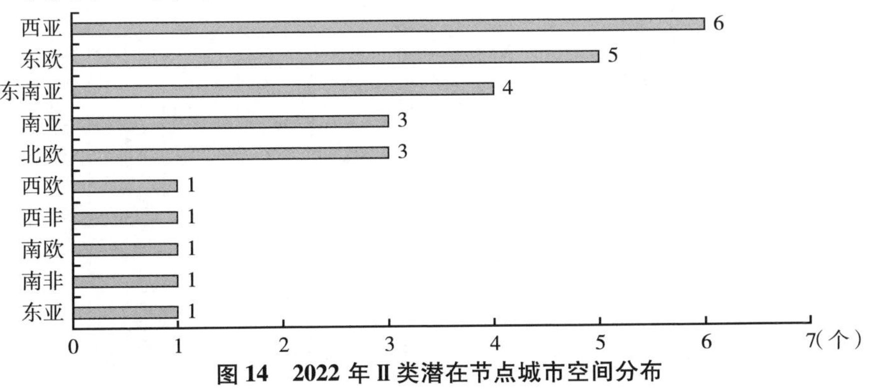

图14　2022年Ⅱ类潜在节点城市空间分布

表 8　Ⅱ类潜在节点城市指数得分统计信息

总分排名	国家	城市	区域	总得分	伙伴关系	区域影响	成长引领	政策沟通	设施联通	贸易畅通	资金融通	民心相通
107	爱尔兰	都柏林	北欧	44.46	3.62	3.43	4.83	12.33	3.75	4.04	7.62	4.85
108	捷克	布拉格	东欧	44.35	3.00	2.96	3.92	7.60	8.94	3.18	10.19	4.56
109	意大利	威尼斯	南欧	44.33	6.92	0.02	3.99	11.04	4.89	6.09	6.33	5.04
110	泰国	春武里	东南亚	44.32	9.38	0.05	4.24	9.32	4.39	3.93	7.10	5.91
111	保加利亚	索菲亚	东欧	44.04	5.46	2.65	3.43	9.60	8.48	3.03	6.21	5.18
112	格鲁吉亚	第比利斯	西亚	43.81	4.46	2.49	3.29	9.74	8.19	3.87	6.21	5.56
113	瑞典	斯德哥尔摩	北欧	43.81	2.38	2.91	4.92	8.56	5.36	4.88	11.75	3.05
114	土耳其	加济安泰普	西亚	43.74	6.26	0.25	3.99	8.81	8.69	4.51	6.39	4.84
115	土耳其	科尼亚	西亚	43.73	6.26	0.24	3.99	8.81	8.69	4.51	6.39	4.84
116	尼泊尔	加德满都	南亚	43.68	7.56	0.32	4.31	8.41	3.62	5.15	3.23	11.07
117	挪威	奥斯陆	北欧	43.60	1.15	2.75	4.78	12.78	5.00	3.53	10.12	3.50
118	泰国	北榄府（沙没巴干府）	东南亚	43.59	9.38	0.05	4.24	9.32	4.39	3.93	7.10	5.18
119	土耳其	伊兹密尔	西亚	43.58	6.26	0.30	3.79	8.81	8.69	4.51	6.39	4.84
120	乌克兰	基辅	东欧	43.16	5.46	2.57	2.88	7.87	8.51	4.42	6.22	5.24
121	南非	德班	南非	43.14	7.92	1.83	3.67	9.04	3.38	5.48	6.40	5.42
122	以色列	特拉维夫－雅法	西亚	43.07	2.23	3.83	4.93	11.46	2.43	3.59	10.81	3.79

续表

总分排名	国家	城市	区域	总得分	伙伴关系	区域影响	成长引领	政策沟通	设施联通	贸易畅通	资金融通	民心相通
123	越南	芹苴	东南亚	42. 93	7. 38	0. 04	5. 21	8. 82	4. 05	4. 96	6. 77	5. 69
124	尼日利亚	拉各斯	西非	42. 92	6. 23	2. 40	4. 05	7. 07	2. 06	8. 61	6. 35	6. 15
125	斯洛伐克	布拉迪斯拉发	东欧	42. 87	3. 00	2. 40	3. 66	9. 88	8. 89	3. 09	6. 21	5. 75
126	沙特阿拉伯	利雅得	西亚	42. 83	7. 92	4. 00	4. 48	5. 68	4. 87	3. 63	10. 03	2. 21
127	印度	勒克瑙	南亚	42. 60	6. 23	0. 00	4. 84	8. 38	8. 15	5. 97	6. 31	2. 72
128	印度	阿格拉	南亚	42. 59	6. 23	0. 00	4. 82	8. 38	8. 15	5. 97	6. 31	2. 72
129	日本	名古屋	东亚	42. 47	1. 77	1. 61	6. 27	12. 19	5. 79	6. 86	6. 43	1. 55
130	法国	马赛－普罗旺斯地区艾克斯	西欧	42. 29	4. 38	1. 51	5. 39	11. 29	5. 21	4. 06	6. 28	4. 17
131	印度尼西亚	泗水	东南亚	42. 20	7. 92	1. 21	4. 33	8. 99	3. 21	4. 18	6. 25	6. 10
132	白俄罗斯	明斯克	东欧	42. 14	6. 92	1. 64	1. 64	8. 96	8. 63	2. 38	6. 21	5. 76
均值				43. 32	5. 60	1. 59	4. 23	9. 35	6. 02	4. 55	7. 14	4. 83
满分达标率（%）				43. 32	56. 05	15. 94	42. 26	66. 80	42. 97	32. 53	50. 99	34. 52
高于全样本均值				3. 51	－0. 39	0. 46	0. 14	1. 64	0. 82	0. 01	0. 68	0. 15

城市数量整体有所减少，其中亚洲减少 7 个，欧洲减少 3 个，非洲减少 3 个。

3. Ⅲ类潜在节点城市共计32个

Ⅲ类潜在节点城市综合指数得分均值 40.97 分，与全样本均值基本持平。Ⅲ类潜在节点城市政策沟通方面优势突出，满分达标率高达 67.20%，高于Ⅱ类潜在节点城市。但Ⅲ类潜在节点城市在伙伴关系、区域影响、设施联通、资金融通和民心相通上短板明显，二级指数均值得分甚至低于全样本均值。资金融通满分达标率较上年下滑 1.05%，跌落全样本均值以下。

Ⅲ类潜在节点城市主要集中于亚洲，其中东南亚 8 个，东亚 7 个和南亚 7 个，亚洲共计 27 个，占比 84.3%（见图 15）。东南亚地区 8 个城市中，有 7 个为上年的Ⅱ类潜在节点城市，且大部分来自印度尼西亚和缅甸。与上年的数据对比显示，该 7 个东南亚城市下降至Ⅲ类潜在节点城市的主要原因是印度尼西亚和缅甸自 2021 年 6 月后新冠肺炎死亡率上升，且疫苗接种率较低。东亚与南亚地区数量与上年持平。

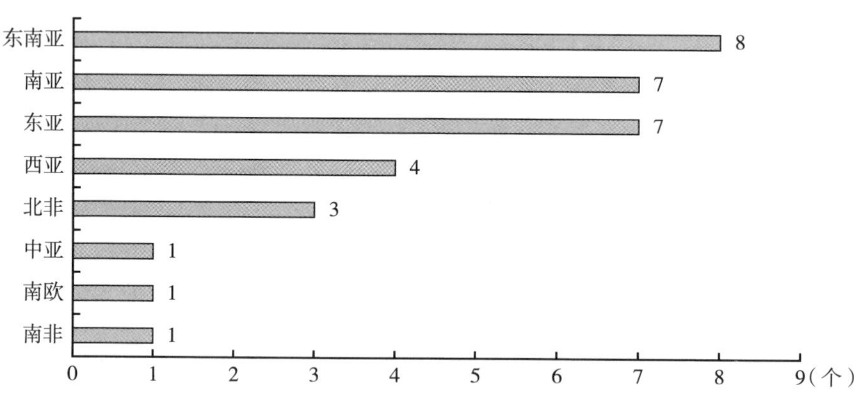

图 15　2022 年Ⅲ类潜在节点城市空间分布

表 9　2022 年Ⅲ类潜在节点城市指数得分统计信息

总分排名	国家	城市	区域	总得分	伙伴关系	区域影响	成长引领	政策沟通	设施联通	贸易畅通	资金融通	民心相通
133	巴基斯坦	伊斯兰堡	南亚	41. 90	9. 00	1. 78	3. 03	6. 84	5. 83	3. 17	6. 65	5. 61
134	塞浦路斯	尼科西亚	西亚	41. 68	5. 46	2. 66	3. 93	6. 17	4. 72	3. 87	10. 03	4. 84
135	斯洛文尼亚	卢布尔雅那	南欧	41. 50	5. 92	2. 20	3. 75	11. 09	4. 87	3. 04	6. 15	4. 48
136	印度	班加罗尔	南亚	41. 47	6. 23	2. 64	5. 06	8. 38	4. 15	5. 97	6. 31	2. 72
137	伊朗	德黑兰	南亚	41. 44	7. 59	0. 70	3. 07	7. 48	5. 59	3. 86	7. 51	5. 65
138	南非	艾库鲁勒尼	南非	41. 38	7. 92	0. 17	3. 93	9. 04	3. 38	5. 48	6. 40	5. 06
139	印度	海得拉巴（印度）	南亚	41. 37	6. 23	2. 72	4. 89	8. 38	4. 15	5. 97	6. 31	2. 72
140	文莱	斯里巴加湾市	东南亚	41. 34	9. 23	0. 85	3. 75	11. 02	4. 50	3. 02	3. 22	5. 76
141	印度	金奈（马德拉斯）	南亚	41. 34	6. 23	2. 37	4. 84	8. 38	4. 15	5. 97	6. 31	3. 08
142	埃及	开罗	北非	41. 33	6. 92	3. 42	3. 87	7. 16	3. 57	3. 99	6. 22	6. 17
143	日本	神户	东亚	41. 30	1. 77	0. 08	6. 27	12. 19	5. 79	6. 86	6. 43	1. 92
144	印度尼西亚	万隆	东南亚	41. 23	7. 92	0. 22	4. 35	8. 99	3. 21	4. 18	6. 25	6. 10
145	缅甸	曼德勒	东南亚	41. 15	8. 38	0. 07	2. 86	7. 46	7. 00	3. 18	6. 14	6. 06
146	日本	北九州－福冈	东亚	41. 15	1. 77	0. 70	6. 23	12. 19	5. 79	6. 86	6. 43	1. 19
147	印度	艾哈迈达巴德	南亚	41. 11	6. 23	2. 51	4. 84	8. 38	4. 15	5. 97	6. 31	2. 72

续表

总分排名	国家	城市	区域	总得分	伙伴关系	区域影响	成长引领	政策沟通	设施联通	贸易畅通	资金融通	民心相通
148	印度尼西亚	茂物	东南亚	41.04	7.92	0.21	4.54	8.99	3.21	4.18	6.25	5.74
149	印度尼西亚	三宝垄	东南亚	41.02	7.92	0.22	4.51	8.99	3.21	4.18	6.25	5.74
150	印度尼西亚	巨港	东南亚	41.00	7.92	0.22	4.49	8.99	3.21	4.18	6.25	5.74
151	日本	札幌	东亚	40.98	1.77	0.15	6.24	12.19	5.79	6.86	6.43	1.55
152	印度尼西亚	棉兰	东南亚	40.92	7.92	0.22	4.40	8.99	3.21	4.18	6.25	5.74
153	乌兹别克斯坦	塔什干	中亚	40.84	8.92	1.03	2.41	8.37	7.72	1.56	4.88	5.94
154	菲律宾	达沃市	东南亚	40.74	6.08	0.24	4.50	8.41	3.74	5.29	6.27	6.21
155	摩洛哥	拉巴特	北非	40.59	6.13	0.34	3.83	9.57	3.58	5.19	6.27	5.68
156	日本	横滨	东亚	40.58	1.77	0.09	6.27	12.19	5.79	6.86	6.43	1.19
157	日本	静冈－浜松	东亚	40.57	1.77	0.07	6.28	12.19	5.79	6.86	6.43	1.19
158	日本	仙台	东亚	40.56	1.77	0.05	6.29	12.19	5.79	6.86	6.43	1.19
159	斯里兰卡	科伦坡	南亚	40.52	5.95	1.67	3.60	9.49	4.46	3.04	6.25	6.07
160	日本	广岛	东亚	40.49	1.77	0.05	6.22	12.19	5.79	6.86	6.43	1.19
161	阿拉伯联合酋长国	沙迦	西亚	40.36	7.59	0.41	4.95	7.92	4.28	2.82	6.94	5.44
162	摩洛哥	非斯	北非	40.28	6.13	0.29	3.93	9.57	3.58	5.19	6.27	5.32
163	土耳其	布尔萨	西亚	40.13	6.26	0.71	3.92	8.81	4.69	4.51	6.39	4.84
164	土耳其	安塔利亚	西亚	39.84	6.26	0.24	4.10	8.81	4.69	4.51	6.39	4.84
均值				40.97	5.96	0.92	4.54	9.41	4.67	4.83	6.36	4.30
满分达标率(%)				40.97	59.58	9.15	45.37	67.20	33.34	34.49	45.41	30.73
高于全样本均值				1.17	-0.03	-0.22	0.45	1.69	-0.53	0.29	-0.10	-0.38

三 “五通”领域领先的丝路节点城市

“五通”指数由政策沟通、设施联通、贸易畅通、资金融通和民心相通五个维度的二级指数构成，重点衡量丝路节点城市的市场成熟度。政策沟通侧重评价节点城市的治理稳定性，包括政治稳定性和公共卫生能力。公共卫生能力主要反映国家对新冠肺炎疫情的防控能力，且 2021 年新增了疫苗接种率作为考量维度。设施联通侧重分析节点城市的联通设施网络覆盖能力。贸易畅通侧重评价节点城市与中国贸易往来的密集度。资金融通侧重评价节点城市的金融国际化水平与货币稳定性。民心相通则重点关注节点城市与中国的文化交流程度和与中国文化的同源性。

（一）“政策沟通”型城市：治理稳定性高，与中国互利友好

“政策沟通”型城市的政治稳定性高、公共卫生能力强、法律秩序完善、与中国建立了友好城市关系，以及经济自由度高。课题组将“政策沟通”指数得分排名前 50 位的城市界定为“政策沟通”型城市（见表 10）。

表 10　2022 年“政策沟通”型城市

排名	国家	城市	区域	丝路节点城市指数	政策沟通	城市类别
1	新加坡	新加坡	东南亚	74. 31	13. 34	α
2	丹麦	哥本哈根	北欧	56. 89	13. 04	α
3	新西兰	奥克兰	澳大利亚和新西兰	53. 03	12. 78	α
4	新西兰	惠灵顿	澳大利亚和新西兰	49. 67	12. 78	β
5	挪威	奥斯陆	北欧	43. 60	12. 78	δ +
6	瑞士	苏黎世	西欧	62. 29	12. 73	α
7	瑞士	伯尔尼	西欧	49. 57	12. 73	β
8	芬兰	赫尔辛基	北欧	56. 29	12. 61	α
9	卢森堡	卢森堡	西欧	55. 75	12. 54	α
10	荷兰	阿姆斯特丹	西欧	59. 25	12. 46	α
11	荷兰	鹿特丹	西欧	47. 43	12. 46	γ
12	爱尔兰	都柏林	北欧	44. 46	12. 33	δ +
13	日本	东京	东亚	58. 63	12. 19	α

续表

排名	国家	城市	区域	丝路节点城市指数	政策沟通	城市类别
14	日本	大阪	东亚	48.44	12.19	γ
15	日本	名古屋	东亚	42.47	12.19	δ+
16	日本	神户	东亚	41.30	12.19	δ
17	日本	北九州-福冈	东亚	41.15	12.19	δ
18	日本	札幌	东亚	40.98	12.19	δ
19	日本	横滨	东亚	40.58	12.19	δ
20	日本	静冈-浜松	东亚	40.57	12.19	δ
21	日本	仙台	东亚	40.56	12.19	δ
22	日本	广岛	东亚	40.49	12.19	δ
23	奥地利	维也纳	西欧	52.67	12.17	α
24	英国	伦敦	北欧	55.47	12.13	α
25	英国	格拉斯哥	北欧	51.01	12.13	β
26	英国	曼彻斯特	北欧	47.66	12.13	γ
27	英国	伯明翰	北欧	46.32	12.13	δ++
28	英国	南安普敦	北欧	46.02	12.13	δ++
29	英国	西约克	北欧	45.00	12.13	δ++
30	德国	汉堡	西欧	57.22	12.12	α
31	德国	柏林	西欧	56.92	12.12	α
32	德国	不莱梅	西欧	55.13	12.12	α
33	德国	科隆	西欧	51.38	12.12	β
34	德国	罗斯托克	西欧	49.62	12.12	β
35	葡萄牙	里斯本	南欧	53.12	12.00	α
36	葡萄牙	波尔图	南欧	47.79	12.00	γ
37	爱沙尼亚	塔林	北欧	47.13	11.98	γ
38	比利时	布鲁塞尔	西欧	56.19	11.95	α
39	比利时	安特卫普	西欧	44.58	11.95	δ++
40	阿拉伯联合酋长国	迪拜	西亚	57.49	11.92	α
41	韩国	首尔	东亚	67.87	11.87	α
42	韩国	釜山	东亚	56.39	11.87	α
43	韩国	仁川	东亚	55.26	11.87	α
44	韩国	龙仁	东亚	52.04	11.87	α
45	韩国	大田	东亚	51.76	11.87	β
46	韩国	大邱	东亚	51.31	11.87	β
47	韩国	水原	东亚	51.27	11.87	β
48	韩国	光州	东亚	47.38	11.87	γ
49	韩国	昌原	东亚	46.94	11.87	δ++
50	乌拉圭	蒙得维的亚	南美	44.72	11.82	δ++

（二）“设施联通”型城市：联通设施网络覆盖广、基础设施水平高

“设施联通”型城市基础设施水平高、枢纽性铁路站点数量多、信息化水平高，以及往来中国航班数较多。课题组将“设施联通”指数得分排名前50位的城市界定为“设施联通”型城市（见表11）。

表11　2022年“设施联通”型城市

排名	国家	城市	区域	丝路节点城市指数	设施联通	城市类别
1	新加坡	新加坡	东南亚	74.31	12.67	α
2	韩国	首尔	东亚	67.87	12.32	α
3	荷兰	阿姆斯特丹	西欧	59.25	11.42	α
4	芬兰	赫尔辛基	北欧	56.29	10.92	α
5	瑞士	苏黎世	西欧	62.29	10.90	α
6	马来西亚	吉隆坡	东南亚	58.73	10.89	α
7	比利时	布鲁塞尔	西欧	56.19	10.22	α
8	法国	巴黎	西欧	59.43	10.21	α
9	缅甸	仰光	东南亚	49.81	10.00	β
10	丹麦	哥本哈根	北欧	56.89	9.97	α
11	瑞士	伯尔尼	西欧	49.57	9.90	β
12	日本	东京	东亚	58.63	9.79	α
13	西班牙	马德里	南欧	53.91	9.44	α
14	西班牙	巴塞罗那	南欧	48.76	9.44	γ
15	卢森堡	卢森堡	西欧	55.75	9.43	α
16	荷兰	鹿特丹	西欧	47.43	9.42	γ
17	韩国	釜山	东亚	56.39	9.32	α
18	韩国	龙仁	东亚	52.04	9.32	α
19	韩国	大田	东亚	51.76	9.32	β
20	韩国	大邱	东亚	51.31	9.32	β
21	韩国	水原	东亚	51.27	9.32	β
22	比利时	安特卫普	西欧	44.58	9.22	δ ++
23	法国	里昂	西欧	47.44	9.21	γ
24	法国	波尔多	西欧	45.82	9.21	δ ++
25	法国	里尔	西欧	45.72	9.21	δ ++

续表

排名	国家	城市	区域	丝路节点城市指数	设施联通	城市类别
26	德国	汉堡	西欧	57.22	9.11	α
27	德国	柏林	西欧	56.92	9.11	α
28	德国	不莱梅	西欧	55.13	9.11	α
29	德国	科隆	西欧	51.38	9.11	β
30	德国	罗斯托克	西欧	49.62	9.11	β
31	德国	慕尼黑	西欧	53.05	9.11	α
32	塞尔维亚	贝尔格莱德	南欧	44.67	9.00	δ ++
33	匈牙利	布达佩斯	东欧	57.17	8.99	α
34	捷克	布拉格	东欧	44.35	8.94	δ +
35	波兰	华沙	东欧	51.80	8.94	β
36	波兰	格但斯克	东欧	44.76	8.94	δ ++
37	葡萄牙	里斯本	南欧	53.12	8.90	α
38	葡萄牙	波尔图	南欧	47.79	8.90	γ
39	意大利	米兰	南欧	56.04	8.89	α
40	意大利	都灵	南欧	49.61	8.89	β
41	意大利	热那亚	南欧	48.13	8.89	γ
42	斯洛伐克	布拉迪斯拉发	东欧	42.87	8.89	δ +
43	朝鲜	平壤	东亚	33.66	8.85	ε
44	罗马尼亚	布加勒斯特	东欧	45.92	8.81	δ ++
45	土耳其	伊斯坦布尔	西亚	49.13	8.69	γ
46	土耳其	安卡拉	西亚	45.83	8.69	δ ++
47	土耳其	加济安泰普	西亚	43.74	8.69	δ +
48	土耳其	科尼亚	西亚	43.73	8.69	δ +
49	土耳其	伊兹密尔	西亚	43.58	8.69	δ +
50	克罗地亚	萨格勒布	南欧	44.86	8.68	δ ++

（三）“贸易畅通”型城市：与中国双边贸易总量高，境外合作密切

“贸易畅通”型城市一般拥有中国境外合作区或共建园区、属于 WTO 成员国、与中国的双边贸易总量较高以及自由贸易区数量较多。课题组将“贸易畅通”指数得分排名前50位的城市界定为“贸易畅通”型城市（见表12）。

表 12　2022 年“贸易畅通”型城市

排名	国家	城市	区域	丝路节点城市指数	贸易畅通	城市类别
1	德国	不莱梅	西欧	55. 13	12. 39	α
2	越南	胡志明市	东南亚	54. 06	9. 96	α
3	匈牙利	布达佩斯	东欧	57. 17	9. 82	α
4	印度尼西亚	雅加达	东南亚	53. 02	9. 18	α
5	尼日利亚	拉各斯	西非	42. 92	8. 61	δ +
6	赞比亚	卢萨卡	东非	34. 86	8. 47	ε
7	巴基斯坦	拉合尔	南亚	48. 24	8. 17	γ
8	老挝	万象	东南亚	52. 37	8. 04	α
9	德国	汉堡	西欧	57. 22	7. 39	α
10	德国	柏林	西欧	56. 92	7. 39	α
11	德国	科隆	西欧	51. 38	7. 39	β
12	德国	罗斯托克	西欧	49. 62	7. 39	β
13	德国	慕尼黑	西欧	53. 05	7. 39	α
14	俄罗斯	莫斯科	东欧	57. 11	7. 05	α
15	俄罗斯	圣彼得堡	东欧	55. 21	7. 05	α
16	俄罗斯	新西伯利亚	东欧	49. 33	7. 05	γ
17	俄罗斯	叶卡捷琳堡	东欧	49. 24	7. 05	γ
18	俄罗斯	喀山	东欧	49. 01	7. 05	γ
19	俄罗斯	克拉斯诺亚尔斯克	东欧	48. 94	7. 05	γ
20	俄罗斯	彼尔姆	东欧	48. 82	7. 05	γ
21	俄罗斯	下诺夫哥罗德	东欧	48. 71	7. 05	γ
22	俄罗斯	伏尔加格勒	东欧	48. 67	7. 05	γ
23	俄罗斯	沃罗涅日	东欧	48. 47	7. 05	γ
24	俄罗斯	车里雅宾斯克	东欧	48. 47	7. 05	γ
25	俄罗斯	乌法	东欧	48. 44	7. 05	γ
26	俄罗斯	罗斯托夫	东欧	48. 40	7. 05	γ
27	俄罗斯	鄂木斯克	东欧	48. 37	7. 05	γ
28	俄罗斯	萨马拉	东欧	48. 33	7. 05	γ
29	日本	东京	东亚	58. 63	6. 86	α
30	日本	大阪	东亚	48. 44	6. 86	γ
31	日本	名古屋	东亚	42. 47	6. 86	δ +
32	日本	神户	东亚	41. 30	6. 86	δ
33	日本	北九州 – 福冈	东亚	41. 15	6. 86	δ

续表

排名	国家	城市	区域	丝路节点城市指数	贸易畅通	城市类别
34	日本	札幌	东亚	40.98	6.86	δ
35	日本	横滨	东亚	40.58	6.86	δ
36	日本	静冈－浜松	东亚	40.57	6.86	δ
37	日本	仙台	东亚	40.56	6.86	δ
38	日本	广岛	东亚	40.49	6.86	δ
39	韩国	首尔	东亚	67.87	6.55	α
40	韩国	釜山	东亚	56.39	6.55	α
41	韩国	龙仁	东亚	52.04	6.55	α
42	韩国	大田	东亚	51.76	6.55	β
43	韩国	大邱	东亚	51.31	6.55	β
44	韩国	水原	东亚	51.27	6.55	β
45	韩国	仁川	东亚	55.26	6.55	α
46	韩国	光州	东亚	47.38	6.55	γ
47	韩国	昌原	东亚	46.94	6.55	δ ++
48	埃塞俄比亚	亚的斯亚贝巴（埃塞俄比亚首都）	东非	39.21	6.52	ε
49	意大利	米兰	南欧	56.04	6.09	α
50	意大利	都灵	南欧	49.61	6.09	β

（四）“资金融通”型城市：金融国际化水平高、拥有双边投资基础

“资金融通”型城市拥有较大规模的来自中国的直接投资、货币稳定性高、签订了与中国的双边投资协定，以及金融国际化水平高。课题组将“资金融通”指数得分排名前50位的城市界定为“资金融通”型城市（见表13）。

表13　2022年“资金融通”型城市

排名	国家	城市	区域	丝路节点城市指数	资金融通	城市类别
1	新加坡	新加坡	东南亚	74.31	13.98	α
2	荷兰	阿姆斯特丹	西欧	59.25	13.21	α
3	瑞典	斯德哥尔摩	北欧	43.81	11.75	δ +

续表

排名	国家	城市	区域	丝路节点城市指数	资金融通	城市类别
4	阿拉伯联合酋长国	迪拜	西亚	57.49	11.72	α
5	英国	伦敦	北欧	55.47	11.64	α
6	瑞士	苏黎世	西欧	62.29	11.56	α
7	阿拉伯联合酋长国	阿布扎比	西亚	52.43	11.48	α
8	日本	东京	东亚	58.63	11.38	α
9	卢森堡	卢森堡	西欧	55.75	11.33	α
10	德国	汉堡	西欧	57.22	11.33	α
11	德国	柏林	西欧	56.92	11.31	α
12	马来西亚	吉隆坡	东南亚	58.73	11.24	α
13	德国	慕尼黑	西欧	53.05	11.21	α
14	泰国	曼谷	东南亚	58.88	11.20	α
15	韩国	首尔	东亚	67.87	11.03	α
16	日本	大阪	东亚	48.44	11.03	γ
17	意大利	米兰	南欧	56.04	11.02	α
18	法国	巴黎	西欧	59.43	10.98	α
19	新西兰	惠灵顿	澳大利亚和新西兰	49.67	10.86	β
20	西班牙	马德里	南欧	53.91	10.85	α
21	丹麦	哥本哈根	北欧	56.89	10.82	α
22	以色列	特拉维夫 - 雅法	西亚	43.07	10.81	δ +
23	比利时	布鲁塞尔	西欧	56.19	10.79	α
24	韩国	釜山	东亚	56.39	10.79	α
25	巴林	麦纳麦	西亚	45.03	10.64	δ ++
26	俄罗斯	莫斯科	东欧	57.11	10.61	α
27	意大利	罗马	南欧	51.42	10.61	β
28	英国	格拉斯哥	北欧	51.01	10.57	β
29	葡萄牙	里斯本	南欧	53.12	10.52	α
30	摩洛哥	卡萨布兰卡	北非	47.36	10.52	γ
31	卡塔尔	多哈	西亚	56.41	10.48	α
32	奥地利	维也纳	西欧	52.67	10.48	α
33	芬兰	赫尔辛基	北欧	56.29	10.40	α
34	土耳其	伊斯坦布尔	西亚	49.13	10.36	γ
35	波兰	华沙	东欧	51.80	10.36	β
36	印度	孟买	南亚	45.71	10.34	δ ++
37	俄罗斯	圣彼得堡	东欧	55.21	10.33	α

续表

排名	国家	城市	区域	丝路节点城市指数	资金融通	城市类别
38	南非	开普敦	南非	49.12	10.31	γ
39	立陶宛	维尔纽斯	北欧	46.92	10.29	δ ++
40	南非	约翰内斯堡	南非	44.58	10.25	δ ++
41	印度	新德里	南亚	49.35	10.24	γ
42	哈萨克斯坦	努尔苏丹	中亚	48.09	10.22	γ
43	菲律宾	马尼拉	东南亚	49.65	10.21	β
44	捷克	布拉格	东欧	44.35	10.19	δ +
45	科威特	科威特市	西亚	46.12	10.18	δ ++
46	挪威	奥斯陆	北欧	43.60	10.12	δ +
47	爱沙尼亚	塔林	北欧	47.13	10.08	γ
48	匈牙利	布达佩斯	东欧	57.17	10.07	α
49	印度尼西亚	雅加达	东南亚	53.02	10.07	α
50	沙特阿拉伯	利雅得	西亚	42.83	10.03	δ +

（五）“民心相通”型城市：与中国文化旅游交流频繁、文化距离小

“民心相通”型城市与中国文化距离小、孔子学院数量较多、与中国往来航空客流量大且大多数位于对中国免签的国家。课题组将“民心相通”指数得分排名前50位的城市界定为“民心相通”型城市（见表14）。

表14　2022年“民心相通”型城市

排名	国家	城市	区域	丝路节点城市指数	民心相通	城市类别
1	尼泊尔	加德满都	南亚	43.68	11.07	δ +
2	新加坡	新加坡	东南亚	74.31	10.81	α
3	孟加拉国	达卡	南亚	48.69	10.79	γ
4	韩国	首尔	东亚	67.87	10.55	α
5	缅甸	仰光	东南亚	49.81	10.43	β
6	马来西亚	吉隆坡	东南亚	58.73	10.42	α

续表

排名	国家	城市	区域	丝路节点城市指数	民心相通	城市类别
7	韩国	仁川	东亚	55.26	9.82	α
8	阿拉伯联合酋长国	迪拜	西亚	57.49	9.80	α
9	阿拉伯联合酋长国	阿布扎比	西亚	52.43	9.80	α
10	卡塔尔	多哈	西亚	56.41	9.67	α
11	柬埔寨	金边	东南亚	52.02	9.52	α
12	朝鲜	平壤	东亚	33.66	9.46	ε
13	法国	巴黎	西欧	59.43	9.26	α
14	泰国	曼谷	东南亚	58.88	9.18	α
15	比利时	布鲁塞尔	西欧	56.19	8.65	α
16	瑞士	苏黎世	西欧	62.29	8.51	α
17	芬兰	赫尔辛基	北欧	56.29	8.30	α
18	丹麦	哥本哈根	北欧	56.89	7.73	α
19	荷兰	阿姆斯特丹	西欧	59.25	7.25	α
20	肯尼亚	内罗毕	东非	38.43	6.92	ε
21	吉尔吉斯斯坦	比什凯克	中亚	44.92	6.73	δ ++
22	日本	东京	东亚	58.63	6.65	α
23	菲律宾	马尼拉	东南亚	49.65	6.57	β
24	南非	开普敦	南非	49.12	6.51	γ
25	老挝	万象	东南亚	52.37	6.46	α
26	蒙古	乌兰巴托	东亚	46.00	6.34	δ ++
27	英国	伦敦	北欧	55.47	6.24	α
28	加蓬	利伯维尔	中非	35.32	6.21	ε
29	菲律宾	达沃市	东南亚	40.74	6.21	δ
30	几内亚	科纳克里	西非	30.30	6.18	ε
31	埃及	开罗	北非	41.33	6.17	δ
32	黑山	波德戈里察	南欧	29.75	6.17	ε
33	尼日利亚	拉各斯	西非	42.92	6.15	δ +
34	印度尼西亚	雅加达	东南亚	53.02	6.10	α
35	印度尼西亚	泗水	东南亚	42.20	6.10	δ +
36	印度尼西亚	万隆	东南亚	41.23	6.10	δ
37	斯里兰卡	科伦坡	南亚	40.52	6.07	δ
38	缅甸	曼德勒	东南亚	41.15	6.06	δ
39	越南	河内	东南亚	47.16	6.06	γ
40	刚果(布)	布拉柴维尔	中非	35.44	6.04	ε

续表

排名	国家	城市	区域	丝路节点城市指数	民心相通	城市类别
41	冈比亚	班珠尔	西非	29.84	6.03	ε
42	莫桑比克	马普托	东非	34.83	5.99	ε
43	塞内加尔	达喀尔	西非	34.34	5.98	ε
44	塞拉利昂	弗里敦	西非	32.62	5.96	ε
45	哈萨克斯坦	努尔苏丹	中亚	48.09	5.94	γ
46	塔吉克斯坦	杜尚别	中亚	44.56	5.94	δ ++
47	乌兹别克斯坦	塔什干	中亚	40.84	5.94	δ
48	坦桑尼亚	达累斯萨拉姆	东非	38.40	5.94	ε
49	坦桑尼亚	多多马	东非	31.51	5.94	ε
50	卢旺达	基加利	东非	35.24	5.94	ε

四　分区域城市排名和类别分析

从空间分布上看，丝路节点城市的分布整体与上年相似，但重心开始由欧洲向亚洲倾斜（见表15）。重要节点城市的集中分布由东欧地区向东南亚地区转移，次要节点城市主要分布于东亚与西欧地区，一般节点城市主要分布于东欧，潜在节点城市则集中分布在东亚、东南亚、南亚和西亚地区。

表15　2022年各类别样本城市的区域空间分布

单位：个

类别	东亚	东南亚	南亚	中亚	西亚	东欧	北欧	西欧	南欧
重要节点城市	5	7			3	3	3	10	3
次要节点城市	3	2				1	1	3	2
一般节点城市	2	2	3	2	2	13	2	2	4
潜在节点城市	10	13	12	3	13	7	7	4	5
总计	20	24	15	5	18	24	13	19	14

类别	北非	东非	南非	西非	中非	南美	中美	澳新	总计
重要节点城市								1	35
次要节点城市								1	13
一般节点城市	1		1						34
潜在节点城市	3		3	1		1			82
总计	4	0	4	1	0	1	0	2	164

（一）亚洲地区：东亚实力攀升，东南亚节点功能均衡，西亚机遇挑战并存

1. 东亚地区：综合实力进步最大，政策沟通大幅领先，区域影响有待提高

东亚地区共包含 21 个样本城市（见表 16），其中包括 5 个重要节点城市、3 个次要节点城市和 10 个潜在节点城市。21 个样本城市丝路节点城市指数得分 47. 38 分，比全样本均值高 7. 57 分，是综合实力进步最大的地区。其中，韩国的节点城市综合指数得分提升最大。重要节点城市数量较上年增加 3 个。东亚地区节点城市在成长引领、政策沟通、设施联通、贸易畅通和资金融通指数均值上均显著高于平均水平。从满分达标率看，政策沟通（84. 07%）和设施畅通（53. 29%）表现最突出，分别高于全样本均值 28. 93 个和 16. 21 个百分点。但在伙伴关系、区域影响和民心相通领域，东亚地区均值得分略低于全样本平均水平。其中区域影响力的满分达标率较上年下滑 6. 7 个百分点。

表 16　2022 年东亚地区样本城市

城市	国家	丝路节点城市指数	城市类别	城市	国家	丝路节点城市指数	城市类别
首尔	韩国	67. 87	α	乌兰巴托	蒙古	46. 00	δ ++
东京	日本	58. 63	α	名古屋	日本	42. 47	δ +
釜山	韩国	56. 39	α	神户	日本	41. 30	δ
仁川	韩国	55. 26	α	北九州 – 福冈	日本	41. 15	δ
龙仁	韩国	52. 04	α	札幌	日本	40. 98	δ
大田	韩国	51. 76	β	横滨	日本	40. 58	δ
大邱	韩国	51. 31	β	静冈 – 浜松	日本	40. 57	δ
水原	韩国	51. 27	β	仙台	日本	40. 56	δ
大阪	日本	48. 44	γ	广岛	日本	40. 49	δ
光州	韩国	47. 38	γ	平壤	朝鲜	33. 66	ε
昌原	韩国	46. 94	δ ++				

2. 东南亚地区：节点城市最密集，节点功能均衡，伙伴关系优势突出

东南亚地区共包含 33 个样本城市（见表 18），其中 7 个重要节点城市、

2个次要节点城市、2个一般节点城市和13个潜在节点城市。重要节点城市数量较上年增加2个，已连续两年稳步增加，说明东南亚样本城市在海上丝绸之路的城市节点功能不断增强与巩固。[①] 东南亚样本城市综合指数得分均值44.52分，比全样本均值高4.71分，较上年有所提升。在二级指数得分方面，除区域影响力外，其他二级指数均值得分均高于全样本平均水平，节点功能发展平衡。在伙伴关系和民心相通上，满分达标率分别高于均值水平19.9个和12.57个百分点，优势突出。

表17　2022年东南亚地区样本城市

城市	国家	丝路节点城市指数	城市类别	城市	国家	丝路节点城市指数	城市类别
新加坡	新加坡	74.31	α	万隆	印度尼西亚	41.23	δ
曼谷	泰国	58.88	α	曼德勒	缅甸	41.15	δ
吉隆坡	马来西亚	58.73	α	茂物	印度尼西亚	41.04	δ
胡志明市	越南	54.06	α	三宝垄	印度尼西亚	41.02	δ
雅加达	印度尼西亚	53.02	α	巨港	印度尼西亚	41.00	δ
万象	老挝	52.37	α	棉兰	印度尼西亚	40.92	δ
金边	柬埔寨	52.02	α	达沃市	菲律宾	40.74	δ
仰光	缅甸	49.81	β	巴淡岛	印度尼西亚	37.54	ε
马尼拉	菲律宾	49.65	β	德波	印度尼西亚	37.44	ε
清迈	泰国	47.95	γ	勿加泗	印度尼西亚	37.33	ε
河内	越南	47.16	γ	北干巴鲁	印度尼西亚	37.19	ε
海防	越南	46.51	δ ++	丹格朗	印度尼西亚	37.15	ε
春武里	泰国	44.32	δ +	望加锡	印度尼西亚	37.01	ε
北榄府(沙没巴干府)	泰国	43.59	δ +	登巴萨	印度尼西亚	36.97	ε
芹苴	越南	42.93	δ +	内比都	缅甸	35.53	ε
泗水	印度尼西亚	42.20	δ +	帝力	东帝汶	27.08	ε
斯里巴加湾市	文莱	41.34	δ				

① 需要注意的是，中老昆万铁路即“中老国际铁路通道”已于2021年12月3日实现全线通车运营，途经的节点城市包括中国境内的昆明、玉溪、普洱、景洪、西双版纳和老挝境内的磨丁、孟塞、琅勃拉邦、万荣、彭洪、万象。泛亚铁路中线北段的贯通未来将会显著提升东南亚丝路城市节点的重要性。

3. 南亚地区：整体得分略有下滑、公共卫生能力亟待提高

南亚地区包含86个样本城市（见表18），其中包含3个一般节点城市、12个潜在节点城市和71个普通城市。一般节点城市数量较上年增加1个，但潜在节点城市数量较上年减少3个。南亚86个样本城市综合指数得分36.71分，较上年下降1.3分，低于全样本均值3.10分。受印度疫情影响，南亚地区在政策沟通上的满分达标率下滑超过20个百分点，是造成本年度南亚地区表现欠佳的最主要原因。其次受大国关系影响，南亚地区民心相通指数得分较上年略有下滑。但在伙伴关系、成长引领和贸易畅通方面，南亚地区均值得分仍高于全样本平均水平。

表18　2022年南亚地区样本城市

城市	国家	丝路节点城市指数	城市类别	城市	国家	丝路节点城市指数	城市类别
新德里	印度	49.35	γ	科莱	印度	35.07	ε
达卡	孟加拉国	48.69	γ	特里苏尔	印度	35.05	ε
拉合尔	巴基斯坦	48.24	γ	哥印拜陀	印度	35.02	ε
孟买	印度	45.71	δ ++	苏拉特	印度	34.97	ε
加尔各答	印度	44.59	δ ++	蒂鲁普	印度	34.95	ε
加德满都	尼泊尔	43.68	δ +	特里凡得琅	印度	34.93	ε
勒克瑙	印度	42.60	δ +	赖布尔	印度	34.84	ε
阿格拉	印度	42.59	δ +	维杰亚瓦达	印度	34.75	ε
伊斯兰堡	巴基斯坦	41.90	δ	拉杰果德	印度	34.71	ε
班加罗尔	印度	41.47	δ	莫拉达巴德	印度	34.71	ε
德黑兰	伊朗	41.44	δ	坎努尔	印度	34.67	ε
海得拉巴（印度）	印度	41.37	δ	布巴内斯瓦尔	印度	34.66	ε
金奈（马德拉斯）	印度	41.34	δ	焦特布尔	印度	34.64	ε
艾哈迈达巴德	印度	41.11	δ	兰契	印度	34.62	ε
科伦坡	斯里兰卡	40.52	δ	博帕尔	印度	34.60	ε
卡拉奇	巴基斯坦	39.40	ε	维沙卡帕特南	印度	34.59	ε
印多尔	印度	38.76	ε	斯利那加	印度	34.59	ε
哥打	印度	38.75	ε	瓜廖尔	印度	34.58	ε
阿利加尔	印度	38.68	ε	迈索尔	印度	34.54	ε
纳西克	印度	38.67	ε	塞勒姆	印度	34.51	ε

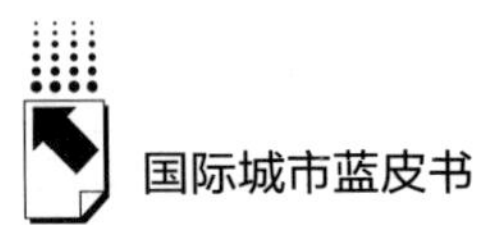

续表

城市	国家	丝路节点城市指数	城市类别	城市	国家	丝路节点城市指数	城市类别
奥兰加巴德	印度	38.65	ε	詹谢普尔	印度	34.50	ε
斋浦尔	印度	38.63	ε	密鲁特	印度	34.50	ε
巴雷利	印度	38.61	ε	巴特那	印度	34.50	ε
巴罗达	印度	38.52	ε	马杜赖	印度	34.49	ε
阿姆利则	印度	38.46	ε	昌迪加尔	印度	34.49	ε
瓦拉纳西（贝纳雷斯）	印度	38.46	ε	胡布利－达尔瓦德县	印度	34.49	ε
那格浦尔	印度	38.45	ε	古瓦哈提	印度	34.45	ε
阿散索尔	印度	38.44	ε	阿拉哈巴德	印度	34.44	ε
卢迪亚纳	印度	38.44	ε	贾巴尔普尔	印度	34.43	ε
坎普尔	印度	38.32	ε	蒂鲁吉拉伯利	印度	34.42	ε
马累	马尔代夫	37.84	ε	杜尔格	印度	34.42	ε
费萨拉巴德	巴基斯坦	37.81	ε	丹巴德	印度	34.38	ε
斯里贾亚瓦德纳普拉科特	斯里兰卡	37.51	ε	海得拉巴（巴基斯坦）	巴基斯坦	32.96	ε
马什哈德	伊朗	36.81	ε	伊斯法罕	伊朗	32.85	ε
库姆	伊朗	36.76	ε	白沙瓦	巴基斯坦	32.74	ε
大不里士	伊朗	36.62	ε	西拉	伊朗	32.71	ε
木尔坦	巴基斯坦	36.55	ε	阿瓦士	伊朗	32.67	ε
浦那	印度	36.55	ε	古杰朗瓦拉	巴基斯坦	32.66	ε
吉大港	孟加拉国	35.98	ε	拉瓦尔品第	巴基斯坦	32.51	ε
奎达	巴基斯坦	35.70	ε	库尔纳	孟加拉国	31.38	ε
科钦	印度	35.59	ε	喀布尔	阿富汗	30.60	ε
马拉普兰	印度	35.37	ε	卡拉季	伊朗	28.45	ε
科泽科德	印度	35.15	ε	廷布	不丹	20.66	ε

4. 中亚地区：节点城市影响力下降，贸易畅通发展薄弱

中亚地区共包含6个样本城市（见表19），其中包含2个一般节点城市和3个潜在节点城市。本年度因扩展了“中国发起成立的国际合作组织、机构协议中的成员国”三级指标的范围，中亚地区的核心节点城市的伙伴关系指数得分有所滑落，阿拉木图（哈萨克斯坦）由次要节点城市下降至一般节点城市。6个样本城市均值43.94分，与上年持平，高于全样本均值

4.13 分。从满分达标率上看，中亚地区在设施联通方面得分最高，达 57.21%，高于全样本均值。在伙伴关系、政策沟通、资金融通和民心相通领域，均优于全样本均值。但在贸易畅通方面，发展较为薄弱，满分达标率低于全样本均值 12.14 个百分点。

表 19　2022 年中亚地区样本城市

城市	国家	丝路节点城市指数	城市类别	城市	国家	丝路节点城市指数	城市类别
阿拉木图	哈萨克斯坦	48.46	γ	杜尚别	塔吉克斯坦	44.56	δ ++
努尔苏丹	哈萨克斯坦	48.09	γ	塔什干	乌兹别克斯坦	40.84	δ
比什凯克	吉尔吉斯斯坦	44.92	δ ++	阿什哈巴德	土库曼斯坦	36.77	ε

5. 西亚地区：重点城市区域影响力大，但发展不平衡问题加剧

西亚地区共包含 42 个样本城市（见表 20），其中包含 3 个重要节点城市、2 个一般节点城市和 13 个潜在节点城市。重要节点城市数量较上年增加 2 个。42 个城市样本综合指数得分均值 34.77 分，较上年下降 3.05 分，低于全样本均值 5.04 分。西亚地区综合指数得分极值为 46.71，较上年扩大 11.92，西亚地区发展不平衡问题加剧。西亚地区的区域影响力表现较好，满分达标率达 14.1%，高于全样本均值 2.8 个百分点，说明重要节点城市重视发展质量、区域辐射力大，是有潜力的发展地区。

表 20　西亚地区城市样本

城市	国家	丝路节点城市指数	城市类别	城市	国家	丝路节点城市指数	城市类别
迪拜	阿拉伯联合酋长国	57.49	α	麦加	沙特阿拉伯	36.08	ε
多哈	卡塔尔	56.41	α	麦地那	沙特阿拉伯	36.06	ε
阿布扎比	阿拉伯联合酋长国	52.43	α	埃里温	亚美尼亚	35.67	ε
伊斯坦布尔	土耳其	49.13	γ	安曼	约旦	35.64	ε
巴库	阿塞拜疆	47.84	γ	阿达纳	土耳其	35.56	ε
科威特市	科威特	46.12	δ ++	赫法（海法）	以色列	34.79	ε
安卡拉	土耳其	45.83	δ ++	贝鲁特	黎巴嫩	32.72	ε

续表

城市	国家	丝路节点城市指数	城市类别	城市	国家	丝路节点城市指数	城市类别
麦纳麦	巴林	45.03	δ ++	耶路撒冷（以色列）	以色列	31.48	ε
第比利斯	格鲁吉亚	43.81	δ +	巴格达	伊拉克	25.12	ε
加济安泰普	土耳其	43.74	δ +	亚丁	也门	24.58	ε
科尼亚	土耳其	43.73	δ +	萨那	也门	20.80	ε
伊兹密尔	土耳其	43.58	δ +	摩苏尔	伊拉克	20.62	ε
特拉维夫－雅法	以色列	43.07	δ +	苏莱曼尼亚	伊拉克	20.45	ε
利雅得	沙特阿拉伯	42.83	δ +	巴士拉	伊拉克	20.40	ε
尼科西亚	塞浦路斯	41.68	δ	埃尔比勒	伊拉克	20.24	ε
沙迦	阿拉伯联合酋长国	40.36	δ	阿勒颇	叙利亚	20.22	ε
布尔萨	土耳其	40.13	δ	大马士革	叙利亚	19.80	ε
安塔利亚	土耳其	39.84	δ	霍姆斯	叙利亚	15.65	ε
马斯喀特	阿曼	37.87	ε	哈马	叙利亚	15.43	ε
达曼	沙特阿拉伯	37.17	ε	加沙	巴勒斯坦	13.67	ε
吉达	沙特阿拉伯	36.65	ε	耶路撒冷（巴勒斯坦）	巴勒斯坦	10.78	ε

（二）欧洲地区：西欧持续引领发展，东欧北欧伙伴关系遭受冲击，南欧进步显著

1. 东欧地区：受双边关系与疫情影响，伙伴关系和政策沟通表现欠佳

东欧地区共包含 27 个样本城市（见表 21），其中包含 3 个重要节点城市、1 个次要节点城市、13 个一般节点城市和 7 个潜在节点城市。与上年相比，东欧城市的重要节点城市和次要节点城市数量明显减少。但 27 个样本城市综合指数得分 47.13 分，高于全样本均值 7.32 分，总体实力仍然强劲。本年度东欧节点城市表现欠佳，一是俄罗斯等国疫情反复且疫苗接种率无法得到保障；二是东欧部分国家的合作受到多方面因素影响，伙伴关系指数得分下滑。

表 21　2022 年东欧地区样本城市

城市	国家	丝路节点城市指数	城市类别	城市	国家	丝路节点城市指数	城市类别
布达佩斯	匈牙利	57.17	α	罗斯托夫	俄罗斯	48.40	γ
莫斯科	俄罗斯	57.11	α	鄂木斯克	俄罗斯	48.37	γ
圣彼得堡	俄罗斯	55.21	α	萨马拉	俄罗斯	48.33	γ
华沙	波兰	51.80	β	布加勒斯特	罗马尼亚	45.92	δ ++
新西伯利亚	俄罗斯	49.33	γ	格但斯克	波兰	44.76	δ ++
叶卡捷琳堡	俄罗斯	49.24	γ	布拉格	捷克	44.35	δ +
喀山	俄罗斯	49.01	γ	索菲亚	保加利亚	44.04	δ +
克拉斯诺亚尔斯克	俄罗斯	48.94	γ	基辅	乌克兰	43.16	δ +
彼尔姆	俄罗斯	48.82	γ	布拉迪斯拉发	斯洛伐克	42.87	δ +
下诺夫哥罗德	俄罗斯	48.71	γ	明斯克	白俄罗斯	42.14	δ +
伏尔加格勒	俄罗斯	48.67	γ	基希讷乌	摩尔多瓦	39.19	ε
沃罗涅日	俄罗斯	48.47	γ	敖德萨	乌克兰	35.88	ε
车里雅宾斯克	俄罗斯	48.47	γ	哈尔科夫	乌克兰	35.84	ε
乌法	俄罗斯	48.44	γ				

2. 北欧地区：高质量节点城市比重上升，伙伴关系遭受冲击

北欧地区共包含 15 个样本城市（见表 22），其中包含 3 个重要节点城市、1 个次要节点城市、2 个一般节点城市和 7 个潜在节点城市。重要节点城市和潜在节点城市较上年各增加 1 个，但次要节点城市数量下降 1 个，一般节点城市数量下降 2 个，说明北欧引领发展的高质量节点城市数量增加，但中等水平的节点城市表现尚不稳定。15 个样本城市的综合指数得分均值 46.97 分，较上年提升 6.18 分，高于全样本均值 7.16 分。区域影响和政策沟通表现较好，满分达标率分别高于全样本均值 23 个和 32.93 个百分点。但受部分国家的复杂因素影响，北欧地区伙伴关系满分达标率较上年下降 22.4 个百分点。

表 22　北欧地区样本城市

城市	国家	丝路节点城市指数	城市类别	城市	国家	丝路节点城市指数	城市类别
哥本哈根	丹麦	56.89	α	南安普敦	英国	46.02	δ ++
赫尔辛基	芬兰	56.29	α	西约克	英国	45.00	δ ++
伦敦	英国	55.47	α	都柏林	爱尔兰	44.46	δ +

续表

城市	国家	丝路节点城市指数	城市类别	城市	国家	丝路节点城市指数	城市类别
格拉斯哥	英国	51.01	β	斯德哥尔摩	瑞典	43.81	δ +
曼彻斯特	英国	47.66	γ	奥斯陆	挪威	43.60	δ +
塔林	爱沙尼亚	47.13	γ	里加	拉脱维亚	39.45	ε
维尔纽斯	立陶宛	46.92	δ ++	雷克雅未克	冰岛	34.59	ε
伯明翰	英国	46.32	δ ++				

3. 西欧地区：持续引领节点城市高质量发展，重要节点城市占比最高

西欧地区共包含19个样本城市（见表23），其中包含10个重要节点城市、3个次要节点城市、2个一般节点城市和4个潜在节点城市。西欧地区为重要节点城市占比最高的区域，且较上年继续上升，为承接“一带一路”发展的重要区域。19个样本城市综合指数得分52.20分，高于全样本城市12.39分，为所有区域中最高分，且领先优势持续扩大。从二级指数上看，西欧地区在区域影响、成长引领和“五通”领域表现优异，节点功能发展均衡。但受国际政局影响，伙伴关系均值得分略低于全样本均值。

表23　2022年西欧地区样本城市

城市	国家	丝路节点城市指数	城市类别	城市	国家	丝路节点城市指数	城市类别
苏黎世	瑞士	62.29	α	科隆	德国	51.38	β
巴黎	法国	59.43	α	罗斯托克	德国	49.62	β
阿姆斯特丹	荷兰	59.25	α	伯尔尼	瑞士	49.57	β
汉堡	德国	57.22	α	里昂	法国	47.44	γ
柏林	德国	56.92	α	鹿特丹	荷兰	47.43	γ
布鲁塞尔	比利时	56.19	α	波尔多	法国	45.82	δ ++
卢森堡	卢森堡	55.75	α	里尔	法国	45.72	δ ++
不莱梅	德国	55.13	α	安特卫普	比利时	44.58	δ ++
慕尼黑	德国	53.05	α	马赛－普罗旺斯地区艾克斯	法国	42.29	δ +
维也纳	奥地利	52.67	α				

4. 南欧地区：综合实力大幅提升，贸易畅通、民心相通有待加强

南欧地区共包含 19 个样本城市（见表 24），其中包含 3 个重要节点城市、2 个次要节点城市、4 个一般节点城市和 5 个潜在节点城市。重要节点城市和次要节点城市数量较上年均增加 1 个。19 个样本城市综合指数得分 44.45 分，较上年提升 5.60 分，已高于全样本均值，进步显著。从二级指数上看，本年度南欧地区在区域影响、设施联通和资金融通领域进步最大，指数均值得分均已达到全样本平均水平。区域影响力满分达标率达 20.2%，高于全样本均值 8.9 个百分点，设施联通满分达标率达 48.71%，高于全样本均值 11.64 个百分点。“五通”指数中贸易畅通与民心相通仍略低于全样本平均水平，有待进一步提高。

表 24　2022 年南欧地区样本城市

城市	国家	丝路节点城市指数	城市类别	城市	国家	丝路节点城市指数	城市类别
米兰	意大利	56.04	α	萨格勒布	克罗地亚	44.86	δ ++
马德里	西班牙	53.91	α	贝尔格莱德	塞尔维亚	44.67	δ ++
里斯本	葡萄牙	53.12	α	威尼斯	意大利	44.33	δ +
罗马	意大利	51.42	β	卢布尔雅那	斯洛文尼亚	41.50	δ
都灵	意大利	49.61	β	斯科普里	北马其顿共和国	37.20	ε
巴塞罗那	西班牙	48.76	γ	地拉那	阿尔巴尼亚	36.19	ε
热那亚	意大利	48.13	γ	瓦莱塔	马耳他	35.66	ε
波尔图	葡萄牙	47.79	γ	波德戈里察	黑山	29.75	ε
雅典	希腊	47.44	γ	萨拉热窝	波斯尼亚和黑塞哥维那	29.37	ε
那不勒斯	意大利	44.93	δ ++				

（三）非洲地区：疫情原因政策沟通能力整体下滑，与全样本均值差距扩大

1. 北非地区：地区整体节点功能薄弱，设施联通有待改善

北非地区共包含 10 个样本城市（见表 25），其中包含 1 个一般节点城市和 3 个潜在节点城市。与上年相比，北非地区潜在节点城市数量减少 1

个。10 个样本城市综合指数得分 36.66 分，与上年持平，但距全样本平均水平的差距扩大。二级指数得分方面，区域影响和民心相通的得分均值高于全样本均值，但其余二级指数得分均低于全样本均值，尤其在设施联通和贸易畅通方面最为薄弱。受低疫苗接种率影响，本年度北非地区的政策沟通指数得分较上年下滑。

表 25　2022 年北非地区样本城市

城市	国家	丝路节点城市指数	城市类别	城市	国家	丝路节点城市指数	城市类别
卡萨布兰卡	摩洛哥	47.36	γ	突尼斯	突尼斯	36.81	ε
开罗	埃及	41.33	δ	阿尔及尔	阿尔及利亚	36.57	ε
拉巴特	摩洛哥	40.59	δ	亚历山大港	埃及	34.15	ε
菲斯	摩洛哥	40.28	δ	喀土穆	苏丹	31.80	ε
马拉喀什	摩洛哥	38.08	ε	的黎波里	利比亚	19.64	ε

2. 东非地区：与全样本平均水平差距持续扩大，设施联通短板明显

东非地区共包含 17 个样本城市（见表 26），全部为普通城市，是非洲地区节点功能最薄弱区域。17 个样本城市综合指数得分为 32.55 分，低于全样本均值 7.26 分，与全样本均值差距进一步扩大。二级指数得分方面，民心相通均值得分高于全样本均值 0.24 分，区域影响与全样本均值持平。在政策沟通、设施联通和资金融通领域，落后较明显。设施联通的满分达标率与全样本均值相差 15.43 个百分点，差距加大，亟待改善。受疫情影响，政策沟通满分达标率较上年下滑 11.53 个百分点，伙伴关系满分达标率较上年亦有所下降。

表 26　2022 年东非地区样本城市

城市	国家	丝路节点城市指数	城市类别	城市	国家	丝路节点城市指数	城市类别
亚的斯亚贝巴（埃塞俄比亚首都）	埃塞俄比亚	39.21	ε	坎帕拉	乌干达	32.00	ε
维多利亚	塞舌尔	38.79	ε	塔那那利佛	马达加斯加	31.90	ε
内罗毕	肯尼亚	38.43	ε	多多马	坦桑尼亚	31.51	ε
达累斯萨拉姆	坦桑尼亚	38.40	ε	布琼布拉	布隆迪	30.27	ε

续表

城市	国家	丝路节点城市指数	城市类别	城市	国家	丝路节点城市指数	城市类别
哈拉雷	津巴布韦	35.90	ε	马托拉	莫桑比克	29.32	ε
蒙巴萨	肯尼亚	35.27	ε	吉布提市	吉布提	27.78	ε
基加利	卢旺达	35.24	ε	朱巴	南苏丹	21.44	ε
卢萨卡	赞比亚	34.86	ε	摩加迪沙	索马里	18.28	ε
马普托	莫桑比克	34.83	ε				

3. 南非地区：伙伴关系进步显著，但政策沟通能力下滑严重

南非地区共包含 7 个样本城市（见表 27），其中包含 1 个一般节点城市和 3 个潜在节点城市，数量与上年保持一致，为非洲节点城市数量占比最高地区。7 个样本城市综合指数得分 41.18 分，与上年基本持平，高于全样本均值 1.37 分。二级指数得分方面，伙伴关系、区域影响、贸易畅通、资金融通和民心相通均值得分均高于全样本平均水平。伙伴关系满分达标率达 75.60%，较上年进步显著。但在成长引领、政策沟通和设施联通方面，南非地区满分达标率分别低于全样本均值，仍有待提高。因疫苗接种率较低，政策沟通满分达标率较上年下滑约 20 个百分点。

表 27　2022 年南非地区样本城市

城市	国家	丝路节点城市指数	城市类别	城市	国家	丝路节点城市指数	城市类别
开普敦	南非	49.12	γ	伊丽莎白港（纳尔逊·曼德拉湾）	南非	37.61	ε
约翰内斯堡	南非	44.58	δ ++	茨瓦内	南非	37.11	ε
德班	南非	43.14	δ +	温得和克	纳米比亚	35.31	ε
艾库鲁勒尼	南非	41.38	δ				

4. 西非地区：地区节点功能有明显下滑，政策沟通和设施联通表现欠佳

西非地区共包含 19 个样本城市（见表 28），其中包含 1 个潜在节点城市和 18 个普通城市，地区节点功能水平较弱。西非样本城市综合指数得分 32.64 分，较上年下滑 4.68 分，低于全样本均值 7.17 分，与均值水平差距扩大。在二级指数方面，除民心相通达到全样本均值外，其他二级指数得分

均低于全样本均值。其中政策沟通和设施联通与全样本均值差距最大。政策沟通和设施联通满分达标率分别较全样本均值低 15.40 个和 17.75 个百分点。政策沟通满分达标率较上年下滑超过 20 个百分点。

表 28　2022 年西非地区样本城市

城市	国家	丝路节点城市指数	城市类别	城市	国家	丝路节点城市指数	城市类别
拉各斯	尼日利亚	42.92	δ+	奥尼查	尼日利亚	31.64	ε
阿克拉	加纳	37.06	ε	贝宁市	尼日利亚	31.32	ε
库马西	加纳	35.74	ε	伊巴丹	尼日利亚	31.26	ε
达喀尔	塞内加尔	34.34	ε	卡诺	尼日利亚	31.24	ε
普拉亚	佛得角	33.33	ε	卡杜纳	尼日利亚	31.05	ε
阿布贾	尼日利亚	33.09	ε	科纳克里	几内亚	30.30	ε
弗里敦	塞拉利昂	32.62	ε	班珠尔	冈比亚	29.84	ε
阿比让	科特迪瓦	32.62	ε	努瓦克肖特	毛里塔尼亚	29.40	ε
哈科特港	尼日利亚	32.11	ε	亚穆苏克罗	科特迪瓦	28.14	ε
洛美	多哥	32.07	ε				

5. 中非地区：非洲节点功能最薄弱地区、伙伴关系和设施联通落后明显

中非地区共包含 7 个样本城市（见表 29），均为普通城市。7 个样本城市综合指数得分 31.63 分，低于全样本均值 8.18 分。在二级指数方面，区域影响和民心相通达全样本均值，其余二级指数均低于全样本均值。在伙伴关系、政策沟通、设施联通和资金融通领域的发展明显不足。伙伴关系和设施联通与全样本平均水平差距最大，满分达标率分别低于全样本均值 14.08 个和 18.27 个百分点。

表 29　2022 年中非地区样本城市

城市	国家	丝路节点城市指数	城市类别	城市	国家	丝路节点城市指数	城市类别
布拉柴维尔	刚果(布)	35.44	ε	杜阿拉	喀麦隆	29.40	ε
利伯维尔	加蓬	35.32	ε	雅温得	喀麦隆	28.47	ε
黑角	刚果(布)	34.06	ε	恩贾梅纳	乍得	27.33	ε
罗安达	安哥拉	31.38	ε				

（四）美洲和大洋洲：奥克兰首次入围重要节点城市，但整体发展两极化现象加剧

美洲和大洋洲共包含22个样本城市（见表30），其中包含1个重要节点城市、1个次要节点城市和1个潜在节点城市。奥克兰（新西兰）从上年的次要节点城市晋级为重要节点城市，已连续两年晋级。惠灵顿（新西兰）亦从上年的一般节点城市晋级为次要节点城市。新西兰的节点城市近年来实力提升迅速，值得关注。22个样本城市综合指数得分均值32.92分，低于全样本均值6.89分，与全样本均值差距拉大。区域内综合指数得分极差为33.63，较上年扩大30%。二级指数方面，区域影响力表现较好，满分达标率高于全样本均值3.9%。成长引领、设施联通和资金融通与全样本平均水平差距较大，有待提高。

表30　2022年美洲和大洋洲地区样本城市

城市	国家	丝路节点城市指数	城市类别	城市	国家	丝路节点城市指数	城市类别
奥克兰	新西兰	53.03	α	帕拉马里博	苏里南	32.22	ε
惠灵顿	新西兰	49.67	β	西班牙港	特立尼达和多巴哥	30.67	ε
蒙得维的亚	乌拉圭	44.72	δ ++	莫尔兹比港	巴布亚新几内亚	29.83	ε
拉巴斯	玻利维亚	36.33	ε	加拉加斯	委内瑞拉	28.59	ε
巴拿马城	巴拿马	35.90	ε	圣乔治	格林纳达	26.95	ε
阿皮亚	萨摩亚	35.63	ε	瓦伦西亚	委内瑞拉	26.30	ε
圣克鲁斯	玻利维亚	35.37	ε	马拉开波	委内瑞拉	26.25	ε
科恰班巴	玻利维亚	35.24	ε	马拉凯	委内瑞拉	26.05	ε
罗索	多米尼克	34.71	ε	巴基西梅托	委内瑞拉	26.04	ε
圣荷西	哥斯达黎加	34.37	ε	圣约翰（纽芬兰）	安提瓜和巴布达	24.47	ε
乔治敦	圭亚那	32.58	ε	阿洛菲	纽埃	19.40	ε

五　2018～2022年丝路节点城市指数变化分析

根据近五年对丝路节点城市指数排名以及区域分布的持续观察，丝路节点城市的功能不断提升，疫后复苏明显，但全球各区域发展的不均衡、两极

化现象加剧。欧洲持续引领高质量发展，亚洲整体实力明显攀升，西亚地区作为连接欧亚大陆的桥梁地区，近五年节点功能进步明显，说明“一带一路”倡议在推动新型全球化发展中起到了积极作用。

2022 年，丝路节点城市整体复苏明显，指数得分创历史新高，主要表现为贸易畅通指数与资金融通指数迅速恢复。近五年设施联通与民心相通指数稳步上升，但区域影响力面临较大挑战。西欧、东欧、东亚和东南亚共同承载“一带一路”的高质量发展。

（一）丝路节点城市整体表现：整体功能水平上升，样本间差距扩大

2018 ~ 2022 年丝路节点城市指数得分波动上升。2019 年丝路城市 2.0 更新了样本数量和地区，新增样本城市集中在非洲、大洋洲和美洲地区，故 2019 年丝路节点城市指数整体得分有所下降。2021 年受全球新冠肺炎疫情冲击，丝路节点城市指数略有下滑，主要表现为贸易畅通指数与资金融通指数下降。2022 年，丝路节点城市整体复苏明显，指数得分创历史新高。2018 ~ 2022 年丝路节点城市指数的标准差波动上升，说明样本在功能水平方面差距逐步拉大。各城市样本间发展不均衡问题加剧。

二级指数得分方面，近 5 年全样本城市均值水平在设施联通与民心相通方面稳步提升；在伙伴关系、贸易畅通和资金融通方面波动上升；在成长引领与区域影响方面持续下滑，值得关注，可能原因包括中国企业在全球 500 强中的比例上升导致海外企业占比下降，以及近五年全球经济增长的疲软与未来十年人口增长缺乏后劲。在政策沟通方面，2018 ~ 2022 年全样本均值有明显进步。2021 年新冠肺炎疫情突袭而至，政策沟通指数下新增公共卫生能力维度。受全球疫情反复和疫苗分配不均的影响，全样本均值水平有所滑落。

（二）各地区表现变化：西欧全方位领先，南欧整体进步最大，东亚高质量发展势头强劲

从近五年各地区的指数均值得分上看，西欧地区为丝路节点功能最强劲

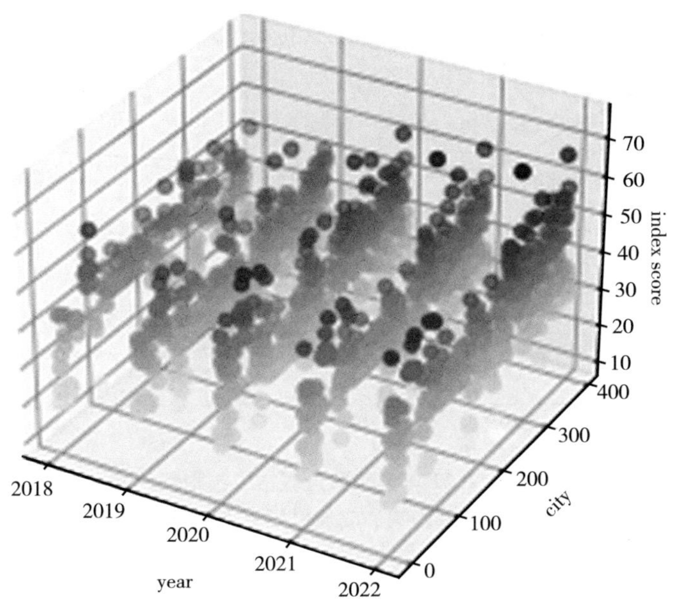

图 16　2018～2022 年丝路城市指数所有节点城市得分分布

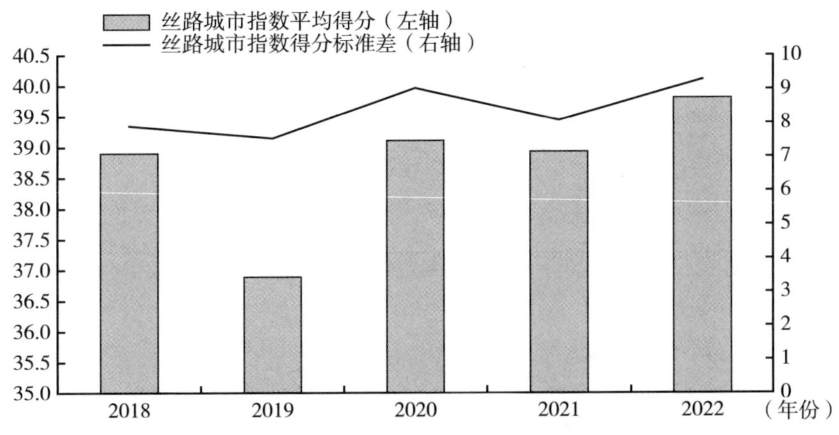

图 17　2018～2022 年丝路城市指数平均得分及标准差变化

地区，得分均值为 47. 87 分，位列第一。东欧和中亚紧随其后，近 5 年得分均值分别为 44. 94 分和 44. 07 分。中非地区实力最弱，近五年得分均值为

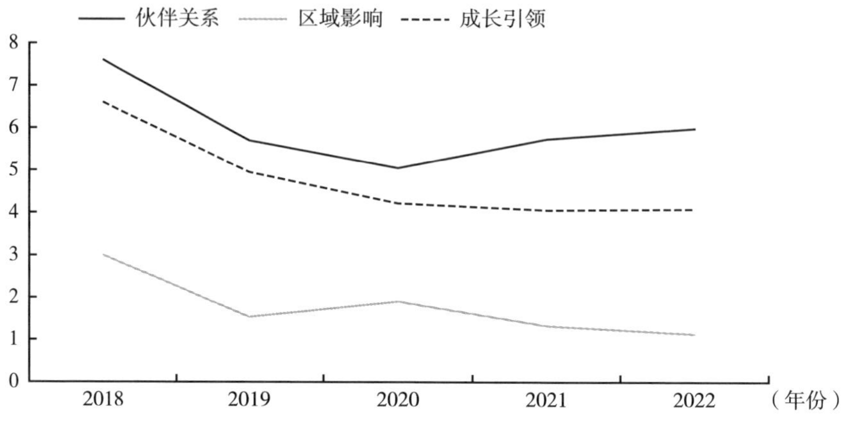

图 18 2018～2022 年丝路节点城市二级指数伙伴关系、区域影响、成长引领平均得分变化

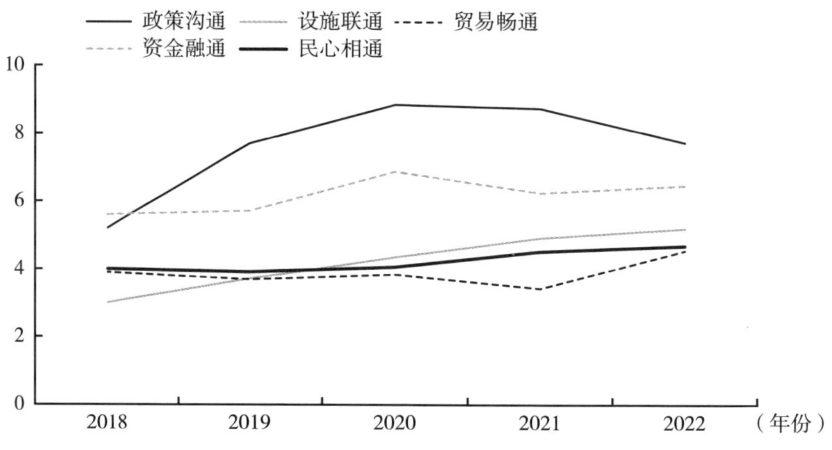

图 19 2018～2022 年丝路节点城市“五通”指数平均得分变化

31.70 分。从平均增长率看，南欧、北非和北欧近五年进步也较明显，平均增长率均达 4% 以上。南亚地区近五年指数平均增长率为 -1.55%，是唯一节点功能水平下降的地区。东亚和东南亚节点功能整体表现稳定，平均增长率分别为 2.05% 和 0.79%。

表 31　近五年丝路节点城市指数得分分区域情况

年份	东亚	东南亚	南亚	中亚	西亚	东欧	北欧	西欧
2018	42.80	42.80	39.70	41.10	31.60	42.00	38.40	47.10
2019	42.42	41.98	35.43	43.42	34.48	44.03	41.53	45.21
2020	45.50	43.30	34.04	47.70	37.29	48.34	46.62	49.75
2021	40.92	40.72	38.00	44.19	37.82	43.22	40.79	45.09
2022	47.38	44.52	36.71	43.94	34.77	47.13	46.97	52.20
均值	43.80	42.66	36.77	44.07	37.58	44.94	42.86	47.87
指数得分变化绝对数	4.58	1.72	-2.99	2.84	3.17	5.13	8.57	5.10

年份	南欧	北非	东非	南非	西非	中非	美洲和大洋洲
2018	35.90	29.80					
2019	37.33	33.06	29.42	37.17	29.23	30.44	29.51
2020	43.99	36.65	32.87	38.94	32.28	31.27	32.25
2021	38.85	36.96	34.78	41.72	37.31	33.46	37.53
2022	44.45	36.66	32.55	41.18	32.64	31.63	32.92
均值	40.10	34.62	32.40	39.75	32.86	31.70	33.05
指数得分变化绝对数	8.55	6.86	2.98	2.58	3.63	1.26	3.54

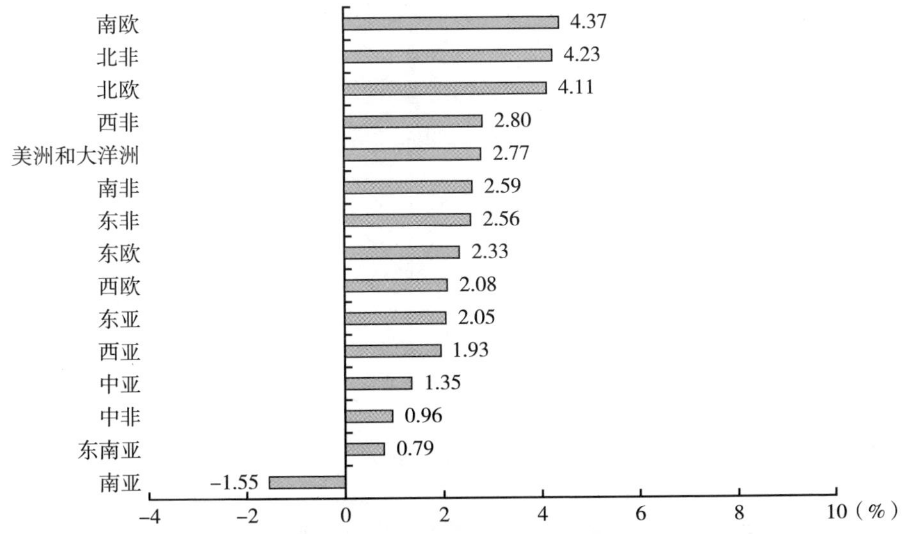

图 20　近五年丝路节点城市指数得分分区域年平均几何增长率

从重要节点城市数量看，东亚和西欧在高质量节点功能发展上进步最为明显，两个地区与2018年相比新增重要节点城市数量均为4个。东南亚、西亚和南欧亦为高质量发展的领先地区，与2018年相比新增重要节点城市数量均为3个。西亚地区近5年实现了重要节点城市零突破，且数量增至3个。

表32　近五年重要节点城市数量分区域情况

单位：个

年份	亚洲	欧洲	非洲	美洲和大洋洲
2018	5	9	0	0
2019	6	6	0	0
2020	10	13	0	0
2021	8	22	0	0
2022	15	19	0	1
近五年新增数量	10	10	0	1

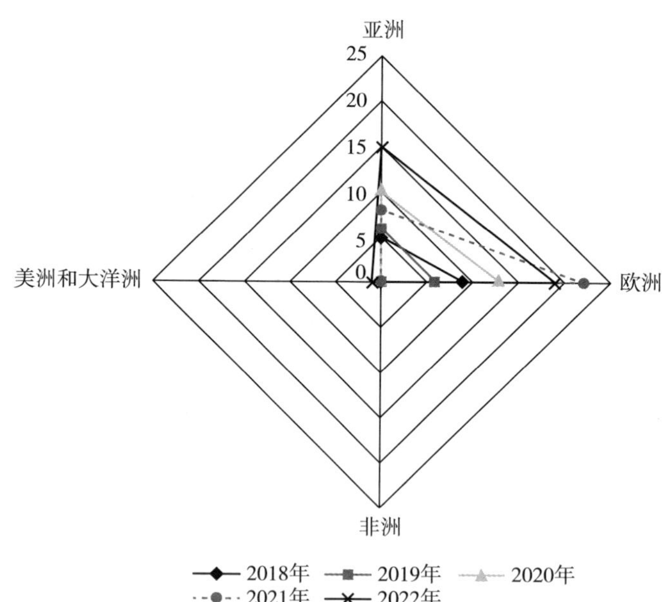

图21　近五年重要节点城市数量分区域情况（单位：个）

附　录

1. 纳入本报告研究的城市样本

延续上年筛选丝路节点城市情况，纳入本报告的丝路节点城市样本主要包含以下三个部分：一是，参与共建“一带一路”的国家或地区中人口规模超过100万人的城市[①]；二是，样本国家的首都城市；三是，“一带一路”网络中的重要港口城市。基于数据可得性，最终选出138个国家（地区）的350个样本城市。样本国家（地区）和城市在各区域的分布情况如附表1所示。

附表1　纳入本报告研究的样本国家（地区）和城市

单位：个

大洲	地理亚区	国家（地区）		城市数量
		名称	数量	
大洋洲	美拉尼西亚	巴布亚新几内亚	1	1
	波利尼西亚	萨摩亚、纽埃	2	2
	澳大利亚和新西兰	新西兰	1	2
美洲	南美	玻利维亚、乌拉圭、委内瑞拉、苏里南、圭亚那	5	11
	中美	哥斯达黎加、巴拿马	2	2
	加勒比地区	格林纳达、多米尼克、安提瓜和巴布达、特立尼达和多巴哥	4	4
欧洲	南欧	希腊、塞尔维亚、黑山、斯洛文尼亚、波斯尼亚和黑塞哥维那、阿尔巴尼亚、克罗地亚、马其顿、马耳他、葡萄牙、西班牙、意大利	12	19
	东欧	白俄罗斯、保加利亚、捷克、匈牙利、波兰、罗马尼亚、俄罗斯、乌克兰、摩尔多瓦、斯洛伐克	10	27
	西欧	奥地利、比利时、德国、法国、荷兰、卢森堡、瑞士	7	19
	北欧	立陶宛、拉脱维亚、爱沙尼亚、爱尔兰、冰岛、丹麦、芬兰、挪威、瑞典、英国	10	15

① United Nations, Department of Economic and Social Affairs, Population Division, “World Urbanization Prospects: The 2018 Revision,” Online Edition, 2018.

续表

大洲	地理亚区	国家(地区)		城市数量
		名称	数量	
亚洲	南亚	阿富汗、孟加拉国、印度、伊朗、尼泊尔、巴基斯坦、斯里兰卡、不丹、马尔代夫	9	86
	东南亚	柬埔寨、印度尼西亚、马来西亚、缅甸、菲律宾、新加坡、泰国、越南、东帝汶、文莱、老挝	11	33
	东亚	蒙古、韩国、朝鲜、日本	4	21
	中亚	哈萨克斯坦、乌兹别克斯坦、土库曼斯坦、塔吉克斯坦、吉尔吉斯斯坦	5	6
	西亚	亚美尼亚、阿塞拜疆、格鲁吉亚、伊拉克、以色列、约旦、科威特、黎巴嫩、阿曼、沙特阿拉伯、叙利亚、土耳其、阿联酋、也门、巴勒斯坦、巴林、卡塔尔、塞浦路斯	18	42
非洲	东非	埃塞俄比亚、肯尼亚、马达加斯加、莫桑比克、索马里、乌干达、坦桑尼亚、赞比亚、津巴布韦、塞舌尔、布隆迪、南苏丹、吉布提、卢旺达	14	17
	西非	科特迪瓦、加纳、几内亚、毛里塔尼亚、尼日利亚、塞内加尔、塞拉利昂、多哥、佛得角、冈比亚	10	19
	中非	安哥拉、喀麦隆、乍得、刚果、加蓬	5	7
	南非	纳米比亚、南非	2	7
	北非	阿尔及利亚、埃及、利比亚、摩洛哥、苏丹、突尼斯	6	10
合计			138	350

注：地理亚区参考联合国相关划分标准。
资料来源：笔者整理。

2. 丝路节点城市评价指标体系

丝路节点城市评价指标体系共包含 8 个二级指数和 31 个三级指标。8 个二级指数分别是伙伴关系指数、区域影响指数、成长引领指数、政策沟通指数、设施联通指数、贸易畅通指数、资金融通指数及民心相通指数（见附表 2）。

附表 2 丝路节点城市评价指标体系

单位：%

<table>
<tr><th colspan="2">二级指数</th><th>序号</th><th colspan="2">三级指标</th><th>数据属性</th><th>权重</th></tr>
<tr><td colspan="2" rowspan="3">伙伴关系指数(3)</td><td>1</td><td colspan="2">所在国家与中国双边政治关系</td><td>国家</td><td>4</td></tr>
<tr><td>2</td><td colspan="2">中国发起成立的国际合作组织、机构/协议中的成员国</td><td>国家</td><td>3</td></tr>
<tr><td>3</td><td colspan="2">中国"一带一路"网列出的国家</td><td>国家</td><td>3</td></tr>
<tr><td colspan="2" rowspan="4">区域影响指数(4)</td><td>4</td><td colspan="2">所在国家拥有区域合作组织总部</td><td>国家</td><td>2</td></tr>
<tr><td>5</td><td colspan="2">区域中心城市</td><td>城市</td><td>3</td></tr>
<tr><td>6</td><td colspan="2">城市首位度</td><td>城市</td><td>3</td></tr>
<tr><td>7</td><td colspan="2">"一带一路"走廊城市</td><td>城市</td><td>2</td></tr>
<tr><td colspan="2" rowspan="4">成长引领指数(4)</td><td>8</td><td colspan="2">"全球竞争力报告"国家表现</td><td>国家</td><td>3</td></tr>
<tr><td>9</td><td colspan="2">近五年年均经济增长率</td><td>国家</td><td>2</td></tr>
<tr><td>10</td><td colspan="2">未来十年预期人口平均增长率</td><td>城市</td><td>3</td></tr>
<tr><td>11</td><td colspan="2">世界 500 强企业数量</td><td>国家</td><td>2</td></tr>
<tr><td rowspan="21">"五通"指数(20)</td><td rowspan="5">政策沟通指数(4)</td><td rowspan="2">12</td><td rowspan="2">治理稳定性</td><td>政治稳定性</td><td>国家</td><td>2</td></tr>
<tr><td>公共卫生能力</td><td>国家</td><td>2</td></tr>
<tr><td>13</td><td colspan="2">法律秩序</td><td>国家</td><td>3</td></tr>
<tr><td>14</td><td colspan="2">友好城市</td><td>城市</td><td>4</td></tr>
<tr><td>15</td><td colspan="2">经济自由度</td><td>国家</td><td>3</td></tr>
<tr><td rowspan="4">设施联通指数(4)</td><td>16</td><td colspan="2">基础设施水平</td><td>国家</td><td>3</td></tr>
<tr><td>17</td><td colspan="2">区域性铁路站点</td><td>城市</td><td>4</td></tr>
<tr><td>18</td><td colspan="2">信息化水平</td><td>国家</td><td>3</td></tr>
<tr><td>19</td><td colspan="2">往来中国航空公司数</td><td>城市</td><td>4</td></tr>
<tr><td rowspan="4">贸易畅通指数(4)</td><td>20</td><td colspan="2">中国境外合作区或中国开发区、共建园区</td><td>城市</td><td>5</td></tr>
<tr><td>21</td><td colspan="2">WTO 成员国</td><td>国家</td><td>3</td></tr>
<tr><td>22</td><td colspan="2">双边贸易总量</td><td>国家</td><td>3</td></tr>
<tr><td>23</td><td colspan="2">自由贸易区数量</td><td>国家</td><td>3</td></tr>
<tr><td rowspan="4">资金融通指数(4)</td><td>24</td><td colspan="2">来自中国的直接外商投资</td><td>国家</td><td>3</td></tr>
<tr><td>25</td><td colspan="2">货币稳定性</td><td>国家</td><td>3</td></tr>
<tr><td>26</td><td colspan="2">双边投资协定</td><td>国家</td><td>3</td></tr>
<tr><td>27</td><td colspan="2">金融国际化水平</td><td>城市</td><td>5</td></tr>
<tr><td rowspan="4">民心相通指数(4)</td><td>28</td><td colspan="2">文化距离</td><td>国家</td><td>3</td></tr>
<tr><td>29</td><td colspan="2">孔子学院、孔子课堂数量</td><td>城市</td><td>4</td></tr>
<tr><td>30</td><td colspan="2">城市往来中国航空客流量</td><td>城市</td><td>4</td></tr>
<tr><td>31</td><td colspan="2">中国免签国家</td><td>国家</td><td>3</td></tr>
</table>

各指标含义及数据来源如附表 3 所示。

附表 3　指标含义

序号	指标	含义
1	所在国家与中国的双边政治关系*	城市所在国与中国的合作定位
2	中国发起成立的国际合作组织、机构/协议中的成员国	主要包括下列组织机构:金砖国家、上合组织国家、参与亚洲基础设施银行成员国家 AIIB,RECP 成员国
3	中国一带一路网列出的国家	一带一路网中公布的已同中国签订共建"一带一路"合作文件的国家
4	所在国家拥有区域合作组织总部	该城市所在国家拥有相对重要的区域合作组织总部
5	GaWC 区域中心城市	GaWC 世界城市排名中的城市等级
6	城市人口与国家人口比值	该国城市人口与所在国家总人口比值
7	"一带一路"走廊城市	位于"一带一路"城市走廊中的城市
8	"全球竞争力报告"国家表现	衡量国家竞争力,反映了长期增长的决定因素
9	近五年年均经济增长率	过去五年该国经济的平均增长速度 2016~2020
10	未来十年预期人口平均增长率	未来十年预期人口平均增长率
11	世界 500 强企业数量	该国拥有的世界 500 强企业总部的数量
12-1	治理稳定性	政治稳定和没有暴力/恐怖主义衡量对政治不稳定和/或出于政治动机的暴力(包括恐怖主义)的可能性的看法
12-2	公共卫生能力	COVID-19 确诊人数及死亡人数、接种疫苗人数
13	法律秩序	该国是否拥有较好的法律秩序
14	友好城市	是否与中国建立了友好城市关系
15	经济自由度	政府对经济的干涉程度
16	基础设施水平	国家基础设施建设水平
17	区域性铁路站点	城市是否拥有区域性铁路站点
18	信息化水平	国家信息化水平
19	往来中国航空公司数	不同城市往来中国的航空公司数
20	中国境外合作区、开发区、共建园区	拥有中国境外合作区、开发区、共建园区的数量
21	WTO 成员国	城市所在国家为世界贸易组织的成员国或观察员国
22	双边贸易总量	该城市所在国家与中国的进出口贸易总额
23	自由贸易区数量	城市所在国家拥有的"自由贸易区"数量
24	来自中国的直接外商投资	城市所在国家一年内吸引来自中国的投资总额

续表

序号	指标	含义
25	货币稳定性	城市所在国家货币与美元间官方汇率的变动幅度
26	双边投资协定	是否与中国签订专门用于国际投资保护的双边条约
27	金融国际化水平	该国金融活动超越本国国界，在全球范围内展开经营、寻求融合、求得发展
28	文化距离	不同国家文化差异、价值取向
29	孔子学院、孔子课堂数量	拥有的孔子学院、孔子课堂的加权平均数
30	城市往来中国航空客流量	指一年内该城市往来中国的航空客流总数
31	中国免签国家	是否为中国免签国

注："*"根据外交部资料，与中国双边政治关系主要包括：友好关系、友好合作关系、合作伙伴关系、新型合作伙伴关系、全面合作伙伴关系、全面友好合作伙伴关系、全方位合作伙伴关系、全方位友好合作伙伴关系、战略互惠关系、互惠战略伙伴关系、战略合作关系、战略性合作关系、战略伙伴关系、战略合作伙伴关系、创新全面伙伴关系、创新战略伙伴关系、全面战略伙伴关系、全面战略合作伙伴关系、全方位战略伙伴关系、新时代全面战略协作伙伴关系和全天候战略合作伙伴关系等。

3. 数据处理方法

以 x_i 代表构成二级指数 x 的第 i 项单项指标（$i=1,\cdots,4$），其中 $x\in\{a,b,c,d,e,f,g,h\}$，分别代表伙伴关系、区域影响、成长引领、政策沟通、设施联通、贸易畅通、资金融通和民心相通 8 个二级指数。

对各项指标运用极值化方法对变量数据进行标准化处理，即通过变量取值的最大值和最小值，将原始数据转换为位于［0，1］的数值，以消除指标计量单位和数量级对指标得分的影响。具体地：

$$x'_{ij}=\frac{x_{ij}-\min\{x_{ij}\}}{\max\{x_{ij}\}-\min\{x_{ij}\}}$$

其中，x_{ij} 代表二级指数 x 第 i 项单项指标中第 j 个城市的统计性原始数据；$\min\{x_{ij}\}$ 为指标 x_i 的最小值，$\max\{x_{ij}\}$ 为指标 x_i 的最大值；x'_{ij} 为标准化后的数据，且 $x'_{ij}\sim[0,1]$。

特别地，对逆向指标"区域中心城市""文化距离""货币稳定性"，标准化公式需要调整为：

$$x'_{ij} = \frac{\max\{x_{ij}\} - x_{ij}}{\max\{x_{ij}\} - \min\{x_{ij}\}}$$

对各项二级指数加权平均得到丝路节点城市指数得分，计算公式为：

$$I_x = \sum_{i=1}^{m} x_i w_i$$

其中，I_x 代表二级指数 x 的综合得分，x_i 为 x 的第 i 项二级指数，w_i 为二级指数 x_i 的权重。一共计算得出 8 个二级指标，分别是伙伴关系、区域影响、成长引领 3 个二级指数和政策沟通、设施联通、贸易畅通、资金融通和民心相通等 5 个丝路节点城市“五通”指数。

城市创新篇

Urban Innovation

B.3

新加坡"研究、创新和企业2025"重塑后疫情时代增长动力*

纪慰华**

摘　要："研究、创新和企业 2025"（RIE2025）是新加坡发展知识技术密集型经济、巩固全球科创中心地位的战略基石。为了更好地应对新冠肺炎疫情等新挑战，重塑发展动力，新一轮科技创新战略在前六轮的基础上进行了积极调整：发展目标更注重提升国家基础研究能力、发展的韧性和可持续性、科技普惠性的应用和实现价值最大化；重点战略领域中强调贸易和连接、提升人类潜能、数字经济等；大幅度加大基础研究、平台建设、人才集聚、协作网络等支撑领域的投资力度。RIE2025 充分体现了新加坡政府的发展愿景和魄力，为我国全面提升科技创新能力和发展创新型城市提供了有益参考。

* 本报告基于新加坡政府发布的"Research，Innovation and Enterprise 2025"（RIE2025）开展介评，并就其对中国城市的借鉴意义予以研究分析，特此感谢。

** 纪慰华，博士，上海市浦东改革与发展研究院副研究员，主要研究方向：区域经济、产业经济。

关键词： 科技发展计划　新加坡　RIE2025

“科技发展五年计划”是新加坡发展知识经济和创新型经济的战略基石和顶层设计，助力其迅速崛起成为全球最具活力和潜力的新兴科创中心。2020 年 12 月新加坡发布的第七轮“研究、创新和企业 2025”（Research, Innovation and Enterprise 2025，RIE2025）计划在未来 5 年内对技术研究和创新投资 249.5 亿新元，以应对新冠肺炎疫情带来的巨大冲击，打造新发展动力。RIE2025 虽然延续了 RIE2020 中四大战略领域、三大交叉支撑领域和一个白色空间的投资结构，但在发展目标、具体战略领域和核心产业方面都有所调整，对我国在全球经济不确定性和风险性进一步增加的新形势下大力推动全球科创中心城市建设、提升科技策源能力具有极大借鉴意义。

一　新加坡科技发展计划的演进历程

1991 年新加坡成立了国家科学和技术委员会（National Science and Technology Board, NSTB）并实施了第一个科技发展五年计划，大力发展高技术产业，提升其在价值链中的地位，筑牢科技人才基础。该计划每五年更新一次，重点发展全球科技前沿领域，并结合新加坡自身发展目标和优势，不断予以调整。1997 年亚洲金融危机后，新加坡政府意识到知识和技术须从“外部引进”转向“内部打造”，开始注重提升自主创新能力。21 世纪以来，新加坡学习伦敦、纽约、波士顿等全球创新中心城市，提出“全球化、创新化、多样化”的目标，围绕提升城市竞争力、打造知识密集产业和人才汇聚中心，逐渐形成以培育创新人才和激励企业创新活动为出发点，涵盖管理机构改革、产业结构调整、中小企业发展和创新基础设施建设的全方位、系统性方案。2011 年，科技计划更名为“研究、创新和企业”（Research, Innovation and Enterprise, RIE）。RIE2015 和 RIE2020 中增加了技术转化、商业化和创新战略等新内容，以实现技术的价值最大化。

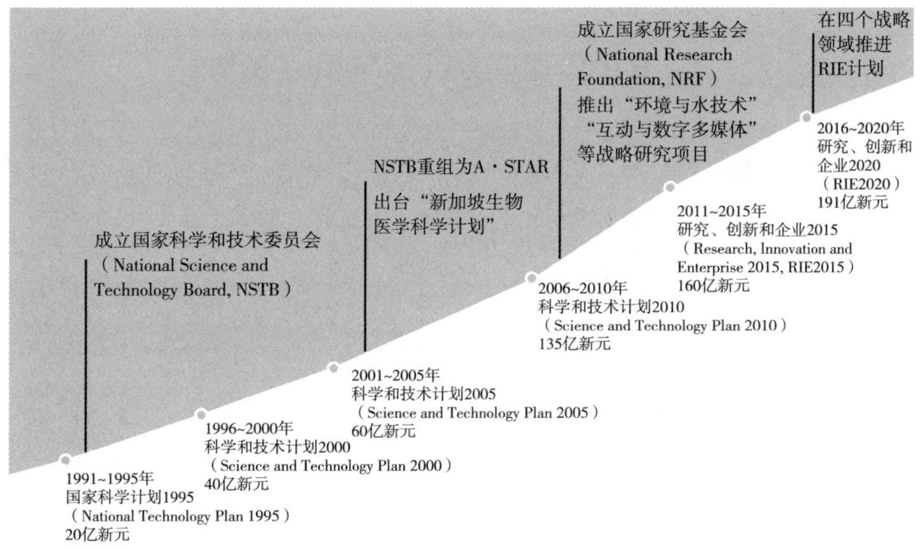

图1　新加坡科技战略的演进历程

资料来源：https：//www. nrf. gov. sg/rie2025 - plan。

历经30年的推进和演变，科技发展计划助力新加坡迅速建立起知识为本、创新驱动的发展模式，并成为全球科创中心城市的典范。新加坡科技进步的经济贡献率（全要素增长率）、高科技和高附加值产品的出口额等经济指标以及综合竞争力、创新力都迅速迈上新台阶。近年来，新加坡在“全球城市竞争力报告”“全球城市指数报告”“全球价值活力城市指数”“全球创新城市指数”“全球创新指数”① 等多项评比中都名列前茅；在先进制造业、生物医药、城市解决方案和可持续发展、智慧国家建设等领域颇有建树。

① 由中国社会科学院和联合国人居署联合发布的全球城市竞争力报告中，2018年新加坡列第3位；由科尼尔公司发布的全球城市指数报告中，2019年新加坡列第6位；由中国城市规划设计研究院发布的全球价值活力城市指数中，2019年新加坡列第5位；由澳大利亚商业数据公司2thinknow发布的全球创新城市指数中，2019年新加坡列第5位；“全球创新指数”（Global Innovation Index，GII），由世界知识产权组织、康奈尔大学等机构共同发布，是衡量经济体经济创新能力的指标，于2007年首次推出，每年发布一次。指标对全球129个国家和经济体的创新表现进行了排名和细目分类。

二　RIE2025的目标与重点领域

为了更好地应对全球经贸格局变动、数字化转型、全球气候变化和可持续发展等问题，以及新冠肺炎疫情带来的巨大破坏，RIE2025 的目标和扶持领域有较大调整。

（一）战略目标

从 RIE2025 的总战略目标可以看出新加坡政府对打造为全球科技创新枢纽的决心，以及对培养全球人才提升基础研究能力、加强平台建设提升企业创新能力的高度重视。

一是基于长期的战略性领域，增强全球竞争优势，巩固新加坡作为全球和亚洲科技、创新节点的地位。

二是增强基础知识和能力，培养足够数量的顶尖研究人才，促进变革性创新。

三是加强创新平台建设，更好地发挥创新平台在推动公共部门科技转化和创新能力提升方面的作用，为企业创造价值。

（二）重点领域

与 RIE2020 相同，RIE2025 也将投资于四大战略领域、三大交叉支撑领域和一个白色空间，但各领域的扶持重点有所调整。

表 1　RIE2025 的投资重点领域

领域	扶持重点	
四大战略领域（65 亿新元）	制造、贸易和连接（Manufacturing, Trade and Connectivity, MTC）利用研发来巩固其作为先进制造和连接的全球商业和创新中心的地位	人类健康和潜能（Human Health and Potential, HHP）更好地保护人类健康、提升潜能和创造经济价值

续表

<table>
<tr><th>领域</th><th colspan="6">扶持重点</th></tr>
<tr><td></td><td colspan="3">城市方案和可持续发展
(Urban Solution and Sustainability, USS)
更新和建设一个宜居、富有弹性、可持续和充满经济活力的“明日之城”</td><td colspan="3">智慧国家和数字经济
(Smart Nation and Digital Economy, SNDE)
提升技术领导力,建设智慧国家,锚定新加坡作为可信赖的数字创新枢纽的地位</td></tr>
<tr><td>三大交叉支撑领域(147 亿新元)</td><td colspan="2">学术研究(Academic Research)
建成具备强大研究能力的国际顶尖技术高地</td><td colspan="2">人力资源(Manpower)
形成强大的研究和创新人才渠道</td><td colspan="2">创新与企业(Innovation and Enterprise)
加速企业创新</td></tr>
<tr><td>白色空间(37.5 亿新元)</td><td colspan="6">政府预留空间,顺应科技发展趋势,进行必要投资</td></tr>
</table>

1. 四大战略领域的重点

(1)制造、贸易和连接领域

先进制造业和工程技术始终是新加坡科技发展中的重点。RIE2025 提出强化新加坡作为全球亚洲制造枢纽的地位，建立新市场、新知识网络，并通过数字科技加强供应链的弹性。

一是提升制造业的能力和竞争力，帮助企业拓展业务进入增长型市场，例如，通过公共研究机构帮助企业探索在无人驾驶汽车和可穿戴医疗设备等领域的发展机会；依托项目促成利用机器学习、人工智能、机器人和自动化等数字技术的材料创新；推出新措施提高企业采用可持续生产工艺的能力。

二是增强在航空和海洋经济方面的能力。提高航空和航运业的自动化和数字化水平，提高机场和海港的竞争力、效率和弹性。发展脱碳技术和基础设施，满足对可持续燃料的需求，以使新加坡能抓住新机遇，塑造全球航空和海运业的未来。提升空中交通管理能力，从以人为中心转变为先进的人机合作伙伴关系，利用数字技术支持决策和优化行动达到全球最高的安全和效率标准。

三是提高企业的弹性、应变力和可持续发展能力。例如，建立供应链研究平台，推动供应链数字化和更广泛应用 3D 打印技术，提高供应链的弹

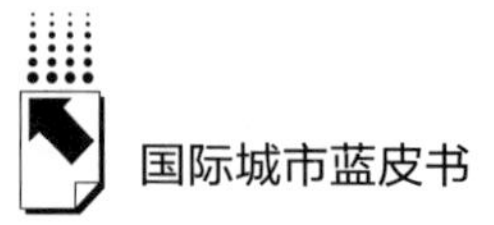

性，提升制造业的灵活性和效率，进而促进循环设计等。

（2）人类健康和潜能

该领域最初于2000年由新加坡生物医学学会（Singapore Biomedical Sciences）提出，旨在促成强大的生物医学研究能力、关键的人力资本和研究基础设施，从而使生命科学发展为新加坡的经济支柱。RIE2025中该领域的重点如下。

一是提升人类潜能研究。这是新的重要领域，目的是使新加坡通过卓越的研究及应用成为一个领先枢纽，为全世界提供健康保障、提升人类潜能及创造经济价值；重点是利用新加坡在产前和幼儿发展方面的现有研究优势，确定、试验和评估可能改善长期健康和学习能力的干预措施，并以科学和神经认知科学研究为基础改善儿童学习成效及加强与健康和长寿相关的基础研究和转化研究；主要措施包括建立多元化的高质素研究人才基地，扩大临床科学家库，在卫生技术、人口健康和卫生服务研究方面开发新的专业技术。

二是通过利用数字技术推进卫生体系改革。以病人为中心，以可信、保密和安全的方式使用数据来改善公共健康、加强疾病预防、提供更有针对性的治疗方案以取得更好的治疗效果。

三是最大化技术的经济价值。建立强大的临床转化生态系统，为初创企业和规模扩张企业提供多种有效的途径，迅速将创新成果推向市场，包括推动跨国生物医药企业与新加坡中小企业的共同技术研发或许可、收购，加强各类平台的创新及电子融资等，为生态系统内初创企业、临床医生、研究人员等创造清晰的、端到端的商业化路径。

（3）城市方案和可持续发展

该领域主要是解决新加坡的发展资源限制，保持宜居性、可持续性和经济活力，重点是提升对气候、水、能源、土地等的基础科学能力。RIE2025中该领域的重点如下。

一是了解、缓解和适应气候变化，如海平面上升、城市热岛效应、减少温室气体排放和发展多功能绿色植物等。

二是建设有利于增进市民福祉的城市，通过为城市规划、设计和运作制订新标准，满足经济和工业发展需要的同时，兼顾市民的利益，如提高社区对流行病的预测、监察和应对能力。

三是改善建筑环境，使城市发展更具可持续性，并善用有限的人力和资源。将新加坡打造为绿色服务和解决方案的领先中心，发展更多的产业研发平台和创新企业，推进研究成果的转化、应用和商业化，包括先进的机器人技术和自动化技术、3D 打印技术，以及开发新的具有成本效益和可持续性的建筑材料。利用数字技术改善建筑业的项目管理，提高营运能力，以及楼宇的耐用性。

（4）智慧国家和数字经济

新冠肺炎疫情突袭而至，全球数字化进程加速，数字平台、软件、硬件和服务等需求急剧上升。RIE2025 强调持续巩固新加坡作为全球和亚洲数字科技研发中心的地位，大力发展数字技术（如区块链），在人工智能、量子计算、金融科技、网络安全、信任技术、5G 和通信、数字健康、电子商务等关键技术领域以及智慧国家建设方面建立强大的研究基础。

一是发展技术推动实施智慧国家战略，建立数字经济、数字政府和数字社会。提高新加坡作为部署新技术解决方案的试验基地和跳板的吸引力，加强技术转化能力以促成跨企业、跨部门、跨学科之间不同水平的数字合作，提升本地企业在全球数字经济中的竞争优势及政府数字政务水平。

二是强化全球可信赖的数字创新枢纽地位。利用现有研发基础，发展可信赖的能力和新的可信赖技术应用，如在食品和医疗保健等关键领域，为可信赖的出口解决方案和服务提供证书和品牌；开发适用于新加坡特殊语言环境的翻译工具；建立人工智能和数据治理中心等平台，为人工智能和数据治理提供信息和指导。

三是提升本地研发能力和建立新的伙伴关系。实施人才发展计划，吸引和培养数字技术研究人员和人才，建立更加广泛的科学家、工程师、企业家和产品经理等人力资源基础。例如，开设新加坡数码奖学金和 AI 博士课程，使本土人才具备在企业胜任管理和技术岗位的技能和知识。同时，充分利用跨国企业的研发网络，为本土人才提供有意义的工作和发展有价值的跨领域技能的新机会。

表 2　新加坡数字经济发展的重点产业

重点产业	发展目标	具体举措
AI 人工智能	大力推广人工智能技术应用，到 2030 年推出有影响力的人工智能应用，在研发等领域成为世界领先国家之一	•实施“全国人工智能策略”，提升整体科技实力，保持新加坡在未来科技发展中的前沿地位 •提前完善相关法律法规，参与全球人工智能技术规则制定。新加坡国立大学法学院专门成立“科技、机器人及人工智能与法律研究中心”，探讨人工智能的法律与道德问题，开展人工智能监管、隐私与资料保护、生物科技与医学道德的跨学科合作等领域研究
5G 通信与连接	创造更多就业机会，并支持建成智能国家的雄心	•2021 年 1 月推出两个独立的 5G 网络，在 2022 年底前建成至少覆盖半个新加坡的 5G 网络，并在 2025 年底前建成覆盖整个新加坡的 5G 网络 * •将投资于通信研究、创新和翻译等，并开发新的消费者和商业应用程序，以鼓励广泛采用未来的通信技术
网络安全	利用研发来增加网络安全专业知识和满足国家需求	•进一步完善网络安全生态系统，并提高研究机构、行业和政府的相关能力
量子技术	继续发展量子能力，并与国际同步发展	•继续关注量子通信和量子密钥分配、量子感应和成像，以及量子算法等领域
信任技术	发展数据保护和隐私保护技术以及增强对数字交易的信任，以塑造一个具有隐私保护意识的智能国家	•新加坡理工大学隐私保护技术和系统研究战略中心将提升在隐私保护技术方面的能力 •区块链创新方案等将继续支持当地企业加强其供应链运营
金融科技	全球领先的创新型智慧金融中心	•发放数字银行牌照，推动虚拟银行落地，包括发放数字全能银行、数字批发银行牌照等 •大力发展区块链技术，积极颁发数字货币经营牌照，建设亚洲区块链技术和数字货币新型金融中心

注：“ * ” 参见《5G、人工智能、数字经济，揭秘“东南亚硅谷”新加坡》，https://www.cyzone.cn/article/610008.html。

2. 三大交叉支撑领域的重点

一是促进卓越的学术研究，目标是为具有强大社会需求的学术研究和多学科交叉研究提供强有力的、持续的支持，聚焦具有挑战性的研究问题：①建立强大的研究能力基础，提高全球研究竞争力、研究质量和强度。②建设具有社会影响力的高质量研究中心。③在选定的科学领域建成技术高地。④维持一个充满活力、多样化和与全球相连的研究生态系统，以吸引和留住顶尖研究人才。

国家研究基金（National Research Fundation，NRF）将支持基础研究的投资基于项目和机构的规模不同，设置不同的等级和类型：①增加对研究员主导项目的支持，以鼓励自下而上的创新。②使足够规模的资金从大型研究中心转向中型研发机构。③加强应对气候变化等复杂挑战所需的跨学科研究，并开展新兴科学研究。

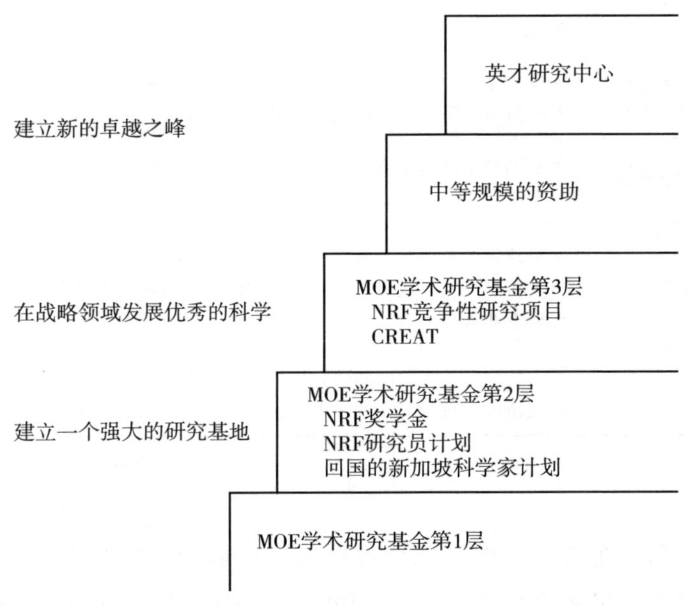

图2　RIE2025 促进卓越学术研究的支持项目情况

资料来源：https：//www. nrf. gov. sg/rie2025 – plan/spurring – academic – research – excellence。

二是维持强大的人力资源。采用三管齐下的方法，形成稳健的人力资源渠道：①为公共部门及行业研究搭建研究人才通道，包括教育部研究奖学金、A·STAR 奖学金、新加坡国际研究生奖学金和东盟博士后奖学金等。②加强创业技能培训及建立强大的创新和企业人才库，包括推出新的奖学金项目，通过企业实验室、私营的孵化器和加速器等为人才提供在职培训及专业知识技术服务。③促成 RIE 生态系统与产业之间的人力资源循环，以提高知识转化率和建立强大的专业网络，包括设立教育局工业研究生课程、工业博士/硕士课程、研究实习奖励计划，以及与新加坡环球网络及全球创新联盟合作搭建海外人才网络。

表 3　RIE2025 主要的人力资源扶持项目

项目	主要内容
教育部研究奖学金	• 支持在校博士和硕士研究生的助学金和学费 • 支持博士后和科学家
科学、技术及研究机构（A·STAR 奖学金）	• 支持本地及海外大学的本科、博士及博士后教育及培训 • 支持有兴趣从事科学或工程研究的人士
教育局工业研究生项目	• 资助博士及硕士研究生与业界进行合作计划 • 支持有兴趣在企业研发环境中修读研究生课程的人士
卫生部人才培训计划	• 为培训医疗保健研究领域的临床医生/医疗科学专业人员提供奖学金 • 支持热衷于攻读研究领域更高学位或进行临床调查的临床医生和医疗保健专业人员
工程学博士计划	• 支持以行业为导向的研究生培训的补充博士培训规定 • 支持渴望攻读博士的个人，尤其是选定行业的特定职业

资料来源：https：//www. nrf. gov. sg/rie2025 – plan/spurring – academic – research – excellence。

三是创新与企业。帮助企业获得新的发展途径，生产差异化的市场产品，推动研究成果转化为产品、流程和服务，同时增进本地与国际生态系统的开放式创新伙伴关系，帮助企业开拓新市场和寻找新合作伙伴：①提升企业以市场为导向的创新能力。为企业提供个性化服务，催生新的创新型初创企业，增强中小企业的创新能力，并鼓励建立开放式创新网络。②扩大和加强科技转化平台，让企业更好地利用公共研究机构和其他创新生态系统参与者的创意、专业知识和科技能力。③在大型创新枢纽和主要市场之间建立联系。增进新加坡与全球创新节点的联系，提高新加坡作为全球创业人才和创新型高增长企业目的地的吸引力。

3. 白色空间

考虑到全球技术的爆发式发展，RIE2025 还预留了白色空间（White Space），以便政府灵活应对不可预期的技术需求和机遇，以及扶持处于新生阶段但又至关重要的技术领域，如网络安全和食品等领域。

（三）RIE2025的投资结构

疫情虽然对新加坡经济产生了重大影响，但新加坡政府仍加大了对 RIE2025 的投入，即保障科技创新的长期、稳健的投资。未来五年将保持每年占 GDP 1% 的水平，累计投入 249.5 亿新元（约合 1230 亿元人民币），较 RIE2020 大幅度提升了 30.6%。

但 RIE2025 的投资结构明显调整，也反映了政府战略的转变。RIE2025 减少了对四大战略领域 32.3% 的投资，而对共性、支撑性领域的投资大幅度增加了 83.75%，具体来说，学术研究领域增长 160.7%、创新与企业领域增长 57.6%、白色空间领域增长 50.5%。

表 4　RIE2025 较 RIE2020 的投资结构调整

单位：亿新元，%

领域	RIE2025 投资额	RIE2020 投资额	增长
四大战略领域	65	86	-32.3
学术研究	73	28	160.7
人力资源	22	19	15.8
创新与企业	52	33	57.6
白色空间	37.5	25	50.5

三　RIE2025对中国打造全球科创中心城市的启示

RIE2025 有着深刻的新加坡印记，也充分体现了政府的未来发展愿景，对我国在新时期全力提升科技创新能力和推进全球科创中心城市建设具有重大启示。

（一）适应后疫情时代的新环境，适时调整发展理念与目标

此次疫情使新加坡政府充分意识到，全球枢纽城市不仅仅是集聚和调配要素资源，而应赋予其更多的内涵。因此，RIE2025 的发展理念和目标增加了以下内容：一是更强调提升基础科学研究能力。基础研究领域的投资增长超过 160%，占总预算的近 1/3。二是强调发展的弹性、韧性、应对性和可持续性，能够承受住突发危机带来的巨大冲击和具备迅速走出危机的强大能量。三是强调科技发展应造福于民、普惠于民，让市民在日常生活中时时处处享受到科技创新带来的便利，幸福指数提升。四是推动与关键创新节点、新市场、新研究网络和技术应用网络的连接，例如，与新西兰、智利、澳大利亚等多个国家签署数码经济协议，确保跨境交易安全和一致，加强数码付款连接；与深圳等城市进行智慧城市建设方面的交流。

我国城市的经济和科技创新发展战略也要牢固树立长远发展、风险防控和人民福祉意识，强调科学技术和科技成果不仅是为了推动经济发展，也要在危机时刻表现出压而不垮、百折不挠的发展韧性，其应用价值最大化的表现是切实提升工作和生活的便利性、舒适度。从长远来看，主要是数字赋能，提升城市和产业的弹性、韧性。例如，大力发展智慧医疗、智慧交通等新兴业态，培育新动能；知识赋能，增加中高端就业岗位和加强员工的终身学习，提高就业率和就业质量；加强城市资源和环境生态研究，营造城市可持续性和复原力，打造宜居环境。

（二）聚焦重点领域，完善科技战略的“四梁八柱”结构

RIE2025 体现出“从上到下”的强逻辑性和一致性，由此具有可操作性和可行性。全球和亚洲科技、创新节点的总目标可分解为全球制造业枢纽、数字经济的可信赖枢纽、人类潜能的先进枢纽、城市绿色服务和解决方案的领先中心等分目标，结合新加坡在质量、信任和区域连接方面的优势，明确了生命科学、人工智能、机器人、金融科技、食品科技和农业科技等重点产业领域；根据各战略重点的目标和产业分别在基础研究、集聚人才、企业创新三大交叉支撑领域提出具体扶持项目、人才计划和公共平台等措施。

相较而言，我国城市的产业体系都较完整、产业链较完备，尤其是北上广深等一线城市，但也需要结合具体的研究优势和发展需求明晰打造全球科技尖峰的目标体系和具体支撑领域，以点带面或以某个环节的突破带动整个链条的提升。例如，可以人工智能、半导体、生物技术、大健康等领域为先锋，制定详细的重点项目、重点政策、重点平台等推进计划，共同构建起整个城市科技发展战略的全面、系统的推进框架。

（三）建设高能级平台和集聚高素质人才，提升创新网络的开放度

为了进一步强化全球枢纽地位，建立起覆盖国内和全球的创新合作网络，RIE2025 强调高能级平台建设和高素质人才集聚：一是国家级平台的规模扩张和增建，包括国家 3D 打印创新集群、国家流行病防治项目、人工智能战略、国家健康管理平台、互联贸易平台等。二是分级、分类设置人才吸引和培养计划。例如，NRF 奖学金和调查计划将支持有前途的年轻科学家和知名专家的开拓性研究；回国的新加坡科学家计划将吸引海外的新加坡研究领袖回国为新加坡追求卓越的科学研究做出贡献；创新及电子科技奖学金计划、新加坡生物设计计划将为私人企业和机构提供在国家级平台的在职培训服务。

表 5　新加坡的部分国家级平台项目

项目	主要内容
国家 AI 战略（National AI Strategy，NAIS）	•2030 年前，政府拨款 5 亿新元（约 25.8 亿元人民币），通过五项人工智能计划实现国家基础设施的升级 •五项计划：智能货运计划、土地管理计划、慢性病的预测与管理计划、个性化教育计划和边境通关计划
国家 3D 打印创新集群（National Addictive Manufacturing Innovation Cluster，NAMIC）	•推动 3D 打印技术应用从公共部门转向企业部门 •已与 1800 多个组织合作，策划了 23 个国际合作项目，支持了 68 家初创企业，共计筹集资金超过 1.4 亿美元 •在 RIE2025 中，将推动 3D 平台的测试和商业化，包括结合人工智能和机器人技术的解决方案，帮助中小企业从系统集成商转型为解决方案提供商
国家流行病防治项目（National Programme for Research in Epidemic Preparedness and Response，NPREPAR）	•依托新加坡在传染病管理方面的经验，加强流行病控制和预防方面的基本研究，以及提高检测能力，从而为未来的公共卫生危机做好更充分的准备 •加强诊断学、治疗学和疫苗开发，以确保能够迅速部署，应对新的或重新出现的传染病威胁 •发展区域传染病合作网络，以及为研究人员、学生和公共卫生专家提供交流计划，以促进和平时期资源和能力的跨境共享，并能够加快在疫情期间的紧急临床研究
互联贸易平台（Networked Trade Platform，NTP）	•提供一站式贸易融资与物流平台，推动跨境金融数据的流通，支持更多跨境贸易

我国城市要成为全球科技创新的策源和溢出高地，关键是要建立起以自身为主导的全球创新网络，需要发挥国家级研发机构、大型跨国企业总部的作用，加强与全球科创枢纽节点在功能、产业、创新、制度等方面的关联，促进与全球最前沿和关键技术、人才、解决方案和需求市场的畅通。同时，要根据各领域发展的要求，建立人才库体系及有针对性地推出人才吸引计划，包括支持全球顶级科学家开展基础性研究、培养更多具备科技及业务发展专业知识的本土发明家和企业家，以及完善职业教育体系、打造亚洲领航的教育枢纽等。

参考文献

温师燕、金言：《近年新加坡的经济增长与创新驱动》，载《东南亚蓝皮书：东南亚地区发展报告（2018）》，社会科学文献出版社，2018。

禹庚、赖光麟：《新加坡实施以知识为基础、创新为驱动的国家战略》，《全球科技经济瞭望》2011 年第 4 期。

《新加坡发布 RIE2020：重视研究和创新创业，打造世界研究中心》，https：//www. sohu. com/a/143094490_ 468720。

B.4
维也纳"经济与创新2030"落实以人为中心的城市发展解决方案*

纪慰华**

摘　要： 为了继续保持全球最宜居城市和欧洲枢纽的地位，维也纳坚持"以人为中心"的发展理念，基于自身优势及其未来面临的巨大挑战，制定了《2030年维也纳经济与创新》。该战略提出在未来十年聚焦六大引领领域和十大战略行动领域，在应对城市气候问题、降低资源消耗、提升城市智慧化水平等方面通过具体的旗舰项目与社会伙伴建立合作网络，提出具有维也纳特色的、卓越的城市解决方案，以持续保持居民的高品质生活、在全球经济中获取成功机会，并努力成为全球引领者和标准输出者。维也纳方案为我国应对城市挑战，建设"人民城市"和实现高质量发展提供了有益参考。

关键词： 经济与创新　维也纳　高质量发展

奥地利有"欧洲心脏"的美名，维也纳则是"心脏的心脏"，承担着政治、经济、文化中心的多重功能，并以占全国不足5%的土地面积，创造了25%的增加值，集聚了21%的人口和近50%的外国企业。① 为了积极应对全

* 本报告基于《2030年维也纳经济与创新》（Vienna-economy and innovation 2030）开展介评，并就其对中国城市的参考借鉴意义予以研究分析，特此感谢。

** 纪慰华，博士，上海市浦东改革与发展研究院副研究员，主要研究方向：区域经济、产业经济。

① 维也纳城市面积414.65平方公里，根据2018年的统计数据人口为189万人。

球气候变化、城市发展和人口变化等不确定性因素带来的巨大挑战，维也纳市政府延续“以人为中心”的城市发展理念，与维也纳经济委员会（Vienna Economic Committee，VEC）共同制定《2030年维也纳经济与创新》，旨在通过技术、文化和社会创新持续为市民提供高质量的生活，并实现经济可持续发展。

一　战略提出的背景

《2030年维也纳经济与创新》实施的先决条件就是发挥维也纳作为欧洲和奥地利的出色的商业中心、文化中心，以及拥有良好基础设施的优势，积极应对气候变化、数字化和城市化等新挑战。

（一）充分发挥优势

一是各领域的全球卓越企业。维也纳经济蓬勃发展，拥有从小型、初创企业到大型、成熟企业的全企业生态系统。

二是高素质的技术型人才，能够运用自身的知识、创造力来实现共同的成功。

三是良好的城市基础设施。维也纳房屋供应充足，公共服务高度发达，拥有多样化的文化及休闲设施，为市民提供了高品质生活，享誉全球。

四是深厚的文化积淀。维也纳是欧洲最古老和最重要的文化、艺术和旅游城市之一，也是最受欢迎的国际会议城市，拥有世界上最豪华的国家歌剧院、闻名遐迩的音乐大厅、一流的交响乐团，还是众多音乐家的故居。强烈的文化标识使维也纳在全世界闻名遐迩。

（二）积极应对挑战

一是全球气候变化正在改变人们的生活和生产方式。城市的首要任务是遏制气候变化，为提高能源和资源利用效率做出贡献，并在适应气候变化中始终保障市民的生活质量。

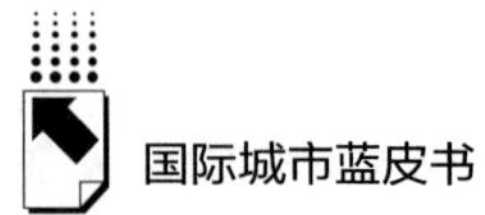

二是全球技术变革和数字化带来了巨大的机会，但需要积极塑造，以保障高质量的生活和良好的工作条件。新的开发项目必须首先在城市中进行探索尝试。

三是城市化和人口移徙以及相关的城市增长现象导致城市日益密集化和城市社会的异质化，对工作场所和基础设施的需求较大，这意味着更多的机遇和更多的挑战。

四是人口结构的变化和技术的进步、预期寿命的延长需要采取更多有针对性、有效的措施，使每个人都能够以自主和自信的方式融入城市生活。

（三）与城市战略高度融合

一是以“智慧城市框架战略”为基础。2014 年发布的《维也纳智慧城市战略框架（2014－2050）》是维也纳市政府量身定制的基础性战略，对后续出台的战略规划都起到了支撑作用。维也纳成为“全球最宜居城市”很大程度上也归功于“智慧城市”的建设。2019 年，根据联合国《2030 年可持续发展议程》和 2017 年的评估监测报告，维也纳对“智慧城市战略”进行了优化升级。“2030 经济与创新战略”与“智慧城市框架战略”中几乎所有的主题的目标都保持密切的联系，特别是在流动性和交通、建筑物、数字化、卫生和教育等方面。

二是与城市现有的战略和倡议紧密结合。“2030 年经济与创新战略”与维也纳已出台的“旅游发展战略”“2050 智能能源展望”“城市气候保护计划”等在发展理念、目标、行动路径方面保持高度一致，以不断挖掘城市变革和动态增长的机会。例如，“维也纳 2025 年旅游经济发展战略”将同时着眼于可持续发展以及居民和游客需求之间的平衡，既为游客提供一流的产品和服务，也提升城市经济、居民满意度，并为企业创造更大价值；智能能源计划将调整能源政策，加大减碳、节能力度，以应对挑战和为发展做好准备。

二 战略的核心内容

《2030 年维也纳经济与创新》提出维也纳在六个主题领域成为世界引领者，并在具体旗舰项目上与社会伙伴建立合作网络，以寻求卓越的解决方法，在全球赢取成功的机会。

（一）战略核心目标

“为市民创造高质量的生活”是维也纳坚持了 100 多年的发展核心。进入 21 世纪，维也纳强调“以人为中心的解决方案中心”，充分利用现代技术、文化和社会创新手段，进一步加强城市在经济、科学、文化、行政等方面的优势。《2030 年维也纳经济与创新》的目标就是以更大的创造力和决心继续实现“以人为中心，大众广泛参与、机会均等，共同建立一个包容和安全的城市”。

（二）重点领域及实施方式

1.《2030年维也纳经济与创新》将重点战略领域分为引领领域和行动领域

一是引领领域，是维也纳已处于领先地位的领域。这些领域将为未来几年维也纳面临的重大挑战提供解决方案，并成为具有国际竞争力和高度引人注目的领域。该领域的主要特点是：为维也纳的国际地位奠定基础；建立在维也纳的特定优势之上，并能基于这些优势形成新颖、创新的方法，可称为“维也纳解决方案”；有助于解决未来十年城市发展中需应对的挑战。

二是行动领域，反映维也纳作为商业中心的条件。这些领域既构成了所有经济和创新活动的基础，又有助于引领领域的进一步发展。这些行动领域的相关活动之间也密切相关、相互支持。

2. 战略实施方案

整个战略都以具体的旗舰项目为载体，以未来 10 年作为实施周期。在

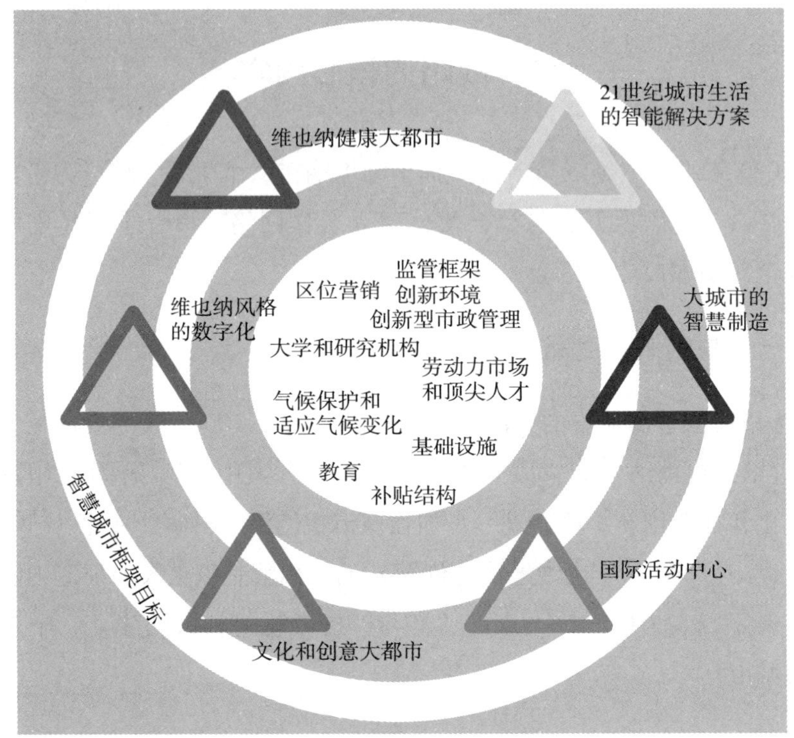

图 1　引领领域和行动领域

整个周期内，根据满足可持续发展的需求，在必要时对战略目标进行适应性调整，并按以下方式执行。

一是由当地经济主体联合发起和确定能够系统反映引领领域和行动领域的旗舰项目。

二是撰写旗舰项目及其执行情况的年度报告。

三是维也纳经济委员会（由核心小组编写）与当地经济参与者合作进行年度主题协调和重新定位。

四是现有预算主要反映引领领域，旗舰项目的执行将有指定的额外资金。

五是协调执行进程：维也纳市经济事务、劳工和统计局对旗舰项目进行监测和定期评估，并负责处理维也纳经济理事会的办公室工作。

六是核心小组为各自领域建立和（或）培养专家社区；系统评价旗舰项目的潜力，消除性别、社会和族裔背景、年龄等方面的歧视现象。

（三）六大引领领域的具体目标

1. 21世纪城市生活的智能解决方案

气候危机和城市化对现代城市生活构成重大挑战。维也纳要从一个历史悠久的城市转变为21世纪的城市，并实现对历史名城的气候保护，需要在充分利用新技术的同时，通过组织和文化创新，系统制定和实施适当的技术解决方案和商业模式，在公共资助住房、能源、供水、防洪等方面不断尝试经济上可行、高生活质量与低资源消耗相结合的城市智能解决方案，并从维也纳输出成为全球标准。

具体目标包括：一是生产和提供适应气候变化的产品和服务，以改善全世界的城市生活质量；二是积极应对气候变化挑战，系统升级老街区，使新街区成为国际公认的气候友好型城市；三是采取不产生二氧化碳的城市和区域旅客与货物运输的技术和社会解决办法；四是提出智能城市解决方案，包括技术创新、组织创新和社会创新，在不同部门和行业以整体和跨学科的方式发展。

2. 维也纳健康大都市

整个欧洲的卫生健康系统面临人口变化及保障必要的公共医疗和卫生服务问题，医疗保健领域的新技术应用加剧了全球竞争并带来了巨大资金压力，医疗服务的针对性越来越强。预防医学、治疗医学和缓和医学的研发应用必须以人的需求为前提。维也纳因为拥有全球最先进的医学体系与市民负担得起的高质量保健和医疗服务，再加上卓越的研究机构和创新企业，而成为全球医疗保健领域的引领者。未来，维也纳将定位为开发高质量产品和服务的绝佳地点，率先在预防医学中寻找到新的道路，并提供合适的商业模式。

具体目标包括：一是在医疗保健领域建成全球领先的研究中心，努力打造生物技术、医疗技术、数字健康和保健领域成果转化的企业中心；二是打造将创新转化为实际应用的企业中心；三是成为全球从预防到治疗和缓和医学等高质量、易获护理和保健服务的中心；四是通过高端社会基础设施、培训和创新使用新技术，为市民提供更高质量、良好的工作条件和负担得起的保健和护理服务；五是促进高标准的数据安全保护，推动医疗服务提供者之间的集成和数据交换，从而创新服务和业务模式。

3. 维也纳风格的数字化

维也纳的高质量数字解决方案代表着公平、透明、安全。数字化也保障了维也纳居民的生活质量，并成为城市的商业品牌。维也纳的数字化目标不是模仿硅谷，而是权衡不同的利益，在透明度、隐私保护和数字商业模式之间建立新的平衡，发挥在数字公民权利、数据隐私和数据安全领域，以及在人文、社会科学和文化研究等方面的特定优势，以可持续和包容的方式打造全新的、高质量的“维也纳式数字化”的国际形象，以及一种新的数字人文主义。

具体目标包括：一是推动伦理标准在数字应用中的广泛传播，以及巩固在数字化资源消耗方面的全球引领地位；二是借助卓越的标准化及认证研究机构，通过开放数据、标准和技术及其转化为商业模式设定新的标准，促进数字透明度、安全性和公平性，协助企业开发网络化及广泛应用的解决方案；三是创造最佳条件，推动研究人员和企业迅速将“维也纳质量”的新数字商业模式转化为适销对路的产品和服务；四是培养数字产业的高素质工人。

4. 大城市的智慧制造

城市密集化发展导致噪声、空气污染、交通等方面的更多问题；城市间的竞争也会导致城市因去工业化而产生就业问题。制造业网络化、多样化、服务化的趋势，使得现代生产工厂不再是气候变化问题的一部分，而变成解决方案的一部分。维也纳将成为国际顶级的生产高品质、可回收商品和服务的大都市，制造业仍将占据整个价值创造链中的重要地位。为此，维也纳专门为制造业划定了区域。

具体目标包括：制造业充分应用集成数字系统和最先进的制造技术，以保持全球现代生产技术的前沿地位；将维也纳的生产过程和产品的系统性、生态化标准向全球输出；在全市范围内划拨和保留地块用于生产设施，不断提高这些地块的利用率，并鼓励工厂开拓其他形式的空间利用方式。

5. 国际活动中心

维也纳一直是国际外交、会议和商业活动的中心，集聚了大量的研究机构和公司总部、国际组织。优越的生活质量、高密度的国际顶尖人才、可负担的物价和稳定的法律环境，使维也纳成为国际公司分支机构的首选地。未来，维也纳将进一步巩固在政治、商业、研究或社会等领域受到全球关注的国际讨论和交流的主办城市地位。

具体目标包括：一是增强对公司总部、初创企业、研究和发展机构、国际机构的吸引力和认知度，大力推广，持续加强其作为东西方枢纽的作用；二是简化相关程序和许可证，以吸引企业和组织入驻；三是系统性地建设会议、活动和会议基础设施，加强城市认知度。

6. 文化和创意大都市

维也纳是世界级文化大都市，文化积淀丰厚。未来，文化产业将与创意产业融合发展，通过设计、广告、音乐、电影等行业的创新创意为城市注入新的活力，提升城市的综合品质。

具体目标包括：一是提升创造力，成为维也纳商业和创新中心的发展引擎；二是增强创意产业的竞争力；三是吸引全球各地的初创企业、中小型公司和人才，鼓励他们共同为维也纳制定城市文创解决方案。

（四）十大战略行动领域的具体目标

1. 教育

作为一个商业和创新中心，高技能的劳动力是维也纳发展的首要保障。维也纳在教育方面将提供平等、良好和优质的专业培训，使市民更好地发挥自身长处和实现自我价值，提高其生活质量和就业的基本技能，尤其是与工作相关的创造性能力。同时，通过尖端设备和教学方法以及校企合作项目，尽早培养儿童和青年对经济、技术或自然科学的兴趣。

2. 劳动力市场和顶尖人才

基本和高级培训机会以及高就业质量是保持维也纳吸引力的先决条件。高质量就业包括生产参与性、良好的工作条件和公平的报酬、晋升机会、工作时间等。因此，要为熟练工人提供高质量的培训机会，并不断优化培训环境和学习领域；吸引和留住技术工人和顶级专家；针对国际专家和科学家，为其办理相关手续提供导向服务，并由专门部门负责解决专家的特殊需求。

3. 大学和研究机构

学术研究机构为维也纳提升商业和创新能力做出了重要贡献：培养了未来的顶尖专家和科学家，研究成果成为产品和服务创新的基础。2019 年 5 月，维也纳市与 23 所高等教育机构签署合作协议，进一步加强其对维也纳商业和创新中心的重要推动作用，包括开发和测试解决城市问题的聪明方案、开展经济导向的培训研发活动等。

4. 气候保护和适应气候变化

为了应对气候变化，保障人们的高质量生活，维也纳从技术和组织两方面提供解决方案，例如针对降低城市温室气体排放、消费品处置所产生的碳排放等设计出可节约资源的生产工艺、价值创造链和产品；市政府制定气候预算，包括一套参数和指标系统，用于快速、简明地评估与气候相关措施的成效；为减少温室气体排放和应对气候变化问题，支持生产工艺创新及产品和服务的创新等。

5. 基础设施

维也纳高效的基础设施，包括公共交通、能源和供水、废物和废水处理、街道和公共设施等，为城市经济发展奠定了基础，也是其作为商业中心的突出优势。维也纳将进一步完善基础设施，包括高效的数字基础设施，既满足企业和公民对高质量、开放的公共数字基础设施的需求，又通过智能服务提供应对时代挑战的解决方案。

6. 创新型市政管理

经济创新和生产力提升需要市政管理部门的高度创新能力。为此，维也纳市政府与市民、企业和大学一起推动专门和创新的项目，以明确关键的城市问题并制定解决方案。对于与经济相关市政行政程序的考量、组织、创新既要尽可能高效，也要兼顾成本效益；鼓励全民参与开发新颖的解决方案；推动创新公共采购方式，鼓励企业寻找创新的解决方案。

7. 创新环境

维也纳特别提倡建立一个强大、充足的创新和创造性环境，因此要营造鼓励协作和交流、敢于冒险的创新文化环境。成立初创企业中心，为研究机构、企业和初创企业发展提供实验空间。市政基础设施将为创新活动提供系统性的灵活实验室，如公共空间、交通区域、网络和数据。

8. 监管框架

通过明确性、连续性和可预测性的监管框架为经济发展、创新提供高质量标准的有形和无形基础设施。不断调整监管框架以应对新的挑战。一是推动产品和服务的数据、过程和产品的标准化；二是通过简单、明确的规章制度，鼓励和支持创新；三是根据智慧城市框架，有针对性地促使政府采购成为创新的驱动力，以加强资源保护和提高生活质量；四是不断优化程序，减少官僚成本。

9. 补贴结构

通过为大学、企业和初创企业提供有针对性的补贴增强价值创造力和整体竞争性。补贴计划有助于创造新的岗位需求，引发新一轮投资，并帮助更多商业和创新驱动因素形成网络。具体包括低门槛支持企业技术变革、支持研究和发展战略领域的引领性和使能性技术，不断优化筹资和促进计划，帮助企业获得国家和欧洲的赠款和补贴。

10. 区位营销

维也纳是享有国际声誉的文化和音乐之城，也是全球最佳的旅游和会议目的地。新的城市营销侧重于维也纳作为商业、技术和创新中心的优势，并系统地与外部世界进行沟通，继续保持其引领地位。

三　对中国城市发展战略的启示

“宜居性”是城市发展保持活力和可持续性的关键。维也纳作为欧盟重

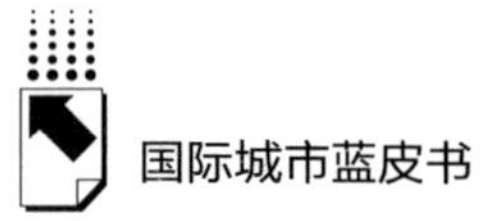

要成员国的首府，未来十年的发展理念和策略可以为中国建设“人民城市”、实现宜居宜业提供另一个视角和发展维度。维也纳提出的“以人为本”“应对气候问题”“资源高效利用”“应对老龄化”“城市智慧化”等议题也是我国全球城市建设中不可回避的重要内容。

（一）城市高质量发展的终极目标是让全民共享发展成果

维也纳的城市战略和解决方案始终坚持以人为本，这是其屡次登顶“全球最宜居城市”的重要原因。维也纳重视城市历史变迁过程中，市民与环境的互馈效应及社会—生态系统的协同耦合关系，所有领域的社会和技术创新都是为了显著提升资源利用效率和改善发展手段，以及应对城市危机，以更好地提升市民的生活舒适度和便利度。而且，市民对劳动力市场、社会稳定和城市发展等关键问题的密切参与也是保证城市解决方案能够真正服务于民的有效方式。

（二）城市高质量发展需要与低资源消耗紧密结合的城市解决方案

维也纳积极响应欧盟应对气候变化的计划和倡议，从能源生产和利用、城市交通、城市结构和建筑、城市垃圾管理、农林业、自然保护和公共关系等诸多领域制定措施并采取行动，以降低温室气体排放、资源消耗，创造更具可持续性的城市环境。

（三）有吸引力的环境越来越成为节点城市的关键要素

自古以来，维也纳就是连接东西欧的交通枢纽与来往于波罗的海和亚得里亚海之间的重要通道。借助独特的区位优势，维也纳从历史上就吸引了众多大企业总部，是东方企业与西方市场、西方企业与中欧和东南欧国家之间的重要枢纽。但进入新的大通信时期，城市区位优势日渐削弱，优越的生活质量、低犯罪率、可负担的物价和稳定的法律环境等越来越成为吸引国际顶尖人才和跨国企业的重要原因。而且，在从工业社会加快向服务社会和知识社会的转变过程中，城市的知识、文化在艺术、经济创造力重现中正在发挥越来越明显的作用。

（四）注重打造标准、树立风格

输出标准、提供解决方案是城市在参与全球事务中迅速提升国际地位和能级的重要途径。维也纳经济与创新战略就多次提到建立标准，并向全世界输出，尤其是在医疗保健、数字经济等趋势性领域，通过维也纳方案保持其在该领域的引领和强势地位。

（五）数据开放有助于推动城市数字化

维也纳是世界上第一个开放政府数据的德语城市。数据开放极大地提升了数据的价值，进而实现最大化的社会受益。例如，城市公共服务数据的开放获得了广泛的公众参与，也为市民提供了更加快速、便捷的公共服务，增强了解决方案的可行性。

参考文献

“Smart City Wien Framework Strategy 2019 – 2050,” https：//www. doc88. com/p – 30587010426356. html，2020 年 5 月 26 日。

《为什么维也纳智慧城市全球排名第一?》，https：//www. sohu. com/a/384519863_651721，2020 年 3 月 31 日。

《维也纳提出 2025 年旅游经济发展战略》，https：//www. sohu. com/a/350893522_393368，2019 年 10 月 31 日。

《维也纳：智慧城市“战略领跑者”的行动策略指南》，腾讯研究院，https：//www. tisi. org/17436，2021 年 2 月 26 日。

《智慧城市维也纳计划》，http：//www. 360doc. com/content/16/0528/16/6943848_563029344. shtml，2016 年 5 月 28 日。

B.5
悉尼塑造城市智能转型的生态系统*

薛泽林　吴 晨**

摘　要： 探索城市智能转型的有效方略，建成智慧城市是全球各主要城市新的竞争前沿。作为全球知名城市，悉尼的智慧城市战略以人为中心，通过协作共创智慧城市战略框架，确立了“支持互联、赋权的社区城市，提升全球经济竞争力、吸引和留住全球人才的城市，适应未来环境和增强韧性的城市，有活力的宜居城市，以客户为中心和高效服务的城市”五个战略目标，以及“发展智能基础设施、创造有利的外部环境”两大推进策略，致力于建设一座繁荣、包容、充满韧性的智慧之城。政府作为智慧城市建设的积极推动者，基于利益相关视角有序推进战略落地，创造有利条件建设面向未来且更加智能的城市，是悉尼实施智慧城市战略的主要经验。

关键词： 智慧城市　生态系统　悉尼

悉尼是澳大利亚首屈一指的全球城市和领先的知识经济体，在过去的10年里贡献了22%的新南威尔士州GDP和7%的全国GDP。但受城市化、

* 本报告基于悉尼于2020年8月发布的《智慧城市战略框架》开展介评，并就其对中国城市的参考借鉴意义予以研究分析，特此感谢。

** 薛泽林，博士，上海社会科学院政治与公共管理研究所副研究员，主要研究方向：城市治理、智慧城市；吴晨，同济大学政治与国际关系学院研究生，主要研究方向：城市治理、政治学理论。

全球化和气候变化影响，悉尼的可持续发展也面临越来越大的压力。一方面，悉尼正经历着日益加剧的不平等、城市拥堵、网络攻击以及极端天气事件冲击等一系列挑战；另一方面，新兴技术正从根本上扰乱城市经济，重塑城市领域，重新定义政府和公民之间的传统关系，重新塑造城市的人类体验。面对新挑战，悉尼于 2020 年 8 月发布《智慧城市战略框架》，致力于通过数字技术，改善城市服务，提高社区生活质量。

悉尼将技术和数据视为应对城市紧迫挑战和发掘新机遇的关键推动因素。按照悉尼的《智慧城市战略框架》，城市变得智能并非是为了技术而安装技术，也不是为了数据而收集数据。数字化转型意味着将技术和数据应用到工作中，做出更好的决策以应对不确定性，为市民、游客、企业提供更好的体验。这也意味着在资源有限的环境下用更少的资源做更多的事情，并优化城市空间布局以容纳不断增长的人口，同时保持悉尼享誉世界的高质量生活。为了实现上述目标，悉尼坚持以人为中心，以问题为导向，以证据为基础，制定了使利益相关者合作的智慧城市战略框架，以指导城市的数字化转型。总体来说，《智慧城市战略框架》建立在“韧性悉尼战略”、“城市数字战略”和“城市科技初创企业行动计划”等现有战略基础之上，通过整合已有资源，力图创造一个繁荣、包容和有韧性的智慧城市。

一　悉尼智慧城市建设的战略目标

建设智慧城市是一个复杂的过程，要随着城市的发展而不断调整。在战略制定和战略执行中，悉尼将数字技术视为一种工具，并认为制定框架仅是一个开始，实现智慧城市愿景需要整个社区的共同努力，每个公民的勇气、承诺和合作都至关重要。同时，要努力建设智能基础设施和有利的环境，培育创新生态系统，从而为所有人创造一个繁荣、包容和韧性的智慧城市。

（一）悉尼智慧城市战略框架的目标

智慧城市战略框架是一种指导城市设计和发展的方法，它将物理系统、数字系统和人类系统相结合，使合作成为可能，并通过释放城市集体智慧以解决紧迫的挑战和发现新的机遇。具体而言，智慧城市战略框架将实现四大目标：一是确立一个愿景，作为推动城市智能转型的整体的、可持续的指导。这一愿景与社区需求和优先事项密切相关，围绕共同愿景组建城市生态系统，确保以协调、包容的方式实现城市智能转型。二是促成城市生态系统中所有参与者的合作。通过共同锚定城市智能发展，以此实现知识、数据、资源和经验的共享。三是成为一个连接点，该框架将把已在全市开展的智能项目和倡议联系起来，帮助它们在试点阶段之后保持和扩大规模。四是在推动大悉尼智能转型方面发挥关键作用。通过分享智慧城市创建的经验教训，该市可以与面临类似挑战的大悉尼市其他委员会合作，共同支持智能转型。

总体而言，智慧城市战略框架以人为中心、以结果为中心，没有规定具体的技术解决方案，而是将技术编织到日常生活之中，以响应实际需求，并随着环境发展和需求变化而灵活调整。如图 1 所示，悉尼智慧城市战略框架主要围绕五项战略成果构建，分别为一座支持互联、赋权的社区城市；一座提升全球经济竞争力、吸引和留住全球人才的城市；一座适应未来环境和增强韧性的城市；一座有活力的宜居城市；一座以客户为中心和高效服务的城市。虽然每一项成果都集中在一个特定领域，但城市智能转型的成功取决于整体的方法，即五项成果无缝集成并相互支持。此外，五项战略成果的构建离不开智能的基础设施和有利的外部环境。

（二）悉尼智慧城市战略的智能基础设施

智慧城市建设离不开硬件设施的完善，如图 2 所示，悉尼智慧城市的智能基础设施主要包括五层，每层必不可缺、互为联结，在不断创新和完善中协力推动城市智能基础设施的发展。

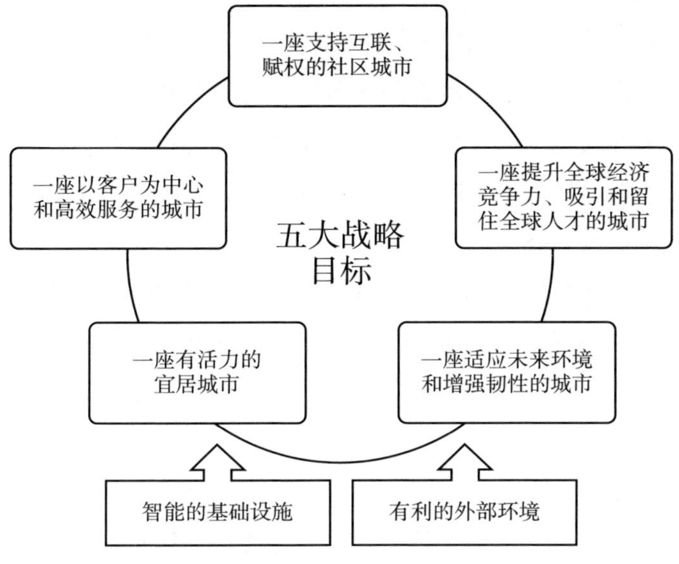

图 1　悉尼智慧城市建设战略目标

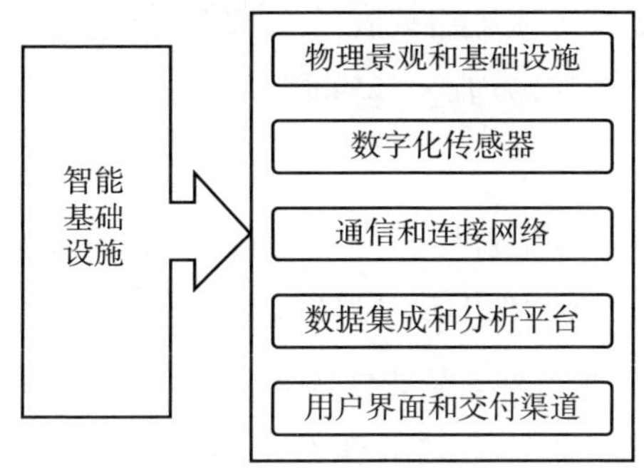

图 2　悉尼智慧城市的智能基础设施

1. 物理景观和基础设施

悉尼当地的物理景观和基础设施代表了城市智能转型的数字支柱，如城市的道路网、长凳、电线杆和垃圾箱。智慧城市中的每个物理组件为城市数字连接提供多种用途。例如，垃圾箱不仅是一个废物储存库，而且还可以安装传感器，收集废物信息、街道交通流量、行人移动等有关数据。

2. 数字化传感器

在数据收集层，数字化传感器承担收集整个城市实时信息的功能，且随着芯片技术的进步，数字化传感器在城市中的应用还会越来越广。数字化传感器可以收集温度、拥堵、行人移动、碳排放和噪声等相关数据，可以以前所未有的方式揭示局部地区的状况、行为和变化。

3. 通信和连接网络

通信和连接网络层充当城市的数字通道，传输传感器层收集大量的数据，实现城市各领域间的连通。当地有一系列网络纵横交错，包括 3G/4G/5G、宽带、WiFi 和低功耗广域网，与此同时，随着信息技术的进步，还有更多的创新技术即将出现。

4. 数据集成和分析平台

数据集成和分析平台层是传感器收集并通过通信和连接网络传输之后所有数据的中心。这一层是释放数据真正价值的地方——通过整合、分析数据，将其转化为有价值的信息。并支持平台的开放共享以支持城市创新生态系统。此外，平台可以让利益相关者试验数据，构建具有公共价值的新产品和服务，创造一个“数字城市公共空间”。

5. 用户界面和交付渠道

虽然数据集成和分析平台层可以将数据有效地转换为知识，但是需要用户界面和交付渠道层将该知识转化为可访问和可用的格式。该层通过个性化、有趣的界面，使得社区参与更有意义，同时进一步了解居民需求，并直观作出反应。而且以清晰的格式呈现城市数据，使社区能够更好地做出决策，成为城市领域的合作伙伴和共同创造者。

（三）悉尼智慧城市战略的有利外部环境

虽然强大的技术和数据架构是城市智能转型的重要组成部分，但技术也并非灵丹妙药，技术和数据的使用环境是城市数字化转型成功的决定性因素。因此，智慧城市战略的实施需要创造一个能够释放技术和数据真正价值的外部环境，以推动可持续、可扩展的智慧城市转型。

1. 治理议程

在智慧城市战略实施中，政府、行业、学术界和社区的领导人必须作出强有力的长期承诺，这对于设置明确的智慧城市议程至关重要。然而，为了取代传统自上而下的治理框架，新的战略需要一种分散式的治理框架以确保悉尼的共享责任。所有行动者的作用和责任需要在两个层面上予以确定：一是在战略治理层面，侧重于议程设置和成果定义；二是在交付治理层面，侧重于预期受益人参与用户测试。

2. 筹资融资

获得投资也是智慧城市战略得以实现的最大机遇和挑战之一。悉尼致力于探索创造性的采购方法和合作融资机制。这需要采用基于问题的操作方法，简化复杂的流程以吸引创新企业共同参与。

3. 文化包容

新的智慧城市战略不可避免地会对原有城市社会结构和文化产生冲击，悉尼正在接受一种实验文化，以打破抑制创新的传统避险情绪。这种文化将促进城市成为新思想的试验场，以便在智慧城市应用扩大规模之前学习、迭代和改进。

4. 监测评估

全过程的监测和评估对于智能转型至关重要。在智慧城市战略推进中，悉尼将确定一套明确的目标和关键绩效指标，重点改善社区和项目的准入和成果，并通过反馈循环以总结经验。这些经验将为现有项目的扩展和新项目的开发提供信息，这样城市就不必为每个智能项目改头换面。此外，悉尼还将致力于运营的透明化，公开项目进展与经验教训，以便让更多的市民了解智慧城市。

5. 伙伴关系

建设一个向所有城市利益相关者开放的创新生态系统是城市实现智能转型的核心。悉尼的智慧城市战略指出，如果缺乏有意义的合作，就无法实现智慧城市愿景。这强调共同创造的重要性，也意味着智慧城市建设要认识到每个利益相关者可以为建设未来城市贡献知识、技能和经验。

6. 技术标准

标准对于支持和培育开放创新生态系统发挥着关键作用。悉尼的智慧城市建设应用了技术标准体系。该框架与国际标准化组织发布的国际公认标准（ISO 37106：2018）“可持续城市和社区——关于为可持续社区建立智慧城市运营模式指南”保持一致。通过提供通用词汇表和框架，智慧城市战略的技术标准被嵌入整个城市以实现数据共享。

7. 伦理创新

智慧城市建立在信任的基础上，在智慧城市战略实施中，悉尼采用“设计符合伦理”的方法进行智能转型，致力于成为伦理创新者。这包括在规划新项目和与他人合作时遵守伦理、隐私和安全原则。保护公民的数字权利是城市道德基础设施的核心，城市要以公民为中心制定数据政策和指南。在拥抱新技术的过程中，悉尼通过在设计过程中加入不同团队，并建立健全检验和补救流程，降低数据和技术中嵌入偏见的可能性，以确保结果的公平性。

二 悉尼智慧城市建设战略框架的内容

面对城市可持续发展的压力，以及数字化技术带来的新机遇，悉尼的目标是抓住数字时代的变革机遇，提升悉尼独特的位置和环境优势、培育城市创新生态系统、促进城市文化多样性，以及加强社区意识和居民归属感，保持城市繁荣。总结来说，悉尼的《智慧城市战略框架》主要包含五大战略目标。

（一）一座支持互联、赋权的社区城市

悉尼的智慧城市战略目标之一是建立一座支持互联、赋权的社区城市，具体包括通过确立智慧城市建设优先事项，为社区居民提供参与数字发展所需的技能和工具，确保没有人掉队。

一是打造未来数字社区，提升数字包容性。随着科技发展的加快，“数

字富人”和“数字穷人”之间的鸿沟越来越大，所以需要通过定向教育计划为市民提供终身学习和提高数字技能的机会，促使所有人都能参与弥合数字鸿沟和设计未来城市。对此，悉尼计划将图书馆加快建设成为数字社区的学习中心，一方面通过继续与学校和社区合作，提供多渠道的数字课程，将终身数字学习的价值传播到整个社区；另一方面在所有智能规划中嵌入数字包容标准和原则，以便有效利用资源促进机会均等。

二是在城市设计与交付过程中创造共同社区。传统上，地方政府与公民之间的关系是单向的，地方政府向公民提供信息和服务。然而，新技术正日益打破这一模式，通过数字技术和平台等参与方式创新，公民将作为合作伙伴参与未来城市建设。对此，悉尼计划开发数字公民创新平台、物理生活实验室和创客空间，使公民能够贡献自己的知识、技能和经验。共同社区支持与不同社区之间的动态双向沟通，发展点对点的数字平台，提供分享信息和加强邻里互动的渠道，提升社会凝聚力。

三是通过开放数据为实现更好的社区决策和提高居民生活质量提供信息。开放收集的大量数据流，使地方政府正在从根本上改变城市的传统体验。开放数据能使社区更有效地做出决策，以提高居民生活质量以及创造更美好的未来。目前，悉尼正在创造一个“数字城市公地”，致力于数据平台的开发，加速将数据转化为可视化知识，构建以市民为中心的界面，使其易于理解和被社区使用。对此，悉尼计划加快数据门户开放、发布数据，形成城市数据中心枢纽，继续探索数据的可视化。与此同时，悉尼鼓励社区利用开放数据提出新的想法和解决方案，并积极与州、联邦和其他地方政府合作，不受地理或官僚边界限制实现数据共享。

（二）一座提升全球经济竞争力、吸引和留住全球人才的城市

悉尼智慧城市的战略目标之二是建立一座提升全球经济竞争力、吸引和留住全球人才的城市，具体目标在于拥抱数字变革以培育创新生态系统，并保持悉尼作为吸引全球人才磁石的地位。

一是创建创新生态系统，培育实验文化。快速的全球化和信息化正迫使

城市摆脱传统经济模式而拥抱“创新经济”。在此背景下，只有培育一个强大的创新生态系统，智慧城市转型的价值才有可能获得。随着本地公司在全球的扩张，以及对全球人才的吸引力提升，悉尼创造了城市经济增长的良性循环。对此，悉尼计划进一步激活城市创新生态系统和创新区，推动机构间的交流与合作，开放无处不在的网络。在智慧城市实施之前，可以在创新区测试和完善智慧解决方案、政策和框架。并在城市数字基础设施中嵌入技术标准，促进数据无缝流动，使利益相关者能够访问和转换数据，并支持城市内外部的数据共享，发展信息经济。

二是发展知识经济，提高城市生产力和可延展性。包括机器学习、人工智能在内的强大新技术正在改变国家和全球经济。近年来，悉尼通过创造有利的环境，使老牌公司可以通过利用新技术提高生产率，而初创科技企业也得以发展壮大，并推动共享经济等新商业模式发展。对此，悉尼计划加快实施城市科技行动计划，培育城市创业文化；探索利用新技术增强城市竞争优势，发展生产力；继续向工人和弱势群体提供学习数字技能的机会，促使其能够有效适应未来城市需要。

三是打造世界级旅游目的地，提高游客体验和发展充满活力的夜间经济。这是确保悉尼能创造新的就业机会、吸引和留住优秀劳动力、成为国际学生和游客首选目的地的关键因素。事实表明，悉尼在整体文化和社会设施方面表现良好，举办了世界上最引人注目的文化和夜间活动。然而，最近的基准研究结果显示游客体验下降，包括城市过度拥挤、夜生活缺乏包容性以及文化产品表现不足。而智能技术有助于增强悉尼的自然和文化优势，向游客讲述引人入胜的故事以及提供卓越的文化和社会体验，提高悉尼作为全球 24 小时城市的声誉。对此，悉尼计划部署物联网传感器，改善对相关节日和活动的管理；利用数据提高人群管理的有效性，减少排队时间，并帮助企业抓住经济增长机会；探索智能照明、智能闭路电视和智能交通等新技术，提高夜晚的安全性，鼓励更多的企业和创意组织参与夜间经济。此外，利用广泛的数字媒体渠道讲述富有创意和引人入胜的故事，也可以提高悉尼的全球声誉。

（三）一座适应未来环境和增强韧性的城市

悉尼智慧城市的战略目标之三是建立一座适应未来环境和增强韧性的城市，具体目标在于：加快迈向可持续发展的城市之旅，能够在预期和意外的挑战面前适应并茁壮成长。

一是需要对城市状况进行数据监测和管理。悉尼在倡导“韧性悉尼战略”方面发挥了重要作用，从而将大悉尼打造成一个“连接、包容和韧性的大都市”。为了实现这一愿景，需要深入了解城市的日常状况，借助新技术提供城市各种指标的实时数据；采用网络化管理方法，与大悉尼议会共享数据以推动综合规划和响应；在数字基础设施中嵌入安全措施和协议，保护数据的长期完整性。对此，悉尼计划利用数据绘制本地区风险和相互依赖因素，以便制定有针对性的复原计划和干预措施。例如，该市绘制温度变化图可以为减少极端高温影响提供信息；分析灾前灾后的城市状况数据也可以为“更好重建”提供有价值的信息；与城市利益相关者共享数据，可以实现城市的综合规划和响应。此外，继续专注于网络风险管理，可以有效应对网络安全漏洞，将损害降至最低。

二是利用可再生能源发展新技术和循环经济，推动城市绿色发展，实现碳中和。长期以来，应对气候变化一直是悉尼的重要任务，而数字技术有助于促进城市系统的再生和恢复。树木和绿地是当地最宝贵的资产，通过新技术可以减少空气污染，吸收雨水，完善基础设施以最大限度减少城市热岛效应，保障高质量生活。对此，悉尼计划探索清洁能源方案，完善相关基础设施以实现可持续性发展承诺；利用测绘技术量化城市森林效益，确保城市森林活力；探索发展人工智能方案，推动资源有效利用以推进循环经济发展。

三是推动社区参与，加强城市的可持续性和韧性。面对快速变化，韧性城市为社区配备了数字基础设施和所需技能，以便在事件发生时能及时找到信息，获取资源。在城市可持续发展和复原计划中，让市民成为合作伙伴，增强其参与意识和增加其社区管理经验，做好应对意外的准备是提升城市韧性的有效方式。对此，悉尼计划利用数字渠道为社区规划和紧急状况提供有力支持，例如将“准备就绪”应用程序推广为一站式备灾工具，进行实时警报和更新，帮助社区在危机时期做出最佳决策；鼓励市民积极参与当地社区的韧性活动。

（四）一座有活力的宜居城市

悉尼智慧城市的战略目标之四是建立一座有活力的宜居城市。具体目标包括整合数字和物理景观，为人们创造多样、安全、包容和创造的场所，全面提升城市活力和宜居程度。

一是城市流动性起着至关重要的作用。悉尼的目标是创造一个“10 分钟街区”，居民们可以在步行 10 分钟范围内满足日常需求。该市将此视为实现大悉尼“30 分钟城市”网络愿景的关键，在这个网络中，家庭、工作和娱乐等方面需求都可以在 30 分钟内得到满足。数字技术可以帮助城市优化街道空间和交通选择，增进社区福祉，刺激当地经济发展，以及保护环境。对此，悉尼计划通过分析数据为街道空间的优化和基础设施的完善提供信息；通过与州政府合作，发布拥挤路线通知，指导通勤者选择更好的替代方案，以缓解公共交通过度拥挤的状况；为选择替代的交通方式提供补贴。

二是增强整个城市范围内的实时可视性，优化基础设施、公共资产和系统。智慧城市取决于智能规划，而人口的快速增加给传统城市规划带来了压力，因此必须采用更加灵活的方法，使城市能够动态应对不断变化的需求。而在全市范围内嵌入数字情报层，使人们能够观察事件的发展，并且会产生乘数效应。对此，悉尼计划开发城市活动层项目，增强整个城市活动的可视性，并在系统需要维护时向城市发出警报；以城市活动层为基础，开发数字孪生模型，直观显示拟建开发项目的影响，并确定其可取性和可行性，从而优化城市规划与决策，保障城市的宜居性。此外，数字孪生模型可以进行紧急情况的模拟，从而形成潜在影响地图和做出相应的目标准备。

三是利用数字技术加强社区与地方的联系，以支持当地独特的地理、文化和历史。悉尼的原住民与当地保持着很强的联系，今天，这个城市是文化的大熔炉，大多数居民出生地在海外，并且众多艺术和文化组织都在此聚集。而新技术为悉尼保存和发展文化多样性提供了活力，数字平台为支持社区和地方的联系提供了机会，也为当地艺术和文化的表达提供了更多的机会。虽然科技常常被认为是一种同质化的力量，但市民仍有机会用它来讲述城市独特的故事，并培养市民强烈的归属感以及增强城市的宜居性。对此，悉尼计划利用城市数字互动平台，促使社区能够了解当地的建筑、艺术以及原住民的历史和文化；与当地的艺术和文化机构合作，促进资产在整个社区的数字化放大；在本地区扩大免费 WiFi 部署范围，以创造一系列机会，提高城市的宜居性和互联性。

（五）一座以客户为中心和高效服务的城市

悉尼智慧城市的战略目标之五是建立一座以客户为中心和高效服务的城市。具体目标在于：增强城市互联，优化客户体验并最大限度地提高效率。

一是综合了解悉尼的社区需求和偏好，为联合设计城市服务提供信息。传统服务模式下的每个部门各自为政，而非以客户为中心，这是悉尼进行全球城市智能转型的一个主要障碍。因此，悉尼正在寻求建立综合数字基础设施，打破数据孤岛，通过整合和叠加不同数据流，深入了解客户的需求和偏好。当然，这些丰富的数据意味着城市需要扮演数据保管人角色，有责任保护数据的安全和居民的隐私。对此，悉尼计划开发客户统一视图，提供个性化的客户服务；将传统的数据管理文化转变为数据共享、保护隐私、重视技术分析的文化，发展更全面、更具包容性的社区服务。

二是促进悉尼与社区之间的多渠道互动，提供响应性、包容性和个性化服务。在服务型政府建设过程中，客户期望政府也能提供与私营部门对等的服务质量，提供无缝隙的用户体验，以客户为中心，为实现这一目标，渠道的协调对于确保一致的沟通至关重要。城市不仅认识到多渠道互动是提升客户体验的机会，同时也要考虑到多渠道互动有利于促进包容性服务。考虑到社区中弱势成员在渠道设计中的需求，可以改善弱势群体的信息和服务的获取渠道。对此，悉尼计划继续绘制端到端的客户旅程图，创建全过程的服务蓝图，明确每个阶段涉及的人员、流程、策略、合作伙伴和技术；识别整个过程中客户的痛点及其根本原因，调用数字渠道和应用程序来优化客户体验。

三是创建智慧城市运营模式，以获取最高效率。地方政府经常被过时的运营模式和遗留的IT系统束缚，无法满足技术快速变革背景下的市民期望。因此，需要实现智慧城市运营模式的转变，使城市释放数据的力量，快速推动全市创新。作为一个互联的组织，城市将能够有效地与城市生态系统中的客户、市民、供应商和合作伙伴保持一致，实现效率的提高和卓越发展。对此，悉尼计划制定智慧城市项目登记手册，以及智慧城市预算、资源配置和治理的综合方法；在组织层面开发数字基础设施架构，推动企业运营模式创新，促进数据共享并提高商业智能水平。此外，悉尼将继续改进智能技术，以充分整合内部业务并使之数字化。

三　悉尼智慧城市战略框架的发展原则

面对紧迫挑战和需求，悉尼将其智慧城市战略框架定位于当地和大悉尼地区，目标是增强数字时代的城市竞争优势。总体上看，悉尼的《智慧城市战略框架》涉及三个方面的主要原则。

（一）政府作为智慧城市建设的积极推动者

智慧城市建设需要政府发挥一系列作用，包括协调利益相关者的关系、创造有利的监管环境，并支持协作创新来推动可持续的智能转型。

1. 智慧城市建设的驱动器

作为驱动者，政府的作用发挥主要体现在三个方面：一是主动引导智慧城市战略框架的制定，在城市智能转型进程中明确战略方向；二是积极倡导扶持政策、培育创新文化和创造吸引投资的监管环境；三是了解智慧城市进展状况，设置保持灵活和经得起未来考验的智慧城市议程。

2. 智慧城市建设的赋能者

作为赋能者，政府的作用发挥主要体现在三个方面：一是支持利益相关者之间的合作创新；二是鼓励分享数据和资源，以及实验和学习；三是通过倡导这种包容性的智慧转型方式，可以赋予社区所需的知识和工具，让社区成为共同创造者参与城市的发展。

3. 智慧城市建设的保管人

虽然智慧城市是由技术和数据驱动的，但它是由信任支撑的，政府作为保管人，其作用发挥主要包含两个方面：一方面是信任对于吸纳新技术、利用数据获得有价值的成果至关重要；另一方面是政府还将作为数据的保管人，保持数据使用的完整性和透明度，建立和维护信任关系。

4. 智慧城市建设的合作竞争

共享数据、资源和经验将推动以综合方式建设智慧城市，有助于增强城市的全球竞争力，实现规模效应，提高市民生活质量，并确保这些成果在整个城市的公平分配。此外，政府分享其智慧城市之旅以及参与全球城市网络的知识和经验。

（二）基于利益相关视角有序推进战略落地

城市的智能化转变不会一蹴而就，其需要基于利益相关者的支持与承诺，按智慧城市建设规划有序推进，以此实现综合的、可持续的智慧城市项目落地。

1. 打造动态框架

目前，城市正经历着快速的变化，不能将《智慧城市战略框架》视为静态文件。相反，需要将《智慧城市战略框架》视为一个拥抱变革和不确定性的关键推动因素。城市利益相关者可以通过行动、测试、学习和改进的协作方法，灵活地调整框架，确保智慧城市议程为城市带来切实的影响，并迎接新的挑战和把握新的机遇。

2. 激活战略框架

智慧城市建设的推进需要利益相关者确定切实可行的实施路线图，指导智慧城市的规划、运营和推广。作为路线图的一部分，利益相关者需要制定项目的优先级框架，确保项目的最佳排序以实现价值最大化。明确每个智能项目都有为智慧城市服务的问题陈述，智能解决方案的开发都以可靠的证据为基础。此外，利益相关者还需权衡项目的成本和效益，确定最佳筹资和融资模式，并保持动态和灵活，以适应城市不可避免的变化。

3. 制定实施路线图

智慧城市的实施需要制定路线图，在转型期内对智能项目进行排序，以确定项目间的优先顺序和相互关系。一是初创，最初集中精力实施风险最小的项目，既以“速赢”激励进一步行动，又推动可持续性和可扩展性发展。二是转向，在初创的基础之上，将重点从试点智能项目转向拥有更大投资的一系列项目。三是巩固，持续衡量项目绩效以改进和迭代，获取和分享经验，扩展智能项目，并按照类似的智慧蓝图制定新的计划。四是转型，当智能原则、智能政策、智能技术和智能工作方式成为城市基因的重要组成部分时，城市智能转型就真正实现了。

（三）创造有利条件建设面向未来且更智能的城市

智慧城市建设面向的是市民，目标是为市民提供更好的服务，并在此过程中提升城市的总体竞争力。在此过程中，奠定智慧城市建设的共同愿景至关重要，这就需要城市基于系统思维，为智慧城市战略落地创造有利条件。

1. 结构

充足的资源和资金是实施智慧城市建设的根本保障。智慧城市项目的联动性质要求城市关注超出标准部门界限的资金和价值。因此，成功的智能转型需要整个组织的参与，以及在战略、技术、数据、项目开发、创新和组织能力等方面的强大组织和领导力。识别破坏有效合作的障碍，推进全部门、全社会的参与将是转型成功的关键。

2. 技能

在智慧城市建设中，为未来做好准备的劳动力需要具备数字技能和专业知识，以适应技术的快速发展和不断变化的社区需求，并加快城市的智能转型。因此，通过学校教育、职业教育、终身教育等方式全面提升全民的数字化技术将是营造良好数字化氛围的关键。

3. 文化

智慧城市建设涉及整个城市的系统化变革，成功的城市数字化转型需要培育一种创新和包容的文化。这种文化包括克服对失败的恐惧，鼓励负责任的实验，为劳动力提供创新的空间环境，激励城市各主体发现挑战和解决复杂问题。

四　悉尼智慧城市战略框架对中国的启示

一是明确指导原则。随着数字化转型的加快，技术的双刃剑效果日益明显，虽然让技术服务于人是基本价值准则，但实践中仍有不少以技术窥探个人隐私以及通过数据计算进行定向歧视的事件发生。尤其是由资本驱动的智慧城市往往容易导致技能和接触上的数字歧视，如老年人的生活已经被各种“码”所困惑，不会用码、不会上网，不仅意味着不能享受到便利的技术红利，同时还可能因错过优惠券而需要花费更大的代价来享受相同甚至次优的服务。这也意味着，中国的智慧城市数字化转型需要共同制定一套原则，阐明城市的基本价值和道德规范，这将有助于驾驭快速发展的城市需要，应对复杂的挑战，并确保智慧城市未来的设计、开发和部署以市民的真正目的为基础。

二是明确问题导向。不能认为智慧城市数字化转型就是装摄像头、装感应器、装大屏幕。事实上，在智慧城市数字化转型中，这些硬件投入反而是最不重要的，智慧城市数字化转型的政策制定者需要首先想清楚：我们要解决什么问题，要遵循问题和需求导向？尤其是决策部门要遵循顾客导向逻辑，不是我想做什么，我要做什么，而是人民群众需要我做什么。尤其是城市治理者要清醒地认识到，在数字化转型之前，不少城市的公共服务，尤其是基本公共服务供给缺口依然较大。强化对于基本公共服务的投入，尤其推动优质城市基本公共服务均等化，让人民群众的教育焦虑更少一些、医疗焦虑更少一些、养老焦虑更少一些，这是提升城市温度和智慧城市建设的基本功，也即坚持以人民为中心的发展理念，时刻将人民需求和问题放在首位。

三是明确技术思路。快速的数字化转型容易导致技术导向误区和跟风追潮误区的出现，一方面，不少人认为技术的进步可以解决一切问题，但事实情况是，如果没有流程和机制上的创新，单纯的技术投入非但不能解决问题，还可能带来新的问题。如当城市利用人脸识别进行轻微违法处罚的时候，道路和规则设计就需要做相关的调整，处罚的标准也需要做更多的论证，否则可能会增加更多的矛盾；另一方面，一线城市数字化转型的快速推进给不少地方带来了“示范压力”，也容易助长个别地方“有条件要上，没有条件创造条件也要上”的跟风心态，却忽视了通过工作机制和方式方法创新，构建简约高效的治理体系，实现“小切口、大成效”的重要性。未来，中国的智慧城市建设需要坚持技术和机制并重的技术思路，通过技术赋能机制创新，全面提升城市治理能级。

参考文献

Sydney Government, “Smart City Strategic Framework: City of Sydney,” 27 August 2020.

〔美〕本·格林：《足够智慧的城市：恰当技术与城市未来》，李丽梅译，上海交通大学出版社，2020。

Kresin, Frank, *Smart Cities Value Their Smart Citizens*, Urban Europe, Edited by Virginie Mamadouh and Anne Van Wageningen, Amsterdam University Press, Amsterdam, 2016.

巫细波、再高：《智慧城市理念与未来城市发展》，《城市发展研究》2010 年第 11 期。

城市经济篇

Urban Economy

B.6
墨尔本谋划后疫情时代城市恢复与经济振兴*

苏 宁 张梓芃**

摘 要： 疫情影响下的城市经济复兴已成为国际城市关注的重要领域。本报告以《墨尔本新冠肺炎疫情恢复与重振计划》为基础，探讨后疫情时代城市恢复与经济振兴的主要特点，总结了疫情对墨尔本发展的主要影响，并分析了墨尔本在后疫情时代城市复兴的主要目标及重点项目。同时，对墨尔本拟重点推进的卫生、经济、社会、韧性、空间、社区、检测等方面的重振策略进行了分析，并对未来10~30年墨尔本的城市活力重塑方向进行了展望。在对墨尔本复兴计划的探讨基础上，提出了中国城市在后疫情时代的经济社会可持续发展建议。

---

* 本报告基于墨尔本市“COVID-19 Reactivation and Recovery Plan”开展评介，并就其对中国城市的借鉴意义进行分析，特此致谢。

** 苏宁，博士，上海社会科学院世界经济研究所副研究员，主要研究方向：城市经济、国际城市比较；张梓芃，上海社会科学院世界经济研究所硕士研究生，主要研究方向：国际政治经济学。

关键词： 墨尔本　经济　可持续发展

新冠肺炎疫情后的城市恢复成为国际城市面临的重要问题。2020 年 12 月，墨尔本政府发布《墨尔本新冠肺炎疫情恢复与重振计划》（COVID – 19 Reactivation and Recovery Plan），针对新冠肺炎疫情给城市带来的严重影响，提出了分领域、分阶段的城市经济社会复兴策略。该计划除包括疫后的短期复兴应对举措之外，以 1 年、4 年、10 ~ 30 年为时间分期，分别提出了针对不同时段的“回应—恢复—更新—引领”的城市活力恢复与经济振兴原则，并以城市“韧性”（Resilience）的培育为主要方向，遵循联合国可持续发展（SDG）议程的内涵引领，提出公共卫生、重振城市、经济韧性、公平机遇等重点推进领域。[①] 墨尔本市政府关于新冠肺炎疫情后的城市复兴与重振规划，对我国城市在后疫情时代的经济社会发展有借鉴意义。

一　新冠肺炎疫情对墨尔本的影响

新冠肺炎疫情导致墨尔本面临着百年来影响最为深远的公共卫生和经济挑战。这些影响主要表现在以下几个方面。

（一）公共卫生

2020 年 1 月底澳大利亚首次确诊新冠病例。澳大利亚政府开始将疫情视为公共卫生突发事件，进而实施管控。2020 年 7 月 9 日，社区传播导致确诊病例增多，维多利亚州进入疫情管控的第四阶段。截至 2020 年 9 月 3 日，维多利亚州共有 19224 例确诊病例，共有 576 人死亡，并且已经对 2415 例检测呈阳性的病例进行了 220 多万次试剂检测，最终 406 人住院，18 人接受重症监护治疗。而截至 2020 年 9 月 2 日，墨尔本市已有 886 例确诊病例。

① The City of Melbourne, “COVID – 19 Reactivation and Recovery Plan,” 2020 – 9.

（二）经济衰退

为了阻止疫情在社区传播，墨尔本疫情防控主要采取关闭边境、宵禁、限制商业活动等措施。这些措施将导致有经济数据记录以来最为严重、影响最为深远的经济衰退。与之前相比，这波经济衰退的根本不同在于其是由公共卫生问题导致，具有全球性和突发性。由于墨尔本独特的产业体系严重依赖临时雇佣劳动力且旅游业发达，新冠肺炎疫情对其的影响极为深远。作为维多利亚州以及澳大利亚重要的经济增长城市，疫情对墨尔本的影响不仅局限在本市内，而且波及州甚至国家层面。例如，2019 年，墨尔本市创造了 1040 亿美元经济价值，占维多利亚州生产总值的 24% 和澳大利亚国内生产总值的 7%。在未来五年内，墨尔本市本地生产总值的累计损失预计超过 1100 亿美元。而维多利亚州全州经济产出预计在五年内将减少 3270 亿美元，墨尔本成为维多利亚州经济下滑的重要部分。

（三）就业与商业

2018 年，墨尔本市有 1.7 万家商业机构，创造了 49.7 万个工作岗位。2018 年，公务员就业岗位超过 31 万个，约占该市就业岗位的 2/3。而仅 2020 年 4 月，维多利亚州工作岗位就减少了 12.8 万个，成为 20 世纪 90 年代经济衰退中维多利亚州裁员人数最多的一个月。

将远期工作与这些失业的持续影响综合考虑，预计五年内平均日工作人口相较新冠肺炎疫情前减少 35%。日常活动人口减少，叠加社交距离要求，使城市商业受到较大冲击，尤其是零售、住宿、餐饮、娱乐等服务性行业受到重大影响。例如，线下的小型零售商店大规模倒闭，艺术行业因找不到临时员工而受到严重冲击。

（四）游客与移民

截至 2020 年 3 月，维多利亚州共接待游客 9550 万人次，包括国际游客、国内多日游和一日游游客。这些游客共消费 313 亿美元，相当于每天支

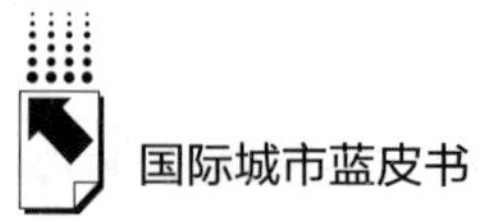

出约 8560 万美元。据估计，到 2020 年 12 月底，2019 年森林大火和新冠肺炎疫情大流行带来的双重危机将影响该州 72% 的旅游支出。2018 ~2019 年，墨尔本市的人口增加了 863 人，绝大多数为海外移民。旅行管控使海外抵达人数几乎为零，导致海外移民的住房需求减少。

（五）国际留学生

墨尔本拥有世界一流大学和研究机构。2018 年高等教育数据显示，超过 79200 名国际留学生在该市居住或学习。但由于疫情防控，大学授课转为线上。这导致进入该市学习的学生人数显著减少，影响了该市在零售和酒店业的收入。Swanston Street 和 Monash Road 街区的传感器数据显示，疫后学生活动与 2019 年 8 月相比下降了 95%。

（六）社会福利情况

由于疫情的社区传播，墨尔本是澳大利亚唯一面临二次封锁的城市。这加剧了现有的不平等，并对本就脆弱的社区医疗和居民收入产生了严重影响。由于潜在的健康问题，社会底层人士感染新冠病毒的风险更大。社区的医疗保障受到疫情的严重冲击，妇女、儿童和土著民众等的心理健康面临严重挑战。研究发现，疫情暴发以来，心理疾病发病率进一步提高。与 2019 年相比，维多利亚州的儿童和年轻人因自伤而住院的比例为 33%。另外，在疫情期间，发生了更多的家庭暴力事件。莫纳什大学一份基于 166 个家庭暴力事件的调查报告指出，在疫情期间，针对妇女的暴力事件增加了 59%。

（七）数字鸿沟

疫情增加了数字设备的使用和人们访问互联网的需求，而这进一步加剧了数字鸿沟。根据 ABS 2020 年 6 月的数据，疫情期间普通人网上购物的时间增加了 33% ~44%。研究表明，低收入家庭、65 岁以上老年人、中学肄业者、残疾人士等人群有效使用互联网的能力和机会却明显不足。

二　墨尔本恢复与重振计划的重点项目

墨尔本恢复与重振计划由该市政府的“未来之城”（City of Future）工作组提出，计划坚持“设计先行”，持续对主题和问题进行广泛探索，并将获取的信息进行分析，最终形成可实操的方案。从推进的领域看，该计划的执行方向总体上看分为重点领域与先期应对两个层面。

（一）重点领域

1. 维多利亚女王商业区改造

对老旧城区投资改造有利于保护墨尔本和国家遗产名录上的古迹，促进遗址的可持续发展，同时也有利于实现城市北部的社会和经济发展。对于维多利亚女王商业区的改造措施包括新建摊位、冷藏库、卫生间、垃圾回收点、装卸仓库和扩建公共空间。

2. 南部开发区改造

重新开发维多利亚女王市场的南部区域，连接富兰克林老街，从而构成可以快速兑现的商业区广场。南部开发区为墨尔本 CBD 最大的未开发地块，对该开发区的综合性开发将推动城市北部、维多利亚女王市场、大学以及重要的生物医药基地的进一步发展。

3. 改造肯辛顿娱乐中心

对肯辛顿娱乐中心进行改造，完善社区基础设施，增加室内球场的数量，改建健身房和游泳池以及社区活动中心。

4. 雅顿和麦考利区更新

加速推进雅顿和麦考利区的高质量改造。

5. 重建临港区中央码头

鉴于中央码头的关闭，应与维多利亚州发展委员会合作，制定具体措施，吸引更多的维多利亚港游客，促进临港区的酒店业和零售业发展，并探索水上运输和旅游的可能性，对建设海洋遗产博物馆的可行性进行研究。

6. 新城图书馆

加快建设新墨尔本市图书馆，以应对新冠肺炎疫情导致的人群心理差异性的加剧及其社会行为的变化。

7. 国家原住民文化中心

通过建设国家原住民文化中心，连接从亚拉比拉隆河到 CBD 东边的开放空间，推动联邦广场东部地区的进一步发展。

8. 建设渔民湾有轨交通

加快对交通基础设施的投资，延伸从 CBD 到柯林斯街的电车路线，有利于改造渔民湾落后的基础设施，激发其潜力。

9. E - gate 项目

加速开发通过 E - gate 项目连接的西墨尔本 Docklands 的中等密度混合用途区，以及从北墨尔本站到 Footscray 路的桥梁连接。项目还包括兴建一所中学，为这一地区快速增长的人口提供服务。

10. 振兴 YarraBirrarung 北岸

通过对公园和文化遗址统筹规划，以及加强北部与 Docklands、E - Gate、Arden 和 Macaulay 等快速发展的区域联系对 YarraBirrarung 北岸进行改造。

11. 城市道路都市化升级工程

城市道路都市化升级工程致力于更好地平衡道路作为多类型重要交通走廊与支持当地生活的地方的作用。该工程包括使城市道路更具可持续性的举措，并为建设宜居和有韧性的城市做出贡献。

12. “腾房”工程

“腾房”工程是指对市议会属下的建筑物进行改造，为无家可归者提供住宿和帮助服务。

（二）先期应对

墨尔本政府已投入了 5000 万美元的机动资金来帮助受新冠肺炎疫情冲击最大的社区成员。同时，墨尔本政府通过扩大“城市清洁”和“城市绿化”项目、加强与州政府的协调、建设“住房塔”等措施，以防控新冠肺炎疫情。对于企业、艺术家、国际留学生，墨尔本政府也予以大力支持，帮助其渡过难关。墨尔本政府不仅着眼于疫情防控的短期措施，更立足长远，通过促进可持续发展以及建立城市经济顾问委员会等措施，践行联合国可持续发展目标（SDG），推动城市发展。

三　墨尔本恢复与重振计划的主要推进领域

墨尔本恢复与重振计划根据疫情的影响领域与时段，提出了推进城市复兴的主要领域。其城市重振方向包含公共卫生、城市活力、经济、社会平等、空间、社区、评估等领域。同时，各领域的推进举措分别以1年恢复期、4年重振期进行阶段性设定。

（一）强化公共卫生与社会福利

墨尔本政府认为，新冠肺炎疫情是一场公共卫生危机。墨尔本城市复苏必须优先确保城市安全，使其成为“安全城市”的范例。因此，需要帮助急需健康安全的人，促进个体康复。政府应通过对人流密集空间的消毒消杀、鼓励避免身体接触和保持社交距离、为无家可归的人提供住宿等措施，确保墨尔本民众能够安全地生活、工作和流动。

1. 恢复期计划（1年）

提高城市的清洁度和安全水平。重点部署清洁团队，对人流密集处进行消毒清洁，继续为无家可归者提供安全的住宿。倡导“新冠安全地”活动，推动透明公开的“新冠安全地”交流活动，强化墨尔本市安全工作、生活、学习和游览的城市形象；鼓励民众避免身体接触，保持社交距离，做好个人卫生防护。了解新冠肺炎疫情的社会影响，并列为社区卫生和健康优先考虑事项。归纳疫情年度城市卫生和健康概况，推动社区参与《2021～2025年市政卫生和健康计划》。

落实“安全急救行动”措施，与维多利亚州政府合作建立安全、有效、可靠的公共交通网络，支持城市职员返回城市，推动错峰定价模式，增加高峰和非高峰公共交通服务次数。通过拓宽人行道、降低限速等行动优化市民活动空间，缩小物理距离，使流动更安全。规划修建自行车道，连接居民区和中心城。与机构合作，扩建自行车停车设施。

2. 重振期计划（4年）

通过收集社区的反馈，制定新版公共卫生和安全信息标准，确保信息适用性。继续为有需求民众提供支持，及时响应措施的反馈。多方合作完善社会救助途径。通过情绪安抚和社区关怀改善社区环境，提高对种族歧视、心理健康、家庭暴力、儿童安全、酗酒和药物滥用等健康问题的反应能力。倡导数字化健康管理，提供免疫接种等健康预约服务。修改规划计划和建筑标准，为商业办公楼和中高密度住宅开发项目引入强制性健康标准。

（二）重振城市活力

受新冠肺炎疫情影响，墨尔本城市的商业、娱乐和创意部门遭受沉重打击。随着疫情管控措施的解除，政府机构将着力于重振墨尔本经济，使之成为生活、工作、学习、参观和投资的目的地，进而创造就业机会、提升旅游吸引力。

1. 恢复期计划（1年）

通过推广宣传鼓励人们重返城市，加大宣传投入，支持经济复苏，在遵从健康建议条件下将民众与城市重新联系起来。提升墨尔本作为旅游城市的知名度，积极应对新冠肺炎疫情的影响。加强合作，将“墨尔本”打造成活力、包容的知名品牌。坚持以社交媒体、博客和互联网广告为载体的营销计划，促进企业发展。与维多利亚州旅游部门、澳大利亚贸易和工业部门合作，促进旅游和商务旅行发展，并保证旅行安全。

举办多类型活动激发城市活力。向澳大利亚政府寻求2年期餐饮业附加税减免。举办和赞助安全可行的活动，鼓励人们旅游消费，促进商业发展。优化公共空间，促进多样化的音乐、时尚、体育、美食和品酒等活动举办。

通过活动使合作伙伴和艺术创意投资合作伙伴与墨尔本的艺术组织、创意社区建立长期关系。与原住民组织合作，举办文化体验、研讨“和解周”活动。探索举办墨尔本体验周活动，使之成为了解和深度体验墨尔本特别风土人情的窗口。通过创意活动、点亮夜空和现场演出计划，更新城市街道，拓宽人行道，刺激经济复苏。规划零售与住宿餐饮空间，建设商业步行街，促进商业发展。

解决商铺空置问题。避免店铺空置，为地区协会、社区团体、创意产业和企业提供财政支持，以艺术节、现场演出和其他活动刺激零售业的发展。鼓励店主与业主、房东、银行和零售协会合作，支持创意型零售业、企业入驻。

刺激餐饮业发展，开发全市咖啡馆和餐馆的快速点餐应用程序，以及通过鼓励外出、免费占用街道停车、延长营业时间等措施刺激民众户外用餐。暂缓摊位管理费征收。2021 年 6 月 30 日前继续免除街头交易和街头表演许可费用，以确保这些活动能够继续为当地文化和经济发展做出贡献。重新利用 CBD 窄街巷区域，支持更多的户外商务、餐饮和行人活动。促进墨尔本“窄街巷”更新设施，便利行人步行，刺激户外餐饮和其他城市行业恢复。

全力支持复工，建立复工承诺制度，与私营部门和政府部门合作，协调员工安全复工，增加城市人口流动量，从而刺激商业和零售业发展。要求企业管理层承诺为员工分批复工制定可靠的计划。新冠肺炎疫情防控期间，暂停征收维多利亚州政府针对街边停车场的拥堵税，以使中低收入民众能够开车外出。

为企业提供指导，向企业提供有关市政府、州政府和联邦政府以及其他组织提供的资金和相关支持服务的信息。继续发展商务会议礼仪服务，以满足持续增加的需求。通过墨尔本商业通信、社交媒体、商务礼仪部、墨尔本城市网站及期刊为企业提供信息。

发放代金券，推动小企业发展。向小企业发放代金券，使其能够获得金融、商业复苏、创新、法律、市场营销和沟通等方面的咨询和培训服务，以

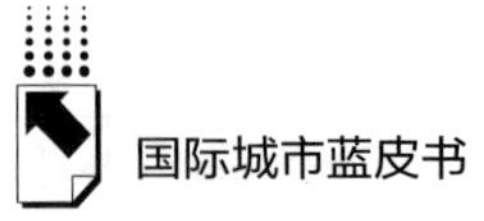

应对新冠肺炎疫情的挑战。支持增强墨尔本企业应对新冠肺炎疫情长期影响的能力。

通过城市经济顾问委员会加快经济发展。城市经济咨询委员会与利益相关者进行协调，以确保墨尔本各行业、政府代表、大学和私营部门能够通力合作，应对新冠肺炎疫情对中心城市的影响。及时公开新冠肺炎疫情对中心城市经济的影响，包括可量化的指标。

2. 重振期计划（4年）

促进对空置空间的灵活使用，包括商业租赁和小型企业与初创企业、社区和居民的短期住宿。充分利用公共空间，创造充满活力和包容性、用途多样的公共领域。强化城市创意和文化体验影响的量化分析，指导下一步行动和投资。

（三）提升经济韧性

墨尔本政府注重创新在经济复苏中的关键驱动力作用，强调充分利用卓越的知识部门，与工业部门和维多利亚州政府合作建立富有活力的创新生态系统。打造可持续发展引领者形象，吸引和留住人才，在新兴行业增加就业岗位，进而提升墨尔本作为全球创新引领者的影响力。

1. 恢复期计划（1年）

支持原住民企业的蓬勃发展。制定土著居民采购战略，试点建设原住民的商业中心，以支持原住民拥有初创企业。加快基础设施建设，支持经济增长。落实经济复苏基础设施计划，建构5G和物联网城市。支持高速发展行业。加强引领未来经济增长的行业发展，从而提供就业机会和促进经济活动。推动高新区发展。推动雅顿的高质量城市化，落实渔民湾就业规划，继续发展维多利亚女王市场，降低新企业的入驻门槛。推进维多利亚州政府连接北墨尔本和码头区的 E - gate 项目。与业界合作，以进一步推动经济复苏。与受影响的行业合作，创建恢复路径。继续提供推动经济复苏和增长的举措。

2. 重振期计划（4年）

为受影响企业提供长期的服务和财政支持，在经济复苏的过程中，审查企业每年度的费用结构。继续支持零售商利用互联网发展其商业模式，通过电子商务、社交媒体和移动应用程序以及传统实体店改造，创造新型的零售体验。研究由新冠肺炎疫情引发的电子商务化趋势，确定并支持新的商业机会和新兴行业。与新兴产业（如生物技术、信息技术和通信技术）合作，确定墨尔本市支持其持续增长的方式，创造就业机会。

通过调查和实施墨尔本市的采购方法，成为初创公司的关键第一客户，支持初创公司起步。为学生和残疾人创建进入当地创业公司的途径，倡导为个人提供就业途径和为企业提供员工职能培训补贴。向新冠肺炎疫情后的商务会议礼仪服务提供有关可再生能源、能源效率、水和废物等方面的建议，从而支持企业可持续发展。继续利用科普周，为学生、研究人员、创新者和广泛社区展示新的知识领域，提供有关互联共享的专业知识。

加快墨尔本创新生态系统发展，推动墨尔本高新区的协调与投资。与研究和创新部门合作，破除阻碍创新生态系统发展的障碍。继续寻求合作伙伴以建设数字网络和智能基础设施。加强墨尔本市的数据开放，通过研究政策效应与增进公众对大数据的理解来鼓励创新。创建基层开放数据库，与指定的公司、研究人员和学生合作，使用 API 进行试点。创造场所测试与试验符合社区优先事项的高新技术，提供应用新兴技术的机遇。

向维多利亚州和联邦政府申报 2030 年获得 100% 的可再生能源计划，以促进可再生能源的快速使用。开发创新的合作模式，推动大小企业进一步利用再生能源。发展绿色债券等绿色融资，落实气候倡议。将循环经济倡议与理事会的运营和服务相结合，评估其经济利益并与私营部门和其他级别的政府合作，加速循环经济发展。

（四）扩大社会公平的机会和途径

新冠肺炎疫情大流行严重地影响了墨尔本市的低收入和边缘化社区。该市政府强调提供包容、可行且廉价的服务、信息和基础设施，以改善居民的健康水平，保障民生，推动经济繁荣，促进城市多元化发展。

1. 恢复期计划（1年）

将数字识字服务、设施和倡议整合到未来的图书馆计划中。为墨尔本无家可归者提供住宿。改善和增加社区设施。完善肯辛顿社区娱乐中心重建方案。加快建设和升级墨尔本市妇女体育无障碍设施和包容性空间。推动落实维多利亚女王市场分区升级计划。规划北墨尔本社区中心区的设施、服务和开放空间。

加快制定墨尔本包容性战略，对弱势社区给予特别支持。支持年轻非洲裔澳大利亚人的自治改革。确保墨尔本未来优先建设的基础设施项目的透明公开。创建基础设施投资框架，明确创意空间计划的新战略方向。加强与原住民的合作，并推进族群融合。落实和解行动计划中，推进和解行动。与各级政府合作，在联邦广场东部建立国家原住民文化中心。

2. 重振期计划（4年）

与社区共同设计互助框架，并制定恢复计划以解决紧急情况下的脆弱问题，支持脆弱社区发展。倡导政策改革，通过投资经济适用房，增加住房供应，明确开发项目的经济适用房比例，建立内部机制以提供新的社会保障性住房和过渡性住房。推动空置楼房出租，为居民提供长期住所。

调查各地方居民数字化素养与能力差距，确保所有居民可便捷利用互联网，具备适当的技能和能力参与在线活动。创新服务和发展基础设施，利用城市图书馆帮助弱势群体，加强数字化层面的包容性。利用城市医疗和健康方面的新冠肺炎疫情的数据，衡量、监测和确定相关服务的不足，针对目标社区进行前置介入，改善社区居民心理健康状况。持续推进服务的数字化改造，完善社区资助目录，以扩大服务的涵盖面。

制定服务提供计划，确保所有居民在危机中都能获得基本服务。调研当前与未来对基础设施和服务的需求，以确定优先项目和投资。调研文化活动涵盖面、参与程度和多样性的提升路径。确定可发展农业的地区并支持企业从事粮食生产，改善当地粮食生产状况。整合可负担的现场工作艺术家的住宿资源，创造创意空间。

（五）空间与建筑改造

新冠肺炎疫情从根本上改变了墨尔本居民工作、娱乐和流动的方式，也影响了写字楼、零售和酒店场所、体育和文化场所以及公共开放空间的使用。应着力通过改造，提供灵活、多样化和可持续发展的空间，以保证城市的活动和活力。

1. 恢复期计划（1年）

保护、推广与拓展原住民文化内涵。通过城市规划方案、命名原住民空间，反映原住民文化遗产、原住民历史与文化。研究将民族认同理念融入城市设计、可持续性和开放空间，确保本土企业、游客和居民的城市可达性。

改善和扩大开放空间、公共领域和基础设施。重振码头区，重点是维多利亚港。改善亚历山德拉花园的通道，提升绿化水平。研究人行道的永久延伸可行性，为民众创造更多的开放空间，发展绿色畅通交通网。灵活调整空置空间。研究许可证和法规的变化。零售区开展更多与商业和服务相关的活动。与创意人员、艺术家、初创公司、社区团体和社会企业一起探索多样化和包容性的空间用途，广泛分享成果以吸引投资。

加快推进循环经济发展，扩大面向城市企业的废物和资源回收中心网络。加强有机废物管理工作，优化回收、再利用和堆肥的资源回收选择。提高建筑应对气候变化能力。实行气候和生物多样性应急响应，调整树木砍伐和种植政策，以满足绿化率目标。研究减少市政当局建筑排放的费率激励系统，在规划方案中坚持生态可持续发展原则。完善未来城市规划。保护墨尔本的文化遗产，推动实施新一轮市政规划战略。

2. 重振期计划（4年）

持续更新墨尔本计划，以确保其长期效力。鼓励对城市建筑和景点的合理开发再利用，保障其适应性及其对城市的象征作用。继续与当地企业和机构合作，应用数字工具反馈城市建设和开发活动中的问题。

通过使用智能技术提高建筑存量的能源效率，加强规划中可持续性方案

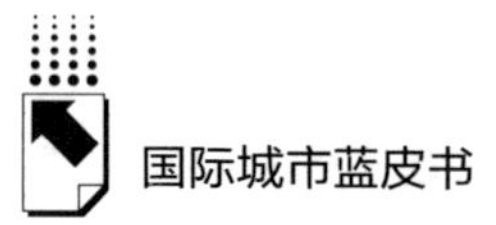

的执行，通过改造空间和建筑物减小气候变化的影响，提高存量建筑应对气候变化能力。研究用于社区服务与基础设施建设的创新融资方案，加快绿色金融资助韧性空间和基础设施的建设。

持续投资智能基础设施，提高服务水平和效率。支持“数字孪生”技术的发展，以更好地辅助市政府关于现有和未来基础设施的决策，并推动城市发展。利用开放数据平台、数字孪生技术和新兴技术倡议，试点公共安全、交通和智能基础设施等领域城市运营中心和决策工具。制定和实施规划，以满足社区现有和预计的物理和数字基础设施需求。

（六）加强社区参与

新冠肺炎疫情凸显了墨尔本城市存在的不平等问题。墨尔本政府强调以多元化原则推动社区公平和经济增长，注重各级政府、组织、企业和社区通力合作，以实现同步与有针对性的城市复苏。

1. 恢复期计划（1年）

继续与社区合作。继续使利益相关者参与社区所有战略规划事务。为国际学生制定参与计划。定期向社区和企业更新恢复进展信息，并提供反馈的途径。推动多方合作，形成多主体与墨尔本地方政府的合作伙伴关系。推动慈善部门为社区的优先项目做出贡献。

2. 重振期计划（4年）

与社区共同设计协商参与流程，以确保社区参与经济复苏。邀请更多社区成员参与专家咨询委员会，共同制定未来战略和计划。建立公民委员会，扩大市政厅公共用地的范围。简化紧急拨款流程，鼓励社区参与。为社区提供志愿服务，给予委员会或协会宣传的机会。与边缘化社区共同行动，为其设计应对方案，使边缘化社区能够尽快恢复经济。

通过与社区共同设计新兴技术应用规则，增强社区对数据收集和新兴技术使用的信心。确保开放数据的使用和访问，提供培训服务和资源，以增进社区对数据价值的理解。

（七）强化评估、衡量与后续推进

墨尔本政府认为，新冠肺炎疫情凸显了卫生、民生和经济之间的相互依存关系，因此需要以整体评估与持续分析推进恢复政策的实施。

1. 恢复期计划（1年）

实现联合国可持续发展目标（SDG）的本地化，以推动经济投资和评估，确保恢复与重振计划的时效性。制定衡量框架以跟踪进度并评估影响，其中应包括行人数量、工资工作、零售、酒店支出、商业空置率、新企业和居民人口等关键数据。持续审查和评估新冠肺炎疫情恢复与重振计划中的行动和措施的影响。探索新兴趋势和新机会，并在了解更多信息时更新此计划。

2. 重振期计划（4年）

创建和共享整体评估成果，以明确墨尔本市在可持续发展（包括福祉、繁荣、原住民文化和环境指标等）方面取得的进展。继续与本地和全球学术与研究机构合作，提高研究和创新能力。为更多社区提供开放数据和评估成果，以支持社区决策与实践。制定计划的基准、评估方法，调整解决方案并共享成果，进而推广成功的方法及实践，并对计划的实施路径产生深远影响。

四　墨尔本的远期愿景

虽然新冠肺炎疫情给墨尔本造成了重大破坏，但它也提供了独特的时机，以使城市考虑未来愿景。在制定重振计划过程中，墨尔本政府对城市面临的问题和机遇的认知进一步加深，也为面向未来 10～30 年的远期愿景带来新的启发。

（一）健康、安全

经历这次新冠肺炎疫情，墨尔本社区将会互帮互助，强调健康和韧性。

公共卫生得到重视，城市将高度重视空气质量、气候条件，建设开放空间，促进居民身心健康。公共空间将变得更安全、更舒适，步行街和自行车道遍布大街小巷，公共交通网络将更高效、可靠、畅通。

（二）以开放和多元空间吸引游客、投资与人才

墨尔本将着力建构充满活力、安全和无障碍的聚会地点，以丰富的娱乐、文化体验、商业、教育、体育活动吸引游客。对原住民的知识和历史的挖掘与保护，有利于塑造墨尔本居民的身份，而生物多样性和基于自然的解决方案提高了城市的宜居性，并减小了气候变化带来的影响。凭借宜居性和独特的城市气质，墨尔本将吸引到各类投资以及人才。

（三）以集体行动应对气候变化

应对气候变化和保护生物多样性将会是墨尔本未来的重点工作。墨尔本将优先考虑可以迅速推进减少废物产生的循环经济，并发展可再生能源供电技术。促进工商业通力合作，推进绿色发展，减少资源使用。

（四）数字技术赋能高科技城市

墨尔本人口素质高，受过高等教育的人口占比较大，知识密集型产业多，这些都是墨尔本能成为数字城市和高新城市的基础。此外，墨尔本的社区具有较高的数字素养，居民可以通过包容、人性化的技术获得社区服务。当地的初创公司、创新者和研究人员能够同心协力，解决社区中的城市问题。不断完善的城市分析工具也为支持城市和社区的决策提供了强大的数据来源。

（五）企业家精神与创新的融合

墨尔本将利用数字化管理推动零售业、服务业和娱乐业的发展，促进中心城市的繁荣。墨尔本的商业部门将更趋多元化，并利用城市的点对点创新，使创新贯穿于研究、投资、制造及商业化全过程。企业家、创新者、研究人员和政府将建立合作伙伴关系以解决城市问题。墨尔本作为创意城市，

将提供多样化的工作岗位，创新对经济贡献、社区凝聚力和社会健康的作用将会进一步凸显。

五 墨尔本后疫情时代城市复兴规划对中国城市发展的启示

墨尔本的疫情恢复与重振计划关注的领域较为广泛，且以韧性城市、可持续发展等理念为核心，体现了澳大利亚城市应对疫情及后续发展的思路。墨尔本的规划思路对于中国城市的经济社会韧性发展有启发作用。

（一）以多时间尺度设定城市疫情后复兴策略

墨尔本制定的城市复兴规划，以 1 年、4 年、10～30 年为阶段划分，分别提出当前、近期、中期、远期的复兴举措，从而根据不同阶段的城市需求明确经济社会恢复与振兴重点，有助于规划有的放矢地实施。我国城市在制定经济发展策略时，可借鉴这一思路，基于疫情影响的时长，设定不同时段的振兴与发展目标，以明确阶段性的重点任务与推进领域。

（二）重视城市经济韧性的培育

墨尔本在城市复兴规划中，将培育城市经济韧性置于重要层次。该市注重将创新作为城市经济韧性打造的关键驱动力，并注重人才的吸引与就业体系的稳定，以保持城市经济发展的稳定性与可持续性。我国城市在担当双循环新格局职责的过程中，应当注重城市经济韧性的培育，以应对未来一个阶段内外部不确定因素的冲击。可借鉴国际城市经验，从创新体系培育与就业体系稳定入手，增强城市经济体系的冗余度与发展动力余量。

（三）强化城市数字化应用，包容性解决“数字鸿沟”问题

墨尔本在城市复兴部署中，十分重视数字技术的多领域应用，并注重解决城市数字化过程中的社会新隔离问题。该市注重“数字孪生”等技术的

应用，强调开放数据资源的效应释放。同时该市也注意到数字化对低收入阶层的排斥性，着力通过数字化的包容性发展解决数字鸿沟问题。新冠肺炎疫情促使我国城市快速数字化转型，并进而推动了多领域的数字技术应用。我国城市在推动数字化发展的同时，应提前谋划数字应用的普惠策略，以包容性数字城市建设增进全域民众的福祉。

参考文献

City of Melbourne, "COVID－19 Reactivation and Recovery Plan," Melbourne: City of Melbourne, September 2020.

Boston Consulting Group, "Personalisation for Your People," Melbourne: Boston Consulting Group, 2020.

City of Melbourne, "Economic Impacts of COVID－19 on the City of Melbourne," Melbourne: City of Melbourne, 2020.

Melbourne Institute, "Who's Hit Hardest by the Economic Effects of COVID－19?" Melbourne: Melbourne Institute, 2020.

B.7

英国核心城市部署恢复主城区经济活力*

胡苏云　张　静**

摘　要： 本报告着眼于分析新冠肺炎疫情对英国11个核心城市的经济影响，从劳动力市场、消费型支出和居民的交通出行变化等方面探讨疫情是如何影响城市经济的，以及探析城市经济如何在第一次全国封锁期间实现复苏，并通过对英国政府采取的一揽子直接或间接政策的分析来了解在持续限制的影响下，城市和政府如何积极应对经济环境的持续性衰退问题，从宏观调控层面认识到提升城市应急防控能力的重要性。同时，基于英国政府为实现经济复苏所做的努力，对后疫情时代中国城市发展方向作出一些思考。

关键词： 英国　核心城市联盟　经济复苏　城市防控

肆虐全球的新冠肺炎疫情影响到了城市最关键的核心功能。在疫情冲击下，城市作为人们信息交流、工作和享受公共服务的聚集地，由于其高度集聚性，也承担着巨大的风险，以往热闹的公共空间和工作场所都变得人烟稀少，大型城市的市中心受到的影响最大。英国城市研究中心发布

* 本报告基于英国城市研究中心发布的《城市展望报告》开展介评，并就其对中国城市发展的借鉴意义进行分析，特此感谢。

** 胡苏云，博士，上海社会科学院城市与人口发展研究所研究员，主要研究方向：人口经济学、社会保障、医疗卫生改革、人口老龄化；张静，上海社会科学院城市与人口发展研究所研究生，主要研究方向：人口资源学。

《城市展望报告》，对英国“核心城市联盟”（Core Cities）的11个成员城市（贝尔法斯特、伯明翰、布里斯托尔、卡迪夫、格拉斯哥、利兹、利物浦、曼彻斯特、纽卡斯尔、诺丁汉和谢菲尔德，囊括除首都伦敦以外的英国主要城市）的未来发展进行分析，特别聚焦各城市“主城区”的恢复策略。①

一　新冠肺炎疫情对英国城市的经济冲击

（一）疫情对人力资源市场的影响

英国城市研究中心发布的《城市展望报告》指出，新冠肺炎疫情大流行使英国就业市场的工作岗位大量流失以及待业人数暴增，80%的经济衰退发生在城市地区。②

1. 工作保留计划有助于缓解城市失业问题

在疫情大流行之前，英国大部分核心城市的失业救济申领比例高于全国平均水平，③ 在国家采取封锁政策之后，各城市和地区的失业补助申领人数均处于上升态势。

疫情下的被迫“封锁”不可避免地对企业和雇员带来消极影响，英国政府为稳定就业，果断实施就业援助政策。新冠肺炎疫情工作保留计划（Coronavirus Job Retention Scheme）是针对企业“休假”雇员，即无法实现居家办公的待业在家劳动力，采取发放工作保留援助金的方法。

---

① 主城区（Primary Urban Area）：主城区范围内的中心城区、卫星城镇、工业区、仓储物流区以及正在大规模建设的新开发区。时间跨度：第二次疫情封锁政策前的国家和城市实时数据；数据来源：英国科技创新企业Locomizer、谷歌网站、英国国家统计局、英国环境食品和农村事务部等。

② Centre for Cities, “Cities Outlook 2021,” 2021. 01.

③ 由于ONS的失业率数据存在争议性，本报告基于失业救济金申领人数来分析英国劳动力市场的变化。英国政府强化了通用福利政策，即处于雇用状态的部分雇员也具备申领失业救济金的资格。

图 1 为英国 11 个核心城市待业并享受救济福利的劳动年龄人口占比，显然，工作保留计划对于防止出现失业潮有着明显成效，浅灰色部分为 2020 年 3～10 月失业补助申领人数增长率，深灰色部分则体现了工作保留计划对城市潜在失业者的保护。如果没有工作保留计划，那么核心城市的失业救助申领人数增长率将超过 13%，每个城市的失业救助申领人数将暴增。

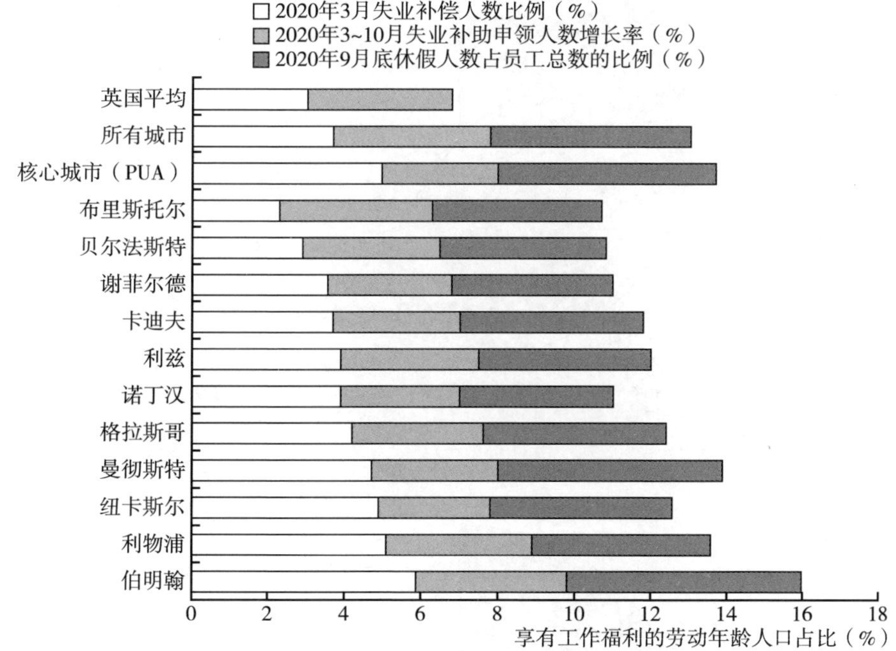

图 1　核心城市的失业救济补偿人数和休假率

资料来源：英国国家统计局。

2. 核心城市受到的就业冲击相对较小

从实际情况来看，疫情大流行使得英国大多数城市的劳动力市场都显得十分疲软，但核心城市受到的影响并不是最严重的。在同一时期核心城市与英国其他城市和地区的横向比较中，无论是失业人数还是“休假”雇员人数，核心城市的表现均好过英国其他城市以及其他地区。图 2 中，核心城市在失业和“休假”劳动力中均占据了相对较小的比例。通过观察 2020 年 3 月和 10 月失业人口占比的数据发现，和疫情大流行之前相比，疫情期间核心城市的失业人数占比反而有所降低。

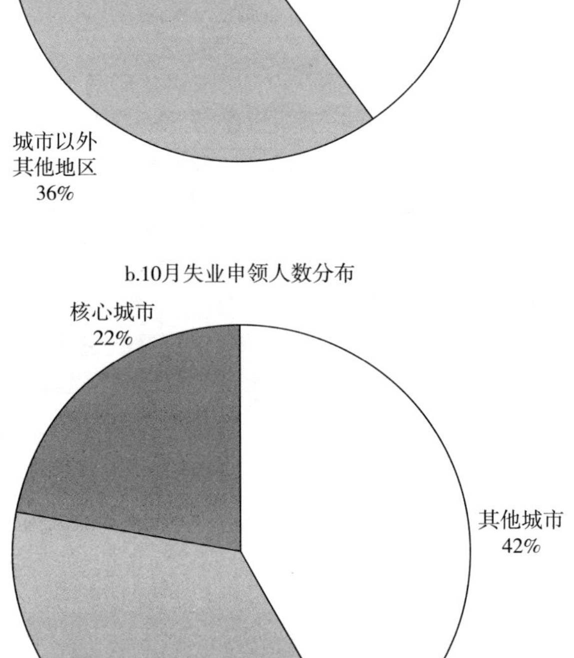

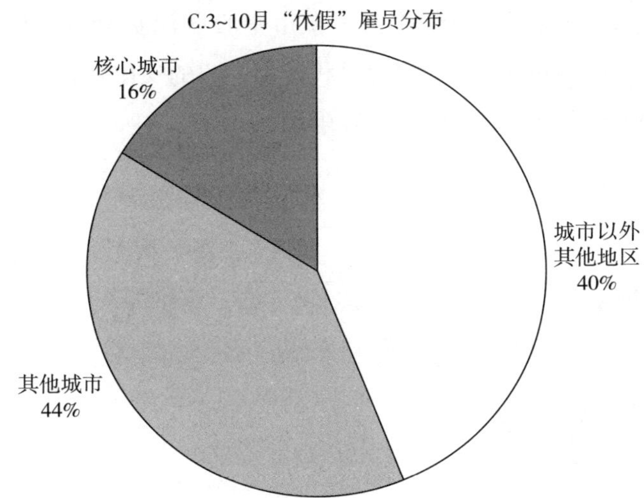

图2　英国的失业金申领人数和“休假”雇员分布

资料来源：英国国家统计局。

3. 就业衰退因技能层次不同而存在差异

因就业市场技能层次不同而受到的影响也不同，一方面，低技能岗位受到的负面影响严重，主要体现在失业补助率上升和临时休假雇员增加；另一方面，从事高技能工作的雇员在疫情冲击下基本上能够保持就业稳定，受到的负面影响相对较小。核心城市的就业下行程度没有预料中严重，是由于核心城市集聚了很多高端岗位，这些岗位有更多可能采用居家办公的方式；同时，虽然核心城市存在大量低技能岗位，但同时也创造了更多的高技能就业机会。

（二）疫情对城市消费的影响

英国经济体中服务业占比超过70%，疫情使得其经济萎缩程度相比其他经济体更加严重，而核心城市消费支出的变化充分体现了英国经济对服务业的高度依赖。

1. 城市中心区消费复苏滞后于其他区域

城市中心区在城市经济发展中处于独特且关键的地位，它不仅是工作机会的集中地，同时也是城市居民的消费中心。虽然图3表明核心城市的消费支出水平回升态势良好，但却掩盖了城市中心区消费衰退与恢复的真实情况。从城市非必需品的支出变化情况和城市中心的支出变化情况来看，实际上城市中心地区的经济恢复情况不容乐观。

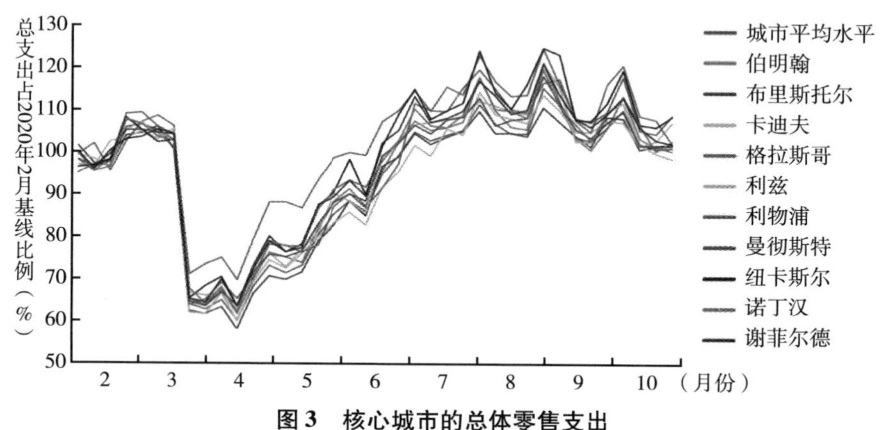

图 3　核心城市的总体零售支出

资料来源：Anthony Breach，“The Impact of the First Wave of COVID－19”，London：Centre for Cities，2021，p. 7。

以 2020 年 2 月的消费支出为基线，图 4 是城市居民总体支出和线下非必需品支出，以及城市中心区支出变化情况。可以发现，城市中心区的支出水平在封锁初期下降得更快，而在中后期的复苏阻力也相对更大，10 月的支出水平离 2 月基线水平仍然还有 30 个百分点左右的差距，且城市居民线下支出也未完全恢复到封锁前水平。城市中心区的经济复苏需要引起更多重视，一方面，线下餐饮、酒吧等非必需品的消费并未实现快速反弹，另一方面，城市总体支出也没有出现快速恢复的情况，说明全国的消费支出在封锁期间并未出现从中心区向其他地区转移的趋势。

2. 城市规模影响消费型支出恢复程度

城市中心区的经济恢复情况比想象中更加艰难，图 5 展现了不同城市中心区的经济复苏速度因规模不同而存在明显差异。这种因规模产生的差异，源于封锁措施使原本属于城市中心区的人流逐渐转向中小城市。图 6 说明随着疫情防控进入稳定期，中小城市的人流量逐渐恢复至接近疫情前水平，而大城市的中

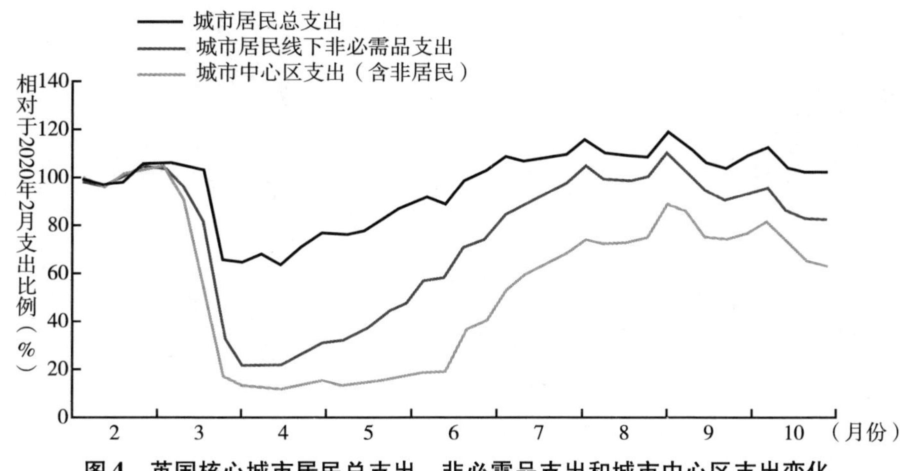

图 4　英国核心城市居民总支出、非必需品支出和城市中心区支出变化

资料来源：Anthony Breach，"The Impact of the First Wave of COVID－19"，London：Centre for Cities，2021，p. 8。

心区客流量在 10 月之前并未出现大面积回暖，尤其是伦敦市，大城市中心区的人流量即使在工作日峰值处也未达到疫情前休息日最低水平。

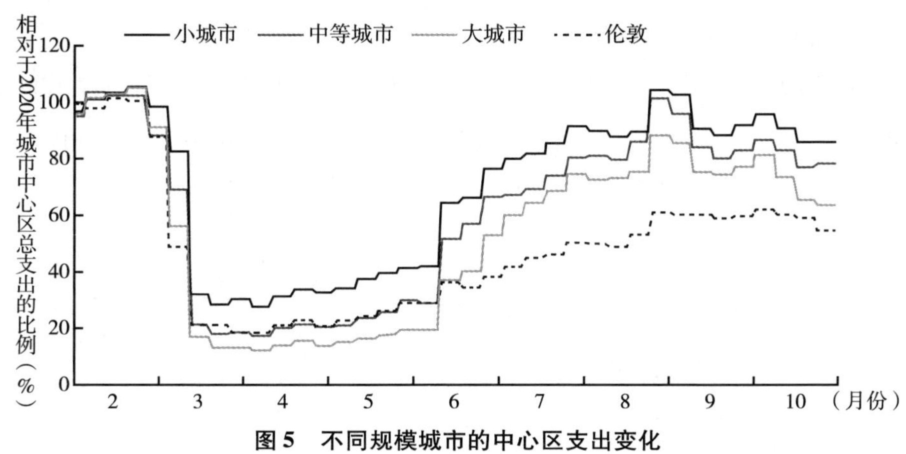

图 5　不同规模城市的中心区支出变化

资料来源：Anthony Breach，"The Impact of the First Wave of COVID－19"，London：Centre for Cities，2021，p. 9。

大城市人流量回升缓慢的部分原因是得益于互联网的发展，在线办公被广泛应用，城市"15 分钟街区"的建设使社区功能能满足居民的基本需求。

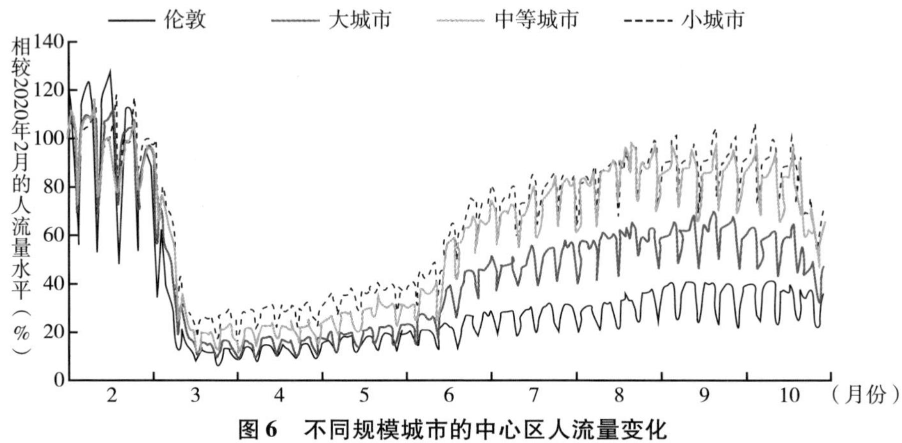

图6　不同规模城市的中心区人流量变化

资料来源：Anthony Breach，“The Impact of the First Wave of COVID－19”，London：Centre for Cities，2021，p. 9。

因此，城市中心区只有当工人全面返回工作岗位后才可能从困境中走出来，这有赖于各地政府针对工人和消费者实行一定的鼓励政策，引导其快速回到城市中心，以避免对经济造成长期损害。

3. 城市居民消费大规模转向线上

从城市居民的银行卡消费情况来看，城市居民总体支出遭受暂时性影响之后，很快恢复至疫情前水平，其中桑德兰市的复苏态势最为强劲（见图7）。

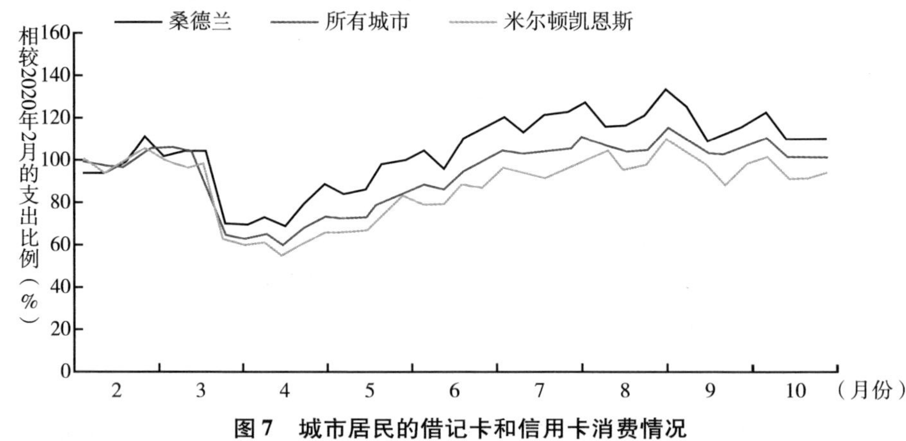

图7　城市居民的借记卡和信用卡消费情况

资料来源：Centre for Cities，“Cities Outlook 2021，” https：//www. centreforcities. org/reader/cities－outlook－2021/，2021－01－25。

出现这种现象的原因就在于受疫情影响，城市居民消费大部分转向线上。疫情前城市居民的在线消费占比仅为20%，全国第一次封锁期，英国62个城市的线上消费均有大幅度的提升。截至9月，即使封锁政策已经放松，网上支付占比依然达到25%。线下消费的复苏进程受到商业场所和体育场馆等持续关闭以及安全社交距离的限制，但是线下消费的萎靡只是暂时性现象。

（三）疫情对城市交通出行的影响

统计数据表明，疫情期间人们的出行时间大幅度减少，同时人们的出行方式也在发生着极大的改变。

1. 城市中心经济下滑可能源于厌恶交通拥挤

虽然疫情封锁政策极大地增加了人们的居家时间，但是实际上随着限制政策逐步放松，英国居民的外出时间相比4月长很多，图8分别列举了2月、4月和10月英国所有居民离家不同距离的外出时间占比。我们发现英国大城市中心区的经济恢复陷入了动力不足的困境，但并不是政府援助政策使人们居家意愿增强，可能是人群对城市中心和公共交通的拥挤效应极度反感，从而不愿回到市中心工作、消费，导致城市中心的经济复苏进程缓慢。

2. 自驾车取代公共交通可能导致空气污染

在封锁初期，英国公共交通和汽车使用量均急剧下降，然而随着疫情缓和，人们的出行愿望急切，不同出行工具的使用量却存在极大差异。2020年12月，核心城市的公共交通使用量仅恢复到2月的37%～62%，但是私人汽车使用量迅速恢复至2月的水平。① 私人汽车使用迅速回稳不可避免地引起空气污染，甚至可能比非封锁期间更严重。根据英国环境食品和农村事务部的统计数据，大部分核心城市的 NO_2 水平直接回升至

① Anthony Breach, "The Impact of the First Wave of Covid－19", London: Centre for Cities, 2021, p. 12.

封锁前甚至更高，这意味着限制性政策让人们暂时性居家生活与工作，一旦长时间维持封锁状态，拥堵和污染等问题可能会给城市带来更大的麻烦。

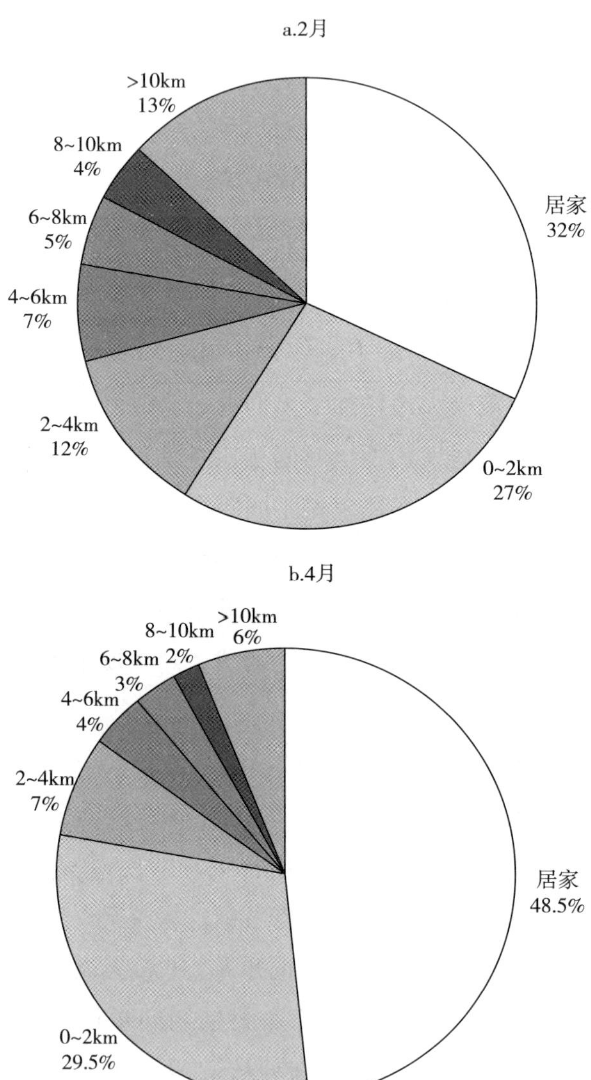

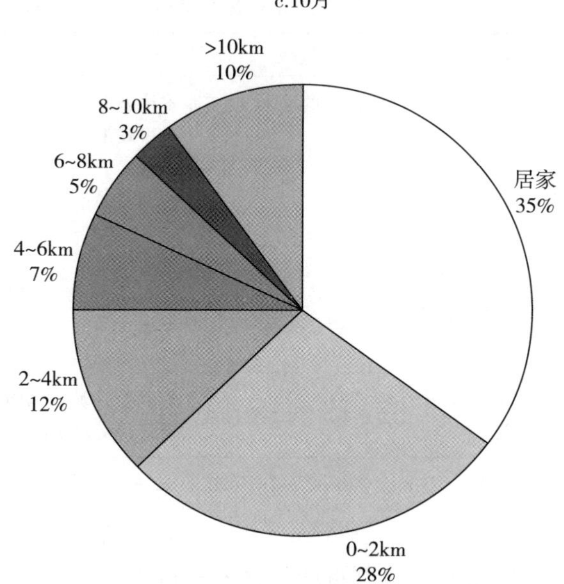

图8　2月、4月和10月英国所有居民离家不同距离的外出时间占比

资料来源：Anthony Breach, "The Impact of the First Wave of Covid－19", London: Centre for Cities, 2021, p. 11。

二　后疫情时代的英国城市经济复苏前景

（一）城市经济将随封锁解除而迅速反弹

1. 不同经济水平城市的应对策略差异

英国城市发展与经济振兴在新冠肺炎疫情的冲击下变得更加复杂，疫情前经济发展水平的差异在一定程度上导致疫后经济发展任务的不同，因此经济复苏策略也有不同侧重。根据城市经济发展水平和受疫情影响程度的不同，将城市的经济复苏挑战与应对策略分为4类，如表1（以核心城市举例说明）所示。

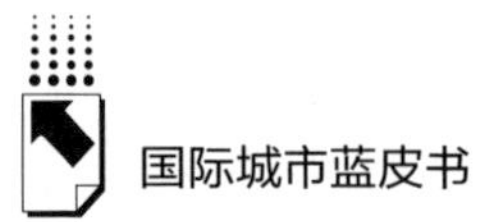

表 1　后疫情时期不同经济发展水平城市面临的挑战

GDP 水平	核心城市	挑战	应对
经济发达城市	伦敦	疫情后的全面经济复苏	本地服务业或出口的恢复需要财政及货币政策支持
	布里斯托尔	疫情后的部分经济复苏	服务业及出口的恢复能力更强
经济疲软城市	伯明翰、卡迪夫、格拉斯哥、利物浦、谢菲尔德	经济振兴和疫情防控复苏双重挑战	需要加强疫情防控和加快基础设施建设
	利兹、曼彻斯特、纽卡斯尔、诺丁汉	经济振兴为主要挑战	需要提升城市 GDP,但出口相对不受新冠肺炎疫情影响

资料来源：Centre for Cities，"Cities Outlook 2021，" 2021，p. 29。

对于一部分受疫情冲击较严重的经济发达城市和大型城镇，除了本地服务业陷入衰退，国际旅游业的崩溃严重冲击了其出口，即使解除封锁，航空业的复苏也存在很大的不确定性，但总体恢复能力依然比经济发展疲软的城市强。

2. 城市本地服务业和出口经济复苏强劲

与经济复苏任务不同，疫情封锁主要影响当地服务业和少数特定出口行业，因此各地区的经济所受冲击通常与其经济规模成正比。尽管封锁政策的持续会减缓经济复苏的步伐，但疫后的复苏速度肯定比 2008 年金融危机时快得多。本地服务业的衰退，主要以分布在商业中心的食品、住宿、艺术和娱乐等行业最为突出。但是，随着封锁解除，出口迅速恢复，政府不断调整就业支持方案，促使城市商业中心的消费需求反弹强劲。

3. 代金券计划将迅速刺激商业街区消费

2020 年夏天，尽管英国还未完全度过第一波疫情，但是政府仍然采取了针对本地服务业的提振措施。为了重振服务业经济，酒吧、咖啡店和餐馆等场所在 2020 年 7 月重新恢复营业，并加强了公共卫生安全措施。同时政府通过实施外出就餐优惠计划，以及降低增值税和营业税税率来刺激城市消费和经济恢复①。目前，社会限制措施随着疫苗量产逐渐放开，英国政府正考虑通过提供更高额度的支持来鼓励人们外出消费。

（二）英国城市经济振兴长远展望

新冠肺炎疫情短期冲击了城市部分产业经济，但即使经济完全复苏，部分城市可能也只是回归常规的疲弱状态，这将是城市经济振兴长期需要面临的挑战。

1. 增强继续教育投资，提升城市人力资本

大量经济部门因疫情封锁而停摆，工作机会骤减，即使有序解禁，空缺职位数量也很难增加。由于失业人员中大部分群体处于低技能层次，从长远来看，提升城市人口的技能对于支持失业人员再就业以及恢复劳动力市场稳定至关重要，而城市劳动人口的技能提升则有赖于继续教育的发展。增加继续教育投资，提高成年人的继续教育意识，提升本地人力资本存量，吸引高质量投资，从而使经济实力较弱的地区实现经济振兴。英国政府已经在继续教育白皮书中把开展就业人口技能提升列为行动目标，未来各城市有望向学习型城市迈进。

2. 扩大弱势地区出口，吸引高价值企业

长期以来，英国北部城市的经济发展态势始终不如东南部地区强劲。从1934年的特别行政区行动，到近年提出的区域增长基金和产业战略，英国一直在探索城市的经济振兴战略，但是都只专注于复制现有经济模式，忽视了出口经济的扩展。加强出口，扩大对外开放，吸引更多的高价值企业入驻，使弱势地区有望实现经济繁荣。

3. 继续支持新增就业机会

虽然提升技能有助于人们获得更多工作机会，但是如果缺乏工作机会，

---

① 《为刺激经济英国政府鼓励外出就餐 每人可减免10英镑》，https：//baijiahao. baidu. com/s? id = 1671703117704334988&wfr = spider&for = pc，2020年7月9日。

那么这些技能也就不能得到充分利用。第一，英国政府将继续通过大力发展绿色经济来创造更多就业机会，如旧屋改造等环保项目。第二，政府更加关注公共卫生和教育部门等高需求部门，通过政策支持来增加更多就业机会。第三，英国政府将通过“城市中心生产力基金”来支持高新技术企业的发展。

4. 推进交通基础设施投资，防止拥堵和污染

随着疫情防控常态化，城市需要鼓励中心区的工人和公司在安全的情况下积极复工，虽然城市的空气污染问题在隔离期间有所改善，但如果不及时恢复公共交通的使用，私人汽车出行频繁可能让空气污染和交通拥堵问题变得更加糟糕。积极拉动交通基础设施投资，将有助于在短期内创造就业机会，解决拥堵和污染问题，并在长期内刺激经济增长。

5. 稳定商业地产市场，有助城市中心建设

全面封锁政策让城市中心区的办公场所闲置，英国土地使用规划和商业地产格局也发生了深刻的变化。多种商业用途合并，许可开发权扩大，使得土地用途转换更加容易，商业地产市场更加灵活。这种现象很有可能对城市中心区的办公空间供给产生挤压。全面复工时期，城市中心区高质量办公空间的需求必然上升，因此，地方政府对商业地产市场的监控十分必要。英国政府表示，一旦发生挤压影响，地方政府务必介入调控，稳定商业地产市场，并及时关注商业地产周围公共区域的使用情况，根据城市中心的新需求及时调整，以实现城市中心顺利重建。

6. 加大创新投入力度，驱动疫情后城市振兴

创新在驱动城市发展中发挥着核心作用。英国政府表示将增加东南部城市以外的创新投资。2021 年 7 月 20 日英国政府启动了 3.75 亿英镑创新投资计划，聚焦发展最快、最具创新精神和研发密集型的企业，为疫情后经济充电，同时提出了以创新为主导的经济发展战略，并将“英国成为全球创新‘首选’中心”作为 2035 年的发展目标。[①]

① 《英国打造“全球创新中心”》，《新民晚报》2021 年 8 月 23 日。

三　英国核心城市复苏对中国城市的启示

（一）基于城市安全韧性，推动15分钟社区生活圈建设

2020 年 2 月，伦敦发布了《伦敦城市韧性战略 2020》，尽管伦敦城市韧性战略面临很多突发挑战，如新冠肺炎疫情和无协议脱欧，但它依然是一项具备前瞻性的战略。①

新冠肺炎疫情将我国存在的城市风险充分暴露，城市韧性治理在疫情防控常态化背景下尤为重要。我国目前对城市韧性的关注点在于防御灾害的能力，而城市治理和应急管理能力建设还相对滞后，应当从空间韧性、社会韧性和生态韧性三个角度认识我国城市实现新生的方向。基于“15 分钟生活圈”建设目标，推进韧性社区建设，② 当面临重大事件冲击时，无须跨区域即可满足基本需求。

（二）财政积极有为，提振消费信心

英国政府配合疫情封锁政策临时出台财政和货币协同政策，给城市经济复苏带来了一定的刺激作用，最大程度地降低了经济下行风险，同时也降低了社会持续发展的福利成本。③

结合我国实际国情，扩张性财政政策可能会引起金融市场动荡，因此通过财政实际拨款或债务减免的支持手段达到纾困企业和恢复民生的目标，以

---

① 王佃利、徐静冉：《韧性社区：风险治理中社区建设方向与探索》，载《城市蓝皮书：中国城市发展报告 No. 13》，社会科学文献出版社，2020。

② 《诸大建：城市韧性的空间、社区与生态》，https：//baijiahao. baidu. com/s? id = 1685128013606163612&wfr = spider&for = pc，2020 年 12 月 4 日。

③ ［德］克劳斯 · 施瓦布、［法］蒂埃里 · 马勒雷：《后疫情时代：大重构》，中信出版集团，2020，第 93 ~ 94 页。

对冲此次经济危机是十分重要的。[①] 在关键时期，降低税收同时提高公共支出是必要手段，特殊时期应当弱化赤字规模的关注度，针对疫情危机本身及其影响提供援助。

（三）围绕城市中心区域建设，推动城市经济复兴

疫情使得劳动力市场需求转向高技能岗位，而这些工作机会通常处于产业和人口集聚的中心——城市和大型城镇的中心。英国在 2021 年《城市展望报告》中强调了关注城市中心在后疫情时代的恢复状况。

根据对 2030 年的预测，中国在疫情时期劳动力市场面临 610 万个（13%）工作岗位变更量，[②] 低薪岗位占比可能大大降低。因此，我国在城市经济恢复进程中应当重点关注城市中心区域的公共投入，推动城市中心区域生产力迅速恢复，并在推进数字化基础设施建设的同时关注传统基建。

（四）城市就业机会扩张，助力经济稳定增长

英国政府对未来城市居民职业技能和就业机会的关注，也给我国在教育和继续教育方面的投资提供了一些思考方向。

首先，我国政府应当加大对工作技能和继续教育的投入，加大对本地劳动力的技能投资，以吸引高生产率的企业来促进经济复苏。其次，为保证城市就业机会的充分性，需要政府进行干预，创造更多就业机会。最后，疫情加速了信息技术在各个领域的应用。电子商务和自动化产业的劳动力需求快速增加，如针对医学、公共卫生和人工智能等关键领域的专业人才增加教育投入，减少结构性失业，促进城市就业增加。

① Reinhart, Carmen M. and Kenneth Rogoff, "The Coronavirus Debt Threat," The Wall Street Journal, https://www.wsj.com/articles/thecoronavirus-debt-threat-11585262515, 26 March 2020.

② Susan Lund, Anu Madgavkar, James Manyika, etc., "The Future of Work after COVID-19 Executive Summary," McKinsey Global Institute, 2021.

（五）放权赋能权责统一，提升城市管理效率

英国研究中心提出城市经济复苏中面临的挑战应尽可能在各级城市层面予以解决，推进权力下放同样适用于我国的城市复兴。疫情使区域差异复杂化，每个城市及其中心区都迎来经济复苏的挑战和机遇。一方面，国家政府应充分赋权给每个城市，并优化其产业环境，以增加地方税收收入，充分增强城市治理和恢复能力。另一方面，各级政府应当对社区治理充分放权，赋予医疗服务和公共基础服务等基层工作更多创造性。① 此外，明确权责分工，实现权利与责任协调统一，提升城市管理效率。中国城市社区崛起具备充足的潜力，权力下放至基层社区是未来城市和社区实现长效发展的必要前提。

参考文献

Anthony Breach, "The Impact of the First Wave of COVID – 19," Centre for Cities, 2021.

Centre for Cities, "Cities Outlook 2021," 2021.

HM Treasury, "Budget 2020," https://www.gov.uk/government/topical – events/budget – 2020, 2020 – 03 – 11.

刘佳惠：《英国央行行长重申宽松政策指引，对经济前景持谨慎观点》，https://m.mysteel.com/21/0309/08/17E44D37972FC2DE_abc.html? wx = 1188.1241859743795，2021 年 3 月 9 日。

《为刺激经济英国政府鼓励外出就餐 每人可减免 10 英镑》，https://baijiahao.baidu.com/s? id = 1671703117704334988&wfr = spider&for = pc，2020 年 7 月 9 日。

王佃利、徐静冉：《韧性社区：风险治理中社区建设方向与探索》，载《城市蓝皮书：中国城市发展报告 No. 13》，社会科学文献出版社，2020。

《英国打造"全球创新中心"》，《新民晚报》2021 年 8 月 23 日。

《诸大建：城市韧性的空间、社区与生态》，https://baijiahao.baidu.com/s? id = 1685128013606163612&wfr = spider&for = pc，2020 年 12 月 4 日。

① 曹康：《疫情结束后的中国城市秩序》，《城市规划》2020 年第 2 期，第 134 ~ 135 页。

［德］克劳斯·施瓦布、［法］蒂埃里·马勒雷：《后疫情时代：大重构》，中信出版集团，2020。

Reinhart, Carmen M. and Kenneth Rogoff, "The Coronavirus Debt Threat," The Wall Street Journal, https://www.wsj.com/articles/thecoronavirus-debt-threat-11585262515. 2020-03-26.

Susan Lund, Anu Madgavkar, James Manyika, etc., "The Future of Work After COVID-19 Executive Summary," McKinsey Global Institute, 2021.

曹康：《疫情结束后的中国城市秩序》，《城市规划》2020年第2期。

B.8

卢森堡以数字创新驱动经济可持续发展*

纪慰华**

摘　要： 后新冠肺炎疫情时代，全球数字化进程显著加快，全球竞争力和发展格局显著改变。为了改变金融业“一枝独秀”的产业现状，实现经济可持续发展，也为了继续巩固欧盟经济中心地位，卢森堡近期推出了数字驱动创新战略，努力成为欧盟最值得信赖的数字枢纽。该战略基于欧盟数字化战略和卢森堡数字驱动经济战略，包含了未来5年的数字化发展目标、三大支撑关键、七大优先领域及具体执行措施，具有极强的系统性和实践性。卢森堡的数字转型探索能为中国新型城镇化战略下不断涌现的众多小城市和新城抓住数字化革命的历史契机，重新定义城市战略目标和特色化发展路径提供有益启示。

关键词： 数字驱动创新战略　数字经济　卢森堡

数字技术空前的发展及其跨学科的应用正在冲击着全球所有国家，数字经济正在重塑全球竞争力和发展格局。2020年的全球新冠肺炎疫情更是成为加速全球数字化进程和企业上云速度的超强“催化器”。卢森堡虽然经济

---

* 本报告基于卢森堡出台的《数字驱动创新战略》（The Data-driven Innovation Strategy for the Development of a Trusted and Sustainable Economy）开展介评，并就其对中国城市的参考借鉴意义予以研究分析，特此感谢。

** 纪慰华，博士，上海市浦东改革与发展研究院副研究员，主要研究方向：区域经济、产业经济。

高度发达,[①] 但目前在数字驱动经济方面的表现并不够抢眼。为了成为欧盟内部最值得信赖和可持续的数字驱动经济体，近期卢森堡出台了《数字驱动创新战略》（The Data-driven Innovation Strategy for the Development of a Trusted and Sustainable Economy），以实现“抓紧数字科技的最新发展，实现数字经济的明天”的目标。卢森堡的土地、人口规模与我国的县级市或特大城市的新城、卫星城相当。随着新型城镇化战略的不断深入推进，大量小城市和新城将成为新型城镇化的主战场。卢森堡发展数字驱动型经济的实践可以为这些小城市抓住数字时代的新契机，再造发展新动力，在激烈的竞争中脱颖而出提供有益借鉴。

一 《数字驱动创新战略》的背景

卢森堡雄心勃勃的数字驱动型经济战略主要基于两个重要背景和驱动力。

一是欧盟数字化战略。2015 年以来，为了推动数字创新投资和数字经济业务增长，加快发展欧盟数字化单一市场（Digital Single Market，DSM），欧盟委员会基于欧洲云计算和工业数字化推出了欧洲云计划、欧洲工业数字化、欧洲人工智能计划、数码欧洲计划等一系列战略和投资计划。

二是卢森堡在全球和欧洲数字经济中排名不够理想。卢森堡依托前期的巨大投入，在数字基础设施、高速计算机和大数据处理方面已具备很好的基础，在数字驱动方面的创新生态系统、高质量的数字基础设施、创新人才方面的优势比较突出，但数字经济的整体竞争力还不够，如在 2018 年世界数字经济竞争力排名中，仅居全球第 24、欧盟第 10。卢森堡面临的主要挑战是工业内部的数字技术整合以及拓展数字创业环境。

---

① 1995～2019 年，卢森堡 GDP 年均增长率为 3.4%；2019 年 GDP 超过 710 亿美元，增速为 2.3%；2021 年预计为 4%；在过去的 20 年里，就业率以每年 3.0% 的速度稳定增长。

二 《数字驱动创新战略》的关键支撑

《数字驱动创新战略》提出，通过开发利用人工智能、物联网、高速计算机、大数据分析等数字技术，制定必要的数字创新政策和投资计划，发展数据经济和创业生态系统，并加速经济关键战略领域现有产业的数字化转型。该战略主要有以下三个关键支撑。

（一）提升和确保数字基础设施的能力

创新战略的第一推力是建设具备世界级水平的数字基础设施以及产品和服务创新平台，具体措施包括：一是高速计算机和大数据。卢森堡支持发展欧洲范围内的高速计算机生态系统，并被指定为欧盟高级计算委员会的办公地。二是确保能源可持续的创新技术和解决方案，以最大限度降低信息数据处理中不断增加的电力等能源消耗。

（二）在工业领域不断尝试、创新和提升新的先进数字技术

与人工智能、高速计算机、物联网等数字技术融合，为工业开辟重要的新价值和增长源，具体措施包括：一是建立数字化产业试验、支持平台、试验平台（市场交易试错）和监管沙盒。例如，欧盟委员会发起成立的人工智能需求平台，将卢森堡定位为活体实验室。二是建立卢森堡数字创新中心（L-DIH）。中心由经济部、商务部、国际商会、卢森堡创新中心（Lux-innovation）① 以及数字领域的主要公共研究合作伙伴（包括卢森堡大学）联合发起成立。中心将在欧盟人工智能合作计划框架内确定和建设相关测试与试验设施，推动卢森堡企业应用通用数字技术和提供数字最佳体验。

① 卢森堡创新中心的使命：一是鼓励和支持公司以智能的方式进行创新和成长，并为未来的挑战做好准备，这些挑战带来了新的、具有破坏性的技术；二是促进卢森堡公共研究部门和公司之间的合作；三是确保卢森堡继续引进适合的国际投资公司。

（三）确保强有力的监管、知识产权和投融资环境

确保卢森堡拥有世界一流的创新监管和知识产权环境以及强大的投融资工具，具体措施：一是强化监管和竞争规则，特别是确保网络安全领域的创新政策，提供可信赖的数字服务。二是完善知识产权保护体系。三是建立一流的专项数字投资基金和融资机制，包括建立种子基金、风险投资基金、PPP，以及设立创新和数字化项目、研发激励政策、初创企业扶持政策等。

三 《数字驱动创新战略》的优先发展领域

为了推动经济结构多样化，提升发展质量，《数字驱动创新战略》聚焦七个优先领域，即信息通信技术（ICT）、工业4.0、生态技术（包括循环经济、智能驾驶）、健康技术、物流和供应链管理、空间技术和数字金融服务。

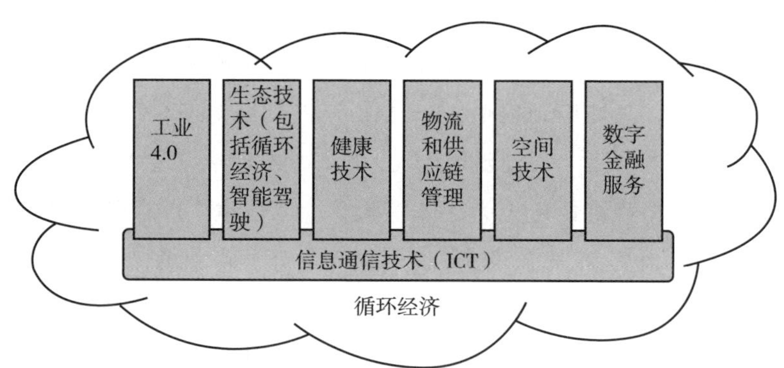

图1 卢森堡《数字驱动创新战略》的优先领域

（一）信息通信技术（ICT）

目标是成为国际企业集中专有数据并从中创造价值的首选地，以及数据

创新的前沿阵地，由初创企业与企业开放创新中心密切合作或部署，具体措施：一是为数据资产的所有、授权、交换和使用建立一个强有力、可信赖的法律环境，实现国际化发展，包括数字身份和属性管理、数据经纪、数据信托服务、数据托管、数据清理等。二是创建特定的研发支持项目和投资工具，为企业利用区块链、人工智能、密码学、大数据分析、高速计算机等通用技术提供量身定做的方案，帮助本土企业找到优秀人才、跨国公司建立数据中心和吸引高质量的创新型数据库初创企业。三是建设数据业务试验基地。设立特殊融资工具及调整公开招标程序以吸引本国和国际公共机构参与建设与数据有关的测试基地。四是实施有潜力的 PPP 项目，例如加强网络安全协调中心（Cybersecurity Competence Center，C3）的运作，将卢森堡建成为威胁情报和网络安全培训方面领先的协作平台。五是提升数据技能，例如吸引外国数据专家，建立数据咨询专家库，提升数据科学分析和数据管理方面的能力。六是推动数字经济国际化，使卢森堡成为发展国际数据业务的理想场所。

（二）工业4.0

卢森堡拥有悠久的工业传统，工业生态系统内创新的意愿远高于其他经济领域。在工业 4.0 技术新理念的推动下，未来几年卢森堡有志于成为“数据驱动、可持续的高价值制造业解决方案的领导者”，具体措施：一是加快现有企业的数字化进程。政府与企业代表共同制定了智慧工业行动计划（Smart – Industry Action Plan），在现有扶持政策基础上，持续推出工业 4.0 和物联网领域的项目，进一步指导和帮助中小企业的数字化转型。二是大力吸引外国企业，不仅吸引具有数字业务的企业，还包括为工业 4.0 提供技术的企业。三是创造高附加值的制造企业，为初创企业提供获得高性能基础设施和安全云端服务的途径，鼓励风险投资者和初创企业设立和开展智能生产、工业服务、研究、开发和测试。四是加强投资激励，评估税收政策，鼓励私人投资于创新型中小企业和初创企业。五是支持高风险项目的测试和验证，包括为制造企业和研究机构的短期高风险项目申请资金，定期设立研发

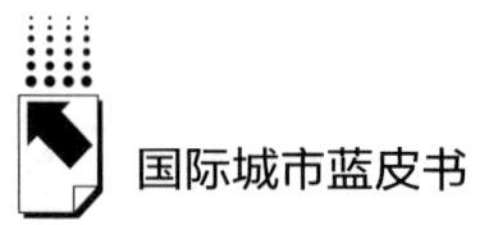

项目，重点测试和验证在真实生产环境中的新技术和新方法。六是推动卢森堡数字创新中心与欧洲工业数字创新中心建立伙伴关系。

（三）生态技术

生态技术主要涉及循环经济和智能驾驶两个领域。在循环经济方面，卢森堡政府已采取了很多行动：2014 年完成了循环经济全面战略研究，设立循环经济战略小组；2015 年在欧洲投资银行举办“循环经济融资”活动；2016 年确立的六大支柱产业都将循环经济列为横向主题；2017 年举办“循环经济热点”活动；制定循环经济计划，为相关企业提供财政支持；建立木材和生态创新集群；开展大型试点项目等。2022 年以前，卢森堡政府将不断开发新的试验项目：一是建立循环测试场景。将循环经济原则纳入城市发展项目的总体规划以及鼓励循环采购的城市气候公约。在公共采购领域制定最佳做法、准则和潜在的监管条例。二是建立数据中心。利用自动化程序及可信赖的数据经纪人，在保护商业秘密的同时，允许相关利益方提供必要的产品、循环加工利用的相关数据、知识和服务，并搭建完整的价值链。三是搭建融资渠道。协同金融、监管、财政和会计各体系，优先探索价值链融资和材料基金两种方式。四是优化生态系统。联合相关利益方，提供会计、融资、保险、负债、税务、合同、测试、监管、标准、价值主张、合格的中介咨询等服务，打造一个有吸引力的生态系统。

在智能驾驶方面，卢森堡要成为合作、连接和自动驾驶方面的主导者，提供数据优化、数据匿名化、数据汇总、数据经纪、（实时）数据分析以及预测和预报等服务，并与汽车数据平台连接，形成有价值的信息和知识，最终制定具有高附加值的经济方案。已采取的行动有：建立跨国界测试场，设立专门的“数据获取和使用”项目，并引入汽车连接方面的试点项目；鼓励公共和私人机构组建联盟；成立工作小组，协调相关部门，实现协同效应。未来几年的重点措施有：吸引具有互补性技术的外国企业，加强相关利益方的战略联盟和伙伴关系，完善法律框架和监管体系，设立智能驾驶系统的旗舰项目等。

（四）健康技术

2008 年的“科学和保健技术行动计划”激发了卢森堡在生物技术和生物医学方面的巨大潜力，推动了经济结构多样化，但这是一个缓慢而渐进的过程。为了加快推动创新生物医学生态系统从研究驱动转向商业驱动，为数字健康企业提供创新和发展支持，以及建立以公民为导向的健康、福祉和以病人为中心的保健服务条件，未来几年的措施包括：一是建立部门联合工作组，制定有利于创新的市场规则。二是推出新的资助计划，包括 PPP、创新方案的公共采购计划、商业化前采购计划等。三是创建数字保健产品和服务的质量标签，减少相关风险，从而有利于创新成果的传播。四是创建一个数字健康生活实验室，使技术开发人员在设计、开发和评估创新阶段就能考虑到市民、病人、医疗专业人员的需求、经验、用途和想法。五是鼓励企业对研发阶段的税收政策进行评估。六是与位于卢森堡的欧盟数字中心合作，将卢森堡定位为人口健康数据分析中心，以获得更大范围的健康数据，支持公共卫生政策和 PPP 项目。

（五）物流和供应链管理

为了巩固欧洲物流中心的地位，确保物流和供应链管理部门的可持续发展，卢森堡将致力于建成物流 4.0 中心，为药品、贵重物品、跨境电子商务及机场货运等提供新的数字解决方案：一是组织实地考察，向其他先进的物流中心学习经验。二是制定新政策之前，进行数字化程度评估，确定技术重点。三是鼓励企业和公共研究机构加强合作研究，鼓励物流企业之间开展合作。四是与其他优先领域的协同增效，推进关键项目，如自动驾驶、区块链或物联网。五是支持企业内部创新，如鼓励大型物流服务供应商建立创新中心，与公共研究机构开展合作等。六是通过“后勤数据平台”推动数据共享，创新商业模式。七是在公共政策层面继续监测和参与欧盟倡议。八是开展专门的培训和终身学习项目。九是提高行政程序的效率，支持从海关程序到多式联运管理的物流管理部门的数字化。十是建立物流数据实验室，促成供应链各环节参与者的合作和协同。

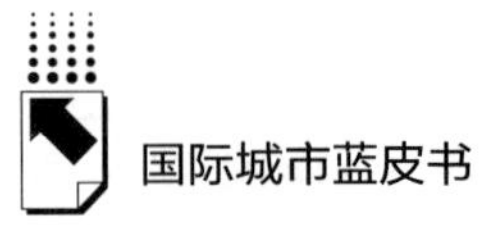

（六）空间技术

自20世纪80年代中期起，卢森堡就在空间科学、卫星通信、卫星导航、地球观测、空间情势察觉和通用技术开发等领域积极开展研究。未来几年的新政策和投资措施包括：一是空间数字经济，建立21世纪的数字基础设施，增强新空间数据应用和服务所必需的高性能计算和大数据分析能力；推动空间数据与气象学、运输和物流、农业、流动性、安全方面的结合，发展服务和有竞争性的企业。二是新空间经济，积极开展国际合作，完善空间资源利用的相关监管措施和程序；在卢森堡大学和卢森堡科学技术学院设立空间教育项目的高等教育方案以及研究实验室。

（七）数字金融服务

卢森堡为了更好地在数字时代继续保持金融领先地位，开发更多的数字金融服务，未来几年计划：一是不断研发创新融资工具，推动金融部门发展。使用区块链、人工智能和数据分析等新技术，应对金融业面临的特殊的监管、数据安全、测试方案的复杂性等挑战。二是制定特殊政策，吸引和留住科学家、分析员和工程师等优秀人才，促进在较大的金融服务集团内设立数据实验室，并使金融科技初创企业顺利发展。三是与银行、投资基金、保险等金融机构合作，提高金融枢纽的效率，收集、交换、处理和评估数据。四是开发公私伙伴合作项目，将智能保险、数字支付、项目融资、融资租赁等金融技术和相关数据分析融入循环经济、共享经济、自动驾驶等特定的行业领域。五是拓展国际合作，为优先领域的大数据企业提供金融服务。六是制定促进数据资产投资的新举措，将企业数字化和数据掌握程度作为关键的投资标准。

四　对中国城市数字化转型的启示

2020年新冠肺炎疫情对中国众多中小城市的城乡建设领域造成巨大负面影响，也推动了其数字化转型。一场无接触的“数字革命”正在中国各城市展开，数据信息、数字基础设施和数字技能已成为城市的战略性经济和竞争性资产，新模式、新业态不断涌现。卢森堡积极发展数字创新驱动经济、努力成为欧盟数字中心的实践可以为中国中小城市和新城、卫星城抓紧数字时代的新机遇，找准定位，制定更加弹性、韧性和适应性的数字化发展战略，实现数字化、智能化的高质量发展提供可资借鉴的经验。

（一）提升格局，打造高级别的数字枢纽节点

卢森堡虽然规模很小，但志向远大，始终坚持“成为欧盟中心”的远大目标。因此，卢森堡依托发达的金融业成为全球公认的金融中心和全球基金行业总部、欧盟国际银行中心、欧洲核心资本市场之一。进入数字时代，卢森堡又提出依托前期巨大投入而具备的世界级数字基础设施的优势，努力成为欧盟最现代化的数字技术和数据处理中心之一。[①] 因此，在世界越来越扁平化的网络时代，数字技术为城市的赶超式发展创造了机会。中国大量的中小城市和新城在制定城市数字转型发展战略和目标时，可以更大格局和更宽视野，超越城市层级思维，主动融入国家和区域的高级别发展战略。例如，立足城市群、大湾区、长三角一体化等国家战略，树立区域型数字中心的目标，或依托自身优势产业打造区域的专业化数字枢纽和高地。

（二）推动经济结构多样化和专业化，提升综合竞争力

卢森堡经济发达，但产业结构长期以金融业一枝独大，[②] 具有极强的脆

---

① 卢森堡已拥有40%的欧洲四级数据中心总部，是欧盟委员会欧洲高性能计算机机构的联合总部、欧洲空间教育资源办公室等的所在地，卢森堡数字创新中心也与欧洲工业数字创新中心建立起紧密的伙伴关系。

② 卢森堡是欧洲仅次于伦敦和巴黎的第三大金融中心。它是欧元区最重要的私人银行中心，拥有全球27个国家的超过125家银行，资金管理规模达到3950亿欧元；是仅次于美国的全球第二、欧洲第一的投资信托中心和基金管理中心，占全球跨境投资基金60%以上的份额，基金规模达到4.8万亿欧元；股票市场上有来自全球100多个国家的2100多家企业注册上市；拥有全球第一个，也是唯一的绿色债券市场。卢森堡的金融贸易服务包括银行、资产管理、保险、投资市场、可持续金融、金融科技以及针对特定市场的人民币业务、以色列金融等板块。

弱性和风险性。卢森堡政府充分认识到这一点，积极推动经济多样化和可持续，在新战略中加强了对 ICT、循环经济等新兴趋势性产业的扶持，还在循环经济、物流监管、金融服务，甚至新空间经济领域都积极参与欧盟层面的政策和规则制定，以提升产业影响力和话语权。卢森堡《数字驱动创新战略》的目标之一就是推进产业多样化。因此，中国中小城市和新城发展，要勇于瞄准全球科学技术和产业发展的新风向，拥有抢占产业技术制高点的雄心和魄力，大胆尝试全球最先进的数字技术，在产业专业化和多样化、多层次化之间找到最适合自身的平衡点。这也是城市避免产业同质竞争、提升经济韧性的有效途径之一。

（三）优化数字生态环境，吸引初创型企业

优化数字生态环境始终是卢森堡发展创新驱动型经济的核心，主要有三个关键支撑：一是拥有世界级竞争力的数字基础设施。这是卢森堡提出雄心勃勃的数字战略的坚实硬件基础，也使卢森堡成为欧盟以技术测试和应用为主的平台和场景的测试基地。二是完善从数据生产者到数据消费者的整个链条的数据信息，包括制造企业、硬件供应、技术提供、网络运营、数据平台和经纪、服务和应用程序供应、系统接口、融资服务及最终用户。三是优化创新监管和知识产权保护、投融资环境。因此，中国各中小城市和新城在推动数字化战略时，要注重后发优势，超前建设高水准的数字基础设施网络，建立海量数据信息库，以及营造鼓励数字技术研发和应用的企业友好环境，包括法律法规、知识产权保护政策、企业服务以及大力支持有潜力的 PPP 项目等，为数字信息传输和利用提供安全和可信任的软硬件环境。

（四）数字赋能供应链管理，强化枢纽功能

2020 年新冠肺炎疫情突袭而至，全球产业链、供应链变得更加复杂深邃，开始出现两个重要趋势，以更加灵活、可靠地应对不可控风险：一是端对端的线性供应链正转变为相互缠绕交织的全球供应链网络；二是随着制造业回归本土，供应链的地域化、区域化优势日益明显。卢森堡依托优越的地

理区位和数字基础设施，将物流和供应链作为优先发展领域，成为欧盟供应链网络中的“咽喉点”。因此，中国各中小城市和新城发展要紧抓“区域稳定供应链、构建紧密供应链”的机遇，成为抗冲击、灵活、可靠的供应链中的稳定环节。

参考文献

“World Digital Competitiveness Ranking（WDCR），” https：//www. imd. org/wcc/world - competitiveness - center - rankings/world - digital - competitiveness - rankings - 2018.

王悠然：《疫情将推动全球供应链改革》，中国社会科学网，2020 年 3 月 30 日。

《世界三大湾区悄然发生四大变化，对深圳有何启示?》，https：//www. thepaper. cn/newsDetail_ forward_ 12064209，2021 年 4 月 6 日。

《卢森堡力争成为欧盟数据中心的枢纽》，http：//www. jifang360. com/news/20151210/n123775596. html，2015 年 12 月 10 日。

城市社会篇

Urban Society

B.9 纽约“住房计划2.0”创新性解决城市住房问题*

盛垒　邹明起**

摘　要： 作为全球知名的国际大都市，纽约面临着严峻的住房危机。为了解决住房问题，纽约相继推出了住房计划1.0和2.0，以维护和建造经济适用房。自2014年推出住房计划1.0以来，纽约在提供法律援助、保障特殊人群住房需求、确保住房供应平稳增长和使用新融资工具等方面取得了进展。住房计划1.0实施近6年后，纽约市再次启动实施住房计划2.0，为创新性地解决纽约城市住房问题提供了新的政策和举措，其中包括保障老年人住房需求、帮助中低收入人群成为社区的一部分、提供以社区为基础的反迁移策略、推动住房类型和施工方法创新、激活未充分利用的

* 本报告基于《纽约市政府的住房计划2.0》开展介评，并就其对中国城市的参考借鉴意义予以研究分析，特此感谢。

** 盛垒，博士，上海社会科学院世界经济研究所研究员，主要研究方向：宏观经济、城市产业发展；邹明起，上海社会科学院世界经济研究所硕士研究生，主要研究方向：西方经济学。

土地。纽约的做法和经验值得我国城市参考和借鉴。

关键词： 纽约 住房 经济适用房 住房计划 1.0

如何满足日益增长的住房需求，一直是城市尤其是国际化大都市追求的重要目标，但也是一大难点。2014 年，纽约市政府颁布了纽约住房计划 1.0，纽约住房难题得到了一定程度的缓解和改善。2020 年，纽约市政府对这一住房计划进行了更新，提出了新的目标和举措。本报告基于纽约市政府的住房计划 2.0，对纽约新一轮的住房发展目标、策略及政策进行解析，并提出了对中国城市住房发展政策的启示。

一 纽约住房计划1.0的主要成效

2014 年 5 月，纽约市政府公布了一项住房计划，目的是在十年内为大约 50 万纽约人维护和建造 20 万套高质量的经济适用房。截至 2017 年，纽约市住房保护和发展部及纽约市住房开发公司已经建造或维护了 77651 套经济适用房，超过了预期进度。2017 年，纽约市政府为纽约住房计划未完成部分额外拨款 19 亿美元，目的是保障其所建住房的 25% 提供给低收入群体。截至 2020 年，纽约大约 1/3 的新建住房是面向低收入群体的。总的来看，纽约住房 1.0 计划取得的成果如下。

（一）让市民能够持续留在其现有住房中

2016 年，在法律援助下，纽约市有 4 万人继续留在了其原有住房中。纽约市在现存经济适用房的质量和可负担性方面做了巨大投资，租金上涨幅度很小，租客受益很大。2017 年，纽约为所有在住房方面面临法庭驱逐诉讼的低收入租户提供了广泛的法律援助。2015 年，成立了由总检察长和联邦租户保护小组组成的防止租户被骚扰工作组，目的是调查潜在的骚扰行为以及对骚扰租客的房东采取民事和刑事指控等强制措施。2014 年，纽约完善了年长公民免加租计划和残障人士免加租计划，目的是制止对生活在租金管制公寓的老年人和残障人士的加租行为。

（二）优先保障特殊人群的需求

优先满足特殊人群的需要，是纽约住房计划的重要目标，包括为无家可归的人提供永久住房帮助，为不断增加的老年人群提供经济适用房，以及给残障人群提供更多住房保障。一方面，纽约政府筹集更多资金为那些没有租金补助的无家可归的家庭提供经济适用房。另一方面，开发新的老年人经济适用房项目来增加老年人的住房数量。

（三）确保住房供应总量平稳增长

为使住房增长速度跟上人口增长的步伐，纽约市政府采取了一系列措施。一是实施强制性包容住房政策，要求所有重新规划的住宅区必须提供永久性以及混合收入的经济适用房。二是市议会通过了按质量和支付能力的区域划分法案，以消除曾极大地限制了经济适用住房和老年人住房项目建设的监管障碍（如停车要求，不切实际的高度限制），这是自 1961 年以来最重大的一次改革。三是要求在所有使用免税政策的租赁开发项目中提供经济适用房，并取消对豪华公寓的税收优惠。四是利用尚未规划用于公园、警区和其他基本服务用途的城市公共用地建造经济适用房，最大限度地利用可用的、适合住房开发的公共用地，同时更有创造性地寻找新的机会来增加用地清单。

（四）使用新工具和加强伙伴关系

经济适用房的开发是一项复杂的事业。纽约市政府引入和采用了多种新的融资工具及方式，以确保经济适用房社区与纽约城市服务一样多样化，2014 年，美国财政部与住房保护和发展部一起，创建了一个新的联邦融资银行，目的是给联邦住房管理局提供低利率的担保抵押贷款，大大拓展了经济适用房相关的可用资源。通过纽约市经济发展组织的新兴开发商贷款基金，为混合收入、混合用途项目提供低息贷款。通过与企业社区伙伴合作，以确保新兴和现有土地信托的资金，从而促进社区土地信托的发展，这些土地信托致力于在其最熟悉的社区维护和建设经济适用房。

二　纽约住房计划2.0的重点举措

纽约住房计划1.0的实施，为纽约市政府在解决住房发展问题方面积累了大量经验。为更好、更快、更有效地实现其住房发展目标，纽约在住房计划2.0中提出了新的项目和举措，以帮助众多的家庭能支付得起每年的租金、可以买得起第一套住房、可以留在所在社区。

（一）老年人优先

从2010年到2040年，预计纽约市65岁以上居民将会增长40%。为满足越来越多老年人口的住房需求，纽约市政府承诺通过纽约住房保障计划建造或维护1.5万套老年住房或公寓。纽约市还发布了老年人优先政策，以保障老年人和残障人士优先获得住房。一是让老年人和残障人士的住房条件更便捷。为帮助老年人就地养老，同时为残障人士建造更加包容性的社区，纽约住房保护和发展部将加快维护住房项目的需求评估过程，从而聚焦每个年龄段和不同能力人群住房的便捷性，为居家老年人和残联人士提供无障碍住房。二是在纽约市住房管理局管理下的未充分利用的土地上建造新的老年住房，并通过纽约市人力资源管理局的运营资金，为新的社区提供一流的支持服务和高质量的规划。三是通过保护库存来保障老年人群住房需求。纽约市有一些老年人经济适用房库存，保证其对于满足老龄化人口的需求至关重要。纽约住房保护和发展部与住房开发公司将增加服务范围并且重点关注老年人的可负担能力，提高这一关键库存的质量。

（二）成为社区的一部分

中低收入群体的房屋所有权有利于促进社区稳定，帮助家庭积累资产。

但白热化的房地产市场让许多工薪家庭放弃了拥有自己住房的梦想。创建新的项目并对现有项目进行现代化改造，将有益于努力维护家园和进行必要维修的家庭，并将为更多的纽约人提供购买第一套住房的机会。一是帮助低收入房主保住他们的房子。对于低收入房主，特别是那些吃力地偿还抵押贷款的家庭来说，额外拿出一笔钱来维修房屋是困难的。纽约住房保护和发展部将推出“住房维修”项目，为那些小型家庭提供资金，帮助那些低收入和中低收入房主维修房屋。二是推出面向首次购房者的“住房开放”项目。拥有住房是家庭提升经济地位的重要工具，可以帮助家庭积累其所需的资产，用于供孩子上大学、为退休储蓄并在社区扎根。然而，纽约公寓销售价格中位数接近100万美元，首次购房者和其他寻求购房的家庭的机会极其有限。为此，纽约住房保护和发展部推出“住房开放”项目，专门为收入在6.9万~11.2万美元的家庭提供建设合作公寓和共管公寓的资金。房屋将向参加过房主教育培训的首次购房者销售。通过该项目，购房者将拥有有限的住房权益，在个人资产建设和城市对后代持续承受能力的需求之间取得平衡。

（三）以社区为基础的反迁移策略

为保障居民有选择留在自己的住房和社区的权利，纽约市提出了新的项目和倡议。一是通过社区支柱计划帮助社区组织获得租金稳定的住房。纽约市正在启动一项新的社区支柱计划，为现有租金管制住房的收购和修复提供资金，以保护现有租户权益。新项目将使用数据驱动的方法来识别机会，并与社区组织合作，以识别最有可能被快速周转的住房。纽约市将利用私营部门银行合作伙伴和慈善组织的资金，充实收购贷款基金，使非营利组织有足够的能力收购受租金管制的住房。二是启动新的“保护伙伴”倡议，在不断变化的社区中实施全面的反迁移策略。纽约将现有数据与社区组织的实践经验结合起来，在被确定为最有可能失去负担能力的社区推进全面的反迁移计划。这些策略将结合新的和现有的工具来解决骚扰和失修问题、给租户们提供反驱逐的法律援助、保护房主免受掠夺性活动的影响，并帮助房主获得纽约住房保护和发展部的资金，以改善其住房条件并保障住房的可负担性。三是保留现有的米歇尔－拉马住房计划①。由纽约州和纽约市监管的米歇尔－拉马住房达到了监管期限，将要转变为市价房。为此，纽约市住房开发公司启动米歇尔－拉马再投资计划，提供所需的低成本、长期融资等措施，以增强许多现存的米歇尔－拉马住房的可负担性。该计划将重组住房的现有债务，扩大米歇尔－拉马住房的房产税豁免范围，从而大幅降低运营成本，将居民的租金和维护费保持在较低水平。

（四）推动住房类型和施工方法创新

为节省成本，并更快地向需要住房的家庭提供住房，纽约将更多地采用小微型公寓和模块化建筑策略。在交通便利的地区，纽约市将努力开发满足小家庭需求的混合收入群体建筑，围绕这些建筑可以采用精心设计的方法来建造一系列公寓类型（例如，不仅是工作室，在某些情况下还可以共享烹饪空间）。另外，推进模块化建设可显著减少开发时间和成本，提高城市经济适用房投资的效率，并更快地将新的经济适用房推向市场。纽约市目前正在通过“重建计划”试点模块化建筑，建造了近100套独户模块化住宅，为每户节约25%左右的成本。

（五）激活未充分利用的土地

纽约市将推进在空置和未充分利用的私人土地上建设住房，并考虑一些独特的设计方案，在小地块上推进住房开发项目。一是推出“住房＋”倡

① 米歇尔－拉马住房计划（Mitchell－Lama Housing Program）是纽约州的一项政府住房保障计划。1955年，米歇尔－拉马住房计划由纽约州参议员麦克尼尔·米切尔（MacNeil Mitchell）和布鲁克林议员阿尔弗雷德·拉马（Alfred Lama）共同发起，目的是为中等收入家庭提供经济适用的租赁和合作拥有住房，既有纽约市监管的米歇尔－拉马开发项目，也有纽约州监管的米歇尔－拉马开发项目。与此同时，立法机构通过了《有限利润住房法案》（The Limited Profit Housing Act），鼓励开发商为中低收入家庭建造住房。政府通过向开发商提供长期低息贷款、减税和土地补贴等政策来实现这一目标。作为回报，开发商同意在指定时间内将租金和维护费保持在较低水平。在期限结束后，大约20年，开发商可以选择退出这个项目。

议，目的是在未充分利用的土地上增加新住房，同时满足现有开发项目的修复和融资需求。纽约将积极确定适于开发新的经济适用房的场地，并与现有业主进行接触。二是在大纽约建造小房子。“微型”住宅和其他独特的填充式建筑有两个好处，一方面可以在原本不易开发的小块土地上提供住房，另一方面可以较好地适应不断变化的人口结构。纽约市将在其拥有的土地上确定合适的区域，并发起设计竞赛，为适合这类地段的微型住宅和填充式开发方案设计图纸。三是改革空置土地的征税方式。为推动空置土地的开发利用，纽约市将探索改变私人拥有的空置土地的税收分类和评估方法，以激励土地所有者加快开发其土地，使土地更具有生产力。

三　对中国大城市住房问题的启示

（一）要根据人口增长不断加大住房供给

随着大城市人口的不断集聚，住房短缺问题日益突出。应借鉴纽约等国际大都市的住房发展经验，充分考虑人口增长的趋势以及人口结构的变化，并在此基础上持续增加住房供给，实现人口增长与住房供给之间的有限平衡，以满足不断增加的城市住房需求，最大限度地确保城市大多数居民都不会流离失所。

（二）实施包容性住房政策，满足特殊人群住房需求

从纽约住房计划1.0到2.0，其核心宗旨和目标之一是通过实施包容性的住房政策，让日益增长的老年人以及残障人士、极低收入和低收入人群都能老有所依、住有所居。随着中国人口老龄化问题的日趋严峻，城市尤其是大城市的老年人数量将逐步迎来峰值。可学习纽约市的做法，由政府和社会机构合作，每年新增一定数量的老年公寓，并以合适的价格向老年人群提供其可负担的老年公寓和经济适用房。另外，对于残障人士和低收入家庭，政府要有专门的政策和托底政策，比如要求新建住宅小区必须内含一定数量的

住房，向这些特殊人群提供永久性的经济适用房。另外，政府还应采取一定的特别措施，确保面向老年人和低收入群体的住房价格具有可负担性，同时在住房的时限上要具有反迁移性。

（三）充分利用城市中的闲置土地新建住房

土地有限是解决大城市住房问题的一大瓶颈，像纽约这样的大都市也面临类似的困境。但纽约市正在积极努力拓展土地来源，如对闲置土地征收闲置土地税，通过一个较高的税率来抑制投机者在市场上囤积土地；积极收储城市中尚未开发的小幅地块，用于建设微型住房等。这些做法值得国内城市借鉴。

参考文献

The City of New York, "Housing New York 2.0," New York Housing and Economic Development, 2020.

Yadavalli, Anita, James Brooks, Brenna Rivett and Christiana McFarland, "Housing Market Conditions Across America's Cities," https://www.nlc.org/sites/default/files/2019-09/CSAR_HousingMarketConditions_Final.pdf, 2019.

Kashef, M., "Urban Livability across Disciplinary and Professional Boundaries," *Frontiers of Architectural Research*, 2016（5）.

B.10
美国建设创新包容公平的宜居社区实践*

盛 垒 刘文英**

摘 要： 随着现代城市的不断发展，宜居城市的内涵不断拓展，创新、包容、公平等新理念日益成为美国城市营造宜居社区的新取向。本报告在解析美国宜居城市建设新动向的基础上，结合具体城市案例，总结当前美国在宜居社区方面的一些新实践和新做法，以期为中国宜居城市和宜居社区建设提供借鉴和启示。

关键词： 宜居城市 创新 包容 公平 宜居社区

塑造宜居社区正在成为一场广泛的城市社会运动。在新的城市发展语境下，宜居城市以及城市社区的内涵也在不断拓展，“创新”“包容”“公平”构成了宜居城市和宜居社区的新表征。2020 年，美国“全国城市联盟”（NLC）的城市解决方案中心（Center for City Solutions）发布了一项题为《宜居社区：创新、包容和公平的城市》的研究报告，对宜居城市社区的内涵及其发展策略进行了拓展性的评估和分析。基于此，本报告通过分析美国城市的宜居社区营造实践案例，解析现代城市宜居社区的构建策略，并提出对中国宜居城市和宜居社区建设的政策启示。

---

* 本报告主要基于美国“全国城市联盟”（NLC）下的城市解决方案中心（Center for City Solutions）发布的研究报告《宜居社区：创新、包容和公平的城市》开展介评，特此致谢。

** 盛垒，博士，上海社会科学院世界经济研究所研究员，主要研究方向：城市创新、城市产业发展；刘文英，上海社会科学院世界经济研究所硕士研究生，主要研究方向：西方经济学。

一 美国城市对宜居性的新定义

（一）创新、公平和包容成为宜居城市的重要表征

“宜居”这一概念涵盖广泛，从种植街道树木到革新公共交通等，都与宜居有着密切联系。一个宜居的社区将有助于培养领导能力、增强社区意识、连接人和资源、实现持续对话、包容多样性、保持公平正义并创造未来。因此，城市和社区的宜居性应强调以下几个基本原则：对社区价值观的共同愿景、改善所有居民的生活质量、多样化的公民参与和广泛的社区所有权、注重“制度变革”以及当地资产和资源开发。

同时，宜居社区也在不断发展变化，以支持各个年龄段的人群。在此过程中，宜居社区应意识到其城市、城镇或村庄面临的问题的关联性，以及创新政策之间的协同性，以支持不同的社区、不同经济状况的个人和不同年龄段的人群。

除了具有创新性外，有关宜居城市和社区的政策和做法也应是公平和包容的。宜居社区应认识到，并非所有居民都得到了公正和公平的待遇，也并非历史上的每一项政策和实践都具有包容性和跨领域性。宜居城市应实施公平和包容的政策和做法，积极解决不平等问题，寻求纠正历史性的不平等问题，并不断满足社区最脆弱人群的需求。

可见，只有当社区纳入创新、公平和包容的政策和实践，以应对城市面临的独特挑战，同时寻求改善居民生活质量时，才是真正的宜居社区。为所有人群、性别身份、社会经济水平、不同年龄以及身体残疾的人建立宜居社区需要认识到以往政策和做法的系统性和体制性不平等，同时将具有前瞻性、公正和公平的政策付诸实践。

（二）宜居城市的类型划分

按照上述宜居城市的定义，美国的全国城市联盟根据人口特征（包括

人口增长、千禧一代[①]、人口结构、拥有学士学位的人口占比）、经济特征（包括平均收入、非农就业增长）、交通特征（包括通勤距离、步行或采用汽车和公共交通以外的出行方式的人口比例）三个关键因素，对具有相似经济条件、相似人口特征和相似公共政策选择的城市进行分组，将美国754个人口超过50000人的城市样本分为三类，如表1所示。

表1 美国不同类别宜居城市的特征及典型城市

类别	样本城市占比(%)	人口特征	经济特征	交通特征	典型城市
初始宜居(Initializing Livability)	30	人口增长率最低;千禧一代占比最高;黑人占比最高;拉丁裔和亚裔占比最低;受教育水平较低	收入水平最低;就业增长最慢	通勤距离最远;撤离能力最强	路易斯安那州的巴吞鲁日市、得克萨斯州的厄尔巴索市、康涅狄格州的哈特福德市、亚拉巴马州的莫比尔市、罗德岛的普罗维登斯市
追求宜居(Pursuing Livability)	32	人口增长率最高;千禧一代占比最低;黑人占比最低;拉丁裔和亚裔占比最高;受教育水平较高	收入水平最高;就业增长最高	通勤距离最短;撤离能力最弱	阿拉斯加州的安克雷奇市、加利福尼亚州的圣莫妮卡市、华盛顿州的西雅图市、华盛顿哥伦比亚特区
激活宜居(Activating Livability)	38	人口增长率居中;千禧一代占比居中;黑人占比居中;拉丁裔和亚裔占比居中;受教育水平居中	收入水平居中;就业增长居中	通勤距离较近;撤离能力居中	弗吉尼亚州的诺福克市、内布拉斯加州的奥马哈市、马萨诸塞州的波士顿市、俄勒冈州的波特兰市、明尼苏达州的圣保罗市

（1）处于初始宜居阶段的城市（Initializing Livability）：在初始宜居城市类别中，黑人和千禧一代的人口增长率往往最低，就业增长率也最低。这一组城市在自然灾害情况下，也往往表现出最强的撤离能力。虽然这些城市

① 千禧一代（Millennial）是指出生于二十世纪八九十年代在互联网时代下成长起来的一代人。

的人口、经济和交通水平在样本中表现较差，但在许多情况下，它们在与健康、气候和公共空间有关的领域具有很强的创新能力。

（2）处于追求宜居阶段的城市（Pursuing Livability）：追求宜居类别城市往往是白人和 X 世代（Generation X 是指 20 世纪 60 年代初至 70 年代中期出生的一代人）人口增长率最高，就业增长率也最高，通勤距离最短。然而，这些城市在遭遇飓风或火灾等自然灾害时撤离能力也往往最弱，约 7% 的人口没有汽车、摩托车、出租车、公共交通工具、自行车或步行能力。相比之下，其他宜居类别的城市这一比例不到 5%。这些城市往往表现出最高的人口增长率和就业增长率，这是将人力和资源连接起来的一个重要标志，但这些城市还能继续为实现社会平等和推进正义做出更多努力。

（3）处于激活宜居阶段的城市（Activating Livability）：在激活宜居城市类别中，黑人、拉丁裔、亚裔和千禧一代的人口增长处于中等水平，就业增长也处于中等水平。在自然灾害情况下，这一类城市的撤离能力也居中。这类城市被归为激活宜居类，因为它们倾向于激活不同人群和资源之间的连接潜力，以满足不同人群的需求。

二 美国城市宜居社区的创新和公平政策及其做法

在上述三类美国宜居城市中，许多城市为了让社区变得更加适合所有居民居住，正在实施一些新的政策和做法。随着城市试图满足不同居民的需求，这些政策涵盖了许多领域——从住房与交通到气候适应能力和公共空间的使用。但每项政策都是基于创新、公平和包容原则。

（一）住房

在一个宜居社区，住房应该是安全、可负担、高质量且选择多样化的，以满足不同年龄段、收入和能力的人群需求。这一方面的实践案例如亚拉巴马州莫比尔市的“废旧房产减少计划”。

该计划的首要目标是帮助城市决策者了解废旧房产的真实情况，确保居民对房屋和社区的投资是安全的，保护莫比尔市的社区文化，并找到公平的解决方案。截至2019年，莫比尔市的废旧房产减少计划实施效果非常好。该市为低收入房主提供拨款，帮助他们修复房屋，并提供免费遗嘱准备服务，帮助居民将明确的产权转移给继承人。莫比尔的这一举措使得该市范围内废旧房产数量减少了44%。此外，莫比尔市居民的房产价值也有明显增加。另外，加利福尼亚州圣莫妮卡市的“无家可归对策”和华盛顿哥伦比亚特区的“租客维权办事处”也都是住房方面的政策实践。

（二）交通

一个宜居社区的关键是其交通系统。在一个宜居社区，从汽车到自行车道的交通系统有助于人们进行社会和经济活动。内布拉斯加州奥马哈市的“快速公交系统”、俄亥俄州克里夫兰高地的“完备绿色街道政策”、华盛顿州西雅图市的“交通公平项目”都是这方面的成功实践案例。

奥马哈快速公交系统（ORBT）是一种智能且高效的快速公交系统，作为奥马哈地区几十年来最大的交通投资，ORBT系统设计和建造了最先进的车站和平台，以促进更快的通行并最大限度地提高乘客的舒适度和体验感。ORBT车辆的车身比该地区目前使用的公共汽车长50%，车内空间也更宽敞，并配备了一些功能，如在车站站台上水平登车、听觉和视觉停车指示灯、车载自行车架和WiFi。公共交通专用通道和交通信号优先技术等交通方面的升级将使ORBT系统更频繁地连接更多的人。通过该项计划，有助于奥马哈市增加地区内的流动性、降低家庭运输成本、增进福利、吸引和留住有才华的员工、经济快速发展、减小交通和环境影响，以及建立一个联系日益紧密的地区。

（三）健康与福利

健康与福利对宜居社区而言至关重要。获得健康食物、优质的医疗服务和预防保健项目可以提升所有居民的生活质量。这方面的城市最佳实践案例如路易斯安那州巴吞鲁日市的“健康巴吞鲁日”、得克萨斯州厄尔巴索市的“健康疫苗接种”项目。

厄尔巴索市的“健康疫苗接种”项目，是一个独特的跨部门合作项目，由厄尔巴索消防部门和公共健康部门共同打造，为该市弱势群体提供免费预防性保健服务。该计划的目标是通过基本的健康检查和疫苗接种，减少因流感、肺炎和高血压等可预防疾病而急诊住院的人数。作为健康疫苗接种项目的一部分，基本的健康检查和流感疫苗接种会搭配更专业的检查服务，如对50岁及以上的个人进行结肠直肠癌检查，对65岁以上的人开展肺炎疫苗接种服务。每年10～12月，厄尔巴索消防部门的安全、健康和外展中心会提供健康检查和疫苗接种服务。只有个人和家庭没有保险且不在医疗补助计划内，并满足最低年龄要求，才有资格享受这些免费服务。消防部门和健康部门都在努力使健康疫苗接种项目满足社区的具体需求。在这一过程中，厄尔巴索公共健康部门确定了紧急医疗服务运输发生率较高以及在预防保健方面存在巨大社会人口障碍的地区。厄尔巴索消防部门协调了后勤和人力资源。因此，厄尔巴索市能够为社区提供量身定制的健康方案，使居民拥有更好的健康状况和更高的生活质量。

（四）公共空间

宜居社区应有可供所有居民使用的公共空间。这些开放且用途混杂的区域有助于加强社交联系，从而形成真正的社区意识。这些区域还可用于提供急需的服务。相关城市的实践案例包括康涅狄格州哈特福德市的“美国地方”、明尼苏达州圣保罗市的《公园土地专用法令》。

“美国地方”（The American Place，TAP）是通过哈特福德公共图书馆建立的，以满足哈特福德市不断增长的新移民和难民的需求。TAP最初是一个以英语为第二语言的免费项目，后来演变成一个获奖的倡议，帮助居民过渡到新家和新的城市。TAP提供了一个空间，在这里，成年移民和年轻人可以聚集在一起，全面调整、学习，并在这个新的城市开始新的生

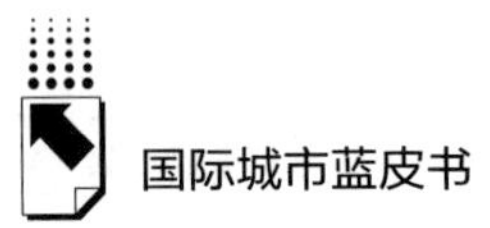

活。除了提供一个社区聚会的空间，“美国地方”还直接为新居民提供相关的服务和支持，包括：美国国籍预备及申请协助、为其他语言使用者开设英语课程、工作与职业培训及协助、计算机培训等。哈特福德公共图书馆不是市政部门，而是一个由城市资助的非营利组织。它是一个提供免费资源的公共空间，为哈特福德市的居民提供服务，同时还是难民和移民的聚集地。

（五）气候适应性

在建立宜居社区时，应有相应策略来帮助个人、社区、机构、企业和系统做好应对灾难的准备，并从中恢复。阿拉斯加州安克雷奇市的“同伴领导导航员”项目、弗吉尼亚州诺福克市的《适应性分区法令》、罗德岛普罗维登斯市的“气候正义计划”等均是这方面的成功实践案例。

2019 年普罗维登斯市发布气候正义计划。该计划描绘了一条通向公平、低碳和气候适应性的道路，其主要任务不是完成一个典型的社区参与过程，而是致力于发展一个持续的协同治理过程。也就是说，普罗维登斯承诺要打造一个社区驱动和共同开发的计划。该市市长签署了一项行政命令，提出普罗维登斯到 2050 年要实现碳中和，以此目标为基础，气候正义计划规定了：交通和建筑领域的碳减排目标，推广清洁能源，从系统层面改变普罗维登斯的治理结构、经济体系和社会的整体健康状况，以确保公平公正地过渡为一个没有化石原料的社会。气候正义计划优先考虑那些受生态、经济和民主危机影响最大的有色人种社区，包括土著、黑人、拉丁裔和东南亚社区。普罗维登斯注意到，气候变化对所有人的影响并不平等。例如，土著居民、低收入者和有色人种社区经常居住在化石燃料污染工业所在地或附近。普罗维登斯致力于围绕这些社区开展气候工作和可持续发展工作，并制定了“公正普罗维登斯框架”（Just Providence Framework），以在实施气候正义计划之前指导计划的制订。公正普罗维登斯框架起初只包括一系列反种族主义培训，而后拓展为对社区需求和优先事项的评估，以及促进社区公平可持续发展最佳做法的研究。在这个过程中，有关公正和种族平等的提议，促使环境问题和可持续性方面的决策权转移到了前线社区。这一转移使前线社区成为决策者，并提供了另一种社区参与框架。该计划反映了普罗维登斯对实施协作治理的承诺。

（六）就业和财富积累

就业和财富积累对宜居社区的经济发展至关重要。从创业精神和金融赋权到职业发展和基本收入，就业和财富积累使居民有公平的机会赚取生活费用并改善福祉。

马萨诸塞州波士顿市的金融赋权办公室（OFE）项目，其设立的初衷是解决该市贫困和收入不平等问题。OFE 于 2014 年成立，主要目标是努力“将寻求金融保障和财富创造的人与资本、金融教育和金融服务机会连接起来”。为了实现其使命，OFE 运营了波士顿银行与金融机构和社区组织、波士顿税收援助联盟、波士顿信用建设、“波士顿储蓄”、“酒店职业桥”、罗克斯伯里金融赋权中心等六个项目，旨在帮助个人和家庭获得成为中产阶级所需的金融技能、教育和就业机会。

（七）社区参与

宜居社区应加强社区参与，让居民融入、培育和塑造其社区。社区参与创造了一个机会，可以进行重要和可执行的对话，确定弱势人群的需求，促进共同发展和协作治理，并鼓励加强社会联系。

华盛顿州西雅图市的“参与工具箱”是通过该市的在线社区资源中心（Community Resource Hub）向公民提供的资源套件之一。该工具箱是一个信息门户，帮助公民获取信息并加强公民参与，动员公民与当地政府和其他公民一起工作。与严格自上而下的策略不同，“参与工具箱”汇集了不同项目、最佳做法等信息，使公民能够制定基层解决方案，应对社区挑战，增强社区内部固有的领导力。

三 对中国城市宜居性建设的启示

（一）为城市的宜居性注入新内涵

美国是全球较早开始推动宜居城市建设的国家之一，其城市社区的宜居性程度相对来说也较高，在宜居社区建设方面积累了较为成熟的经验。从近年来美国宜居城市建设来看，更加注重创新、包容和公平日益成为其宜居城市建设的政策新取向。实际上，不仅是美国的城市，诸多发达国家在宜居城市建设方面都越来越注重社区的包容性、创新性和公平性，注重增强各个阶层居民的归属感和获得感。这是当前和未来一段时期宜居城市建设的重要趋势，我国要顺应这一趋势，及时更新宜居城市和宜居社区发展理念，为城市居民创造更加包容、公平和创新的居住、生活、就业环境。

（二）不断促进宜居城市政策创新

随着宜居城市理念的更新，美国城市的宜居政策也不断创新。上文中所强调的美国城市宜居政策和做法之所以被选择，是因为它们具有适用于任何不同规模的社区的潜力。每一种方案在如何应对特定挑战方面都具有创新性，在谁受益和谁承担费用方面都是公平的，在考虑各种不同需求方面都具有包容性。无论一个城市是处于初始宜居、追求宜居或是激活宜居的阶段，都可以从这些政策的实施中吸取有益的经验。这些美国城市实践案例不仅为中国城市提供了可复制或拓展的政策和项目实例，而且还提供了一个框架，供城市领导者在促进更宜居社区发展的过程中考虑和评估所有政策。

（三）宜居社区要为所有居民提供发展机会

对于所有居民来说，城市和社区的宜居性变得越来越重要。一个好的社区要能为个人和家庭提供繁荣发展所需的工作、住房、医疗保健、交通和公共空间等。这一点在新冠肺炎疫情暴发之后表现得尤为明显，它加剧了当今社会和政府系统中存在的根深蒂固的不平等，而且这种不平等本身是由社会和政府系统导致的。从最基本的层面来说，当不同阶层、不同性别、不同社会经济水平、不同年龄和不同健康状况的人都有其发展机会时，城市就会蓬勃发展。

参考文献

Lauren Lowery, Anita Yadavalli, Natasha Leonard, James Brooks, "Libavle Communities: Innovative, Inclusive and Equitable Cities," The National League of Cities, 2020.

Yadavalli, Anita, James Brooks, Brenna Rivett and Christiana McFarland, "Housing Market Conditions across America's Cities," https://www.nlc.org/sites/default/files/2019-09/CSAR_HousingMarketConditions_Final.pdf.

Kashef, M., "Urban Livability across Disciplinary and Professional Boundaries," *Frontiers of Architectural Research*, 2016, (5).

B.11

加拿大阿尔伯塔省城市救助的挑战和重构*

毕林丰　薛泽林**

摘　要： 城市救助的直接目的是向弱势者提供足够的社会支持以协助其重返正常生活。本报告以加拿大 C. D. Howe 研究所发布的《维护安全网：阿尔伯塔省的社会救助改革》为基础，评估阿尔伯塔省两项城市救助计划——收入支持计划（IS）和重度残障人士收入保障计划（AISH），分析其城市救助体系的不足之处，在借鉴国际最佳实践经验的基础上，探讨其重构救助体系的可能选项。制度重构的基本导向为增强就业激励和劳动力市场黏性。为了实现这些目标，需将残障人士救助工作的重点从“默认无就业能力”转变为“主动发掘就业潜能”、将补充福利从基本救助体系中剥离并制定积极的就业政策。阿尔伯塔省的城市救助相关探索，对我国城市救助体系建设具有重要的参考借鉴意义。

关键词： 阿尔伯塔省　城市救助　社会安全网　就业激励

* 本报告主要基于加拿大 C. D. Howe 研究所发布的《维护安全网：阿尔伯塔省的社会救助改革》（Mending the Safety Net: Social Assistance Reform in Alberta）开展介评，并就其对中国城市社会救助的借鉴意义予以分析，特此致谢。

** 毕林丰，上海师范大学哲学与法政学院社会保障专业硕士研究生，主要研究方向：社会保障政策；薛泽林，博士，上海社会科学院政治与公共管理研究所副研究员，主要研究方向：城市治理、智慧城市。

有效的城市救助体系应向刚需者提供适当的社会支持，预防福利依赖并协助其向持续稳定的就业过渡。过去十年，加拿大阿尔伯塔省城市救助对象激增。城市救助实践中隐藏各类积弊，突发性公共卫生事件加速了潜在问题的爆发。2021 年 4 月，加拿大 C. D. Howe 研究所发布《维护安全网：阿尔伯塔省的社会救助改革》（Mending the Safety Net：Social Assistance Reform in Alberta），介绍了加拿大阿尔伯塔省两项主要的城市救助计划，即收入支持计划（IS）和重度残障人士收入保障计划（AISH），分析了救助对象激增的原因，并借鉴国际最佳实践经验探讨了重构城市救助体系的可行选项。基于此，本报告梳理了阿尔伯塔省城市救助体系改革的有益探索，为后疫情时代中国城市救助的发展提供参考和借鉴。

一　阿尔伯塔省城市社会救助体系概述

（一）城市救助体系总论

阿尔伯塔省是 20 世纪 90 年代加拿大第一个积极参与保守党政府“福利改革”的省份。时至今日，该省的社会救助体系主要基于两项救助计划为阿省公民、永久居民、难民或难民申请人提供生活保障，一项是收入支持计划（IS），另一项是重度残障人士收入保障计划（AISH）。两项计划中救助资格均根据家庭资产测试和收入测试结果进行认定。两者区别在于，重度残障人士收入保障计划仅需申请者满足基本要求，而收入支持计划要求申请者通过“就业服务计划”签订寻求就业或参与促进就业活动的协议。

根据不同的行政规则、资格标准、福利水平和关于特殊类型的救助规定，不同境遇下的受助者福利性收入也不同。

（二）收入支持计划（IS）

加拿大宪法规定省级政府承担社会救助的主要责任，但联邦政府也不可

表 1　按项目类型、残障程度和家庭类型划分的福利性收入：以 2018 年的卡尔加里城为例

单位：加元

项目	收入支持计划(IS)				AISH
	预期就业倾向者(ETW)			全职就业障碍者(BFE)	
	单身且有劳动能力者	单亲,一孩	夫妻,二孩	单身残障者	单身残障者
基本救助项目(SA)	7524	11196	15000	8772	19056
附加社会救助收入	—	—	275	936	—
联邦儿童福利	—	6448	10881	—	—
省级儿童福利	—	1121	1682	—	—
GST(消费税抵免)	282	712	860	293	430
省级税收抵免/福利	300	450	540	300	300
2018 年总收入	8106	19927	29238	10301	19786

资料来源：Tweddle, A. , and H. Aldridge, "Welfare in Canada, 2018," Maytree: Toronto, Retrieved from https://maytree.com/wp-content/uploads _ Welfare in_ Canada_ 2018. pdf, 2019。

避免地参与其中。实践表明，诸多救助举措的有效实施确实需要两级政府的密切合作，共同为城市居民服务。

作为一项基本的救助计划，收入支持计划主要为城市受助者提供基本的生活费用和其他必需品。资格限制分为两类，一类是经济限制，即无法支付基本生活需求、收入未超过计划的基本救助金、达到其他保障项目（如就业保险）的收入资格门槛等；另一类是工作能力限制，即待业中、低收入就业者或因慢性健康问题而无法就业者等。在福利待遇方面，主要提供经济支持、健康福利和就业救助。计划要求申请者提供个人和家庭成员所有的财务信息，基于就业能力评估结果，与专属工作人员一起定制专属就业救助措施，以改善申请者当前境遇。制度的就业导向明显，但并不要求所有受益人都实现就业及参加培训。

根据健康状态和就业能力，受助者被分为两类：预期就业倾向者（ETW）和全职就业障碍者（BFE）。除略微的福利金差距外，两类人群的主要区别在于：由于顽疾或其他就业障碍的存在，BFE 并不被要求有长期维持全职就业的能力，他们必须在解决就业障碍之前积极主动寻找工作机会以改变自身状态。近年来，由于种种原因，两类人群的比例发生了显著变化，BFE 的占比逐渐下降。

（三）重度残障人士收入保障计划（AISH）

重度残疾者往往因缺乏工作经历而无法享受各种以工资为前提的联邦救助计划，如为失业者提供定期福利的加拿大失业保险。作为补充性残疾人救助计划，重度残障人士收入保障计划主要为患有严重甚至永久残疾的申请者提供经济和健康支持。在省级层面为无法享受联邦救助或需要更多救助资源的城市残障者提供长期福利。

重度残障人士收入保障计划的限制条件少且福利水平高，不与家庭规模挂钩。福利形式包括直接经济保障和健康福利（现金收入），受益人及其家人还可以享受免费的省内医疗保险、紧急救护车服务、必要的糖尿病用品和处方药等援助。计划鼓励有能力的受益人参与劳动，就业期间仍可领取部分残障福利金，当月收入低于收入豁免额门槛时不会影响其福利资格，反之福利金会有一定的减少。总体而言，制度的就业导向性并不明显。

BFE 与 AISH 的主要区别在于：（1）AISH 对申请者的残障等级要求更高，残障程度较低的申请者可以接受 IS 中 BFE 项目的救助。（2）AISH 的福利上限更高。鉴于受助者就业能力的长久性（永久性）丧失，AISH 需要在更长救助期内提供相对更多的救助资金。截至目前，单身的 BFE 受益人每月最多可获得 866 加元，而 AISH 的最高单人救助金几乎是其两倍，即 1685.8 加元。因此，对于长期依赖救助的残疾人而言，残障等级的鉴定结果对其经济状态的影响巨大，在某种程度上，不合理的救助金标准会成为其再就业的重要阻碍。

二　弥补与重构：基于国际最佳实践经验的改革选项

保障城市社会救助计划的公平正义性，不仅能够为满足城市刚需提供适当的社会支持，还能维持整个社会的和谐与稳定。社会救助对象数量的大幅增加，加重了救助体系负担的同时削弱了救助效能。基于此，阿尔伯塔省救助体系确定改革的重点为增强就业激励和劳动力市场黏性，以确保制度的可靠性、完整性和可持续性。

（一）救与助并重：残疾人救助焦点的转移

城市残障人士往往面临特殊的就业障碍。需要为残障人士制定兼具个性化和高效化的救助方案，用以改善其在就业市场上的窘境，从而提高其心理健康水平、生活质量和社会参与感。因此，将残疾人救助焦点从“默认无就业能力”转换为“积极发掘就业潜能”显得尤为重要，通过树立就业（生产）导向理念，改变只“救”无“助”的现状。焦点转移的前提是及时察觉影响残障等级的诸多要素，并综合考量要素与就业市场的复杂关系。例如年龄、工作经验、教育程度、残障类型和程度等都在预测个人就业轨迹方面发挥着关键作用。

改革的首要措施是评估残疾人的就业能力，并鼓励其参与合适的就业支持计划。重要的是要认识到残障等级对就业的差异化影响，即便是高度残障人士也拥有一定工作能力。当前，这种方法已嵌入 BFE 项目，AISH 中的重度残障者由于被视为缺乏自我提升和参与就业的能力而未被考虑。基于残障差异和就业导向，结合国际经验得出以下三种值得借鉴的模式。

一是结构能力模型，根据个人技能清单确定救助金标准。从一个剖面来预测申请者在就业市场的状态与能力，且注重对其就业潜能的发掘。荷兰建立了一个高度依赖就业市场数据的系统，依托全方位、广覆盖和多层次的岗位需求信息分析，与受助者条件进行匹配，根据技能清单和样本职业计算出个人样本职业与收入潜能之间的收入损失差值，以此确定救助金标准。

二是直接评估模型，直接评估申请者的工作能力。丹麦政府规定，明确申请者拥有部分就业能力后，其将被寄予重返就业市场的期望，在接下来的 1 ~5 年里都将其列入康复计划，直到确认其无就业能力。系统将康复作为获得救助的首要前提，而不是作为次要目标或仅在事后考虑。然而，这种康复方法也并非完美无缺。一方面，有专家指出部分复健的尝试代价巨大且徒劳，尤其是在受助者近乎无工作能力的情况下。另一方面，通过“尝试就业”来证明“不能就业”的行动逻辑并不自洽，不仅会削弱受助者对救助体系的信任，还会削弱其融入社会的动机。

三是残疾人资助模型，即基于时间与能力给付救助金，关注个人就业激励。过去十年中，瑞典围绕该模式进行了充分的实践。首先，通过设定较高的收入豁免额和福利退还率（在受助者获得与残障救助金相等的收入之前，无须退还任何救助金），增强残障人士再就业的动机。其次，这种模式发挥了兜底保障作用，残障人士就业状态发生变化时无须重新评估就能获得全额福利，以降低再失业的伴生风险。最后，该模式与劳动就业市场紧密联系，鼓励受助者从残疾救助和就业中获得不超过制度限定的“双重收益”。尽管这一方案的运行成本高昂，但其为残障人士提供了最大程度的经济和政策支持，大大提高了受益人回归就业市场的可能性。

（二）多维共建：补充福利计划的剥离

社会救助不是简单的货币转移支付，对现行体系的任何调整都应考量内部子系统之间的相互作用。补充福利计划是确定低收入者特殊需求的有效方式，有助于形成高效的资源调节和分配机制。但当受助者的收入超过获得救助的经济限制时，补充福利金的损失就会成为其回归就业市场的经济阻碍。因此，许多国家的补充福利计划呈现逐渐独立于基本救助体系之外的趋势，同时逐步降低准入门槛。

基本救助计划和补充救助计划相互独立的优势明显。其一，独立的津贴不仅能够实现福利的连贯性、公平性，还能为重返就业市场的弱势者提供一种安全感；其二，能够促进就业市场结构的调整，降低基本和补充福利的成本，基于家庭调查的资格认定方式可以确保福利金配置的有效性；其三，项目从原有基本救助计划中剥离，因此成本是可控的。

主要问题有：一是福利供给的成本显著增加，援助机构的运营和管理成本为隐性成本。二是存在无人认领的情况。由于部分联邦福利的资格是由前一年度的纳税申报情况自动确定的，当事人并不了解自己的权益而出现未认领的情况。数据显示，实际低于市场篮子标准（基本生活水平）的人几乎是领取者的两倍，估计一年内无人认领的津贴超过 17 亿美元。

（三）就业导向设计：增加工作激励和就业黏性

衡量社会安全网健康与否的重要指标是：人们是否具有为改善其经济状况和福祉而进入就业市场的能力。众所周知，以就业或志愿服务的形式对城市建设做出贡献，对实现个人价值和增强社区归属感大有裨益。因此，城市政策制定者要向人们提供正确的“工具”，帮助弱势群体增能赋权，以回归正常生活。最重要的是根据制度目标和个性需求匹配适当的救助措施，实现就业并完成转移接续流程。

基于就业导向，制度设计要关注两个关键要素：福利退还率和就业救助措施设计。一直以来，福利退还率的调整都被视为各国实践中的“重灾区”。瑞典规定，福利退还率仅适用于受助人预计参与劳动力市场计划的日期。独特的政策设计让受助者在寻找全职工作的同时能灵活地从事兼职工作，或者在长时间离开就业市场后能以更“轻松”的姿态回归，进而提高劳动参与率。这与魁北克省的税收保护模式类似，受助者可以在社会救助福利不受影响的情况下赚取一定收入，形成适度的工作激励，也起到柔性缓冲作用，这也成为回归就业市场的强烈动力。另一个关键要素是就业救助措施设计。有些措施是被动的，如规定持续跟踪受助者求职进展，另一些措施则是补贴全职（兼职）工作或提供培训机会。这些措施都体现了一种内在权衡，一方面起到激励作用，减少就业障碍；另一方面，过度施压或严格评估反而会抑制就业欲望。例如，部分就业措施无法有效连接就业市场，反而占用受益人寻找工作或接受相关技能培养的宝贵时间。

三　阿尔伯塔省主要城市社会救助改革的有益探索

（一）卡尔加里市的公平准入计划（Fair Entry）

公平准入计划为符合收入条件限制的市民提供申请救助补贴和服务的机会。这一计划不仅简化申请补充福利的手续，也能使弱势者从现有城市服务优化中获益。

表 2　卡尔加里市公平准入计划

<table>
<tr><th>城市补贴计划名称</th><th>计划内容</th><th>收益资格认证</th></tr>
<tr><td>长者服务家居维修计划
(Seniors Services Home Maintenance)</td><td>为生活在低收入家庭的长者(65 岁及以上)提供家庭维护服务,如除雪、割草和简单家政服务</td><td>①管理部门可通过直接访问税务局获得申请者收入信息,无须个人提供收入证明
②需获老年福利项目下的省级老年人特殊需求救助项目的批准</td></tr>
<tr><td>娱乐费用补助
(Recreation Fee Assistance Program)</td><td>受益人以优惠价格使用卡尔加里市的娱乐设施,如各场馆的会员价</td><td rowspan="4">有效收入证明类型如下:
①重度残障人士收入保障项目(AISH)
②阿尔伯塔省工程—收入支持(IS)
③阿尔伯塔省工程—学者
④移民安置救助计划表
⑤独立青年信函——需以下任一有效证明:收入评估结果;来自注册社会工作者的信函(托底手段且仅允许使用一次)</td></tr>
<tr><td>卡尔加里低收入过境通行证计划
(Calgary Transit – Low Income)</td><td>①为青年(6 ~ 17 岁)和成年人(18 岁及以上)提供低价月卡
②为老年人(65 岁以上)提供低价年卡</td></tr>
<tr><td>财产税补贴计划
(Property Tax Assistance Program)</td><td>①为收益人的年度资产提供增值税抵免/补助
②从废弃物和回收服务中获得额外奖励</td></tr>
<tr><td>免费绝育/绝育计划
(No Cost Spay/Neuter Program)</td><td>为受益人的宠物猫或狗提供免费的绝育手术(因疫情该计划已暂停并无限期推迟)</td></tr>
</table>

资料来源：根据加拿大卡尔加里官方网站整理。

在基本救助之外提供补充福利的政策优势明显。其一，避免重复性申请、审核材料。以省级救助标准作为市级附加福利认定的标准，无须额外的个人资料审核程序，提升受助者领取救助金的便捷性。其二，制度设计的社区参与导向性突出。持续地为弱势群体提供社交娱乐机会，协助其重建社会关系网络。类似的有埃德蒙顿市休闲通行计划（The Leisure Access Program）和莱斯布里奇市的费用救助计划（The Fee Assistance Program），均为面临经济困难，但希望使用市政府运营的娱乐设施或参加市政府提供的娱乐或文化活动的人们提供经济援助。疫情期间，新增“正在接受 CERB 救助”这一资格认定标准，将失业/未充分就业的个体纳入享受福利的范围。其三，补充福利计划的有限性。补充福利计划是拓宽受益人社会资本和文化资本的重要途径，但仅起到“敲门砖”的作用。例如，娱乐费用补助可用于现场支付城市娱乐项目的注册费，不能用于支付术前/术后的护理或额外费用。

（二）埃德蒙顿市“测量工具包”（Measuring Up Toolkit）

完善的城市基础设施是充分释放残障人士就业能力的前提。埃德蒙顿市的“测量工具包”从建设残疾人友好型社区的视角出发，提供评估公共部门、非营利组织和私营部门、建筑物翻新、设施设计和服务等的指南和资源，通过发现不足和需要改进的地方，增加社区的包容性。工具包提供了不同的评估视角，包括社区信息的可及性、安全和社会支持服务、就业服务、身体机能改善和交通等，建设所有人群都适用的基础设施。在埃德蒙顿市的战略规划推动下，城市正积极落实“前进之路”（The Way Ahead）的未来愿景。

测量工具包的积极意义体现在以下两个方面。一方面，体现城市的多元性与包容性。将无障碍设施作为基础设施建设中的优先事项，通过良好的设计鼓励残疾人充分参与社区活动。提倡所有的人造建筑都应该具有包容性，营造城市为人民所有的氛围，以便形成更有凝聚力的环境。另一方面，从城市建设层面使残疾人的社会融入和就业成为可能。创造友好的就业环境对促进特殊人群就业具有重要意义。在发掘自身就业潜能的前提下，有意义的就业可以减弱残疾人的社会孤独感，提升其社会贡献度和生活水平。

（三）莱斯布里奇市疫情支持和服务（Covid Supports and Services）

莱斯布里奇市应对新冠肺炎疫情的城市救助举措更具连续性和系统性。通过多方参与和共同努力，保障特殊时期社区弱势群体的安全和健康。

首先，为应对新冠肺炎疫情，加拿大政府发放了紧急救助金（Canada Emergency Response Benefit，CERB）作为针对受疫情影响个人最主要的补助。疫情原因失去工作或收入减少的国民，每个月可获得2000加元的紧急救助福利金，申领期最长为四个月。其次，莱斯布里奇市建立了紧急社会服务委员会，同阿省卫生服务局一起与社会服务机构密切合作，确保市内弱势者获得急需的住房、医疗保健和其他社会资源支持。例如，与绘制市内可用社会支持项目地图的“求助者”（Help Seeker）组织合作，在社会资源的需求方和供给方之间搭建桥梁，通过智能设备检索层级化、类别化的救助项目信息，增加城市弱势群体的救助资源可及性。最后，市内的能力资源协会（Ability Resource Association）为残障人士提供就业机会和支持。作为一个非营利性注册慈善机构，包含三个分支机构。社区可达计划（Community Access Programs）下的能力资源中心是提高个人生产力和技能的地方，支持残疾人参与一般的社区娱乐、教育和文化属性活动；就业连接中心（Job Links Employment Centre）连接广泛的社区就业合作伙伴，包括雇主、政府资助者、商业合作伙伴和社区机构，转介多样资源并提供高质量服务；“瓶子仓库”项目（Bottle Depots）是以社区为单位的废旧容器回收项目，部分善款将用于提升社区残疾人就业的技能。

四　后疫情时代中国城市社会救助运行取向

（一）就业导向的制度设计

阿尔伯塔省的城市救助改革方案将残疾人救助重点由默认无就业能力转

向主动发掘就业潜能，区分残障程度、类别差异，定制救助措施以提升参与度。在我国，残疾人是社会救助的最重要群体之一，实现残疾人就业也是“社会安全网”长效发展的关键。据此，我国的城市残疾人救助应当根据残疾人的残障等级和类别制定高匹配度的救助策略；借助于城市治理大数据平台，连接就业供需双方，在对残疾人劳动力市场进行全面的供需调查的同时，对残疾人进行有效的择业指导。结合数字经济时代经济新业态的发展，开拓适宜残障人士的新职业生涯发展方向。城市是劳动力市场的主战场，通过精准制度设计推动残疾人就业是城市救助和保持社会稳定的关键。

（二）多元福利供给与协调

阿尔伯塔省的城市救助改革建议中提出，考虑到补充福利和基本福利之间的协调关系，应将补充福利置于社会救助体系之外，这也是当前国际改革的趋势。这一前瞻性考量是看到弱势主体的个体化差异，将基本福利作为保障弱势群体基本生活的前提，同时关注贫困的异质性因素。在我国，城市救助工作在一定程度上呈现出了由财政兜底的“广撒胡椒面”情况，不精准、不匹配、不协调是我国城市救助政策能力提升面临的瓶颈。未来，我国的城市救助变革也应当做到“一人一档”，在基本救助之外考虑为特殊家庭提供补充救助，明确各层级制度的要素职能，实现职能的互补协调，并最终建构起“复合型”救助模式。多向度、多层次地为困难群众提供社会支持，调整资源配置，实现社会公平，规避福利叠加的负向激励。

（三）机制联动与政策激励

阿尔伯塔省的城市救助改革和重构的重点是增强就业激励和劳动力市场黏性，避免陷入贫困陷阱，并通过实施提高收入豁免额和降低惩罚性福利退还率的制度降低工作成本，促使能力保有者能重返就业市场。当前我国主要城市在救助工作中虽然实行了积极的劳动力市场政策，但仍面临长期救助的难题。因此，应综合调整并升级就业救助举措以帮助有能力者重返岗位，探索生存型救助和发展型救助之间的平衡，尝试“输血和造血协同互动”。未来的城市救助应建立一个基于个体需求的涵盖教育、培训和求职的混合系统。划定适度的收入豁免额并创造有效激励，实现效率与公平的统一。在责任伦理理念基础上建构救助机制，实现有限救助资源的优化配置，将造血机制融入行为评价体系和行动中，建立社会救助正常退出机制。

（四）预防和化解潜在风险

阿尔伯塔省的城市救助改革经验表明，在缺乏诚信约束和道德规范的救助体系中，逆向选择和道德风险等潜在风险难以化解。因此，明确认定欺诈、错误和误诊行为以防范“隐患”也是城市社会救助改革的有力之举。结合我国主要城市试行的社会救助“政策找人”实践，未来我国城市救助工作的重点应该是在“保障全”的基础上做到“保障准”，建立救助对象精准瞄定机制，打击“制度性欺诈”和“故意性欺诈”行为。加强社会救助对象失信惩戒制度建设，搭建失信大数据平台，完善失信恢复制度，允许失信对象通过自主提升来改变失信记录。同时，优化制度环节和程序，减少错误的发生，充分发挥社会救助政策的兜底作用。

参考文献

Gazso, A. , & Krahn, H. , “ Out of Step or Leading the Parade? Public Opinion about Income Support Policy in Alberta, 1995 and 2004,” *Journal of Canadian Studies/Revue Détudes Canadiennes*, 2008, 42（1）.

Tweddle, A. , and H. Aldridge, “ Welfare in Canada, 2018,” Maytree: Toronto, https: //maytree. com/wp – content/uploads _ Welfare in_ Canada_ 2018. pdf, 2019.

Kneebone, R. D. , & Wilkins, M. , *Measuring and Responding to Income Poverty*, Social Science Electronic Publishing, 2019.

Zaresani, A. , “Return – to – work Policies and Labor Supply in Disability Insurance Programs,” AEA Papers and Proceedings, 2018.

Jong, P. , “ Sickness, Disability and Work: Breaking the Barriers, A Synthesis of

Findings Across Oecd Countries," *International Social Security Review*, 2011 (3).

Geiger, B. B., Garthwaite, K., Warren, J., & Bambra, C., "Assessing Work Disability for Social Security Benefits: International Models for the Direct Assessment of Work Capacity," *Disability and Rehabilitation*, 2017 (24).

Robson, J., and Schwartz, S., "Who Doesn't File a Tax Return? A Portrait of Non-Filers," Canadian Public Policy. (aop), p. e2019063. September, 2020.

Virtanen, & P., " The Health Effects of Employment," Occupational & Environmental Medicine, 2014 (10).

Waenerlund, A. K., Gustafsson, P. E., Hammarstrom, A., Virtanen, P., Lipiainen, L., & Nummi, T., "History of Labour Market Attachment as a Determinant of Health Status: A 12-year follow-up of the Northern Swedish Cohort," BMJ Open, 2014 (2).

Christofides, L. N., "Social Assistance and Labour Supply," *The Canadian Journal of Economics*, Revue Canadienned, Economique, 2000 (3).

李静：《从生活救助到就业支持——优势视角下残疾人福利的实现路径》，《南京大学学报》2012 年第 6 期。

卫志民、赵娟：《多元制度创新效应：理论、实践与路径》，《新视野》2021 年第 1 期。

谭贤楚：《"输血"与"造血"的协同——中国农村扶贫模式的演进趋势》，《甘肃社会科学》2011 年第 3 期。

Hamilton, G., "Improving Employment and Earnings for Tanf Recipients," 2012.

詹国旗：《我国造血型救助方式的法治化重构》，《学术研究》2020 年第 8 期。

陈耀辉：《社会救助对象失信惩戒机制建设探索与研究》，《中国民政》2016 年第 18 期。

李倩、张开云：《低保制度运行中的福利欺诈与消解路径》，《贵州社会科学》2014 年第 10 期。

B.12
韩国发展数字医疗城市的实践启示

张晓溪　胡苏云*

摘　要： 随着数字医疗城市理念的快速推进和数字医疗服务平台应运而生，韩国U-健康管理中心服务项目，作为涵盖韩国六个城市的数字医疗服务平台，通过一系列卓有成效的发展举措，为数字医疗城市的发展贡献了重要的实践经验。该平台通过智能设备实时收集健康数据并反馈结果、基于大数据和人工智能辅助疾病预测和干预服务、基于云端的数据存储支持电子医疗记录的生成。鉴于此，在我国的医疗数字城市建设过程中，需要借鉴该模式的发展经验，分步推进健康城市建设、积极采用大健康管理模式、完善健康管理数据体系，进一步提升城市数字化医疗发展水平。

关键词： 韩国　数字医疗服务平台　数字医疗城市

当前，医疗健康学科正在向其3.0版即大健康版过渡，目标是使医疗健康成为一项积极主动的学科和行为，重点是提高人们的生活质量。医疗健康领域正在进行的这场革命主要由两个因素推动——医学的进步和数字化技术的进步。2021年3月十三届全国人大四次会议期间，“数字化改革”成为热

---

* 张晓溪，上海交通大学医学院讲师；胡苏云，博士，上海社会科学院城市与人口发展研究所研究员，主要研究方向：人口经济学、社会保障、医疗卫生改革、人口老龄化。

门话题。“十四五”开局之年，推动医疗数字化改革、加快智慧城市发展、促进资源优化配置等一系列工作成为重中之重。韩国 U－健康管理中心服务项目的数字医疗服务平台的构架及其特点，是数字医疗城市发展的重要探索。探讨这一平台运行中可能面临的阻碍和挑战，能够为我国数字医疗城市建设提供思路和借鉴。

一　韩国 U－健康管理中心的发展背景

2004 年，在全球信息产业新一轮发展趋势下，韩国政府提出“U－Korea”战略，并于 2006 年 3 月确定“U－Korea”总体政策规划，划分为发展期（2006～2010 年）与成熟期（2011～2015 年）两个阶段，并率先启动 U－City（Ubiquitous－City，理解为“无处不在的城市”）计划，首尔、釜山及仁川松岛新城等众多城市参与其中，其核心即通过建设遍布整个城市的互联网使得市民可以从城市的各个角落方便地使用或办理各项社会服务。

韩国 U－健康管理中心服务项目（U－Healthcare Center）是 U－City 在医疗领域的实践，希望可以在任何地点和任何时间提供更多以客户为中心的医疗保健服务，具体包括整合信息和通信技术、医疗设备和医疗保健专家，以提供可以通过信息和通信技术访问的医疗保健信息，并帮助促进自我保健和提高保健意识。在这一政策背景下，研究机构和私营公司开发了大量普适计算技术，以及能够影响公众生活方式、生活环境和健康的便利设施。公共部门的U－医疗保健示范项目分为：（1）无所不在的医疗服务（U－Medical Service），这是一种远程医疗服务，针对远离医疗服务的个人，如偏远地区的居民、囚犯、军队和警察；（2）无处不在的银发服务（U－Silver Service），针对独居或住在养老院的老年人；（3）无处不在的健康服务（U－Wellness Service），这是一项促进健康的服务，“UU－健康管理中心服务项目”就是其中一个落地项目。

二　韩国 U－健康管理中心的项目特点与服务模式

（一）项目特色

1. 项目基本情况

“U－健康管理中心服务项目”是一个部署在韩国六个城市的 U－City 医疗服务项目。该中心免费提供最新的信息通信技术、医疗设备和专业医疗设施，为公众用户提供机会了解自身生理健康参数，并在每次结束时由专业保健管理人员根据实际健康测试结果向每个用户提供反馈信息，这不仅能改善个人健康状况，还可以在用户和保健管理人员之间建立信任关系。该中心还可为研究机构、企业或政府提供医疗保健监测数据，为人群公共保健服务提供依据。

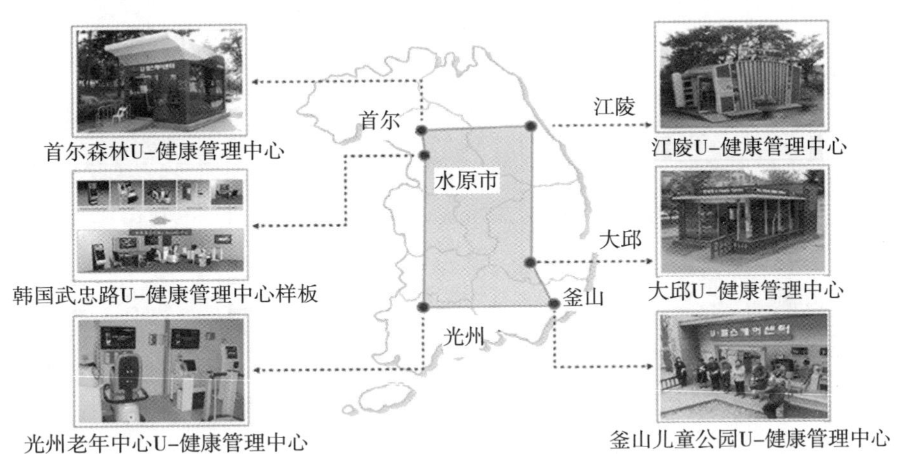

图 1　U－健康管理中心在韩国的地理分布情况

U－健康管理中心在地理位置的选择上各具特色。以釜山和大邱的 U－健康管理中心为例，釜山儿童公园 U－健康管理中心位于釜山市的 Seongjigok 公园（4980530 平方米），使用者需步行上山约 1.2 公里或在公园内约 20 分钟才能进入中心；而大邱 U－健康管理中心位于大邱市的 Hamji 公园（46910 平方米）。与釜山的 U－健康管理中心相比，这个 U－健康管理中心距离住宅区只有几分钟的步行距离。

2. 项目用户特征

一项根据 2013 年 12 月至 2014 年 12 月回收的数据的研究结果显示，尽管釜山和大邱两个中心进行健康检测的用户数量大致相同，但人口统计数据却大相径庭（见表 1）。在釜山，47.64% 的用户是男性，而大邱该比例则为 70.65%。在釜山，大多数用户为 50 多岁（40.1%），而在大邱，大多数用户为 70 多岁（51.5%）。

表 1　U－健康管理中心用户的人口统计学特征

单位：人，%

项目	年龄组	男		女		合计	
		年均人数	占比	年均人数	占比	年均人数	占比
农村(釜山 U－健康管理中心)	20～29	151	5.8	114	4.0	265	4.9
	30～39	127	4.9	232	8.1	359	6.6
	40～49	244	9.4	459	16.1	703	12.9
	50～59	940	36.2	1247	43.7	2187	40.1
	60～69	750	28.9	574	20.1	1324	24.3
	70＋	384	14.8	228	8.0	612	11.2
	合计	2596	100.0	2584	100.0	5450	100.0
城市(大邱 U－健康管理中心)	20～29	69	1.8	72	4.6	141	2.6
	30～39	46	1.2	62	3.9	108	2.0
	40～49	88	2.3	228	14.5	316	5.9
	50～59	378	10.0	232	14.7	610	11.4
	60～69	1088	28.7	342	21.7	1430	26.6
	70＋	2122	56.0	639	40.6	2761	51.5
	合计	3791	100.0	1575	100.0	5366	100.0

资料来源：Bravo Santisteban R.，Kim Y.，Farooq U.，et al.，“Environment and Its Influence on Health and Demographics in South Korea,” *International Journal of Environmental Research and Public Health*, 2016，13（2）。

用户对于不同检测项目的感兴趣程度也不尽相同，血压（BP）和脉搏（PR）是大邱和釜山两个中心用户最感兴趣的检测项目，但在釜山，用户选择进行身体质量指数（BMI）和体脂率（BF）测试的比例分别为 54.42% 和 49.22%，而大邱用户选择 BMI 和 BF 测试的比例仅分别为 13.59% 和 9.56%。

表2　U－健康管理中心用户的健康测试偏好

单位：人次/年，%

项目	农村（釜山U－健康管理中心）		城市（大邱U－健康管理中心）	
	偏好	占比	偏好	占比
血压（BP）	4783	87.76	4079	76.02
脉搏（PR）	4783	87.76	4077	75.98
身体质量指数（BMI）	2966	54.42	729	13.59
体脂率（BF）	2683	49.23	513	9.56
合计	5450	—	5366	—

资料来源：Bravo Santlsteban R., Kim Y., Farooq U., et al., "Environment and Its Influence on Health and Demographics in South Korea," *International Journal of Environmental Research and Public Health*, 2016, 2018（2）。

在项目的布局中，充分考虑了U－健康管理中心用户构成特征，以达到为不同性别、年龄段、生活区域的所有居民提供健康监测服务的目标。同时，项目根据不同中心的用户人群特征，提供具备针对性的附加服务或设备。如在釜山，考虑到参与监测的人群多为登山或健身人群，附加了"运动带"服务，以帮助用户衡量健身水平和确定未来健身目标。

（二）服务模式

韩国于2000年进入人口老龄化社会，65岁以上人口占比高于7%。据预测，韩国社会将在2026年进入老龄化社会早期阶段（65岁以上人口占比超过总人口的20%）。同时，由于老龄化社会的进程和生活方式的改变造成生活水平提高，糖尿病、高血压、高胆固醇等慢性疾病的病例数量迅速增加。此外，由于收入水平的增加，医疗领域的健康消费增加，但人们对医疗费用的满意度较低，对医疗服务的需求日益提高。

为应对这些问题，U－健康管理中心服务项目对医疗服务方式进行了颠覆式改变，形成了一种与传统医疗目标（个体健康）截然相反的健康理念目标（大健康）。这种新的健康服务模型强调以个人为中心，鼓励个人的积极参与，表3展示了该平台的大健康服务模式理念和目标与传统医学模式的区别。将该平台提出的健康服务模型比作引擎和燃料，则评估、处方和实践共同组成健康服务引擎部分，动机性服务则是这个生态系统的驱动力（燃料），如图2所示。

表3　传统医学模式和大健康服务模式理念和目标对比

传统医学模式	大健康服务模式
病人被动接受	病人主动参与
以医院/健康组织为中心	以病人为中心
病人身体的某些部位	病人的整体状态
对症治疗	生活方式干预
由外部进行控制、掌权、承担责任	赋予病人权利
疾病、恐惧和死亡威胁是驱动力	自我激励是驱动力
疾病诊治	预防疾病/促进健康

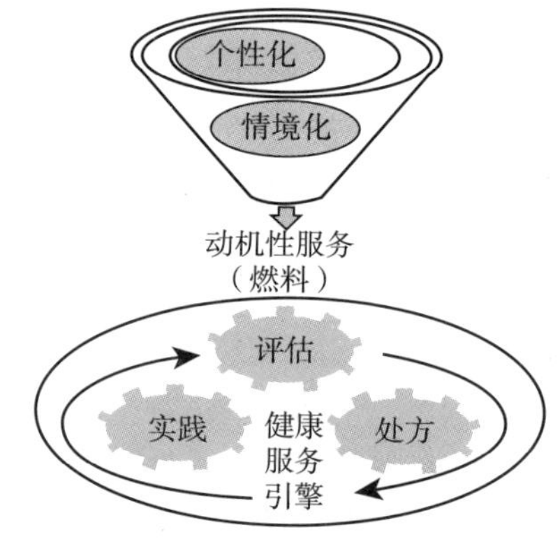

图2　健康服务模型

资料来源：Umar Farooq, Hun Park Seung, Khang Gon, "A Smart Wellness Service Platform and Its Practical Implementation," *Computers, Materials & Continua*, 2020, 66（1）。

（三）设施配备

1. 智能设备

平台通过各种可穿戴传感器和家庭生命体征监测器等设备实时接收个人的环境、身体、智力、情感、精神和职业等参数，如体型参数（体重、身高、体重指数、身体质量百分比）、身体健康参数（手部肌肉力量和耐力、腿部肌肉力量和耐力、心肺耐力、力量和敏捷性、身体平衡、体脂肪百分比）、身体健康参数（血压、血糖水平、血液胆固醇水平）。这些智能设备使得数据的收集突破医院的限制，可以在健康中心、家中甚至是户外进行数据的收集（见图3），有效监控个人在任何给定时间点的健康状态并将结果返回给个体，改变了过去诊断服务定位疾病所在的模式，形成以预防和干预为主要目的的医疗服务模式。

2. 数据云端

平台中从不同设备传入的健康数据都存储在云端，并通过云计算和分析技术实现对海量数据的管理和应用。整个云端功能包括信息处理、数据库、医疗健康知识网络和网络服务。在云端不仅可以进行数据储存，还能形成个人的电子医疗记录，有效对个人动态健康状况进行管理。利用云计算和分析功能，可以快速对海量数据进行管理分析，监控个人实时健康状况，及时做出健康预警。将可视化、易于理解的健康报告和建议通过网络反馈给个人。整个平台架构如图 4 所示。

（四）平台技术

数字医疗工具实际上应该促进居民与医疗专业人员之间的互动，同时改善医疗成果，使居民卫生系统更具灵活性。数字工具应不仅有能力提供临床决策支持，还可以远程监控居民的健康状况，并通过访问居民的电子病历提供个性化建议。必要时，通过剔除非必需的面对面交流环节，病人将会被更准确地引导到一位更适配的医生那里。这实际上有助于与具有相应资质的人产生更高质量的面对面互动，而不是减少互动效益。

平台将病人当前和历史的健康数据形成数据池，对病人的健康状态进行评估和预测，并与同年龄和性别的人群进行比较，将病人健康状态分成“最佳”“好”“一般”“差”“非常不健康”等不同等级，这种等级划分对于医疗健康服务提供者和病人都是一种激励或辅助工具，并为医疗健康服务提供者对病人提出具有针对性的改善建议奠定基础，治疗决策从经验

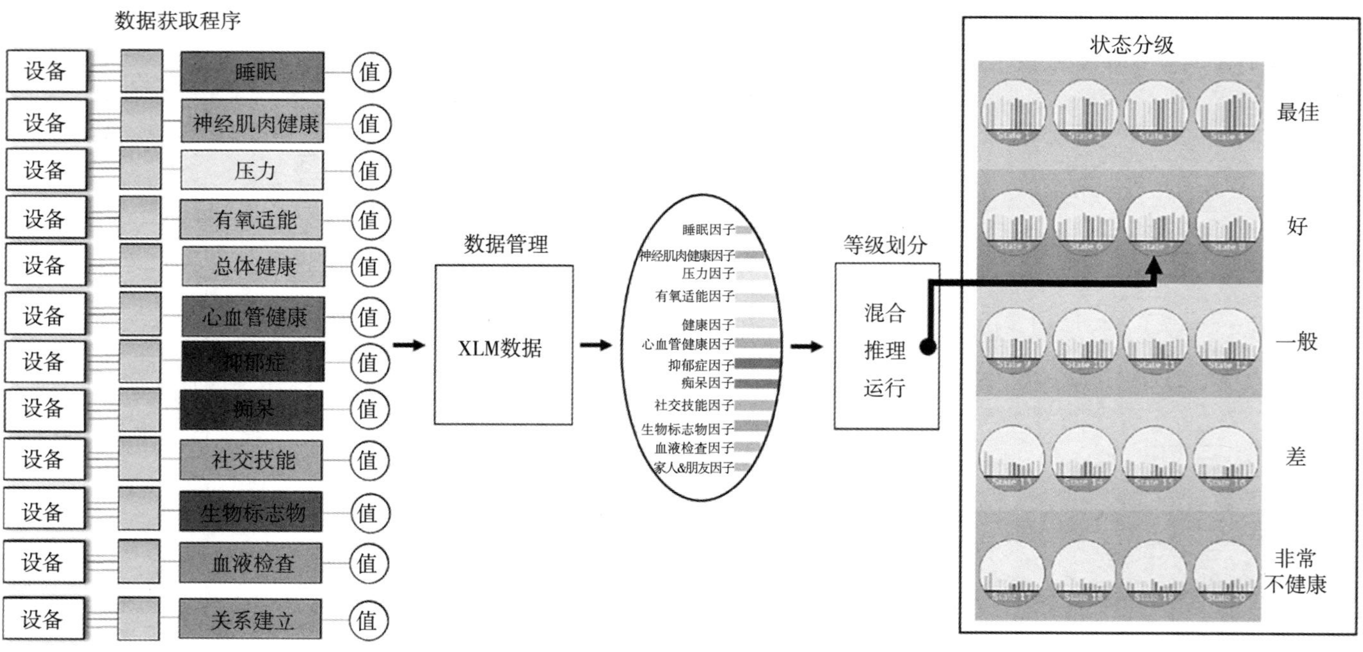

图3　控制理论框架下的健康理论工程

资料来源：Umar Farooq，Hun Park Seung，Khang Gon，“A Smart Wellness Service Platform and Its Practical Implementation，” *Computers*，*Materials & Continua*，2020，66（1）。

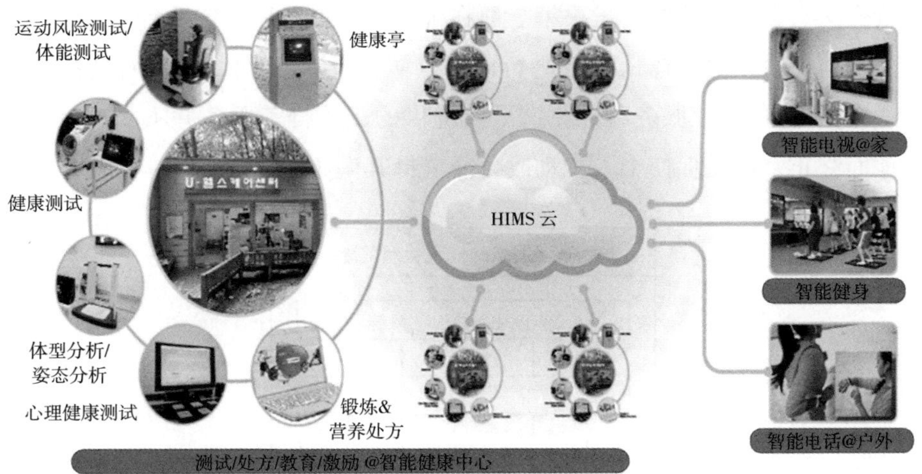

图4　智慧健康平台的融合技术

资料来源：Umar Farooq, Hun Park Seung, Khang Gon, "A Smart Wellness Service Platform and Its Practical Implementation," *Computers*, *Materials & Continua*, 2020, 66 (1)。

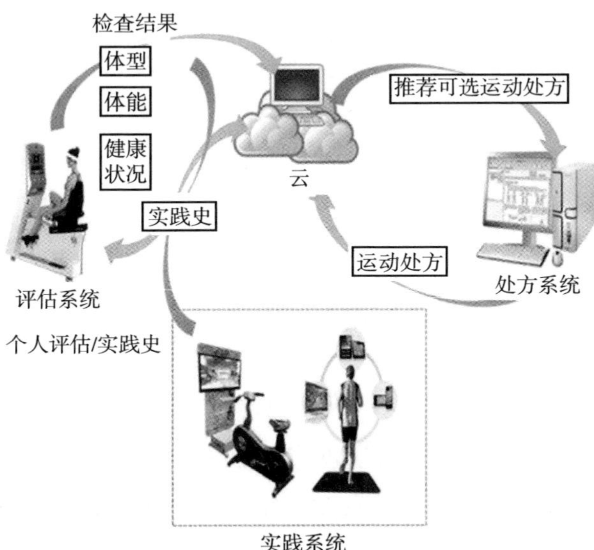

图5　广义的健康服务平台架构

资料来源：Umar Farooq, Hun Park Seung, Khang Gon, "A Smart Wellness Service Platform and Its Practical Implementation," *Computers*, *Materials & Continua*, 2020, 66 (1)。

决策变为有数据支持的定量决策。而在干预计划形成后，该平台还可通过一系列的监控设备对个体依从性进行监督（见图6）。此外，与传统医疗服务模式中的处方/治疗服务不同，该平台提供的干预推荐服务并不随着疾病的治愈而终止，而是促使个人主动改善或维持其健康状况。

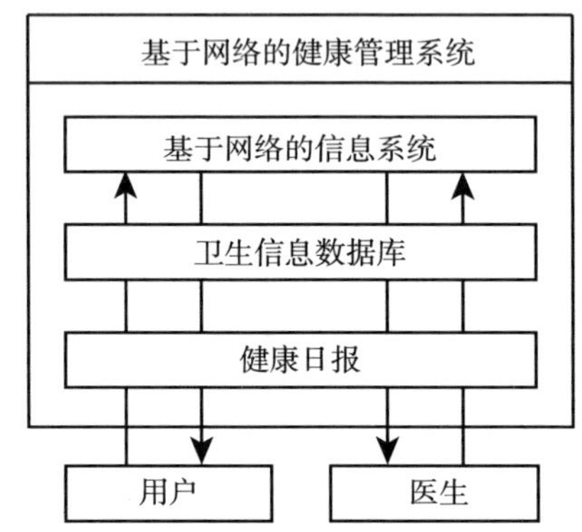

图6　基于网络的健康管理系统工作模式

资料来源：Umar Farooq，Hun Park Seung，Khang Gon，“A Smart Wellness Service Platform and Its Practical Implementation，” *Computers*，*Materials & Continua*，2020，66（1）。

三　韩国U－健康管理中心发展的主要动力因素

（一）发挥政策和规划的引导作用

韩国通过立法模式促进中央政府与地方政府推动宽带网络建设，信息通信振兴基金（1993年）、《促进信息化基本法》（1995年）、《促进信息化基本规划》（1996年）、“Cyber Korea 21”政策（1999年）、“e－Korea Vision 2006”（2002年）、“Broadband IT Korea Vision2007”（2003年）、“IT839策略”（2004年）、“U－Korea基本规划”（2006年）、“国家信息化基本规划”（2008年）、“物联通信基础设施构建规划”（2009年）、“物联网基本规划”（2014年）……U－City的规划内涵持续以“U化”贯彻政策主轴，包括城市宽带信息网综合规划、部署指南、融合技术指南、网络运营指南、应用服务标准及分类标准指南等。

（二）拓宽医疗健康产业内涵

韩国通过健康科技类新产品（如智能手环、手机及其他可穿戴类智能设备）采集基础信息，通过物联网、联机分析等技术手段对健康风险进行主动把握，并利用远程监控系统、远程医疗体系等多种渠道，针对慢性病等疾病进行预警，对高风险群体的健康习惯进行纠正；着重基于老年人等特定人群的健康风险特征，提供远程医疗健康咨询服务；关注偏远地区等特定区域，进行数字化公共卫生监测。通过一系列对生活方式和健康行为的组合干预，U－健康管理项目大大拓宽了医疗健康产业的内涵。

（三）构建数字健康整体框架体系

1. 体系设计

基于云计算、大数据、区块链等新一代信息技术的产业互联网的发展，使韩国U－健康管理中心服务项目从技术层面为不同机构之间的互联互通提供了可能。然而，数字医疗服务平台构建的难点之一在于通过互联网渠道进行数据信息融会、交流存在障碍。U－健康管理中心服务项目将数字医疗生态系统涉及的多方利益主体——医护人员、潜在患者及客户、医疗企业、监管机构等连接起来。只有各方主体资源整合在一起，各利益主体之间能够借助数字医疗平台进行监测、预测、救治及服务，才能实现真正意义上的互联互通。

2. 技术创新

U－健康管理中心服务项目十分注意数字化技术在项目中的深度运用。人工智能图像分析和基于大数据的临床辅助决策支持系统的发展可以为医生临床治疗提供决策依据，也可以提供诸如用药提醒等诊疗建议，以确保医疗质量；通过互联网医疗服务，还能将优质的医疗资源实时提供给患者，方便医疗资源较为贫乏的地区患者借助网络开展检查及治疗，减少时间和交通成本；也可以实现医疗资源在不同地区、不同规模医疗机构之间的共享，促进资源充分利用。数字医疗整个流程中可以大大提高准确性、节省时间、降低成本并改善医疗效果。

四　韩国数字医疗城市对中国健康城市发展的启示

（一）分步推进健康城市建设举措

具备数字化科学技术发展条件的城市，应遵循“分步推进、循序渐进、重点建设、示范引领”的思路，在医疗领域数字化转型发展上积极探索。在数字化医疗城市的建设过程中，政府部门与企事业组织应当协作，在顶层设计、政策制定及组织中协同联动，强调智慧城市规划与建设的系统性，避免局部改造带来的相关配套滞后问题。在互联互通阶段侧重于信息通信技术相关基础设施的建设，在进一步发展阶段偏重应用服务供给，在建设成熟阶段加快推动管控一体化。进一步基于城市功能拓展信息化建设的应用程度和应用场景，切实推进传统医疗模式的数字化转型。

（二）积极推行大健康管理模式

在数字化医疗城市的建设理念上，应从被动的医疗服务转变为主动的健康管理，考虑到更广泛的健康决定因素，并遵循重在预防的模式。对于健康素养和文明素质较高的城市，应利用其健康城市工作推进的良好的文化和社会基础，进一步大力开展以个人为中心的健康促进教育工作，鼓励个人在整个生命周期中积极参与医疗健康和健康决策。此外，随着预防保健模式的发展，医院不再是获得医疗健康的唯一途径。健身房、水疗中心、健康俱乐部和冥想诊所等，均成为帮助个人在身心健康方面达到最佳状态的机构，要进一步关注医疗健康服务城市生态体系的建设。

（三）加强数字健康制度供给

目前我国城市建设中相关部门和领域都有各自独立的信息系统，系统建设没有跨部门的统一标准，存在数据口径不一致、数据关联度较低、数据质量参差不齐等问题。因此，要建立“以患者为中心”的健康数据存储平台，实现个人健康数据共享，打破医疗数据孤岛，设立整体框架支持下的统一标准，落实各部门责任，形成平台化的对接沟通交流渠道，在机制上保障数字医疗平台搭建的可行性。

此外，还应加强互联网医疗的制度供给。2020 年 4 月，为适应互联网医疗发展的现实需求，国家发展改革委、中央网信办联合印发《关于推进“上云用数赋智”行动培育新经济发展实施方案》，从国家政策层面首次提出探索将首诊纳入互联网医疗、医保范畴。这一政策使得线上医疗服务获得了与线下相类似的经营范围，互联网医疗的服务空间得到进一步释放。有条件的城市应利用其在数字城市建设方面的领先优势，将 5G、大数据、物联网等技术发展应用于智慧老龄化、智慧康养、智慧监管等智慧医疗领域，积极发展“AI + 医院”、5G 远程手术、虚拟现实技术治疗等亮点技术应用，以科技创新驱动城市发展。

参考文献

胡苏云：《医疗卫生资源规划配置亟待优化》，《联合时报》2020 年 9 月 8 日。

Umar Farooq, Hun Park Seung, Khang Gon. , “A Smart Wellness Service Platform and Its Practical Implementation,” *Computers, Materials & Continua*, 2020, 66 (1) .

Ramiro Bravo Santisteban, Kim Young, Farooq Umar, et al. , “Environment and Its Influence on Health and Demographics in South Korea,” *International Journal of Environmental Research and Public Health*, 2016, 13 (2) .

城市文化篇

Urban Culture

B.13

国际组织关注以文化创意推动城市可持续发展*

余全明**

摘　要： 基于联合国和世界银行于2021年5月21日发布的《城市、文化、创意：利用文化创意促进可持续城市发展和包容性增长》，本报告探讨了文化创意对城市可持续发展的影响，不仅指出城市是文化创意的中心，文化创意可以刺激城市空间再生，提高经济发展水平，增强社会凝聚力，推动城市可持续发展，而且指出生活工作成本、设施和服务、多样性是影响文化创意产业发展的重要因素。基于此，本报告提出了挖掘中国城市文化创意产业发展

* 本报告基于2021年5月21日联合国和世界银行发布的《城市、文化、创意：利用文化创意促进可持续城市发展和包容性增长》（Cities Culture Creativity：Leveraging Culture and Creativity for Sustainable Urban Development and Inclusive Growth）开展介评，并就其对中国城市的参考借鉴意义予以研究分析，特此感谢。

** 余全明，上海社会科学院应用经济研究所博士研究生，主要研究方向：产业经济。

潜力和推动城市可持续发展的相关建议。

关键词： 文化创意　城市空间再生　可持续发展　社会凝聚力

2021 年 5 月 21 日，联合国和世界银行发布《城市、文化、创意：利用文化创意促进可持续城市发展和包容性增长》。物质文化遗产、非物质文化遗产、地标建筑、历史等共同构成了城市的发展核心——文化。没有文化，城市将难以充满活力，无法持续生存。文化创意促进城市更新，为地方经济发展创造机遇，提升社会包容度，增强社会凝聚力，推动城市可持续发展，使城市更为宜居且更具吸引力。文化创意在城市空间、经济和社会三方面发挥着关键作用。文化创意通过以下两种方式将城市凝为一体：一是提升社区的凝聚力，构建创新网络，为增强社区韧性奠定基础，提升城市包容力；二是创造和提供就业机会，推动创新发展和经济增长。

一　城市——文化创意的中心

文化创意产业给城市带来了新活力，改变了生活、工作和学习的环境，也改变了思考、发明和创造的环境。文化创意产业为城市可持续发展和包容性增长做出贡献。营造有利的文化创意环境，可以释放城市文化创意产业的潜力，提高文化创意产业的社会、经济和空间效益，并逐步将城市转变为文化创意城市。

第一，文化创意资本通过促成独特的服务和产品来增加产业空间效益。这种独特性吸引了居民和游客，并为当地产品和服务创造了市场，为大量艺术家、创意专业人士和小企业主创造机会。

第二，文化创意产业发展，有利于提高城市宜居性，有利于引进人才，吸引企业落户于具有创造力的社区，增加经济效益。

第三，文化机构和文化创意产业以增加就业机会的形式增加社会福利。

文化创意产业需要广泛的技能，从而可以支持多样化的劳动力发展。此外，文化创意人才的互动、文化创意产业产品的流通和消费者间的互动可以促进更大范围的社会互动，有助于形成稳定的社会网络，并通过更大范围的交流互动增强城市包容力和创新力。

尽管文化创意产业在城市可持续发展中的作用不断增强，但是城市还存在诸多制约文化创意产业发展的因素。发展文化创意产业的最大制约因素之一是生活成本。这在很大程度上与工作空间和住房短缺有关。这限制了文化创意人员的作品表达空间。由于许多文化创意人士的收入有限且不稳定，较高的房价和商业成本限制了城市吸引文化创意人才的类型，而基于文化创意人员的集聚偏好，需要可以容纳大量文化创意人员的空间。如果住房和工作场所没有配套的生产和协作的基础设施与服务，文化创意产业也无法蓬勃发展。电力、水、保健和教育服务等配套设施和服务对城市吸引文化创意人员至关重要。缺乏可达性和高质量的交通基础设施和服务将使一个城市文化创意产业缺乏吸引力。缺乏多样性会限制文化创意人员在城市定居的愿望，从而影响文化创意产业的成长。许多文化创意人员在拥有不同文化背景的环境中成长。当文化创意人员创作时，他们需要相对自由的环境。因此，城市文化创意产业的类型和规模与城市多样性密切相关。

二　文化创意产业推动城市可持续发展的经验

城市可以通过不同的途径来发挥文化创意优势，文化创意活动的多样性可以增强城市发展优势，为空间、经济和社会发展做出贡献。因此，城市可以通过培育文化创意产业来实现可持续发展。

（一）特色文化产业为城市可持续发展提供新动力

秘鲁的美食之城——利马利用传统美食文化来释放经济增长潜力和改善社区，为边缘化的社会群体带来了更多的就业机会。利马的成功在于私营部门与政府机构之间的密切合作。秘鲁政府和利马市政府与街道、社区、美食协会等部门合作，通过改善街区、取消对小贩的限制等方法，推动了美食旅游业发展。约旦的手工艺和民间艺术之城——马达巴专注于遗产保护，释放经济增长潜力。马达巴基于保护、投资和推广当地古老的镶嵌工艺，重振经济。刚果民主共和国的音乐创意之城——布拉柴维尔使音乐成为促进经济增长和增强社区凝聚力的力量。布拉柴维尔因传统音乐文化在非洲享有盛名，其将当地独特的音乐传统视为财富。布拉柴维尔通过提供乐器和艺术家驻地为音乐表演创造空间。法国的文学创意之城——昂古莱姆通过漫画产业推动了经济发展。城市官员加强与各文化创意产业环节成员的合作，将文化创意人员的建议整合到公共政策中，改善文化创意产业的生态系统。

（二）文化创意产业为城市可持续发展提供新方向

日本的京都将丰富的文化遗产与新兴技术相结合，支持艺术家和创意社区发展，鼓励创意社区积极参与城市空间改造，提高社会包容性，建立一个新的充满活力的城市。韩国的创意设计之城——首尔利用文化创意资本推动经济增长和空间开发。首尔将文化创意资本作为社会经济增长和多元化的主要驱动力，为创意集群和地方项目提供系统支持。首尔通过健全的市场评估系统和协调的干预政策，使用自上而下的方法发挥其在文化创意生态系统中的作用。塞尔维亚的贝尔格莱德通过自下而上的创意活动推动城市的改造和复兴。贝尔格莱德自下而上的政策和活动具有巨大的潜力，成为城市更新和鼓励社会参与的催化剂，有助于被忽视的城市建筑的改造，并为被忽视的工业社区打造新的名片。

（三）文化创意产业为城市可持续发展解决多样性挑战

日本的创意设计之都——神户在灾后重建中，利用独特的文化创意传统，形成了更具创意的城市特征。神户宣布以创意城市为发展载体，在公共政策、慈善工作和私营活动等方面有许多创新之处。巴西在电影领域的创意之城——桑托斯支持创意经济发展，促进最弱势群体的社会和经济变革。为了应对日益严重的社会和经济不平等问题，桑托斯加强公共和私营部门、非营利组织、金融机构之间的有效合作，利用文化创意经济的力量，实现了社会和经济变革。

三　挖掘中国城市文化创意产业潜力，推动城市可持续发展的启示

我国文化创意产业起步较晚，文化创意市场在加速发展过程中依旧存在诸多难题，如城市文化创意认识不清、制约文化创意产业发展的因素相互交织、城市间文化创意产业发展差距逐渐扩大、文化创意产业存在较大差异等。因此，中国城市须大力挖掘文化创意产业潜力，为城市可持续发展提供新动力。

（一）制作文化资源地图，识别文化创意空间格局

首先，绘制中国城市文化资源分布地图，识别文化资源的规模、范围、地点，评估文化资源转化为文化创意的可能性。其次，识别文化创意产业的空间格局，评估城市文化创意产业的发展情况与文化创意产业短期和长期发展的空间需求。再次，推动文化资源向文化创意产业转移，增加城市文化魅力。最后，制定城市文化创意产业的发展规划，合理规划文化创意产业长期发展的空间分布。

（二）识别文化创意产业发展的制约因素，建立多方协调干预机制

首先，确定制约城市文化创意产业发展、成长和结构变化的关键因素，如生产空间、扩大生产的知识、空间和社会溢出效益等因素。其次，与主要参与者协商，确定干预措施的优先次序，解决影响文化创意产业发展不同时期的关键制约因素，并确定干预措施的实施顺序。再次，建立各级政府、艺术家和文化机构代表、地方社区相关者的文化创意产业的沟通协调平台，提升刺激政策的精细程度。最后，建立各级政府协调干预机制，推动文化创意产业发展。

（三）加强文化创意知识产权保护，提升各方参与合作水平，增加文化创意产业投资

首先，政府可以带头制定和优化创意产业的监管框架。加强知识产权保护，提供劳动法规和财政支持，如补贴和税收减免。其次，加强各级政府、社区、文化机构、艺术家等参与者的密切合作，强化各参与者的交流沟通，建立合作平台，交流经验和资源，寻求提升文化创意产业的影响力。再次，推动地方政府、大学、文化机构等参与方形成密切的网络，加快文化资源向文化创意产业的转移速度。最后，加大文化创意产业的投资，促成文化创意数字化，加快文化创意产业的发展。

参考文献

UNSECO and the World Bank, "Cities Culture Creativity: Leveraging Culture and Creativity for Sustainable Urban Development and Inclusive Growth," May, 2021.

Comunian, Roberta and Lauren England, "Creative Clusters and the Evolution of Knowledgeand Skills: From Industrial to Creative Glassmaking," 2019 .

UNESCO and World Bank, "Culture in City Reconstruction and Recovery," 2018.

B.14

京都升级创意空间提升城市软实力*

刘玉博**

摘　要： 世界银行京都发展学习中心于2021年6月发布《创意京都：用创意促进城市竞争力提升和包容性城市更新》。本报告介绍了日本京都升级创意空间支撑创意产业发展的实践，以及相关支持政策。研究发现，为支持创意产业发展，京都政府特别强调打造催化剂、放大器和助推者三种角色的创意空间，不断丰富创意空间的工作内容，并对重大文创项目的开展进行战略性干预。与此同时，京都政府出台了包括财政政策在内的一系列配套政策以支持头部企业发展。在梳理日本京都创意空间和创意产业发展实践的基础上，对中国城市升级创意空间、发展创意产业，继而提升城市软实力提出了建议。

关键词： 创意空间　创意产业　城市软实力　京都

从全球范围看，创造性经济占世界经济总量的6.1%，提供了3000万个工作岗位，并有进一步发展壮大的趋势。2021年6月世界银行京都发展学习中心（World Bank Tokyo Development Learning Center）发布《创意京都：用创意促进城市竞争力提升和包容性城市更新》，对京都升级创意空间

---

* 本报告基于世界银行京都发展学习中心的《创意京都：用创意促进城市竞争力提升和包容性城市更新》开展介评，并对中国城市创意产业发展提出建议，特此致谢。

** 刘玉博，博士，上海社会科学院城市与人口发展研究所助理研究员，主要研究方向：城市经济、区域经济。

支撑创意产业发展，最终提升城市竞争力和包容性的实践进行了系统梳理。根据报告，京都创意企业占民营企业总数的16%～18%，在日本创意产业的发展中占有重要地位。2004年以来，京都创意空间和创意产业加速发展，形成了以京都站地区为核心的创意产业集聚高地。日本京都升级创意空间支撑创意产业发展的实践证明，创意不仅是城市发展的内容，还是促进当地经济和社会发展、提升城市软实力的重要策略，可为中国城市创意空间和创意产业的发展提供经验借鉴。

一　日本京都创意产业发展实践

（一）发展概况

在日本京都，创意企业数量占民营企业总数的16%～18%（行业平均比重为4.4%），并创造了10%～12%的就业岗位（行业平均比重为3.2%）。与其他地方的创意企业不同，日本京都的创意企业往往源自传统文化艺术，很多企业逐渐发展为世界知名企业，如任天堂（Nintendo）、京瓷（Kyocera）和欧姆龙（Omron）等。

随着创意经济发展，日本京都不断集聚着多元化的创意元素。其中，科研院所是最为重要的元素之一，如京都大学、立命馆大学、同志社大学等。正因如此，日本京都的学生数量占市民的比重高达10%。同时，京都的许多高校促进了当地初创企业生根发芽，这些初创企业在保护历史文化和促进传统产业升级迭代中发挥了重要作用。另外，由于汇集了诸多传统文化遗址，日本京都成为世界著名的旅游胜地，这反过来又进一步推动了京都创意产业的发展。据京都旅游局统计，1995～2018年，京都旅游人次由3534万人次增加至5275万人次，2018年京都旅游收入约为1.3万亿日元，折合123亿美元，创历史新高。

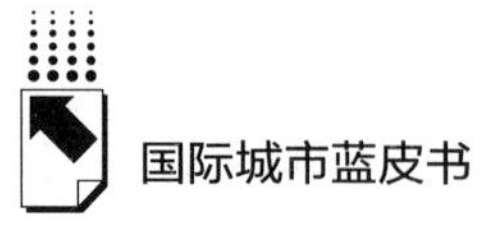

（二）日本京都站东部地区：典型创意社区的形成与发展

当前，日本京都形成了以京都站为核心的创意产业集群。其中京都站东部地区起步较早，发展更为成熟，成为京都创意产业和创意社区的典型代表区域（见图1）。

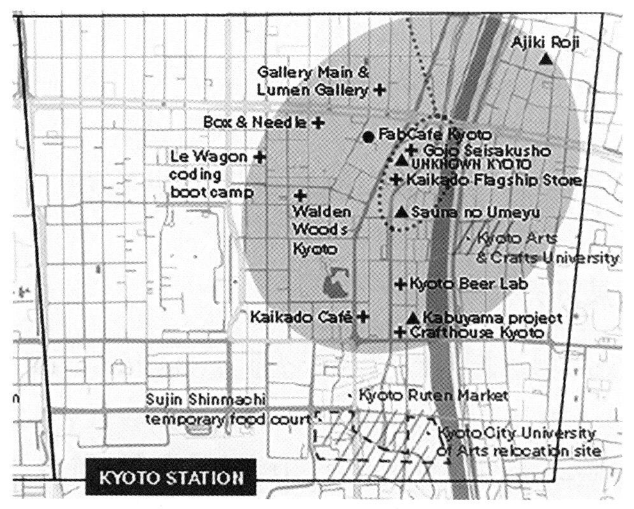

图1　日本京都站东部地区创意产业和创意社区分布情况

资料来源：世界银行数据。

2004年，日本京都站东部地区首个创意空间伴随日本名店Ajiki Roji的创立而出现。2008年国际金融危机以后，日本科技型初创企业在京都CBD区域不断集聚。一方面，随着这些科技型初创企业逐渐发展成熟，京都CBD区域的技术溢出效应不断增强；另一方面，企业集聚不断推高京都CBD房租，创意人才开始向周边低房租地区转移。

京都站东部地区具有房租较低、文艺氛围较浓的特点，且经济发展已具备一定的基础，因此迅速成为创意人才转移的目的地。尽管难以估计京都站东部地区创意城市转型带来的整体影响，但从房价上涨趋势可见一斑（见图2）。2010年以来，与京都CBD区域相比，京都站东部地区的房价更具有竞争力。2012～2019 年京都站东部地区房价上涨了 115%（CBD 区域上涨 130%），与京都平均房价相比，京都站东部地区房价上涨速度是京都平均房价上涨速度的 1.5 倍（CBD 区域为 1.8 倍）。

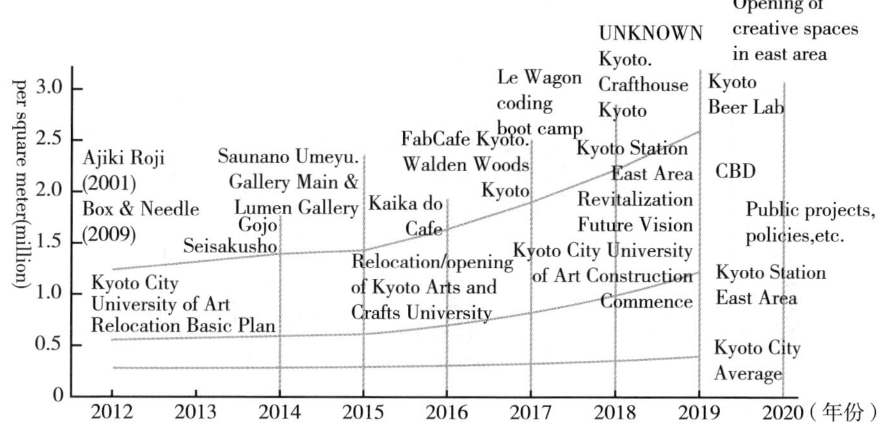

图 2　日本京都站东部地区房价走势与创意企业、公共政策执行年份

资料来源：世界银行数据库。

（三）日本京都站西部地区：正在崛起的创意社区

伴随京都站东部地区企业发展模式趋于成熟，房价上涨趋势日益明显，目前正处于转型发展道路上的京都站西部地区，开始展现其发展潜力。与十年前的京都站东部地区相比，目前京都站西部地区具备了更有竞争力的房价优势，加之公共交通系统的发展，为吸引创意企业提供了初始条件。图 3 绘制了京都站西部地区主要创意产业和创意社区的布局。

目前京都站西部地区的创意产业处于发展早期阶段。为了加快促进京都站西部地区的转型发展，京都市制定了相关的振兴计划。比如，在毗邻地区推进遗留船舶厂房的更新改造，使其成为京都研究园（Kyoto Research Park）这一类型的公共办公空间，以支持初创企业发展。又如，将日本旧铁路船坞改造为公园，增加社区的宜居性。

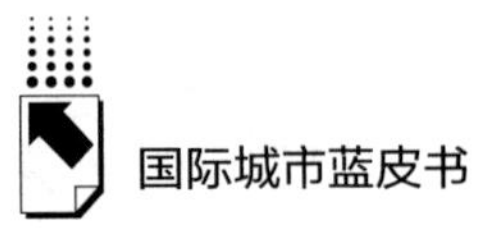

图3　日本京都站西部地区创意产业和创意社区分布情况

资料来源：世界银行数据。

近几年，特别是2019年在公园附近增设铁路站点后，各种类型的创意空间在京都站西部地区集聚，如两年前成立的“京都创意人工作室（Kyoto Makers Garage，KMG）”、2017年成立的Barbeque Court 339（BBQ 339），以及2019年开业的马多吉瓦（Madogiwa）共创空间咖啡馆和为艺术家提供住处的卡根酒店（Kaganhotel）等。其中，京都创意人工作室是京都站西部地区颇为典型的创意空间，作为共用办公室的工作空间而存在，它位于京都站西侧的京都中央批发市场附近，是经过翻新改装的闲置仓库，备有3D打印机和激光切割机，成功连接了国外技术和城市文化，对京都站西部地区创意产业的发展起到了关键的催化作用。

同样地，可以从房价走势一窥京都站西部地区创意社区的转型发展。2012～2019年，京都站西部地区的房价上涨33%（整个京都站地区平均房价上涨80%）。与京都站东部地区相比，西部地区房价走势一方面说明创意产业和房地产发展动态具有连续性，另一方面也印证了西部地区创意产业和创意社区仍处于初始发展阶段的事实。

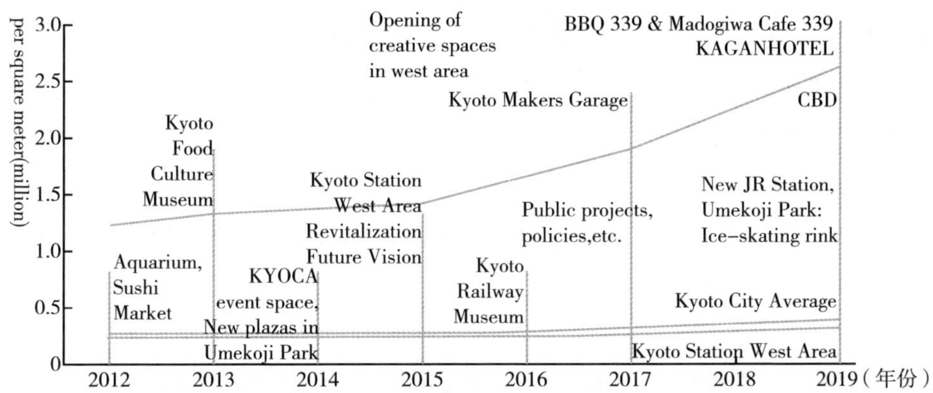

图 4　日本京都站西部地区房价走势与创意企业、公共政策执行年份

资料来源：世界银行数据库。

二　日本京都创意产业发展主要策略

（一）着重营造三种类别的创意空间

根据日本京都创意产业发展经验，创意空间对创意产业发展的支撑作用最为明显。因此，了解日本京都创意空间的运作模式、发展条件以及促使不同创意空间互动与合作的方式，尤为重要。

根据世界银行京都发展学习中心（World Bank Tokyo Development Learning Center，TDLC）的分析，在日本京都创意产业发展过程中，创意空间分别扮演了催化剂、放大器和助推者三种角色。其中，催化剂是对创意人才、创意企业等进行整合的组织，充当创意产业发展壮大的领导者和引路人。在京都站地区，全球知名企业 FabCafe 是创意企业和创意社区发展壮大的典型催化剂。FabCafe 不仅是咖啡屋，更是向公众开放的公共空间。伴随许多科技感十足的创意体验，如用 3D 打印技术制造人形棒棒糖，FabCafe 出现了日渐增多的年轻人和创意实践，成为全球知名的公共实验室。放大器是对传统艺术和文化进行创造性生产的个体或组织，使传统艺术和文化转化为创意资本。助推者是对传统商品和工艺品进行展销的场所，如咖啡馆、训练营或艺术画廊，尽管不直接参与创意产品生产，但营造了所在区域的创意氛围。在三种角色中，催化剂角色最为重要，是日本京都政府重点关注和提供政策支持的对象。

表 1 列出了日本京都站地区典型创意空间及其在创意产业发展过程中的相应角色。

表 1　日本京都站地区典型创意公共空间及其在创意产业发展中的角色

典型创意公共空间	主要服务内容	扮演角色	成立/迁入年份
Akiji Roji	混合	放大器	2004
Box &Needle	混合	助推者	2009
Gojo Seisa Kusho	手工制作	助推者	2014
Gallery Main & Lumen Gallery	画廊	助推者	2015
Sauna no Umeyu	水疗与养生	放大器	2015
Kaikado Cafe	咖啡店	助推者	2016
FabCafe	咖啡店	催化剂	2017
Walden Woods Kyoto	咖啡店	助推者	2017
Le Wagon Coding Boot Camp	编程培训	助推者	2018
Crafthouse Kyoto	手工体验	助推者	2019
Unknown Kyoto	混合	放大器	2019
Kyoto Beer Lab	啤酒屋	助推者	2020
Kabuyama Project	混合	助推者	2021

（二）不断演化丰富创意空间的工作内容

总结日本京都创意产业和创意空间发展实践，在三种主要角色的创意空间中，创意内容不断演化、丰富，推进创意文化产业发展壮大。

一是研究设计新产品和新工艺，或对传统产品和工艺进行更新改造，以满足不断发展的市场需求。二是提供与创意产品相关的知识和技能培训，特别是在设计、编码、艺术和创造技能方面的培训。三是增强与全球技术和网络的连接，如促进创意人才的国际化流动，或将国际元素本土化，以及打开创意产品的国际市场。四是营造创意文化氛围，包括开展创意产品展销活动、推广行为艺术、增进创意体验、促进技能交流，以及举办节日庆典等。五是设计与当地居民需求紧密连接的艺术活动，如农产品市场、老年讲习班等，鼓励当地居民的创业行为。

通过以上创意内容的不断深化，促进产业与技术转型、增强国际元素、营造创新氛围、建立群众艺术连接，逐渐实现城市物理空间转型，最终促成城市的再生与振兴。

（三）进行战略性干预并引导重大项目入驻

在京都站东部地区，如战略性引导京都艺术大学的重新选址、开设京都梅小路站（Umekoji Kyoto Nishi Station）、整修梅小路公园（Umekoji Park）等，以不断吸引创意元素来此集聚。以京都艺术大学选址为例，在京都站西部地区，根据2015年京都市发展规划，将实施批发市场振兴、大学校园选址、食品技术创造等大型城市项目。

（四）出台针对性强的创意产业支持政策

为消除创意企业和创意人才的后顾之忧，京都市出台了一系列配套政策，如宜居环境改造、传统文化和景观修复等（见表2）。特别地，京都市特别注重对头部企业提供必要且具有针对性的配套政策支持，如京都市与京都高级技术研究院（Advanced Science，Technology & Management Research Institute of KYOTO），以及达玛技术实验室（Darma Tech Labs）、京都研究园（Kyoto Research Park）等株式会社合作，共同开设了“京都创意人工作室”（Kyoto Makers Garage，KMG）。

表 2　日本京都近期执行的创意产业发展支持政策

政策目标	相关支持政策	政策影响
基础支持作用	● 京都市工业战略愿景(2016～2020) ● 京都文化艺术城市创作计划(2017) ● 京都市传统行业振兴计划(2017～2026)	保护创意文化,促进创意人才等要素集聚,实现协调发展
促进城市振兴	● 京都艺术大学搬迁基本计划(2015) ● 京都市整修梅小路公园的方法(2019)	提高社区的可达性、宜居性、便捷性,形成创意社区,促进城市振兴
支持头部企业	● 京都创意人工作室财政支持计划	为创意行业头部企业提供必要支持,扩大其对创意社区的正向影响

三　用创意提升中国城市软实力的几点启示

日本京都创意产业发展和演化规律表明，创意不仅仅是城市发展和功能完善的内容，还是提升城市软实力、城市包容性的重要战略。我国当前GDP 排名已居全球第二位，在物质条件不断提升的情况下，弘扬城市精神品格、提升城市软实力是中国城市特别是大城市今后一段时期重要的发展方向，也是更为艰巨的发展任务。日本京都创意城市转型发展实践为中国城市软实力的提升提供了重要的经验借鉴。

（一）重点打造“催化剂”类别的创意空间

在日本京都创意产业发展过程中，最重要的创意空间即为扮演“催化剂”角色的创意企业或组织。正如前文所述，催化剂是对创意人才、创意企业等进行整合的组织，充当创意产业发展壮大的领导者和引路人。在我国创意产业和创意社区转型发展中，应特别关注 FabCafe 类别创意空间催化剂角色的发挥。这类空间具备以下典型特征：一是拥有较为成熟的发展模式，即在全球范围内已形成较为稳定、持续的运营方案。二是成功连接国外技术和本地文化，即推进创意空间本土化，如日本京都 FabCafe 主办了“2021 创意周”活动，向公众展示了 Tango 地区丝绸制作工艺，同时促进了材料和产品生产商之间的全球对接。

（二）发展多种类别的创意空间，形成创意生态

作为日本京都创意产业集聚的典型空间，京都站东部地区集聚了咖啡馆、画廊、啤酒屋、手工体验、书店、培训、养生等创意空间，满足了不同类别的创意需求。从创意元素的类别来看，京都站地区主要集聚了科研院所类别的创意源、创意个体和组织等创意主体，孵化器和中介服务等创意平台，以及包括创业基金在内的创意资金，形成了创意产业生态闭环，促进了城市转型为创意社区。

（三）营造当地文化氛围和提升市民文化修养

文化氛围与市民文化修养和鉴赏力，对当地创意产业的发展具有至关重要的影响。创意文化氛围的营造是基于当地文化硬件设施，包括艺术馆、文化宫以及历史风貌地区，所展示出来的对创意活动的融合力与包容性。京都是日本传统文化的根源所在，古老的建筑市街、神社庙宇的群聚，是初创企业集聚的重要启动因素。创意产品展销活动、行为艺术、创意体验、技能交流，以及节日庆典，也对维持京都创意文化浓厚氛围起到了重要的推动作用。市民文化修养和鉴赏力，则为京都创意文化产业的发展提供了后续支撑。同时，日本京都创意设计产品与当地居民需求紧密连接，也鼓励了当地居民的创新创业行为。

（四）主动干预主要区域、关键项目的集聚过程

尽管日本京都创意元素主要基于市场原则进行集聚，但在主要区域和关键项目上，日本京都政府进行了战略性主动干预。由于创意产业主要集聚在公共交通发达、文化氛围浓厚、高度宜居的空间，日本京都政府在京都站附近开设了京都梅小路站、整修了梅小路公园，使创意产业和创意人才的集聚过程更加顺畅。在关键项目上，日本京都抓住了京都艺术大学选址的契机，

为其提供3.8万平方米的土地。该地块紧邻车站，直达Higashiyama传统社区，并鼓励京都艺术大学建设沿街透明工作坊、画廊和图书馆，以上一系列措施为当地城市创意转型发展注入了源动力。

（五）为头部创意企业提供良好的发展政策环境

日本京都政府为头部创意企业制定了一系列“量身定做”的产业支持方案，以提升头部企业在当地创意社区转型中的影响力。比如京都创意人工作室财政支持计划为创意行业头部企业提供必要的财政支持。在其他文件中，则解决了重点创意企业的“停车难”问题。根据这一启示，为促进中国城市创意产业集聚，可面对重点创意企业进行针对性的市场调研，了解创意产业发展特征，解决创意产业发展痛点，为创意企业发展消除后顾之忧。

参考文献

World Bank Tokyo Development Learning Center, “A Creative City Kyoto – Leveraging Creativity for City Competitiveness and Inclusive Urban Transformation,” https://documents.banquemondiale.org/fr/publication/documents-reports/documentdetail/122251624900487141/kyoto-a-creative-city-leveraging-creativity-for-city-competitiveness-and-inclusive-urban-transformation, 2021.6.28.

意娜：《数字经济影响下的国际文化创意产业发展研究》，《中国人民大学学报》2020年第6期。

高晗、闫理坦：《中日文化创意产业国际竞争力比较分析——基于创意产品及服务贸易变化的新测度》，《现代日本经济》2017年第1期。

解学芳、李琳：《全球数字创意产业集聚的城市图谱与中国创新路径研究》，《同济大学学报》（社会科学版）2020年第5期。

B.15
伦敦利用文化创意产业推动城市疫后复苏*

李亚娟**

摘　要： 新冠肺炎疫情给世界范围内的城市发展带来严重冲击与挑战，作为国际级大都市的伦敦受到的影响更大。为推动城市复苏，伦敦成立了以市长为主席的文化与商业专门工作组，致力于调查如何以文化创意产业推动城市复苏。伦敦明确了五个优先发展领域，包括保持文化创意产业的可持续性发展及投资稳定、确保城市空间的安全、加强专业技能及培养专门人才、加快文化创意产业数字转型、增强文化创意产业的国际联系。我国大型城市应深刻认识到文化创意产业在中国城市新发展阶段中的重要地位，加速文化与产业的业态融合，创新文化创意产业发展模式，构建多维有效的数据平台，打造旗舰文创活动，积极参与国际交往。

关键词： 伦敦　文化创意　商业　城市复苏

受新冠肺炎疫情影响，包括伦敦在内的世界各地城市正面临新的挑战。新冠肺炎疫情冲击并颠覆了许多既有的商业模式，严重限制了文化和创意部

---

* 本报告基于《文化与商业：推动创意更新》（Culture and Commerce：Fuelling Creative Renewal）的调查报告开展介评，并就其对中国城市的参考借鉴意义予以研究分析，特此感谢。

** 李亚娟，中国浦东干部学院教学研究部副教授，主要研究方向：城市文化、公共管理。

门的活动，只有能够适应且塑造新环境的城市才会重新繁荣。近期，伦敦以“全球英国——新未来”为愿景，制定了全新发展规划，旨在通过贸易、创新和文化建立联系。其中包括支持文化创意产业的发展，强调文化、创新与未来就业之间的联系，以确保城市形成强大且有弹性的经济体系。为此，以伦敦市长担任主席的文化与商业工作组，与伦敦市金融公司和伦敦“文化英里”创意园区合作，汇集了来自首都各地的领导团队，以应对新冠肺炎疫情暴发后伦敦以及伦敦的文化创意部门所面临的巨大挑战。专门工作组于2021年2月发布了题为《文化与商业：推动创意更新》（Culture and Commerce：Fuelling Creative Renewal）的调查报告，列举了新冠肺炎疫情对伦敦城市发展及相关产业带来的破坏，明确指出文化创意产业在伦敦城市复苏中的关键作用，并进一步提出了切实可行的优先行动方案。该报告可视为以文化创意产业推动城市复苏的伦敦方案，能为我国城市发展文化创意产业带来借鉴和启示。

一　新冠肺炎疫情对伦敦城市发展的冲击和挑战

伦敦的文化与商业发展专门工作组调查指出，新冠肺炎疫情改变了人们的行为方式。比如，宅居现象日渐盛行，特别是知识型员工发现在家工作效率更高，他们花在大型会议上的时间较之前减少了12%，而由个人自由选择的活动则增加了50%。由于人们行为方式的转变，叠加失业现象加剧，伦敦成为英国城市中人群流动最慢的城市之一，不到疫情前水平的三分之一（29%），工人的步行量更低，仅为疫情前的九分之一（11%）。

更为严重的是，疫情已使英国的创意产业处于崩溃的边缘。2020年8月的预测估计，当年英国创意产业受到的冲击将是整体经济的两倍，增加值（GVA）缺口为290亿英镑；截至年底，将有122000名永久性创意工人被裁员，287000个创意自由职业者需要重新规划职业。而伦敦预计将占上述290亿英镑缺口的一半以上（51%），增加值（GVA）下降148亿英镑，失业人数超过110000人，占总失业人数的1/4以上。此外，预计还将有82000名工人失去在英国东南部创意产业中的工作。而最近的研究表明，在封锁开始后的六个月内，整个创意产业的工作时间大幅减少；2020年12月，周末的活动量不到封锁前的一半（46%）。音乐、表演和视觉艺术领域有55000人失业（下降30%）。

在旅游业方面，英国的研究机构预测，截至2020年12月11日，当年英国入境旅游人次将下降76%，达到970万人次；支出将下降80%，达到57亿英镑，与新冠肺炎疫情暴发前预计的3230万人次和247亿英镑的支出相比，损失巨大。英国2021年入境旅游人次预计为1690万人次，比2020年增长73%，但仅为2019年的41%；入境游客将消费90亿英镑，较2020年增长59%，但仅为2019年的32%。旅游业的衰退对伦敦的冲击更大，旅游业拥有首都1/6的就业岗位（70万名工人），占首都GDP的11.6%。在疫情暴发前，伦敦金融城每年接待游客2100万人次，消费21亿英镑，支撑了1800家企业和20000个工作岗位。但仅在2020年8月，伦敦金融城景点的游客人次就下降了86%。最新预测显示，在2024年之前，伦敦的国际游客人次都不太可能恢复到疫情前的水平，这使得伦敦成为受疫情影响最严重的欧洲城市之一。

二　文化创意产业在伦敦城市发展中的作用

毋庸置疑的是，在新冠肺炎疫情之前，世界领先的创意产业是伦敦和英国经济的重要组成部分。数据显示，2019年4月，伦敦的艺术和文化产业增加值为3.9亿英镑，每年为英国经济贡献108亿英镑的税收收入，贡献28亿英镑的财政收入，并提供了363700个工作岗位。2009~2016年，伦敦艺术和文化产业的生产率高于整个经济体，艺术和文化产业的人均增加值为62000英镑，高于英国平均水平46800英镑。

新冠肺炎疫情之前，英国文化创意产业增长速度是经济增长平均值的5倍，并雇用了200多万人，为经济贡献了1117亿英镑——超过了汽车、航空航天、生命科学和石油天然气行业的总和。在伦敦，文化创意产业创造了584亿英镑的增加值（GVA），创造了68.8万个就业岗位（占首都总就业人数的26%）。此外，对于文化创意产业中的每一个全职同等工作岗位，支持供应链中还将创造0.75个全职同等工作岗位。单单伦敦的文化基础设施就为各个供应链提供了总计203250个工作岗位。

由此可见，在创意供应链的各个环节都存在对文化创意产业的依赖。无论是私营、非政府组织还是非文化政府部门都一致认为，文化是城市成功的关键。比如，更加重视创造力的公司的财务表现比同行更好，将创造力融入员工队伍的企业更能从“创造性红利”中获益。最简单的例证就是，在办公室放置艺术品的行为可以提高17%的工作效率。而对泰晤士河南岸旅游经济的案例研究结果同样显示，文化发展推动了办公空间的增长，反映了文化对商业的吸引力。

文化创意产业是城市经济的重要组成部分，在使城市成为一个有吸引力的商业场所方面发挥着至关重要的作用。一个文化多元的城市能够促进创意、创新，并带来社会繁荣。文化创意产业将在伦敦的复苏中发挥巨大作用，不仅是恢复伦敦市中心增长引擎的关键，也是确保活力、创新的关键。世界领先的文化创意产业将有助于伦敦巩固其作为生活、工作、旅游和投资的最佳国际城市之一的地位。

三　伦敦发展文化创意产业的具体路径与方案

特别工作组认为文化创意产业将在加速伦敦经济复苏方面发挥关键作用，但文化和商业需要以新的方式进行合作，实现互利。为确保伦敦的创造力和竞争优势，特别工作组认为应该通过激活创意，让伦敦充满活力；促进文化和商业交流，实现文化和商业之间的技能和知识共享；发展创意企业中心，为跨部门创新提供空间。通过相关调研，特别工作组拟定了以下五个优先发展方案。

（一）保持文化创意产业的可持续性发展及投资稳定

新冠肺炎疫情造成社交距离的疏远和人气的减少，这使旧有商业模式崩溃。传统的创意产业市场渠道消失，企业被迫转向完全陌生的经营方式，即直接面向消费者，而不是以前通过中介的方式。更为重要的是，公众及各行业充分认识到文化的价值，对伦敦创意产业的乘数效应理解有限，进而造成文化创意产业部门获得资金（包括私人捐助和慈善基金）的机会有限。随之而来的是对自由职业者缺乏支持，导致其工作环境渐趋严峻，跨地区的合作日益减少。因此，文化创意部门需要更好地展示其多维价值、投资回报、乘数效应，促进各方对文创产业有更深刻的理解。通过开展“伦敦创意人活动”（Creatives for London），聘请艺术家和创意人员作为城市更新项目团队成员；配合伦敦金融城拟议的“重返工作场所”运动，在伦敦各区开展丰富多彩的创意活动以吸引观众走出家门；努力增加就业机会和开拓新市场；积极拓宽融资渠道，将投资者、慈善家与寻求支持的计划联系起来。譬如，可以通过经纪系统或投资峰会来确保双方的良好沟通；通过专门论坛建立自由职业者网络，分享需求并与雇主建立有效连接。

（二）确保城市空间的安全

新冠肺炎疫情对城市空间的使用产生重大影响，以致需要重新调整空间用途，以便最大限度地合理利用现有建筑和设施。值得注意的是，伦敦在提供低成本创意工作区方面遭遇市场失灵，面临严重挑战。2017～2020年，伦敦有17%的创意工作空间被废置。为避免“甜甜圈效应”（伦敦外围行政区从新冠肺炎疫情限制措施中恢复得比市中心快，导致伦敦外围拥挤，市中心空无一人），伦敦需要吸引工人和游客回到市中心。在保持平衡的同时，支持新的地方主义，确保生态系统、活动和步履在伦敦所有地区都得到保留。这就需要加快改善城市的公共领域和市政设施，确保城市空间的安全、健康、友好和可持续性。此外，越来越多的创意企业正转向多地点工作模式，这就需要积极提供用途多样化的空间，使空间具有灵活性和适应性，以满足快速变化的需求，为跨部门合作提供机会。为此，伦敦需要大胆的发表声明，欢迎人们来到这座城市，改变人们在伦敦金融城的日常体验，减少恐惧感，培养归属感。文化创意部门可以与市政厅密切合作，共同设计解决方案，重新利用建筑内外空间。要充分认识到无障碍社交空间（Accessible Social Spaces）的重要性，通过“实验性举措”来促进创新。此外，还需要培育有效的生态系统，为公共场所的活动和表演配备技术基础设施，并为摄影、编辑和录音提供宽松、廉价的工作室和排练空间。在新冠肺炎疫情限制措施允许的范围内，在城市的街道、公共空间、商店橱窗和突出的大厅内针对城市工人、游客和居民策划创意活动，为创意从业者提供机会，使他们能够帮助塑造城市的公共空间。更为重要的是，搭建有关城市空间的业主、使用者和雇主的有效的数据平台，以提升城市空间的活跃度及利用率。

（三）加强专业技能，培养专门人才

新冠肺炎疫情后的世界需要文化和商业技能，尽管伦敦拥有丰富的创意资源和突出的文化优势，但缺乏联系意味着它们很难发挥最大效用。而随着许多人收入的下降和疫后工作竞争的加剧，伦敦有可能成为一个生活成本越来越高的地方。年轻的创意人无法在伦敦维持生计，无法找到工作，也无法获取成功所需的技能和人脉。为此，需要制定创意人才吸引方案，欢迎多样化的人才和创意企业家，并为他们的创业、适应和成长提供支持；特别是为年轻人提供在创意领域就业和创业的机会。更为重要的是，要在文化和商业之间制定一个互惠的学习计划，打破产业孤岛，鼓励创意和商业部门以较低的成本进行双向共享，以加强文化和商业之间的联系，培养不同层次的工作人员，促进代际交流。比如，文化从业者可以基于互利学习计划和体验，学习商业企业如何调整和践行业务规划。具体而言，可以开展创意交流，在伦敦金融城的实体“创意中心”，开展广泛的技能和知识共享活动，提供创意和商业部门之间的双向技能发展机会；特别是探索如何培养创意部门的商业敏锐性、企业部门的创意和创新行为，提高自由职业者的技能。通过“伦

敦创意技能 2021”（Creative Skills London 2021），包括创意理念资助、创意空间支持、创意赛事组织等活动，为有才华的年轻人提供进入创意行业工作的机会和途径。

（四）加快文化创意产业数字转型

新冠肺炎疫情导致整个创意部门对数字参与工具的使用大幅增加，但当前生活在伦敦的贫困人口中尚有一半未接入互联网。因此，数字加速并不一定意味着文化正在民主化。该行业的技术设备质量也存在巨大差异，这使得没有优质基础设施的公司很难具有竞争力。事实上，伦敦的数字化还没有完全普及，仍然只是创意行业一些人的副业。因此，需要积极探索如何使用数字技术最好地促进整个创意行业的快速再生，如票务创新、高质量广播、混合体验等。实际上，拥抱数字可以让创意人士接触到更广泛的国际受众。为此，需要制定整个组织的数字化战略，优化应急响应，建立伦敦数字人才库，鼓励文化创意人员学习数字专业知识，打造数字交付模式，推动数字内容货币化；加快数字基础设施建设，以便充分实现文化民主化，创造更加公平的竞争环境；通过投资提供高质量 5G 基础设施等环境，将伦敦文化创意园区——“平方英里”，打造成数字创意中心；聚集数字创意人才，为创意企业家提供服务；加强创意与科技部门之间的合作，制定创意技术（Createch）计划，通过开放创新挑战基金、黑客大会和数字创新展示会，探索数字创新如何加速艺术实践；通过数字技术加速创意产业发展进而提升伦敦的全球地位。

（五）增强文化创意产业的国际联系

英国丰富的文化、遗产在全球范围内受到赞赏和重视。节日和创意产业展示会等活动为其建立全球关系提供了重要平台，而这也是英国与关键国家发展双边关系的重要途径。工作组认为，更为重要的是，文化联系能够增进至关重要的信任和理解，共同创造的、享受的文化可以增进国家间的信任和理解，而信任是建立任何贸易关系的基础。深刻而长期的文化联系使各国能够不因地缘政治变化而降低信任。但国际旅行的减少、英国脱欧以及全球疫情影响，对伦敦在世界舞台上的持续成功带来挑战。来自阿姆斯特丹、里斯本和柏林等城市的竞争十分激烈，这些城市通过提供有吸引力的财政激励和可负担的工作场所来吸引国际创意人才。为此，英国必须在全球市场上大胆行动，加强国际联系，将所有国际关系视为通往其他国家的桥梁，这将有助于维护英国伦敦创意经济的国际市场。这就需要通过联合倡议和活动最大限度地利用资产和资源，需要利用海外机构的综合网络，与海外使团、国际贸易署（Department for International Trade）密切合作，将文化和商业结合起来，以伦敦为引擎，宣传英国。此外，由于传统的国际贸易“展示实力”的方法在英国脱欧后的世界越来越不合适，以致国际访问的模式需要更新。当然，国际联系需要形成双向交流的风气。建立联系的国际计划不仅需要在平等的基础上展现自己的文化，也需要展现其他国家的文化。为此，需要开展国际创意合作，将文化和商业结合在一起，创新国际交流模式，用创造性的方法共同探讨重大的全球问题。在国际旅行者需求升级的当下，文化和创意部门更需要举办富有想象力的旗舰活动，确保伦敦的旗舰活动在国际“必去”名单（must-go list）上，并探索 2022 年艺术节（the 2022 festival）如何更好讲述国家故事、伦敦时刻。

四　伦敦方案对于中国城市发展文化创意产业的启示

创意城市是城市发展的新形态，是城市发展转型的必然趋势。值得注意的是，世界上最大的 50 个城市人口总和只占全球总人口的 7%，却创造了全球 40% 的经济活动，贡献了超过 85% 的创新活动。创意城市就是要系统性地解决城市问题，利用文化和艺术力量结合创意方法，构建创意社会环境，营造创意社会氛围，吸引创意高素质人才，通过社会的包容性增长促进城市全面发展。中国的城市特别是大型城市同样应该注重以文化创意产业聚集新动能，推动城市高质量发展。以伦敦方案为鉴，可以得到以下启示。

（一）加强文化创意产业在城市发展中的战略规划与具体实施

当前我国已进入新的发展阶段，正在构建新发展格局，城市发展也正面临更大发展机遇。文化创意产业的发展需要因地制宜，发挥本地特色优势，进行基础调研和长远规划。中国的城市特别是特大型城市应该成立以城市主要领导者牵头的工作机构，联合具体行政部门、企事业团体、专家学者、文化自由职业者等，协商制定文化创意产业发展的长期规划及具体执行方案，切实发挥文化创意产业在中国城市新发展格局中的乘数效应。

（二）加速文化与产业的业态融合，创新文化创意产业发展模式

新冠肺炎疫情影响下，国际城市等级格局面临重大调整，人们的行为方式以及产业发展模式同样经历重大变革。后疫情时代，以“文化 +”激发城市活力，是构建现代城市核心竞争力、塑造城市文化品牌的有效途径。为此，应认真梳理新冠肺炎疫情给城市发展带来的新变化，确保城市空间安全，大力建构城市文化“韧性”；定期组织文创从业者与商业人士的“线上”“线下”聚会，创新文化创意产业发展模式；积极形成“文化 +”的发展聚焦、构建城市新动能、强化城市新基建、提升民众悦享指数、提升城市软实力。

（三）构建多维有效的数据平台，维持办公场地的高效利用以及知识的分享与技术提升

创意产业具有风险性和集聚性双重特性，需要在空间上形成集中平台，发挥产业规模效应、减少产业成本并提升流通效率。创意人才需要高品质的创意环境以激发非正规的创意社交，通过聚集的创意空间，以最小的经济社会成本换取最大的空间价值，通过创意空间改造，形成更为稳定的发展中心。为此，应在政府宏观政策引导下，完善数据平台，推动数据开放共享，推进基础设施数字化，不断提升“文化 +”平台覆盖能力，确保创意空间高效利用；组织文化科技企业、文化服务团体、金融机构、高校、科研院所

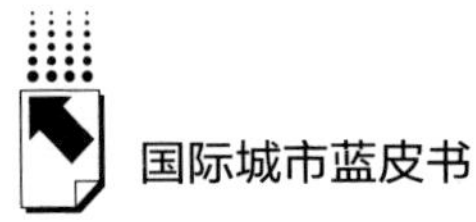

开展产学研对接活动，优化产学研合作模式，建立共享机制，搭建创新平台、培养专业人才。

（四）打造旗舰文创活动，积极参与国际交往

文化是流动的，文创活动最终要在城际交流、国际交往中呈现价值和地位。保持开放性能够避免创意城市不受城市边界禁锢，并使其充分适应复杂多元的国际环境。这与联合国教科文组织设立“创意城市网络”的意图相契合，即在推动各国创意城市交流的同时，致力于提高创意城市的开放程度。为此，需要强化高品质文化 IP 对城市发展的高端引领，深挖城市自身文化与特质，积极打造旗舰文创活动，让世界各地的人愿意来、待得住。实际上，一个真正开放的嘉年华活动，可以让城市各界的独特理念突破壁垒，共同参与城市的特定主题活动。这产生的成果既具有可读性、体验性、参与性，也具有很好的传播性，从而形成城市文化、商业繁盛相结合的综合效应，城市的软实力也因此得以提升。

参考文献

Culture &Commerce Taskforce, “Culture and Commerce: Fuelling Creative Renewal,” February, 2021.

〔美〕艾伦·J. 斯科特：《城市文化经济学》，董树宝、张宁译，中国人民大学出版社，2010。

〔美〕罗纳德·英格尔哈特：《现代化与后现代化：43 个国家的文化、经济与政治变迁》，严挺译，祁玲玲校，社会科学文献出版社，2013。

B.16

明尼阿波利斯以街区文化更新提升城市包容性*

赵 雨　邓智团**

摘　要： 美国明尼阿波利斯发布《第 38 街文化区繁荣规划》，以社区公平发展为中心，通过文化复兴、经济复兴和实现社区中低收入人群基本保障等方式，推动街区文化更新，从而提升城市包容性，实现包括低收入居民、有色人种社区、移民和其他少数群体在内的社区居民的共建共享和公平发展。该规划提出了五大实施策略及各项具体措施，围绕街区的文化属性和社区属性建设及融合展开多角度规划，实现街区文化多元性和城市包容性的更新与拓展，改变了传统历史文化街区建设中仅关注文化标识的保护及转化的片面做法。这种对于街区保护及开发的前瞻性思考对中国城市历史文化街区的规划及建设具有较大的启示作用。

关键词： 街区文化　城市包容性　明尼阿波利斯

美国明尼阿波利斯市基于本地非美国人奋斗历程，由 2020 年 5 月发生的弗洛伊德案件直接推动，于 2021 年 2 月出台了《第 38 街文化区繁荣规划》。该规划实施时间为 2021～2030 年，计划在 10 年时间内通过文化复兴、

---

* 本报告基于美国明尼阿波利斯的《第 38 街文化区繁荣规划》开展介评，并就其对中国城市的参考借鉴意义予以研究分析，特此感谢。

** 赵雨，上海社会科学院应用经济研究所博士研究生，主要研究方向：区域经济；邓智团，博士，上海社会科学院城市与人口发展研究所研究员，主要研究方向：城市经济、创新经济。

经济复兴等方式，保持第 38 街文化区的经济活力、创造性和承担应有的社会责任，反对流离失所、强调公平发展，加强在该地区生活和工作的人们的活力、韧性和伙伴关系。规划主要围绕五大领域展开行动：一是保护非裔美国人的遗产；二是提倡出台保护非裔美国人财富的政策；三是进一步加强对承担地区发展使命的企业和组织的支持；四是增加民众获得抗风险方案和教育机构的机会；五是增加政府投资并加快公共基础设施建设。该规划将通过对街区的文化更新推动社区和城市包容性提升，进一步强调街区建设的文化属性和社区属性，丰富街区规划建设的思考维度，对于我国城市历史文化街区的规划及建设有一定的参考借鉴价值。

一　“黑人命贵”运动与《第38街文化区繁荣规划》发布背景

明尼阿波利斯（Minneapolis）是美国明尼苏达州（Minnesota）最大的城市，位于该州东南部，横跨密西西比河，面积 151. 3 平方公里，市区人口 407207 人（2014 年），东与圣保罗毗邻，组成著名的“双子城”。

（一）城市发展的历史背景

明尼阿波利斯在历史上一直是少数但充满活力的非裔美国人的家园，从 20 世纪 30 年代到 70 年代，实现了一个非裔美国人社区在城市的南侧蓬勃发展。20 世纪早期至 60 年代，带有种族限制的房地产契约或种族契约制度持续实行，阻止非裔美国人在明尼阿波利斯的大部分地区购买住房和积累财富，并不断对黑人企业施加压力，让黑人房主流离失所，迫使黑人社区出现，并不断向明尼阿波利斯南部转移，最终形成了由 Central、Bryant 和 Regina 社区组成的“南区”（Southside），位于东 34 街和 46 街之间、Nicollet 大道到芝加哥大道之间。“南区”虽然一直被边缘化，但其内部是一个稳定的社区，居住着工薪阶层和中产阶级中的非裔美国人，许多人都拥有自己的房子，居民们与企业、教堂和社交俱乐部组成了一个紧密联系的社区。

社区中的第 38 街和第四大道是黑人商业区的中心，20 世纪 30 年代到 70 年代，这里有 20 多家黑人拥有的企业，其中大量的企业培育了社区中的黑人艺术家、文化和社会名人，第 38 街和芝加哥大道以众多的历史地标和象征黑人奋斗的“城市之魂”（Soul of the City）成为明尼苏达复兴规划（Minnesota Renaissance Initiative）的最重要组成部分。

（二）规划实施的现实原因

第 38 街在明尼阿波利斯市的历史上始终扮演着重要的角色。2020 年 5 月 25 日，在第 38 街和芝加哥大道的十字路口，乔治·弗洛伊德（George Floyd）死于四名前明尼阿波利斯警察之手。这场悲剧时刻提醒着第 38 街社区的居民，需要通过支持黑人企业拥有所有权，并为黑人和非裔青年创造就业培训项目和机会，强调黑人文化，维护非裔美国人在这个社区和其他地方的权益。由此，《第 38 街文化区繁荣规划》应运而生，并成为明尼阿波利斯 2040 综合规划（Minneapolis 2040 Comprehensive plan）中体现公平发展的最重要组成部分。

该规划致力于整合社区资源，通过文化复兴、经济复兴和实现社区中低收入人群基本保障等方式，实现包括低收入居民、有色人种社区、移民和其他少数群体在内的社区居民的共建共享和公平发展，恢复社区的地位及对地区新发展的贡献。因此，在规划的制定和实施中，由第 38 街文化区的居民、企业主、社区合作伙伴和政府官员共同参与，并与明尼阿波利斯市社区规划和经济发展部门合作推动。

二　《第38街文化区繁荣规划》的愿景与制定特点

（一）愿景与方向

《第 38 街文化区繁荣规划》的愿景是：第 38 街文化区的存在是为了延续一个非裔美国人社区的传统和遗产，通过保持区域的经济活力、创造性和

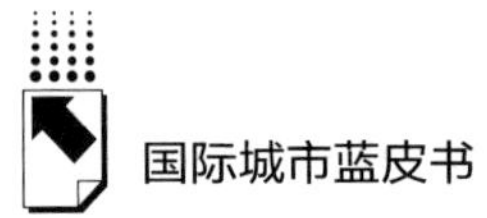

承担应有的社会责任，反对流离失所、强调公平发展，加强在该地区生活和工作的人们的活力、韧性和伙伴关系。这个规划作为第38街文化区的主要愿景文件，计划在2021～2030年对第38街区进行短、中、长期的规划改造，并与明尼苏达复兴规划和明尼阿波利斯2040综合规划的方向相契合，共同推动第38街文化区成为一个长期反映非裔美国人自省、学习、自我治愈和成长的标志性文化区。

（二）文化区的内涵

明尼阿波利斯市指定了6个商业区作为文化区，通过加速经济发展、优先发展公共交通、实行经济适用房政策来改善社区邻里关系，以保护种族多样性和提升城市社区的文化认同感，在这些社区中有很大一部分人口是黑人、土著和有色移民。

《第38街文化区繁荣规划》将通过详细的交通规划、经济发展规划、营销规划，基于街区本身的历史文化，推动社区和有色人种的社会地位提升，并通过文化和经济的全面繁荣，为社区注入持续的增长活力。

（三）规划的制定过程

《第38街文化区繁荣规划》起源于2015年由前8区议会通过的“东38街的未来”系列规划，维护非裔美国人的历史和社区所有权等，加强社区的连接。到2019年，8区议会与明尼阿波利斯市合作制定了《第38街文化区繁荣规划》，并在规划的制定过程中始终强调“公平发展”和“公平参与”。首先，社区为满足最普通社区居民的诉求，批准成立了一个由社区成员组成的规划委员会，以推动规划制定进程，参与并起草规划。其次，委员会举行会议，根据社区的优先事项，确定思路、策略和行动步骤。最后，通过社区聚会、多渠道调研，实现更广泛的社区接触，并获取意见，如举办“搭建桥梁和分享面包”晚宴、成立第38街设计工作坊等活动，鼓励社区居民分享家庭生活和对社区发展的想法。通过调查、在线资产地图和电子邮件等收集更广泛的社区意见，从而创建文化区的发展指南。

三　规划的五大实施策略及具体措施

规划确定了策略实施的五大范畴：①保护遗产，主要是保护非裔美国人的遗产；②提出倡议，主要是提倡出台保护非裔美国人财富的政策；③深化社区支持，进一步加强对承担地区发展使命的企业和组织的支持；④加强可得性，增加民众获得抗风险方案和教育机构的机会；⑤增加金融投资，增加政府投资并加快公共基础设施建设。在上述范畴中，确定了规划期内具体的目标及多项行动计划，每一项行动计划还包括时间框架、对社区发展的主要贡献、项目合作伙伴、项目考核指标、人财物力投入计划、已完成内容及项目的未来发展构想，切实保障了每一项行动计划均为可实施、可考核、可完成的项目规划。

（一）保护非裔美国人的遗产

该范畴实施策略的目标是：通过保护本地区的历史遗址、口述历史、视觉和表演艺术，讲述明尼阿波利斯非裔美国人的文化故事，识别第 38 街文化区的历史文化价值，并促进非裔美国人在经济、文化、社会等方面的自我身份认同。

具体措施包括：

（1）创建市级层面的文化区。通过市级文化区项目，直接利用明尼阿波利斯 2040 综合规划等指导社区发展。

（2）重新命名街道以纪念社区活动家和领袖。第 38 街和第四大道的拐角处曾经是明尼阿波利斯许多有影响力的非裔美国人企业主、社区活动家和公民领袖的故土，2019 年 11 月 8 日，社区以克拉丽莎·罗杰斯·沃克（Clarissa Rogers Walker）和劳纳·纽曼（Launa Q. Newman）的名字重新命名了两条街道，以纪念这些人对“南区”社区和明尼阿波利斯市做出的巨大贡献。

（3）举办独特的社区艺术和文化活动。艺术和文化活动是社区生活的重要组成部分，它能增强社区居民的文化归属，加强邻里之间的联系。第

38 街独特的标志性艺术活动也是代表和宣传第 38 街文化区的最佳方式，有利于吸引游客和投资。例如，共进晚餐（Building Bridges and Breaking Bread Dinner）活动、第 38 街美食之旅和爵士音乐节（38th Street Culinary Tour & Jazz Festival）。

（4）创建明尼苏达州非裔美国人遗产博物馆和画廊。明尼苏达州非裔美国人遗产博物馆和画廊（MAAHMG）由当地居民创建，目的是保存、记录非裔美国人在明尼苏达州的成就、贡献和经验。项目通过展览、研讨会等活动，宣传社区的历史、文化、艺术，增强社区居民的文化归属感。

（二）提倡出台保护非裔美国人财富的政策

该范畴实施策略的目标是：改善明尼阿波利斯财富分配不均的现状，尤其是非裔美国人的财富与白人财富对比失衡的局面，推动保护非裔美国人的财富的政策出台，以减小系统性不平等的影响，为社会的健康发展增加代际流动性。

具体措施包括：

（1）推动公平发展项目实施，并实现公平审查以保障项目切实造福社区。明尼阿波利斯市采取了包容性分区及经济适用性住房政策来支持公平发展，通过成立保障性住房（NOAH）保护基金，帮助符合条件的购房者在租金上涨的风险下获得 NOAH 租赁房产，以保护那些有非自愿搬迁风险的低收入租户利益，并拨款 4000 万美元为保障性住房提供资金。对 2019 年城市预算中的项目，实施公平审查问责制，确保项目真正造福社区并形成全市统一的评估标准。

（2）建立黑人遗产土地信托。非裔美国家庭继承财富的可能性是白人家庭的 1/5。这导致黑人后代在教育保障、生活保障及开办企业方面的发展机会有限。建立黑人遗产土地信托（BHLT）将帮助非裔美国居民和企业主拥有住房和商业空间，BHLT 作为土地的社区管理者将基于房屋所有权提供帮助，保障该地区非裔美国家庭和企业的经济安全。

（3）克拉丽莎·沃克的购房俱乐部（Walker HBC）。俱乐部将帮助社区的中低收入居民购买本区住房，通过一对一咨询、购房者教育、信用修复、资本储蓄、财务扫盲课程等对购房者提供服务。

（4）推出“扎根”房地产项目。通过租金减免和财政补贴等方式，减缓租金上涨带来的压力，帮助社区居住者留在社区。明尼阿波利斯市推出4d经济适用房激励计划，鼓励经济适用房的开发和建造，并通过延期维修贷款、税收减免等方式保证社区居民“住有所居”。

（5）租户的保护政策。社区持续倡导保护租户权益，改善出租房屋居住条件。明尼阿波利斯市已于2019年通过了《承租人保护条例》《出售通知条例》《承租人优先住房政策》《承租人重新安置援助条例》，并在《承租人购买机会法案》方面取得了进展。

（三）加强对承担地区发展使命的企业和组织的支持

该范畴实施策略的目标是：延续第38街文化区的创业文化，促进小企业发展，帮助其发展成为更好的社区领袖和企业所有者，并继续提升其在第38街文化区的社会影响力。

具体措施包括：

（1）业务发展和技术援助。明尼阿波利斯市制定了商业技术援助计划（B－TAP），为该市的中小企业提供企业开办、人力资源、法律支持、簿记、税务准备、保险选择、营销计划、竞争、运营等咨询支持。

（2）社区所有权。在第38街文化区成立社区发展公司（CDC），在社区中组建CDC董事会，代表社区利益参与、指导和投资本社区内经济适用房的开发项目，对本地区未来的发展规划、项目活动及其他治理责任等事项进行决策。

（3）中小企业救助计划。针对一些代表和融入了第38街文化风格属性的小型企业因租金上涨等原因被迫关闭的情况开展救助，倡导保护商业租户，实行商业地产税收减免政策，改善商业和办公场所工作条件。

（4）创建第38街商业协会。吸引客户和新的商业投资者，鼓励本社区企业共享资源，相互参与并建立关系，保持社区内的经济活力，并与明尼阿

波利斯其他地区展开竞争。如创建以社区为基础的家庭式咖啡馆，实现社区内各类人群的信息交流与工作机会共享。

（5）开展活动营销，实施品牌战略。通过营销活动打造第38街文化区品牌，创建品牌标志、网站并讲述第38街的历史文化。在实现整个社区共同参与的同时，邀请游客形成对文化街区的积极看法。

（四）增加民众获得抗风险方案和教育机构的机会

该范畴实施策略的目标是：持续保持第38街文化区的韧性，强化对可持续项目的获取，增强解决经济下行、自然灾害、健康保障和住房等问题的能力。与社区内外的教育机构建立支持性伙伴关系，使本区居民和企业主能够在社区内持续成长。

具体措施包括：

（1）萨巴塔尼（Sabathani）社区中心改造。萨巴塔尼社区中心自1996年以来一直是第38街文化区的一项重要的文化资产，通过对其进行投资和软硬件设施翻新升级，改善社区活动和邻里互助空间。

（2）创建弹性中心。集合Sabathani和Kente Circle等社区中心资源，创建一个弹性中心，以应对本社区气候变化、停电、疫情、火灾或其他人为灾害造成的创伤、干扰、冲击，提供当地应急管理和机动服务。

（3）建立教育伙伴关系。第38街文化区通过持续与正规院校、非传统及非营利机构建立教育伙伴关系，为社区居民提供工作培训、课后活动，为社区居民提供社区志愿者工作。

（4）健康影响评估。为应对新冠肺炎疫情，开展健康影响评估（HIA），全面处理包括影响人们健康的经济、政治、社会、心理和环境等问题。并基于健康影响评估筛选社区发展建议，以确保健康影响在项目的设计、建造和/或规划中被考虑。

（五）增加政府投资并加快公共基础设施建设

该范畴实施策略的目标是：基于文化区的发展诉求和社区居民的日常生

活需求，建设相匹配的功能良好的基础设施，并为社区吸引新的投资和促进经济增长。在城市预算持续紧缩的情况下，积极对接政府援助及符合要求的金融机构赠款项目。

具体措施包括：

（1）创建文化区基本建设基金。利用股权从其他机构寻求额外资本，主要来源包括：明尼阿波利斯市、亨内平县、当地银行、金融机构、基金会和大学。该基金由社区发展公司进行统筹安排，可用于社区内基础设施建设的集体投资，及向社区居民和企业主提供低利率的建设贷款。

（2）建立金融伙伴关系。为了增强社区经济的自给自足能力，第38街文化区积极与明尼阿波利斯市政府合作，并与当地银行、私营企业、信用贷款公司、大学、慈善基金会及宗教组织建立伙伴关系，以减少文化复兴计划对政府资金的依赖。

（3）公共基础设施改善。与明尼阿波利斯市公共工程部（Department of Public Works）合作，从道路、人行道、自行车道、路灯及街景美化等方面完成第38街文化区基础设施改造，打造与文化区相匹配的社区应用场景。

同时，基于乔治·弗洛伊德谋杀案，推动第38街与芝加哥大道交叉口的乔治·弗洛伊德广场建设，强化其周边的交通通达性、安保维护、应急处理功能及广场自身的文化属性和纪念价值。进一步推动第38街文化区在短期（1~3年）、中期（4~6年）、长期（7~10年）实现基础设施升级、艺术创作与文化内涵的丰富、社区服务与整体商业体系的全面提升。

四　政策启示

明尼阿波利斯的《第38街文化区繁荣规划》改变了传统历史文化街区建设中仅关注文化标识的保护及转化的片面做法，强调街区文化繁荣与社区建设的一体化，实现了文化区建设的内涵与外延的丰富与拓展，并围绕文化区的文化属性和社区属性建设及融合展开多角度规划。这种对于文化区保护及开发的前瞻性思考对我国城市历史文化街区的规划及建设具有较大的启示作用。

（一）文化属性的“强化”与“活化”

文化属性是历史文化街区的根本属性，丰富的文化标识、文化场景营造是历史文化街区的基本元素。明尼阿波利斯的《第 38 街文化区繁荣规划》充分研究了所属文化区的历史，挖掘了其作为非裔美国人奋斗的“城市之魂”的重要文化价值。

1. 拓展文化资产识别及保护的渠道

通过对与这一价值内核相关联的历史名人、文化艺术活动、文化纪念场所的宣传展示，强化街区文化属性，从而增强社区居民的文化归属感及对外来游客和投资的吸引力。通过提升文化区的建设和保护级别，使文化区建设方向与社区发展方向、全市和全州的城市建设方向相统一，拓展文化资产识别及保护的渠道。在我国当前的历史文化街区建设中，主要的文化标识转化及活化仍旧停留在艺术处理、文创产品开发及新媒体技术呈现手段的突破上，对于文化街区的文化价值挖掘不足。未来需要从历史人物、文化艺术、民俗风俗等多角度、多层次挖掘和展现历史文化街区的价值内核。

2. 重视社区整体文化氛围的营造

围绕非裔美国人奋斗的文化价值内核，规划进一步通过社区功能升级及居民和企业主受教育环境的优化来实现对第 38 街文化区韧性的现代演绎和价值活化。在我国当前的历史文化街区规划虽然也强调空间中人、物与环境的三位一体，但对社区中邻里互动空间的拓展不足，对历史文化街区应急管理功能的重视程度不足，对提升街区居民整体受教育程度和文化素质的关注度不足，从而导致历史文化街区的商业化与文化、生活化错位。因此，历史文化街区的建设在硬件上达到一定水平后，要特别注重街区软实力的培养和整体文化氛围的营造。

（二）社区属性的“强化”与“转化”

社区属性是当前我国历史文化街区建设中相对忽视的属性，它是历史文化街区建设中的重要支撑。社区属性不仅强调了规划的空间概念，更从城市经济社会发展的角度丰富了历史文化街区的价值。

1. 强调社区居民参与及服务社区的规划理念

《第38街文化区繁荣规划》从规划制定到实施过程均体现了社区居民公平参与及服务社区、公平发展的理念。在规划制定之初，社区成员组成规划委员会，并通过举行大规模的社区聚会和在线调查等，更广泛的实行社区接触。通过社区发展公司（CDC）的管理，实行社区内经济适用房、租金减免等政策，实现规划开发项目服务社区。在我国当前“以人为本”“人民城市”的城市发展理念下，历史文化街区的发展应进一步关注街区本身的社区属性，实现历史文化街区建设真正向社区下沉，解决街区发展中的痛点和难点。

2. 重视地区文化建设主体的自身发展

《第38街文化区繁荣规划》从根本上意识到了文化区“奋斗与韧性”价值的主要承载对象和文化塑造的建设主体是本区中小企业和企业所有者，因此，采取了商业技术援助、中小企业救助、成立商业协会、打造文化区整体商业文化品牌等措施，以营造本区的创业文化氛围，提升文化区的社会影响力。目前，随着我国“放管服”改革和营商环境的不断改善，历史文化街区中的企业发展环境逐渐优化，但相比其他国际城市，在民间组织和街区内企业活力与凝聚力上仍相对不足，街区的商业文化品牌整体打造存在一定难度。未来要持续提升街区中企业主体与本地区文化氛围的匹配度，并通过良好的社区发展、商业氛围，吸引优秀企业主体进驻，实现历史文化街区文化属性和社区属性的持续转化。

（三）文化属性与社区属性融合发展

良好的文化区发展一定是文化属性与社区属性的共振发展及相互融合，两者形成了内在逻辑的统一和外在内容的相互支撑。《第38街文化区繁荣规划》较好地体现了文化属性与社区属性的融合发展，其注重文化发展对社区内在发展和整体影响力的提升，并注重社区的可持续发展对文化价值的支撑。

1. 注重文化与社区发展的内在关联

《第 38 街文化区繁荣规划》提倡出台保护非裔美国人财富的政策，并通过成立黑人遗产土地信托、买房俱乐部、4d 经济适用房激励计划和租户保护政策，推动社区内非裔美国人的发展，进而实现文化区“公平发展”，满足非裔美国人历史文化诉求。在我国历史文化街区的规划中，由于对文化价值内核的挖掘不足，很难实现文化与社区发展的有效连接和良性互动。不过，随着历史文化街区规划建设方案的逐渐成熟和对社区属性的关注回归，两者之间的内在关联有望建立。

2. 注重构建可持续性的支撑系统

功能良好的基础设施将促进文化区的文化氛围营造，并满足社区居民的日常生活需求。《第 38 街文化区繁荣规划》认识到了城市预算持续紧缩的客观事实，并通过与符合要求的民间资本建立金融伙伴关系实现社区自给自足的经济支持，支撑基础设施建设和文化发展。近年来，我国在历史文化街区建设中逐渐引入了 PPP 模式，实现政府与企业共同开发，但在融资渠道上较其他国际城市还相对单一，有待进一步探索。

参考文献

"Minneapolis – 38th Street Thrive Strategic Development Plan," February 2021.

孙菲：《从空间生产到空间体验：历史文化街区更新的逻辑考察》，《东岳论丛》2020 年第 7 期。

肖竞、李和平、曹珂：《价值导引的历史文化街区保护与发展》，《城市发展研究》2019 年第 4 期。

城市生态篇

Urban Ecology

B.17
世界经济论坛“净零碳城市”方案提升城市脱碳系统效率*

陶希东　赵亭亭**

摘　要： 在全球碳中和的大背景下，城市的脱碳和可持续发展被赋予了更深刻的内涵和使命。2020 年，施耐德电气和意大利国家电力公司（Enel）在世界经济论坛（WEF）上共同发布了《净零碳城市：综合方法》，提出要以“全系统节能增效”逐步实现“净零碳城市”目标，这为加快全球城市脱碳进程、增强城市韧性提供了可能。方案具体包括超高效建筑、智能能源基础设施、清洁电气化、紧凑型城市，以及针对水、废物和材料的循环经济方法。本报告将对该方案的核心要义做出分析，并探索该方案对中

* 本报告基于《净零碳城市：综合方法》（Net Zero Carbon Cities：An Integrated Approach）开展介评，并就其对中国城市的参考借鉴意义予以研究分析，特此感谢。

** 陶希东，博士，上海社会科学院社会学研究所研究员，主要研究方向：社会治理、城市管理；赵亭亭，上海零点市场调研有限公司研究员。

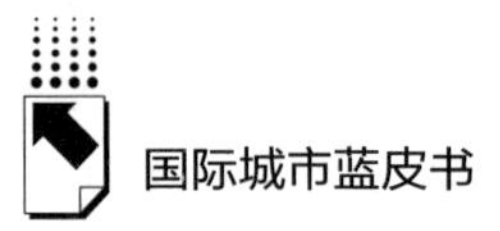

国2060年实现“碳中和”的启示。

关键词： 碳中和　净零碳城市　城市脱碳

当前，虽然我国人均碳排放水平不及美国的50%，但人口大国、制造业大国、进出口大国等因素已然将中国塑造成一个年总量超过100亿吨的世界第一碳排放大国，同时伴随着城市化的快速发展，城市人口占比继续攀升，城市的基础设施、交通、建筑等领域势必会快速发展，产生更高的能源消耗和碳排放。为此，在世界经济论坛发布《净零碳城市：综合方法》的同一年，习近平总主席在第七十五届联合国大会一般性辩论会上郑重提出中国“二氧化碳排放力争于2030年前达到峰值，努力争取2060年前实现碳中和”的目标，这意味着我国将在尚未完成现代化进程的背景下，自主推进碳中和发展进程，为全球贡献大量的碳空间。

践行碳中和使命，关键在于切实推进城市各个碳排放领域的低碳发展，而《净零碳城市：综合方法》提出的系统性、综合性解决方案，被界定为“系统效率”综合能源办法，即通过采取整体方法，解决当前的环境、经济、卫生和社会危机，帮助城市增强复原力。

一　实施净零碳城市“系统效率”的基本依据

（一）提高能源生产力

在提高建筑效率方面，重点关注低收入家庭、社区和商业地产，加强对智能改造和可再生能源项目的支持；在智能、高效电器方面，增加空调等智能、高效电器的部署；在分布式太阳能和仪表式电池方面，分布式太阳能与小型电池相结合，最大限度满足企业、家庭的电力需求，从而减少传输和分配系统的损失。

（二）交通电气化

在政策制定方面，打造清洁空气区、逐步淘汰内燃机车辆和提高车辆排放标准；建立跨行业联盟，发挥协同作用；鼓励电子移动和公用事业单位投资电动汽车基础设施和智能充电；规划配置电动汽车充电桩；通过有效的价格信号调节供求关系。在财政扶持方面，通过补贴、共同融资，推动社会的BEV（电动汽车）和充电桩部署。在技术开发方面，推出智能充电器与实行具有V2G/V2H/V2B功能的动态定价机制。

（三）限制化石燃料的使用

在区域供暖和冷却方面，使用地下绝缘热水或冷水管道网络，为一个地区内的多个建筑物提供服务，在供暖、冷却、家用/工业热水和电力供应方面产生协同作用。在供暖的电气化方面，灵活使用热泵，调整热泵的动态定价。

（四）需求优化和能源灵活性

一是根据使用时间和需求进行动态定价，提高客户的参与度，进一步增加风能和太阳能的使用，为客户节省资金。二是创建新的激励方案，鼓励DER（分散式能源资源）的聚合，以提供峰值负载和堵塞管理以及电压支持服务。

二　对中国大城市住房问题的启示

（一）超高效建筑

建筑物是实现碳中和的核心，全球建筑物约占温室气体排放量的40%，其中30%来自建筑作业，10%来自建筑材料。目前减少建筑物温室气体排放的主要方法集中在个别建筑物上，缺乏全系统的综合战略。超高效建筑将高性能和低碳的建筑材料与电力系统、分布式能源和智能管理系统相结合，以最大限度地提高效率。高效、清洁电气化、积极的能源管理、集成设计和数字技术将会显著降低建筑的能耗和排放，但对于新兴国家和发达国家来说，实现路径有所不同，新兴国家主要发力点在于新建筑的开发，而在发达国家，新的开发和已有建筑物的改造都是必不可少的。

（二）智能能源基础设施

智能能源基础设施包括高效、安全的配电电网，以及智能电表和电子移动充电站，它是城市运行的基础，没有能源基础设施就没有电信、废水处理和电力运输等，因此基础设施的现代化是推动实现净零碳的重要途径。但目前的能源基础设施是几十年前基于集中式电力系统开发的，而不是为一个基于大量可再生能源的日益分散和数字化的系统开发的。因此，需要加大政策和监管力度，加速现代基础设施系统的改造，适当鼓励投资智能基础设施。

（三）清洁电气化

目前城市消耗的大部分能源来自化石燃料，这些燃料的利用率很低，尤其是在加热和运输时。如今，可再生能源为城市供电提供了可能，但要扩大可再生能源的规模，建立或加强电网以适应电气化，这两种方式都需要一定的投资。清洁电气化是以零碳能源为支持的电力（如风能和太阳能），如果清洁电气化，未来运输、供暖和制冷、照明和家用电器都可以基于清洁的电力运行。

（四）紧凑型城市

紧凑型城市是指建筑环境的物理特征，包括居住区、（输电线路、天然气管道等）系统的形状、大小、密度和配置。高效的城市将会促进城市每个系统的低碳化，紧凑的、联系的、清洁的城市比扩张型城市能够节约更多的土地、材料和能源。同样的，无论是地区供暖和制冷还是地铁系统，更高的建筑密度使得基础设施的经济投入更少。例如，斯德哥尔摩和匹兹堡的人口规模相似，但匹兹堡使用的土地面积约是斯德哥尔摩的五倍，人均排放量超过五倍。同时，斯德哥尔摩被公认为高质量的生活和繁荣、包容的经济，部分原因是其紧凑、相互联系的城市形态。

表 1　实施“系统效率”的四项具体措施

项目	整合技术	扶持政策
超高效建筑	①室内充电桩可以通过建筑物屋顶的太阳能等分布式能源充电 ②通过需求整合和管理系统，灵活提供（输电线路、天然气管道等）系统和其他服务 ③与当地的可再生能源社区共享电力	①监测现有建筑的使用寿命，根据需求，要求业主使用电气化改造或集成系统 ②严格规范新建筑建设标准，例如，要求使用生命周期评估，设定减排目标；建设高效的、可与外部可再生能源以及智能电子移动基础设施实现交互的建筑
智能能源基础设施	①加大输电和配电网络投资，同时利用技术提高电网备用容量，解决堵塞问题 ②布局先进的计量基础设施，整合电力、燃气和水表读数，结合路灯、废物管理和停车数据以及其他物联网的应用，进一步提高数据的可应用性 ③布局更多的充电基础设施	①确定具有短期、中期和长期目标的实施路线图，并纳入政府规划 ②促进能源获取的公平 ③做好数据管理和利用工作 ④重新制定监管制度，改变规则，为网络运营商创造新的角色，创新并充分整合分散的能源资源
清洁电气化	①建筑业的电气化，该技术集中了设备需求，使用一个系统，简化了电网集成，降低了施工成本，并避免了双基础设施的安装和维护 ②交通行业的电气化，电动汽车和电动公交车可以使用实时智能管理技术，减少电池消耗；智能充电还可以为电网和建筑业提供存储容量和服务，从而节省系统成本	①能源政策应促进系统层面的清洁电气化，例如，政策应支持集成的加热和冷却系统，以满足基本需求和在极端天气条件下的需求 ②政策需要解决使用热泵方面的技能障碍，使人们更了解低碳供暖，并为热泵安装人员提供培训方案 ③实施能源税和对热泵的前期补贴改革
紧凑型城市	①制定具有可持续性的交通和土地使用规划，而非一味地向郊区扩张 ②打造 15～20 分钟社区，减少个人车辆的使用	①制定政策，使开发人员在建筑类型、大小和使用方面具有一定的灵活性 ②探索促进紧凑型城市和满足住房需求的激励措施，包括简化许可、对开发商的税收抵免等

三 实施“系统效率”的经济效益

大规模投资于高效、清洁能源的解决方案将在促进经济高质量发展的同时，在短期内创造就业机会，减少温室气体排放，为人类提供良好的社会环境和公共卫生环境。以创造就业机会为例，如果通过适当的融资和监管改革，过渡到低碳经济、零碳经济，美国将在未来 15 年的时间里创造 2500 万个就业机会，到本世纪中期新增 500 万个就业岗位，这大约是当前能源行业直接和间接提供的就业岗位数量的两倍。框架报告通过对欧洲、巴西、美国和印度的分析，证明这一系统性、综合性方法的经济价值，具体如表 2 所示。

表 2　最大限度提高系统性对城市的经济效益

区域	措施	经济效益			
		减少二氧化碳	增加工作岗位	人类健康	减少水足迹
欧洲	通过效率倡议，利用数字化和需求优化，实现更大的智能灵活性。通过向电子移动和脱碳供暖系统过渡，加速电气化	到 2030 年，额外可能减少 2.63 亿吨二氧化碳排放量	到 2030 年，可能有 68 万个工作岗位	到 2030 年，人类健康累积受益可能达到 360 亿美元	2030 年电力基本情况下水足迹可能减少 870 亿升
巴西	到 2025 年，对“紧凑和高效城市”持续投资	到 2025 年，可能减少 0.45 亿吨二氧化碳排放量	到 2025 年，在相关领域拥有 100 万个就业岗位	到 2025 年，人类健康累积受益可能达到 34 亿美元	2025 年电力基本情况下水足迹可能减少 15 亿升
美国	美国专注于实施智能建筑和能源基础设施建设，保持消费者的低能源成本。到 2025 年，结合道路运输电气化和电动热泵的部署	到 2025 年，额外可能减少 1.1 亿吨二氧化碳排放量	到 2025 年，可能有超过 55 万个工作岗位	到 2025 年，人类健康累积受益可能达到 140 亿美元	2025 年电力基本情况下水足迹可能减少 1830 亿升

续表

区域	措施	经济效益			
		减少二氧化碳	增加工作岗位	人类健康	减少水足迹
印度	印度重点提高空调效率，提高新住宅和商业建筑的效率标准，结合电网优化以减少输电和配电损失	到2025年，额外可能减少1.51亿吨二氧化碳排放量	—	到2025年，人类健康累积受益可能达到130亿美元	到2025年，有可能会减少2680亿升的水足迹

要实现碳中和，政府、企业、公民、能源服务提供商、建筑和基础设施利益相关方等必须在共同议程上协调和合作。在国家层面，可以通过制定明确的低碳发展国家战略，推动零低碳城市发展；在城市层面，可与部门、企业、社会组织、利益方（包括房地产、城市规划、金融等）制定综合解决方案；在公共和私人基础设施开发商（包括房地产开发商、业主、运营商和占用者）层面，必须在设计和建筑过程中与建筑师、城市规划者、公共交通机构、工程师、承包商、公用事业和其他部门合作；在能源服务提供商层面，要主动与客户的沟通，提高技术能力，启用集成解决方案，逐步丰富业务模式，为住宅客户开发新的解决方案；在公众层面，要改变个人的生活方式，以支持城市向零低碳转变。

四　建设低碳生态城市的思考

城市是资源集聚和碳排放量最大的地域空间，也是我国未来实现碳中和、碳达峰目标的重要载体。随着我国城市化的快速发展，产业经济的活跃度、城市人口的集中度、机动车的保有量等不断增加，通过借鉴国外在“零低碳城市”发展中的经验，对于我国建设低碳生态城市具有重要作用。

一是完善城市能源供给体系。聚焦城市中能源消耗，尤其是煤炭消耗较大的区域，强化区域综合能源设计，积极探索使用天然气分布式能源，在新城的开发建设中做好天然气分布式能源使用的系统设计，提高

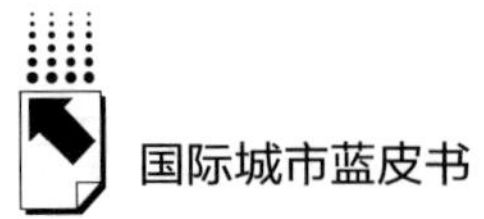

能源利用效率，降低城市运行成本。调整产业结构，加快发展战略性新兴产业、高新技术产业等低能耗低排放产业，严控城市高能耗行业的能耗增长比例，严格控制“三高三低”等产业项目在城市中集聚落户，进一步优化城市产业结构，降低能耗。大力发展太阳能光伏在城乡建筑中的分布式、一体化应用，实现就地生产、就地消纳。建设绿色低碳城市社区，将分布式的光伏发电和储能设备以及智能微电网等作为城市能源供给体系的重要组成部分。

二是开展城市绿色建筑行动。我国城市建筑生命周期短，且存在大拆大建的情况，控制好城市“足迹”和建设规模尤为重要。在城市建设的“增量”规划中，要加快高品质绿色建筑建设，使用国有资金融资或者国家融资的公共建筑及其他大型公共建筑执行二星级及以上标准，鼓励其他新建民用建筑按照高星级绿色建筑标准进行建设；严格执行新建建筑节能强制性标准和绿色建筑标准，年能耗 1000 吨标煤或年用电 500 万度以上的新建建筑能效公示覆盖率达到 100%。在城市建设的“存量”更新中，融入低碳排放理念，利用老旧小区改造的机会，把建设的绿色节能改造纳入其中，配套小区充电桩、运用外墙保温技术、更新智慧化排水、供水供电、供暖制冷、废物管理等，同时增加城市绿化面积，加快智慧小区建设。

三是探索发展紧凑型城市。最新的人口普查数据显示，全国城镇人口超过 9 亿人，这一数据表明我国已经实现了全国最大规模的城镇化，也意味着城市中存在的高资源消耗、高能源消耗、高排放等一系列问题。一方面，在新城建设中可以考虑制定系统的高密度住房计划，在数量和质量上提升可利用空间，减少碎片化空间的浪费；改善车辆和行人的可达性，设计更具有渗透性的小区入口；加快功能融合，提高效率和可持续性。另一方面，依托“15 分钟便民生活圈”的打造，合理配置公共交通设施、道路设施、停车位、商店等，在提高居民生活便利性的同时减少资源的不必要消耗，减少个人车辆的使用。

参考文献

Francesco Starace, Jean-Pascal Tricoire, “Net Zero Carbon Cities: An Integrated Approach,” 2021 World Economic Forum, January 2021.

林伯强：《迈向碳中和：“十四五”是一个关键时期》，《21 世纪经济报道》2021 年 3 月 13 日。

B.18
东京“零碳排放战略”提出分阶段与多策略实施方案*

陈 晨　秦 群**

摘　要： 面对日益突出的气候变化挑战，东京都政府于2019年提出了东京零碳排放战略，致力于在2050年实现二氧化碳净零碳排放。战略基期年为2000年，实施路径分为三个阶段：制定零碳排放战略（战略提出年）、推进和加快行动的10年期（2030年前）、实现净零碳排放（2050年）。战略在能源、建筑、交通、资源和产业、气候、合作六大领域提出了零碳排放的具体策略，并提出支撑政策和面向2030年目标的具体行动。该战略对中国城市积极推动的碳达峰、碳中和战略有一定参考和借鉴意义。

关键词： 东京　二氧化碳　净零碳排放

气候变暖是当今全球面临的共同挑战，东京同样无法置身事外。2018年，东京自有记录以来首次录得气温超过40℃；2019年，东京连续29天气温超过30℃，气候异常导致的自然灾害持续增加。相关研究指出，如果全球变暖2℃，2.2亿人将因气候变暖而受到水资源短缺和干旱的影响，粮食

* 本报告主要基于东京都政府发布的“Zero Emission Tokyo Strategy”开展介评，特此致谢。

** 陈晨，博士，上海社会科学院城市与人口发展研究所助理研究员，主要研究方向：城市规划、区域经济；秦群，上海社会科学院城市与人口发展研究所硕士研究生，主要研究方向：区域经济学。

和能源价格将显著上涨。[①] 东京都政府充分认识到气候变暖对城市可持续发展带来的重大风险与挑战，于 2019 年提出了东京零碳排放战略（Zero Emission Tokyo Strategy），致力于在 2050 年实现二氧化碳净零碳排放，努力将全球升温幅度限制在 1.5℃以内。东京都将以零碳排放愿景为出发点，顺应科技发展趋势，尊重居民和企业意见，在各领域全面采取减少二氧化碳排放的措施。我国城市目前正在积极推进实现"碳达峰"与"碳中和"的绿色发展之路，中国与日本城市同样具有空间要素高密度布局的特征，东京的实践经验对中国城市具有较大的参考借鉴意义。

一　东京2050年零碳排放的图景

东京零碳排放战略首先提出了一个 2050 年零碳排放的图景：通过提高建筑和汽车的能源效率，建立一个资源循环利用的社会；使用太阳能等清洁能源满足城市活动所需；建设一个不仅环境舒适友好，而且适应气候变化的韧性城市。

表 1　东京 2050 年零碳排放图景的四个维度

四个维度	具体描述
能源	● 使用多种可再生能源 ● 城市中持续使用不产生二氧化碳的氢能源 ● 利用先进技术优化能源管理
基础设施	● 建筑领域实现零碳排放 ● 所有汽车都是零碳排放汽车
可持续资源管理	● 塑料和其他资源以可持续的方式使用 ● 在生产、分配和消费阶段，环境负担最小化，包括食物浪费
自适应功能	● 在所有的领域实施了气候变化适应手段，避免或减少对居民生活和自然环境的影响或损害

① 政府间气候变化专门委员会关于气候变化、荒漠化、土地退化、可持续土地管理、粮食安全及陆地生态系统温室气体通量的特别报告。

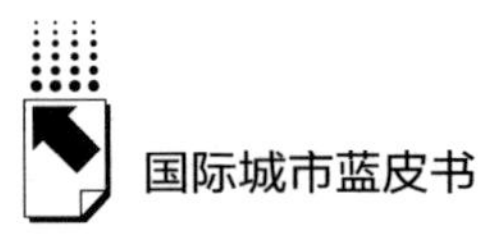

二　东京实现零碳排放的三个努力阶段

东京的零碳排放战略基期年为2000年，实施路径分为三个阶段：制定零碳排放战略（战略提出年）、推进和加快行动的10年期（2030年前）、实现净零碳排放，为全球“脱碳”做出贡献（2050年）。

（一）第一阶段——制定战略

相较于2000年，2017年东京二氧化碳排放量上升了4.2%。东京认识到气候变化日益严重和制定应对战略的紧迫性，制定行动战略，努力将气温升幅控制在1.5℃以内。

（二）第二阶段——减排30%

东京致力于在2030年减少30%的二氧化碳排放量（相较于2000年）。东京将在能效和可再生能源等已被推动的领域之外，将所有领域的广泛努力纳入气候变化措施，确保实现2030年的各项目标；充分利用现有的先进技术，实施“东京2030目标+行动”，这是为了超越东京已经设定的2030年目标而推进和加快的具体举措；为紧急问题设定新目标，制定优先行动计划，如推广零碳排放汽车；助力减少东京以外地区因东京的资源使用而排放的二氧化碳。

（三）第三阶段——实现净零碳排放

东京致力于在2050年实现二氧化碳净零碳排放。2030年及以后社会和技术发展将进入新的阶段。东京将推动必要的制度创新：改革社会制度和商业模式，包括全部使用可再生能源发电、实行地方可再生能源共享标准、资源闭环回收等；通过大规模引进可再生能源和氢气，在电气化困难的领域利用生物质或氢气进行热能脱碳，大幅度降低电力的碳强度；帮助社会实施二氧化碳的捕获、利用和储存的技术，提供无二氧化碳的能源（如氢气）。

三　东京零碳排放的六大领域策略

东京在能源、建筑、交通、资源和产业、气候、合作六大领域提出了零碳排放的具体策略。每个策略下提出了相应的政策支撑设计，共计 14 项关键政策。

（一）能源领域策略

能源领域下主要有 2 项关键政策：使可再生能源成为主要能源、增加氢能源的使用。

1. 使可再生能源成为主要能源

东京致力于：至 2030 年，实现政府部门 100% 使用可再生能源，太阳能发电设备容量达到 1.3GW，可再生能源使用率达到 30%，能源消耗下降 38%（相比 2000 年）；至 2050 年，100% 使用“脱碳”能源。在这一政策下，东京提出了 3 个面向 2030 年目标的行动：在东京生产可再生能源、大幅增加可再生能源的使用、基于预期调整可再生能源供需。

2. 加强氢能源的使用

东京致力于：至 2030 年，家用燃料电池达 100 万个，商用燃料电池容量达 30MW，引进零碳排放巴士 300 台以上，零碳排放车辆在乘用车销售中的市场份额达 50%，氢气站达到 150 个；至 2050 年，氢能源成为实现“脱碳”社会的重要支柱。在这一政策下，东京提出了 4 个面向 2030 年目标的行动：充分利用氢能特点推进氢能源技术应用、提升氢能源在可再生能源使用中的比例、通过 2020 年东京奥运会促进氢能源使用、增进公众对氢能的认识。

（二）建筑领域策略

建筑领域下主要有 1 项关键政策：加快零碳排放建筑的建设。

东京致力于：至 2030 年，温室气体排放减少 30%（相较于 2000 年），能源消耗减少38%（相较于2000年），可再生能源的使用比例达到30%；至2050年，东京所有的建筑达到零碳排放标准。在这一政策下，东京提出了2个面向2030年目标的行动：加快零碳排放基础设施的建设、加快零碳排放房屋的建设。

（三）交通领域策略

交通领域下主要有1项关键政策：加强零碳排放交通设施的推广。

东京致力于：至2030年，乘用车销售市场中零碳排放车辆比例达到50%，引进300辆以上的零碳排放公交车，新售小巴车原则上仅限于新能源类型，零碳排放车辆快速充电站达到1000个，氢能源站点达到150个；至2050年，东京所有的汽车均使用新能源。在这一政策下，东京提出了4个面向2030年目标的行动：确保基础设施支持零碳排放车辆的推广，鼓励用零碳排放车辆替换现有车辆（包括乘用车、公共汽车和摩托车），促进社会接受零碳排放车辆，加强能源管理。

（四）资源和产业领域策略

资源和产业领域下主要有4项关键政策：3Rs、塑料、食物浪费、碳氟化合物。

1. 3Rs——减少（Reduce）、再利用（Reuse）、回收（Recycle）

东京致力于：至2030年，城市固体废物回收率达到37%；至2050年，建立资源的可持续利用体系。在这一政策下，东京提出了5个面向2030年目标的行动：减少资源消耗、建立利用人工智能/信息通信技术有效利用资源的机制、增加生态材料的使用、推广循环利用回收资源、全面实施绿色采购政策。

2. 塑料

东京致力于：至2030年，来自家庭和大型办公大楼的塑料垃圾焚烧量降低40%（相较于2017年）；至2050年，实现塑料使用的净零碳排放（碳循环）。在这一政策下，东京提出了4个面向2030年目标的行动：促进行为习惯改变、在与企业的合作中创新、加强分离和回收、建立国内资源流通路线以遏制海洋垃圾的产生。

3. 食物浪费

东京致力于：至 2030 年，食物浪费量降低 50%（相较于 2000 年）；至 2050 年，实现食物零浪费。在这一政策下，东京提出了 6 个面向 2030 年目标的行动：减少由生产、批发、零售和食品服务造成的食物浪费，促进与食品供应链的合作，精准消费避免未售出的食物或剩菜，避免浪费食物，改变消费方式，与地方政府合作。

4. 碳氟化合物

东京致力于：至 2030 年，氢氟烃排放量降低 35%（相较于 2014 年）；至 2050 年，实现碳氟化合物零碳排放。在这一政策下，东京提出了 4 个面向 2030 年目标的行动：加速向非氟碳设备转变、防止设备在使用过程中泄漏、释放时做好既有设备处置、形成不排放氟碳化合物的行为习惯。

（五）气候领域策略

气候领域下主要有 1 项关键政策：加强气候变化适应举措。

东京致力于：至 2030 年，在所有受气候变化影响的领域所做的努力都会考虑到气候变化的影响；至 2050 年，将气候变化带来的风险影响降至最低程度。在这一政策下，东京提出了 5 个面向 2030 年目标的行动：加强气象灾害风险防御工作，减少气候变化对健康的影响，在农林渔业领域提升相关品种耐受气候变化的能力，保护水源、应对水质变化，制定考虑气候变化的生物多样性战略。

（六）合作领域策略

合作领域下主要有 5 项关键政策：与社会制度运动和改革的各行动者合作、加强与地方自治团体的合作、东京都自身的可持续发展倡议、加强与世界各地城市和非国家行为者的合作、促进可持续金融。

1. 与社会制度运动和改革的各行动者合作

零碳目标仅通过东京都政府是无法实现的。因此，东京都努力与先进企业、非政府组织和地方政府结成联盟，与企业和组织合作，跨区域开展广泛合作。

2. 加强与地方自治团体的合作

市政当局是政策制定的重要伙伴。因此，东京都努力促成知识分享和倡议方面的合作，支持各地开展“脱碳”工作。

3. 东京都自身的可持续发展倡议

东京都以“从这里开始”为理念，主动开展东京零碳排放工作，以促进东京居民、企业和组织之间的理解与合作。因此，东京都努力完善推广体系以实现东京零碳排放，利用公共采购促进“脱碳”，在基础设施方面积极使用先进技术。

4. 加强与世界各地城市和非国家行为者的合作

东京都通过与世界各地城市和非国家行为者合作，分享知识，促进海外的“脱碳”。因此，东京都应进一步加强与全球城市网络的联系，加强同国际组织在应对气候变化措施方面的合作。

5. 促进可持续金融

东京都为居民和企业提供了投资环境对策。因此，东京努力促进 ESG 投资，振兴绿色债券市场。

四　东京零碳排放战略对中国的启示

（一）一线全球城市具有引领“脱碳”的使命责任

东京是一线全球城市之一。同时，东京也是日本的首都，在日本具有很高的首位度。一线全球城市往往是具有一定的人口规模，在政治、经济、文化等领域均是具有国际影响力的城市。因此，一线全球城市的“一举一动”往往具有较高的关注度和示范作用。与可持续发展、生态环境保护高度相关的碳排放控制是新发展理念的重要体现，一线城市有责任发挥带动其所在国家和地区实现碳排放目标的先锋和引领作用。因此，我国的北京、上海、广州、深圳等一线城市应当在适应中国总体发展阶段要求的基础上，做好减排的引领和示范作用。

（二）“脱碳”挑战与发展“赛道”转换机遇并存

“脱碳”可能意味着要在短期内牺牲一些发展机会，会有相当程度的经济利益的损失，无论对于城市还是国家来说都是重大挑战。不过，挑战与机遇往往并存。一方面，控制碳排放，有利于降低气候变化带来的风险，提升城市安全运行的保障力；另一方面，选择“脱碳”路线也是改变城市传统发展模式，改变既有发展路径依赖，促进创新发展的重要途径。因此，选择“脱碳”路径有利于城市长远发展。从东京的案例看，零碳排放战略给东京经济发展带来了若干新的增长点，促进新兴产业创新，促进相关投资落地，形成经济和环境有序、良性发展的新局面。对于国内城市来说，不应当把“脱碳”视为城市发展的负担，而应当积极发现“脱碳”路径上的生产、生活、生态发展的机遇点，实现城市发展“赛道”的转换，提升可持续发展竞争力。

（三）“脱碳”进程需要与经济社会发展进程相适应

不同于具有累积先发优势的发达国家，我国是发展中国家。“脱碳”进程的规划设计需要符合国家总体发展阶段的实际，城市层面的战略亦应如此。因此，国内一线城市“脱碳”目标不能简单对照发达国家一线城市，相关指标、战略的制定不可过于“激进”。东京零碳排放战略的阶段性目标设计对于国内城市具有借鉴意义。对于我国城市来说，“脱碳”进程可以与国民经济和社会发展规划、城市总体规划等战略性规划相结合，与其他领域的规划相协调，增加目标实现的可能性。此外，“脱碳”目标从时间上看往往具有长期性。这一过程中必然伴随着经济、社会等发展层面的变迁，这也是“脱碳”目标设计时所必须考虑且必须因应的重要影响因素。

（四）技术和制度创新是实现“脱碳”必不可少的手段

东京在零碳排放战略中，尤为重视通过技术创新和制度创新促成目标实现，例如开发汽车蓄电池应用方面的全固态电池、地方可再生资源共享实施标准等。我国目前在新能源、互联网、物联网、人工智能等技术领域具有一定的优势和竞争力，是推动我国城市实现“脱碳”目标的重要技术支撑和保障。不过，技术只是创新领域的一面，还需要通过制度创新来相辅相成，形成合力共同促进“脱碳”。因此，我国城市需要通过制度创新等手段营造适合“脱碳”发展的环境，促进成熟技术的投资、商业化、应用推广、再开发等，形成创新与发展的良性循环。

（五）“脱碳”需要各方的共同努力

东京都在零碳排放战略的制定中认识到，政府无法仅凭自身的力量来实现“脱碳”战略目标。东京都重视公众、企业、社会组织、地方政府、周边地区等各领域的合作，转变发展理念和认知习惯，推进相关产业投资发展，促进技术创新应用，实现具体项目落地。对于我国城市来说，政府是低碳发展战略的制定者，负责制定各项推动低碳发展的制度；企业是研制生产低碳设备和产品的主体，需要满足不断增长的低碳消费需求；公众是低碳生活方式的具体践行者，是“脱碳”策略的重要参与者。因此，“脱碳”目标需要政府、企业、公众等多主体的共同努力方能实现。

参考文献

Tokyo Metropolitan Government, “Zero Emission Tokyo Strategy,” 2019.

Tokyo Metropolitan Government, “Tokyo Climate Change Adaptation Policy,” 2019.

Tokyo Metropolitan Government, “Tokyo Plastic Strategy, ” 2019.

Tokyo Metropolitan Government, “Tokyo ZEV Promotion Strategy, ” 2019.

B.19

洛杉矶“绿色新政”启动城市建筑零碳行动[*]

胡苏云　张　静[**]

摘　要： 近年来，世界各城市都逐渐认识到建筑是应对气候变化的动态参与者，奥雅纳咨询公司（ARUP）对洛杉矶大型商业建筑和住宅能效升级的成本与节能收益进行了分析，基于此，本报告对不同时间建造的两类典型建筑的电气化方案和节能措施进行对比，说明洛杉矶零碳建筑目标的可行性，并指出最具收益的节能减排措施，在研究洛杉矶绿色新政脱碳行动的基础上，对我国“碳达峰、碳中和”目标背景下的城市建筑减排行动提出了相关建议。

关键词： 洛杉矶　绿色新政　零碳建筑　电气化　碳中和

《巴黎协定》为全球应对气候变化做出了统一安排，联合国可持续发展目标（SDGs）也强调了气候行动的紧迫性。洛杉矶则认为只有每个城市和每个社区都积极行动，愿景才能转化为现实，并于2019年推出可持续发展计划——洛杉矶“绿色新政”（Green New Deal），明确表达了未来

* 本报告基于Eric Garcetti的“L. A.'s Green New Deal: Sustainability Plan 2019”开展介评，以期为中国城市建筑减排行动提供借鉴，特此感谢。

** 胡苏云，博士，上海社会科学院城市与人口发展研究所研究员，主要研究方向：人口经济学、社会保障、医疗卫生改革、人口老龄化；张静，上海社会科学院城市与人口发展研究所研究生，主要研究方向：人口资源学。

25～30 年实现城市零碳排放[①]的目标。由于城市建筑已经成为气候行动的重要领域之一，据统计，目前建筑物产生的温室气体排放占全球排放量的 41%，包括建筑运营和设计建造的碳排放[②]，且 2/3 的现有建筑将在 2050 年依然存续[③]，任何节能减排计划都应当考虑现有建筑的改造活动。为了实现 2050 年零排放城市目标，洛杉矶将聚焦零碳建筑，实现"净零碳建筑"[④]的愿景，为此洛杉矶确定具体的建筑深度节能和电网脱碳行动目标，计划到 2045 年实现 100% 无碳电网，从而到 2050 年实现 100% 零碳建筑。

一　零碳建筑路径可行性分析

在全球范围内，建筑运营碳[⑤]（Operational Carbon）占全行业碳排放量的 28%，占建筑业碳排放量的 72%[⑥]，因此提升建筑运行时的能源效率是实现绿色新政目标的关键环节。

据统计，洛杉矶全市商业办公楼和多户住宅楼占全市主导地位，约占全

① "零排放"实际指的是"净零排放"；"碳"是指温室气体，除了二氧化碳（CO_2）外，还包括一氧化二氮（N_2O）和甲烷（CH_4）等，很多温室气体造成的暖化效应都超过 CO_2。

② "2018 Global Status Report for Buildings and Construction," International Energy Agency, 2019.

③ "Why the Building Sector. Architecture 2030," https：//architecture2030. org/buildings_ problem_ why/.

④ 净零碳建筑（Zero Net Carbon, ZNC）是一种就地产生或者购买足够的无碳可再生能源，以满足每年建筑运营能源消耗的高能效建筑。在技术路线上，净零碳建筑主要通过提升建筑自身能效（包括通过被动式的设计、维护结构性能的提升以及高效的设备），以及产生（净零碳）或购买（净零碳）清洁可再生能源，http：//china. architecture2030. org/the - development - of - znc - and - zne - in - the - us/。

⑤ 建筑业碳排放被划分为两种途径：运营碳与内含碳。内含碳是指与能源相关的间接排放和与原材料相关的引发全球变暖的化学品的直接排放，主要体现在设计阶段。运营碳是指与能源使用相关的二氧化碳场外间接排放和建筑内燃烧设备的直接排放，体现在投入运营阶段。

⑥ "Why the Building Sector, Architecture 2030," https：//architecture2030. org/buildings _ problem_ why/.

市建筑面积的55%①。针对现存建筑部署清洁能源是全社会的共同利益所存。但是实施节能减排所需的经济成本与技术壁垒，往往是零碳建筑道路上的障碍，因此，明确“净零”排放目标在技术和经济上的可行性，是建筑领域加快推进气候行动的必要前提。奥雅纳咨询公司（ARUP）针对大型商业办公楼和多户住宅楼的能效和电气化的可行性报告，有助于我们分析两类典型建筑的“零碳”前景。

（一）从能耗减少和回收周期看节能的绿色溢价

建筑设施内部的能源消耗主体有取暖系统、制冷系统、照明系统和通风系统等。美国能源部西北太平洋国家实验室建立的模型从多角度提出了提升建筑能效的节能措施，拟应用于未来 30 年需要自然升级的设备。

（1）基于制冷剂逐步淘汰或设备的预期寿命，更换采暖、通风和空调；

（2）基于技术的市场转变，LED 照明技术升级；

（3）基于燃气热水器生命周期的电气化；

（4）洗衣烘干机和烹饪设备等燃气设备的燃料转换；

（5）屋顶隔热规范升级；

（6）住宅的墙壁或窗户的效率或舒适性提升。

在碳中和法令下建筑业主提出一系列高能效建筑技术时，首要考虑的应是每一项技术的应用前景和投资潜力，因此需要将每一项节能措施都作为一个独立选项进行分析，以明确其技术应用潜力②。图 1 显示了 1990 年前符合能源标准的建筑在 2025 年前采取的最高效减排措施及其能耗减少与静态回收周期对比。由分析结果来看，基于现有技术，升级 LED 照明系统的收

---

① Erin McConahey, “Zero - Carbon Collaboration: The Case for Los Angeles,” Los Angeles: ARUP, 2020.

② 研究方法：ARUP 基于能源部西北太平洋国家实验室的数据来确定国家能源模型的标准，并选择了两种基础能源模型：50 万 ft^2 以上的大型商业建筑和 3.3 万 ft^2 以上的中层多户住宅楼。ARUP 对两种模型进行了修正以匹配 1978 ~2019 年不同时期的加州能源标准。

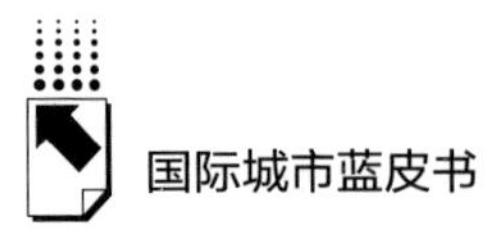

效最大，而不同的节能减排措施在商业办公楼与多户住宅楼取得的效果也存在差异，如表2和表3所示。①

表1　节能措施的效果

单位：%，年

节能措施	能耗减少	静态回收期
升级至LED照明技术	38	2
采用变频驱动升级提升风扇电机效率	10	2
电气化方案1:更换免费加热水和家用水的热回收型冷却机	13	5
电气化方案2:更换冷却机与采用电阻加热水和家用水	9	16
电气化的必要条件:设备使用电力能源	5	4

资料来源：ARUP，https：//www. arup. com/perspectives/publications/research/section/zero－carbon－collaboration－the－case－for－los－angeles。

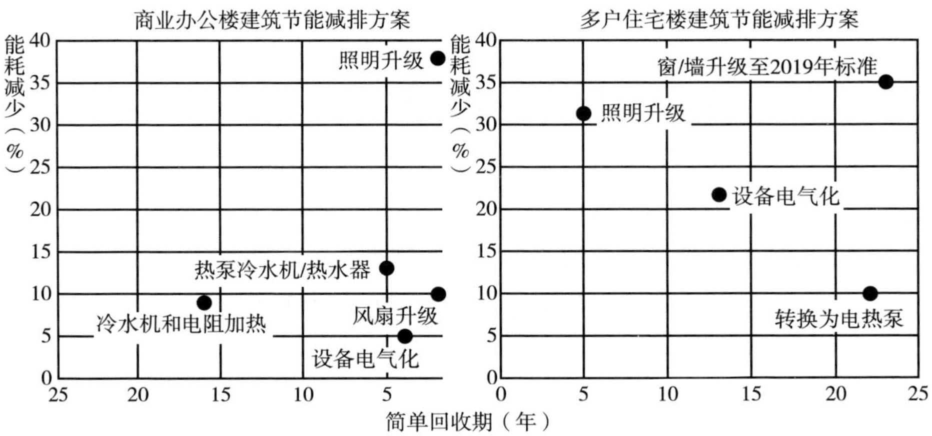

图1　商业办公楼与多户住宅楼的建筑节能与回收周期情况

资料来源：ARUP，https：//www. arup. com/perspectives/publications/research/section/zero－carbon－collaboration－the－case－for－los－angeles。

① Erin McConahey，“Zero-Carbon Collaboration：The Case for Los Angeles，” Los Angeles：ARUP，2020.

表2 对1990年前建造的商业办公楼采取的节能措施

单位：%，年

节能措施	能耗减少	静态回收期
升级至LED照明技术	38	2
采用变频驱动升级提升风扇电机效率	10	2
电气化方案1:更换免费加热水和家用水的热回收型冷却机	13	5
电气化方案2:更换冷却机与采用电阻加热水和家用水	9	16
电气化的必要条件:设备采用电力能源	5	4

注：分析表明，对商业办公楼和多户住宅楼来说，屋顶升级不能节约能源且有负回收期，并且没有任何墙壁/窗户升级措施能达到超过3%的能耗降低效果，且在30年内才有静态回收，多户住宅楼的回收周期甚至超过了30年。

资料来源：ARUP，https：//www. arup. com/perspectives/publications/research/section/zero - carbon - collaboration - the - case - for - los - angeles。

表3 对1990年前建造的多户住宅楼采取的节能措施

单位：%，年

节能措施	能耗减少	静态回收期
升级至LED照明技术	31	5
电气化的必要条件:设备采用电力能源	22	13
电气化的必要条件:空调机组改装为电动热泵	(以2%增长)	(负回收,独立运行)
电气化方案1:热水器改装为电热泵	10	22
电气化方案2:热水器改装为电阻加热	(以1.4%增长)	(负回收,独立运行)
全墙/窗户升级至2019年标准	35	23

资料来源：ARUP，https：//www. arup. com/perspectives/publications/research/section/zero - carbon - collaboration - the - case - for - los - angeles。

（二）电气化方案选择：热泵优于电阻加热

洛杉矶全年气候温和，建筑的供暖需求相对较低。热泵[①]和电阻加热[②]两种途径均能实现电气化，并且运行能耗差异也非常小。两者孰优孰劣在很

① 热泵：一类从一种流体中吸收热量并将其释放到另一种流体中的设备，通常使用电力和可压缩制冷剂传输流体。

② 电阻加热：通过加热待加热液体的表面将输入的电能直接转化为热。

大程度上取决于改造的复杂程度。然而，美国家庭电动热泵的安装率仅为11%①，家庭中燃气锅炉的更换周期是10年，业主极少可能主动选择用热泵替换正在正常工作的燃气暖炉，只有处于更换周期时，才有可能会考虑用电暖炉替代②，并且升级电力基础设施，使得首次投资成本显著增加。对商业办公楼与多户住宅楼的两种电气化方案进行初始投资和运营成本测算③，以此作为电气化选择的参考，表4为2020年电气化首次改造所需成本的测算结果。

表4　热泵与电阻加热的电气化改造的初始投资成本（以2020年美元计算）

单位：百万美元

建筑类型	热泵初始投资成本	电阻加热初始投资成本
商业办公楼	3.70	5.60
多户住宅楼	1.70	1.90

资料来源：ARUP，https：//www.arup.com/perspectives/publications/research/section/zero－carbon－collaboration－the－case－for－los－angeles。

1. 商业办公楼

对商业办公楼的能源模型进行分析，可以得到不同建造时间的建筑其热泵和电阻加热的能源累计节约成本和2050年预计设备运营成本，分析结果如图2所示。预计2050年，电阻加热的运行电力成本高于热泵14%～30%，并且其初始投资成本也高出50%。此外，对于1990年前建造的老建筑，热泵的应用带来的能源累计节约显著高于电阻加热。对于1990～2000年建造的商业办公楼，2020年应用热泵电气化预计将在25年内节省374万美元，相当于热泵的初始成本，而电阻加热在25年内的累计节约仅覆盖其初始成本的45%。

2. 多户住宅楼

同样，通过对多户住宅楼的能源模型进行测算，可以得到两种电气化方案的成本差异，具体如图3所示。结果显示，预计2050年热泵和电阻加热

① Use of Geothermal Energy，“U.S. Energy Information Administration，”https：//www.eia.gov/.

② 〔美〕比尔·盖茨：《气候经济与人类未来》，陈召强译，中信出版集团，2021，第193～194页。

③ Erin McConahey，“Zero-Carbon Collaboration：The Case for Los Angeles，”Los Angeles：ARUP，2020.

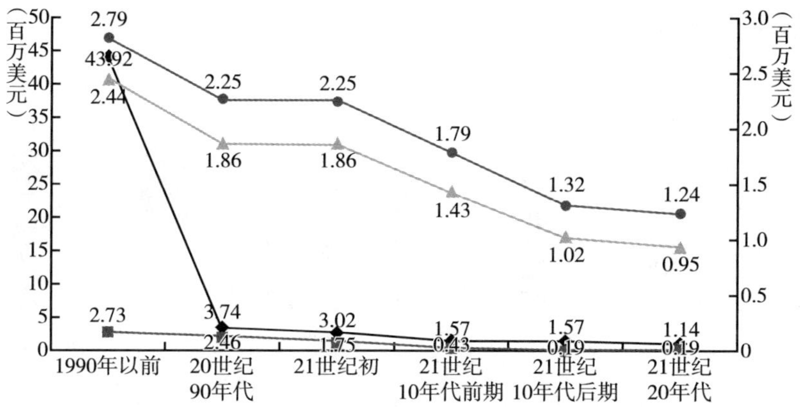

图 2　商业办公楼电气化的首次成本和 2050 年运营成本的比较（以 2020 年美元计算）

资料来源：ARUP，https：//www. arup. com/perspectives/publications/research/section/zero－carbon－collaboration－the－case－for－los－angeles。

的运行电力成本差异非常小，25 年内能源累计节约成本差异也很小，但是电阻加热的初始成本依然高出热泵 12%。但与商业办公楼情况相反的是，电阻加热在住宅的能源成本节约方面略优于热泵。

（三）因“时”制宜：针对性推行减排方案

20 世纪 70 年代以来，加州长期实施渐进式节能措施，这意味着建筑越久远，早期电气化[①]的收益空间越大。但是如果将电气化转型延迟到节能减排 30 年的最后阶段，建筑业主将面临因公用事业资源转型而带来的电力成本超预期增长、因燃气消费规模减小而带来的天然气成本上升和电气化首次升级的成本上升等一系列风险，并且，如果近十年依然不采取强烈而广泛的减排措施，全球气温还会继续升高。

① 早期电气化是指，在实现新政目标的 25～30 年过渡期的早期阶段进行电气化改造，即从 2020 年开始进行设备电气化。

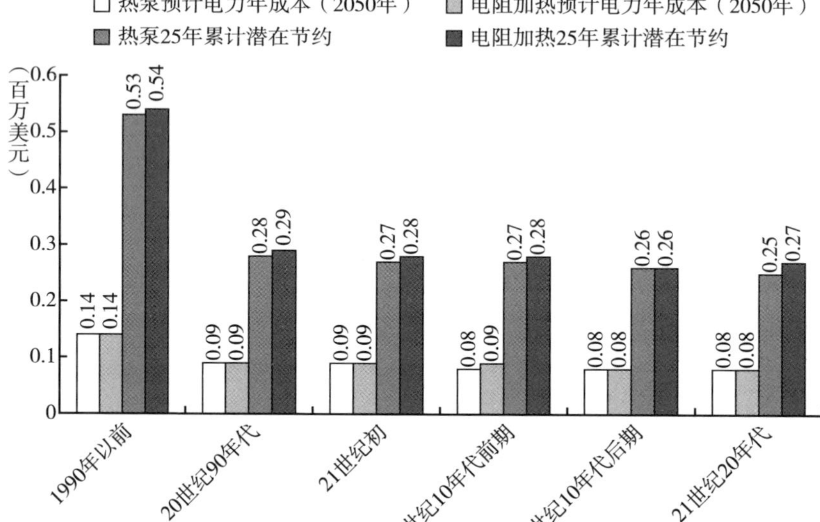

图3　多户住宅楼电气化的首次应用成本和2050年运营成本的比较（以2020年美元计算）

资料来源：ARUP，https：//www. arup. com/perspectives/publications/research/section / zero－carbon－collaboration－the－case－for－los－angeles。

1. 商业办公楼

对于2000年前的商业建筑，其热泵电气化累计节约可以抵消设备安装的首笔费用，因此对这部分旧建筑的电气化给予前期资金支持是必要的，并且洛杉矶约87%的商业建筑均超过20年①，通过建立一致的合规制度②，有望如期实现旧建筑的完全电气化。

对于2000年后甚至更晚建造的商业建筑，由于其初始设计的能效标准显著提高，完全不必要为了强制早期电气化而放弃现有的高能效系统，除非公共事业部门和政府机构愿意进行高强度的财政激励。与节约的少量能

① Erin McConahey，“Zero-Carbon Collaboration：The Case for Los Angeles，” Los Angeles：ARUP，2020.

② EBEWE Compliance Status，“Los Angeles Department of Building and Safety，” https：//www. ladbs. org/services/green－building－sustainability/existing－buildings－energy－water－efficiency－program/ebewe－compliance－status.

源成本相比，设备升级的投资成本将非常高，因此为相对年轻的商业建筑寻找替代电气化的合适方案对实现新政的能效目标才是更有益的，比如通过电力存储实时发电，或者通过公用事业项目进行“社区太阳能”系统的建设。新商业建筑系统中的设备平均寿命为 20～25 年，按照正常更换设备的周期，预计电气化改造也能在 2050 年前全部完成。

2. 多户住宅楼

早期电气化对多户住宅楼的业主来说收益甚微，且每户电动设备与同等燃气器具的安装成本相近，因此建议先升级主干电网再对空置单元进行电气化改造。基础建筑的电网升级成本为 33.5 万美元，电气化改造总成本为 42.8 万美元，仅为早期电气化初始成本的 25%。住宅设备的预期寿命通常为 12～15 年，即使通过渐进式设备改造，对新旧建筑来说均有望实现 2045 年的预期目标。此外，如果洛杉矶愿意提供一定的补助或贷款计划，稳定住宅租金，或许可以达到激励效果。

根据能源模型估算，如果在 21 世纪 20 年代早期进行照明灯具升级，中后期对暖通空调和生活热水进行电气化，针对任何年份建造的多户住宅楼，均能实现 2025 年的能效目标。而且，如果现在政策鼓励对早期暖通空调进行电气化，是不具有长远效益的，因为高全球变暖潜能值（GWP）[①] 的设备将很快退出市场[②]。全球已经提出极低全球变暖潜能值（GWP）的制冷解决方案[③]，且美国大型暖通制造商已经有两年运营经验。因此多户住宅楼十年内的首要减排方向是升级 LED 照明技术，避免产生电气化的额外成本。同时，对旧住宅进行针对性的围护结构改善也是重要的建筑节能改造方向，即使窗户和墙壁的改造需要很长的回收期，但是可以考虑将适用于“气候化”的联邦经济复苏资金引入新政计划。

---

① 全球变暖潜能值（GWP）是衡量大气中某种温室气体吸收热量的相对程度。制冷剂中含有氟，又称氟化气体，是导致气候变化的重要因素，制冷剂的 GWP 等于同质量的氟化气体和二氧化碳所吸收的热量之比。

② “Prepare for a Low GWP Future,” Wilhelsen Insight, https://www.wilhelmsen.com/zh-hans/marine-products/refrigeration-solutions/prepare-for-a-low-gwp-future/.

③ Francis Lai, “Prepare for a Low GWP Future,” Wilhelmsen Insights, 2019.

（四）成本差异：周期性设备更换与直接能效升级

开展建筑领域推进净零排放的成本分析时，还应当考虑设备生命周期结束的正常替换①，并将其成本与直接能效和电气化升级的成本相比②，从成本差异角度讨论未来更有益的零碳建筑发展方向。表 5 和表 6 的分析结果表示，建筑越新，二者成本差异越大。

1. 商业办公楼

在洛杉矶传统的能源政策中，为了支持能效提升，激励措施和联邦税收抵免政策免除了部分设备更换成本。表 5 的评估结果表明，对于建造 10 年以上的商业办公楼，能效和电气化升级的首次成本均较设备正常更换的成本有所降低。除了 2020 年后的新建筑，热泵的静态回收期均不超过 10 年。

2008 年美国能源变革，将机电性能引入能源法规标准，虽然天然气等热源依然更受青睐，但这已经是能源法规的一次显著改进。

表 5　商业办公楼的设备周期性更换成本与直接升级能效的额外成本比较

（按 2020 年美元计算）

建筑年份	电气化类型	常规更换成本（百万美元）		能效升级和电气化成本（百万美元）		首次成本增加比例（%）	静态回收期（年）
		首次成本	年能源成本	首次成本的增加	年能源成本的增加		
1990 年以前	热泵	4.02	1.26	-0.43	-0.43	-11	即刻
	电阻加热			-0.39	-0.30	-10	即刻

① ARUP 建立的能源模型中对设备常规更换做出以下假定：①当燃气器具、暖通空调和热水器设备达到使用寿命时，重新安装符合 2019 年最低强制性能效要求的同尺寸设备；②如果租户设备需要升级安装，不要用旧技术——荧光灯更换；③没有升级能效的同类风扇电机替换；④无外壳改进；⑤重装防水系统时，不改进屋顶绝热性。

② 该成本评估对电力基础设施升级的复杂性采取了保守计算，并且不考虑政策激励的影响，未来政策研究应考虑更广泛的成本差异，而不仅是设备更换。

续表

建筑年份	电气化类型	常规更换成本（百万美元）		能效升级和电气化成本（百万美元）		首次成本增加比例（%）	静态回收期（年）
		首次成本	年能源成本	首次成本的增加	年能源成本的增加		
20 世纪 90 年代	热泵	4.02	1.04	-0.43	-0.41	-11	即刻
	电阻加热			-0.39	-0.27	-10	即刻
21 世纪初	热泵	3.81	0.96	-0.22	-0.33	-6	即刻
	电阻加热			-0.18	-0.19	-5	即刻
21 世纪 10 年代前期	热泵	2.48	0.65	1.11	-0.17	45	6
	电阻加热			1.15	-0.05	46	24
21 世纪 10 年代后期	热泵	2.48	0.47	1.11	-0.13	45	9
	电阻加热			1.15	-0.02	46	54
21 世纪 20 年代	热泵	0.23	0.45	3.36	-0.13	1456	27
	电阻加热			3.39	-0.02	1470	162

资料来源：ARUP，https：//www.arup.com/perspectives/publications/research/section/zero - carbon - collaboration - the - case - for - los - angeles。

2. 多户住宅楼

对于多户住宅楼来说，即使超过 10 年的旧建筑，电气化和能效升级也会增加 24% ~30% 的额外成本，而且所有年份建筑的投资回收期都很长，这意味着住宅电气化投资不具有商业可行性，因此大型多户住宅楼的零碳转化需要一定的货币和财政政策支持。

表 6　多户住宅楼的设备周期性更换成本与直接升级能效的额外成本比较（按 2020 年美元计算）

建筑年份	电气化类型	常规更换成本（百万美元）		能效升级和电气化成本（百万美元）		首次成本增加比例（%）	静态回收期（年）
		首次成本	年能源成本	首次成本的增加	年能源成本的增加		
1990 年以前	热泵	0.81	0.07	0.20	-0.01	24	29.00
	电阻加热			0.22	-0.01	27	40.00
20 世纪 90 年代	热泵	0.81	0.05	0.20	-0.02	24	11
	电阻加热			0.22	-0.02	27	14

续表

建筑年份	电气化类型	常规更换成本（百万美元）		能效升级和电气化成本（百万美元）		首次成本增加比例（%）	静态回收期（年）
		首次成本	年能源成本	首次成本的增加	年能源成本的增加		
21 世纪初	热泵	0.81	0.04	0.20	-0.01	24	16
	电阻加热			0.22	-0.01	27	20
21 世纪 10 年代前期	热泵	0.55	0.03	0.46	-0.01	84	49
	电阻加热			0.49	-0.01	88	60
21 世纪 10 年代后期	热泵	0.55	0.03	0.46	-4.00	84	111
	电阻加热			0.49	2.00	88	—
21 世纪 20 年代	热泵	0.55	0.03	0.46	< -1k	84	766
	电阻加热			0.49	<1k	88	—

资料来源：ARUP，https：//www.arup.com/perspectives/publications/research/section/zero-carbon-collaboration-the-case-for-los-angeles。

二　脱碳计划需要共同行动

无论怎样的建筑减排条例，都应当认识到私人业主在建立零排放社区过程中的重要作用，没有任何部门可以独立完成洛杉矶全市脱碳的复杂任务，只有各部门共同行动才是实现零碳减排的唯一机会。

（一）零碳排放属社会共同利益

洛杉矶绿色新政中的很多目标的核心思想是社会公平。清洁能源在全市广泛应用是基于整个社会的共同利益，正如《联合国可持续发展目标》中消除贫困、健康福祉、清洁能源、体面工作、永续社区、永续供求、气候行动和全球伙伴等目标都体现了全球共同福祉。

不同领域的气候行动可能相互关联，建筑地产领域的气候行动和公共事业领域的举措息息相关，公用能源的绿色转型需要加强可再生能源使用，未来电力成本与建筑电气化、电动汽车带来的现有及预期电力需求增长密切相关。电网脱碳不仅要满足节能减排的要求，还要考虑未来减少能源贫困方面的社会公平，尽可能降低电力成本。

（二）脱碳行动需各方通力配合

1. 减排目标合规化，倒逼房产投资结构调整

洛杉矶对现有建筑节能节水条例进行了扩充，要求采取更加积极的脱碳行动，[①] 并出台相应规定和激励措施，支持满足现有技术要求的电气化方案。进一步将“绿色新政”的行动目标强化为合规机制，通过政府政策以及奖惩机制对现有建筑实行碳排放控制，尤其是大型建筑，从而使房产开发者与投资商共同商议，为其资产组合制定战略性过渡计划。

2. 清洁能源完全化，推动零碳电力供给

加州第100号参议院法案《加利福尼亚州可再生能源组合标准方案：温室气体减排》于2018年通过，加上洛杉矶“绿色新政”中“2045年实现100%可再生能源发电”的目标，意味着加州和洛杉矶将迎来全面清洁供电的未来。在州政府法案和洛杉矶市领导人的共同推动下，洛杉矶水电部在2045年前也有望实现零碳电力供应。

3. 电力设施预期投资，助推电价轨迹预测

积极推动绿色基础设施投资，通过对洛杉矶市电力基础设施的能源转型、设施扩张、设备更换与维护等项目进行前期投资，预测未来25年过渡时期的大致电力价格轨迹，并由洛杉矶水电部予以公开，收益可观的电力公共事业反过来可以吸引绿色投资，并以此证明减排投资回报的有效性，进而推动全市零碳建筑目标的实现。

4. 政策释放投资信号，加速推进脱碳行动

洛杉矶政府进一步制定配套政策是必要的，可以透露给金融界某些信号，并消除投资者的一些风险，结合电价预测，私营建筑企业将有机会获得

① EBEWE Ordinances, “Los Angeles Department of Building and Safety Last Updated,” https://www.ladbs.org/docs/default-source/forms/green-building/ebewe-ordinances.pdf, 2020-10-21.

融资，从而获得首次能源转型的经济来源。贝莱德投资管理企业的 CEO 拉里·芬克表示，未来的投资领域将布局在积极的气候行动方面，同时，也有可能影响金融行业其他投资者进入绿色减排行动领域。随着零碳行动的市场回报日渐清晰，私人投资也会随之增加。

5. 明确脱碳行动规则，合理激励责任共担

在洛杉矶节能减排政策的指导下，明确全市脱碳行动的具体规则有助于带动建筑业市场和公民大众支持洛杉矶的脱碳行动，同时公开减排新行动的系列规定，可以给那些对转型成本有负担能力的搭便车者施加同行压力。它还有助于推进合理的激励计划实施，以及树立与洛杉矶绿色目标相匹配的良好碳公民形象。

三　绿色新政和零碳建筑的启示

2020 年末，中国提出 2030 年碳达峰、2060 年碳中和的目标，低碳城市试点工作相继展开，中国城市面临着严峻的能源和产业结构调整形势，未来城镇化道路将是绿色发展的主要场景。城镇化必然带来建筑市场规模扩张，建筑脱碳在中国也是气候行动的关键环节。

通过借鉴洛杉矶现有建筑脱碳改造经验，我国应当认识到绿色城镇化要具备足够的前瞻性①，一方面，引领新建筑逐步采用零碳绿建技术，另一方面，积极推动对现有建筑的能效升级和可再生能源应用，在城市建筑领域应积极推进减排措施，并开展全社会气候行动。

（一）根据城市建筑总体差异，借鉴零碳新思路

据统计，2015 年我国住宅存量约占房建总量的 62%，同样处于城市建筑的主体位置，但是商业办公建筑的情况和洛杉矶不同，我国商业建筑和办

① 王帆：《碳中和下的中国城市大考：GDP 竞赛外 低碳发展将成为硬约束》，《21 世纪经济报道》2021 年 1 月 30 日。

公房屋仅分别占6%和7%，而工业建筑存量占比约16%，属于我国房建的第二大领域。①

1. 住宅存量突出，商业办公面积不及发达国家

随着我国产业转型，工业房建占比呈缩减趋势，并且自2010年低碳化试点开启，工业园区已经进入近零碳排放示范区转型阶段。而我国写字楼市场在2000年以后才开始飞速发展，大部分属于相对年轻的商业楼宇，基于前文的分析，应对少部分2000年前的旧写字楼开展热泵电气化改造，而对大部分相对新的写字楼使用其他零碳新技术，如发展电网级电力存储技术，或者建设“社区太阳能”系统，而可再生能源发展受限恰是我国零碳建设中的短板。

2. 旧宅存量较大，零碳改造面临艰难挑战

据统计，我国2000年前的建筑存量约为160亿平方米，② 2019年全国老旧小区总建筑面积约为40亿平方米，其中未达到50%节能标准的建筑面积约17亿平方米。③ 我国城市建设自2009年起逐步试点旧改，但由于资金限制，节能旧改覆盖面仍较小。零碳行动中必须加强对旧宅脱碳的重视。我国建筑外围能耗相较发达国家高出好几倍，且回收期很长，因此早期改造外围护结构，同时升级主干电网和LED照明技术，中后期进行暖通空调的电气化改造，是最具成本效益的。

（二）基于城市更新政策，多方聚力共同减排

无论是全国的“碳中和”还是城市的“零碳建筑”，减排行动都离不开政府、金融机构、企业和居民等各方利益相关者的协作。

---

① 中国建筑业协会：《中国房屋建筑业现状分析》，https：//wenku. baidu. com/view/3ad5710d32687e21af45b307e87101f69e31fbb4. html，2017年6月29日。

② 中国建筑业协会：《中国房屋建筑业现状分析》，https：//wenku. baidu. com/view/3ad5710d32687e21af45b307e87101f69e31fbb4. html，2017年6月29日。

③ 《超十万个老旧小区设施老化 房地产迎来存量改造新风口?》，https：//baijiahao. baidu. com/s? id = 1634188601693720781&wfr = spider&for = pc，2019年5月21日。

1. 政府：引领零碳技术投资，推进市场化

根据“双碳”愿景，我国已经启动编制《零碳建筑技术标准》，而零碳建筑仍处于我国绿色建筑业发展的初期，非常依赖技术创新和政策创新，比如城市屋顶空间限制了场内可再生能源的应用。[①] 能源研发领域本身就存在私人投资不足的情况，因此在绿色投资前景尚未明朗时，政府应率先开展创新投资，同时采取逐步提高碳价、实行建筑奖励等一系列激励措施，刺激建筑市场涌现出更多合格的清洁电气化产品经销商和服务商，加快零碳技术市场化。

2. 社会：借力绿色金融，争做零碳方案先行者

私人投资者部署清洁能源项目无疑承担着高风险，但是企业相互联合可以共同识别并通过创新解决绿色溢价问题，建筑消费市场只要存在更清洁的替代需求，就能朝着零碳方向发展。同时，零碳新政策应对企业积极引导，鼓励率先大规模应用清洁材料和可再生能源电力，进行零碳改造，阐明零碳市场的前景，增强创新者的信心。我国在“十四五”规划中明确了绿色金融的工作方向，有望借助货币和信贷政策工具等，推动绿色建筑业的新发展。

3. 个人：依赖财政激励，积极创造零碳新需求

公民对零碳建筑的认识并不充分，只有通过政策和公共投资间接了解脱碳成效，零碳概念才会深入公众并影响每家每户，个人作为零碳行动的有机环节才能有效运转起来，从需求侧对市场产生影响。首先从减少公用事业支出出发，辅助正向财政激励，鼓励居民尽可能升级智慧节能设备。消费者对热泵等“零碳”替代品的偏好更是零碳需求增加的信号，会让投资者更有信心地对建筑脱碳进行战略部署。

---

① RenildeBecque, Debbie Weyl, etc.,“Accelerating Building Decarbonization: Eight Attainable Policy Pathways to Net Zero Carbon Buildings for All,” World Resources Institute, 2019. 09.

参考文献

Eric Garcetti, “L. A.’s Green New Deal: Sustainability Plan 2019,” City of Los Angeles, 2019.

“2018 Global Status Report for Buildings and Construction,” International Energy Agency, 2019.

“Why the Building Sector, Architecture 2030,” https://architecture2030.org/buildings_problem_why/.

Erin McConahey, “Zero-Carbon Collaboration: The Case for Los Angeles,” Los Angeles: ARUP, 2020.

Use of Geothermal Energy, “U. S. Energy Information Administration,” https://www.eia.gov/.

〔美〕比尔·盖茨:《气候经济与人类未来》，陈召强译，中信出版集团，2021。

EBEWE Compliance Status, “Los Angeles Department of Building and Safety,” https://www.ladbs.org/services/green-building-sustainability/existing-buildings-energy-water-efficiency-program/ebewe-compliance-status.

“Prepare for a Low GWP Future,” Wilhelsen Insight, https://www.wilhelmsen.com/zh-hans/marine-products/refrigeration-solutions/prepare-for-a-low-gwp-future/.

Francis Lai, “Prepare for a Low GWP Future,” Wilhelmsen Insights, 2019.

EBEWE Ordinances, “Los Angeles Department of Building and Safety Last Updated,” https://www.ladbs.org/docs/default-source/forms/green-building/ebewe-ordinances.pdf, 2020-10-21.

王帆:《碳中和下的中国城市大考: GDP 竞赛外 低碳发展将成为硬约束》,《21 世纪经济报道》2021 年 1 月 30 日。

中国建筑业协会:《中国房屋建筑业现状分析》, https://wenku.baidu.com/view/3ad5710d32687e21af45b307e87101f69e31fbb4.html, 2017 年 6 月 29 日。

《超十万个老旧小区设施老化 房地产迎来存量改造新风口?》, https://baijiahao.baidu.com/s?id=1634188601693720781&wfr=spider&for=pc, 2019 年 5 月 21 日。

〔美〕威廉·诺德豪斯:《气候赌场——全球变暖的风险、不确定性与经济学》，梁小民译，中国出版集团、东方出版中心，2019。

Renilde Becque, Debbie Weyl, etc., “Accelerating Building Decarbonization: Eight Attainable Policy Pathways to Net Zero Carbon Buildings for All,” World Resources Institute, 2019.

B.20

巴塞罗那“绿色发展30年”聚焦绿色基础设施和生物多样性*

辛晓睿**

摘　要：　为保护城市现有自然遗产，使每位公民都能从中受益，巴塞罗那制定了聚焦绿色基础设施和生物多样性的30年绿色发展计划。该计划阐释了保护绿色基础设施和生物多样性的原因、内涵及其价值，分析了当前巴塞罗那在绿色基础设施和生物多样性方面的进展，指出了巴塞罗那绿色基础设施和生物多样性发展的愿景、目标与相应的战略方针。该计划对中国大城市拓展绿色发展的广度与深度具有借鉴意义。

关键词：　巴塞罗那　绿色基础设施　生物多样性

在现代化大都市，绿色空间与生物多样性成为城市居民与大自然接触的唯一机会。对此，2021年巴塞罗那制定了以绿色基础设施建设和生物多样性保护为核心的发展计划。该计划旨在通过巴塞罗那绿色发展的2050目标及未来30年内详尽的行动方案，构建一种自然与城市交互且彼此促进的发展模式。

---

* 本报告主要基于巴塞罗那市政厅发布的《巴塞罗那绿色基础设施和生物多样性2020计划》(Barcelona Green Infrastructureand Biodiversity Plan 2020)，特此致谢。

** 辛晓睿，博士，浙江工商大学经济学院讲师，主要研究方向：生态经济与区域发展模式、产业集群与区域创新网络。

一　绿色基础设施和生物多样性计划概述

（一）绿色基础设施和生物多样性计划的起源

巴塞罗那绿色基础设施和生物多样性计划的制定主要源自两方面理由：一方面，绿色基础设施建设可以将自然及其所容纳的所有生命形式带入城市，实现城市与更广阔领域的连接，最终使城市更加富饶和有弹性，能较好地应对压力和挑战；另一方面，生物多样性和绿色基础设施能够提供良好的环境和社会服务，造福公民，使他们从自然遗产中受益。值得注意的是，该计划指出要建成自然与城市相互融合、相互增强的城市，并非将城市拥有的自然区域打造成孤立点，相反旨在构建一种绿色空间网络，该网络中绿色基础设施间彼此连通，绿色遗产与周围自然区域间彼此连续。

（二）绿色基础设施和生物多样性计划的内涵

绿色基础设施是与绿色网络类似的概念，是由公共或私人区域的自然植被、农业植被和景观植被所构成的空间网络，能提供生态、环境、社会和经济服务等功效。当绿色基础设施实现连通时，这些功效将进一步增强。这种连通性促进了生物的流动性，使它们所表征的生态过程和流动（水、物质、基因等）不受干扰地展开。作为一种生命支持系统，绿色基础设施在城市和其他基础设施运行中至关重要。

生物多样性是指地球上存在的各种生命形式，其构成了全人类共同享有的全球自然遗产。城市的生物多样性形成一个有生命力的绿色结构，这种绿色结构既作为动植物的栖息地，又作为一种绿色网络与建筑物、街道等以相同的方式融入城市系统。

尽管城市中动植物等自然遗产的存在为居民带来了许多好处，但是一个城市的物理和环境质量条件并不总是最合宜生物生存的，尤其是水和空间的可用性、空气和土地质量等；并且城市的发展需求，如休闲和交通等都对生物多样性产生压力。因此，城市的自然遗产必须得到保护，这种保护是指人类通过生物圈获得当前利益的同时，要保持子孙后代所需的潜力，具体涉及保护、维护、可持续利用、恢复和改善环境等概念。

（三）绿色基础设施和生物多样性计划的价值

巴塞罗那拥有复杂的绿色空间资源，每种类型都有各自的特征（特征衡量的是基于环境、感官、文化等多方面的质量），如果管理得当，其特征和质量会得以加强。每种类型作为绿色基础设施和生物多样性，都提供重要的生态和社会价值，发挥多种功能。

表1　绿色基础设施和生物多样性的主要贡献及巴塞罗那提供这些服务的空间类型清单

价值	特征	功能	空间类型
环境价值	栖息地质量	确保自然在城市中的存在	开敞的自然空间
自然	土壤质量	保护自然	河流流域
多样性	地形多样性	保护土壤	海岸
复杂性	渗透性	生产有机物和食物	森林
连通性	水含量	减少空气污染	公园
社会文化价值	生物质量	封存和储存碳	花园
健康	物种丰富度	减少噪声污染	池塘
美丽	栖息地丰富度	调节水循环	广场
文化	本土/异地指数	提供水分	林荫街道
福利	密度	调节温度	景观街道
关系	类别	节约加热/冷却成本	屋顶绿化
风景	动植物健康	创造景观	绿墙和垂直花园
	代表性	提升城市宜居性	
	唯一性	开辟空间和使城市平静	
	环境质量	有助于身心健康	
	声音舒适	为生活和感官享受创造环境	
	气候舒适	为社交互动创造环境	
	空气质量	提供休闲、娱乐和体育活动的空间	
	感官质量	为文化、教育和研究活动提供机会	
	嗅觉质量	产生旅游吸引力	
	声学质量	促进与自然接触和互动	
	色彩质量	产生附加值	
	视觉质量	创造商机	

续表

价值	特征	功能	空间类型
	季节性和时间性变化 接待能力 邻近性 可进入性 交通有序 多用途 社会化的机会 文化兴趣认同 历史兴趣 艺术兴趣 教育兴趣		

（四）巴塞罗那绿色基础设施和生物多样性现状

基于丰富的地形地貌，巴塞罗那市区面积近100平方公里内拥有种类繁多的自然空间和典型的动植物群。然而，在巴塞罗那几乎看不到原生自然环境，被城市形态所占据的土地和高人口密度导致绿色元素基本呈非连续性的孤立点状，为许多小面积的区域。

从整体看，巴塞罗那拥有3611公顷的绿色基础设施，占城市土地的35.3%。其中30%（1076公顷）属于严格的城市公共绿地，20%（740公顷）属于私人绿地，其余50%（1795公顷）是在科尔塞罗拉的森林绿化，相当于城市居民人均6.82平方米绿地。这些绿色区域间相互割裂，即巴塞罗那绿色基础设施网络由自然与人工的、大小不一的、公众或私有的、简单与复杂的多类型绿色空间所组成。

二　巴塞罗那绿色基础设施和生物多样性计划的主要举措

（一）绿色基础设施和生物多样性计划的设想

巴塞罗那绿色基础设施和生物多样性计划设想在2050年能通过绿色基

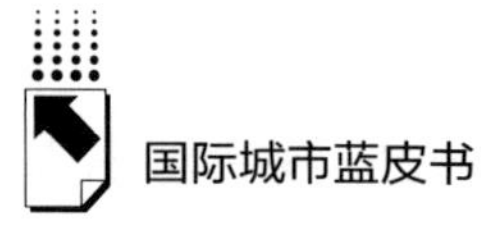

础设施的连通实现自然与城市的相互作用与相互促进。建立一座拥有绿色基础设施的城市，把城市自身与更广阔的自然领域重新连接，提供更多社会和环境服务，利用一切机会为自然让路，鼓励人们接触自然。

该计划指出绿色基础设施并非城市发展模式中的装饰性补充，而是要构建真正的绿色网络发展模式。该模式基于连通性和城市的再自然化两个重要概念形成，通过城市绿色廊道和机会区两种途径实现。

表 2　城市绿色网络发展模式的实现途径

绿色廊道	机会区
绿色廊道是指实现连通性的工具，在城市中被定义为具有丰富植被的带状道路，这些道路跨越城市结构，实现了各绿地“点”的连通和联系 所有的绿色廊道构成了一个功能性绿色网络，与外围的自然空间相连，为城市提供真正的绿色基础设施 绿色廊道会优先考虑行人和骑自行车的人，提供适当的步行或休息区域，其作为最靠近居民的自然空间脱颖而出。它们使城市变得更加宜居，同时为动物群提供有吸引力的栖息地，并使社会和环境效益成倍增加	机会区规模和类型各不相同，几乎存在于所有社区，例如未占用的地块、屋顶、阳台，以及可以维持和容纳动植物群的所有区域。城市空间的自然化需要将自然环境引入建筑，并尽可能将绿色植物融入城市结构。城市作为无数区域的所在地，为改善绿色基础设施和生物多样性提供了机会，并提供了一系列改善人们生活质量和健康状况的生态服务

（二）绿色基础设施和生物多样性计划的目标

在自然环境保护和建设领域，巴塞罗那指出要严格保护和加强管理城市现有各类自然遗产，防止物种减少、灭绝和栖息地消失；要尽可能地建成最多的绿色基础设施，并确保其连通性，促进城市绿色网络发展。

在绿色发展与社会关系构建领域，巴塞罗那指出积极构建绿色基础设施和生物多样性与城市居民间的关系，使得居民能从绿色基础设施和生物多样性中获得尽可能多的社会、文化和环境服务，为城市居民接触自然、享受自然和保护自然提供渠道；要通过多种有效途径，在促进社会更加重视绿色基础设施和生物多样性方面取得进展。

在城市未来发展领域，巴塞罗那期待通过这一计划，使得城市未来在面对气候变化带来的全球变暖、海平面上升、极端天气增多、物种灭绝等多重挑战时更具弹性。

（三）绿色基础设施和生物多样性战略方针

1. 保护城市的自然遗产

保护自然遗产是可持续发展中面临的一项关键挑战。通过采取行动纠正那些有危害的活动、行为，如动植物过度入侵，因而为公共和私人空间制定生物多样性保护协议至关重要。主要推进的方向包括：为主要相关地区制定生物多样性保护协议并实施相关指南；对公共场所可能对生物多样性有影响的活动实施预防和纠正措施；确定和实施私家花园、其他特殊相关区的生物多样性保护措施；完善脊椎动物保护计划；制定保护特殊动植物的行动计划并执行相关的指导方针；采取措施控制外来入侵植物群；预防和控制入侵和过量的动物种群。

2. 规划绿色基础设施以确保连通性和分配平衡

为了完善绿色基础设施，需要重新设计和优化城市绿化系统，将其转变为绿色空间与自然区域相互连接的网络。明确绿色基础设施是城市的环境支柱，需要努力扩大绿地面积，主要支持绿地最少的地区，以确保绿色基础设施和生物多样性所贡献的服务和利益的公平分配。主要推进以下领域：完善城市的绿色基础设施；推进连接郊区和大都市区的绿色基础设施和保护生物多样性项目；实施绿色廊道网络工程。

3. 规划城市及其绿色空间时考虑环境服务并整合标准以增强生物多样性

绿色空间提供的环境服务及其所容纳的生物多样性是城市制定规划或采取影响公共区域的行动时必须考虑的参数。绿色空间有助于调节城市小气候，它们干预水循环并为生物多样性提供支持。因此，城市发展构思和规划时必须考虑到这些好处，并强化它们的功效。主要推进以下领域：制定绿色基础设施和生物多样性章程；使公共区域的地面具有渗透性；使行道树种多样化；在水资源和维护有限的地区纳入有效的景观标准；使沿海植被适应环境变化。

4. 为自然创造新空间并推进绿色基础设施和生物多样性计划

巴塞罗那是一座紧凑型城市，人口密度高、自然区域很少，在 Collserola 山脉之外，几乎没有动植物生存的空间。因此，扩大这一范围需要增强绿色空间作为栖息地的作用，为它们提供更丰富、成熟和分层的植被，并将绿色基础设施扩展到城市各种类型的空间以增强其影响，如促进当地自然保护区发展、为现有区域提供更多植被、鼓励景观区域作为栖息地、开展有机农业实践、充分利用新机会区（屋顶、甲板、外墙、墙壁等）提升现有绿色空间的多样性等。主要推进以下领域：通过恢复自然景点来创建当地自然保护区网络；在城市中创造新的绿色空间；通过增加公园、花园和公共空间中乔木和灌木数量来增加城市生物质；完善绿色基础设施，增强其栖息地功能；保持公园内的安静，让人们可以享受静谧；推广绿色平台、屋顶、墙壁和庭院；在暂未使用的地块中创造绿色空间；促进城市和城郊地区的有机农业发展；在城市广场打造季节性花园；为行道树提供更多的土壤空间。

5. 以可持续性和效率标准管理公园、花园和其他绿色空间，促进生物多样性

通过利用地下水资源减少绿地对水的需求、采取综合病虫害防治行动、使用最合适的土壤、利用植物遗骸以及最终实施针对每种植被的管理和维护程序……所有这些行动应该让城市居民享受一流的城市自然遗产。资源效率和优化是实施可持续城市绿化管理模式的两个关键概念。主要推进以下领域：加强绿地和行道树管理；按照合理化标准制定公园和花园修复计划；优化绿地灌溉；实施有利于生物多样性的病虫害与杂草管理计划；用 cespitosa 植物和 carpeting 植物代替高耗水草坪；制定与天气相关事故的绿化管理行动协议。

6. 保护和提升文化遗产价值，特别是在历史园林中

巴塞罗那的一些公园和花园中的雕塑和建筑元素以及某些树种，都构成了巴塞罗那文化和历史遗产的一部分。对于这些空间有特殊的保护要求，需要采取特殊的保护措施。巴塞罗那主要推进以下举措：制定历史和主题公园与花园的管理计划；审查地方和国家遗产名录，使其包括

所有相关的历史园林；指定蒙特惠奇山标准为巴塞罗那景观遗产的基准；制定保护巴塞罗那特色树种的计划；保护和推广巴塞罗那当地的特色树木。

7. 丰富绿色基础设施和生物多样性管理和保护知识

为了从科学和技术严谨的角度规划、管理和维护自然遗产，必须提高对绿色基础设施和生物多样性、城市环境中存在的物种的行为和需求及其产生的环境和社会效益有所了解。自然遗产必须根据科学和技术标准进行管理、规划和维护。保护城市环境中的生物多样性是世界各国政府面临的新挑战，但仍缺乏解决该问题的理论和实践知识。特别是了解和监测气候变化给环境带来的转变过程是值得关注的。

巴塞罗那主要推进以下举措：通过建立绿色基础设施和生物多样性指标数据库和系统，监测自然遗产状况；编制和更新绿色基础设施和生物多样性地图；扩大和继续研究与绿色基础设施和生物多样性相关的环境效益；获得更多关于绿色基础设施对健康影响的应用知识；鼓励研究气候变化对自然遗产的影响；确定保证植被质量所需的水量；与研究机构和中心合作寻找和测试新的植物物种；更好地了解城市对全球生物多样性的影响。

8. 传播绿色基础设施和生物多样性及其价值的知识，开展相关培训

公众对与生物多样性相关的概念仍然知之甚少。因此，增进对其丰富性、重要性、好处和影响的认知非常重要。城市的绿色空间、相关的生物多样性、包含的历史元素以及城市的行道树范围等问题可以成为教育和培训策略的重点。主要推进以下领域：制定和实施关于绿色基础设施和生物多样性的交流战略；促进绿色空间作为教育和知识传播的场所；在巴塞罗那创建绿色基础设施和生物多样性解析中心；将奥尔塔迷宫公园的培训中心打造成促进花园和景观美化的平台；践行生物闪电战式的公民倡议，以在节日气氛中形成集体意识；增进专业人员对生物多样性价值的认知；为学校创造资源并提供支持；教育公民依据保护标准来管理与动物共存的冲突。

9. 设立绿色空间作为健康和休闲场所，并促进公民参与保护生物多样性

绿色城市空间有助于提高人们的生活质量、健康水平和幸福感。巴塞罗那使用绿色空间的人群及其需求的多样性是规划、设计的一个重要因素。不可忽视的是，目前对于很多人来说，城市中的公园和花园是其接触自然的唯一机会，绿色空间对人与人之间的互动和共存有着积极的贡献。它们还为促进城市自然的社会和娱乐价值提升、开展培养生物多样性意识的活动提供了完美的环境。未来几年面临的主要挑战是鼓励更多公民参与，并将其作为保护、管理和促进生物多样性的关键。

巴塞罗那主要推进以下举措：制定和实施巴塞罗那绿色空间的社会应用计划；增加公园内提供的娱乐和卫生设施数量；通过学校、协会和社区参与来改善儿童游乐场；通过鼓励修建景观菜园、阳台、露台、屋顶、平台、墙壁和庭院，促进私人空间绿色化发展；开放私人绿色空间供公众使用；设立志愿者项目以保护、宣传和传播绿色基础设施和生物多样性相关知识；设计和实施可行的由邻里经营的花卉和菜园项目；组织绿色基础设施和生物多样性相关的创意竞赛，并向不同群体开放。

10. 强化绿色基础设施和生物多样性计划中的地方领导力、网络化和承诺

巴塞罗那必须成为绿色基础设施和生物多样性的标杆城市，因为这是其使命和承诺。城市足迹对自然的影响远远超出了市辖区的范围（资源消耗、排放、休闲影响等）。致力于改善城市环境实际上意味着致力于保护全人类的自然遗产；分享经验以提升生活质量，正式的承诺有利于加快项目进展。为进一步推进和加强地方领导，需要与参与保护城市生物多样性和绿色基础设施的组织建立网络并加强制度关系。

巴塞罗那主要推进以下举措：将巴塞罗那变成绿色标杆城市；积极参与城市网络并与致力于解决生物多样性问题的机构合作；加强与机构的网络合作，与有关部门携手合作；加快与组织的联系并确保其对生物多样性的承诺；让经济利益相关者参与绿色基础设施和生物多样性的赞助方案；优化土地管理系统，并作为自然保护的工具；环保采购政策争取取得成效。

三 对中国绿色城市建设的主要启示

作为全球生态文明建设的重要参与者、贡献者和引领者，中国坚持将绿色发展、生态优先理念贯穿于经济社会发展中，近年来在生物多样性、循环经济、海绵城市、绿色城市、低碳社区、垃圾分类等领域取得了显著成效。《中华人民共和国国民经济和社会发展第十四个五年规划和2035年远景目标纲要》明确指出，“构建系统完备、高效实用、智能绿色、安全可靠的现代化基础设施体系”。基于生态实践成果与未来发展要求，绿色基础设施成为中国新时期基建的重要内容、绿色发展的重要方向。然而，绿色基础设施内涵、建设路径等在中国尚处于探索阶段。

巴塞罗那从理念塑造和行动方案双重维度为中国绿色基础设施建设和生物多样性发展提供了思路。

（一）理念层面，兼顾全局与细节

基于绿色基础设施和生物多样性的内涵、起源和价值，巴塞罗那指出连通性至关重要。中国当前在绿色发展和生物多样性保护进程中，多关注特定区域，如湿地、自然保护区、河流沿岸等，以及单个自然环境要素，如湖泊、森林、生物多样性等的发展与测度，缺乏城市绿色网络发展理念，对连通性关注不足。巴塞罗那指出主要绿色基础设施所表征的绿色网络发展有两大实现途径。中国部分城市已启动路径之一——生态廊道建设，但对机会区域的关注较少，少有相关规划或方案涉及私人的、小型的、立体的非常规绿色空间。中国城市绿色基础设施建设应借鉴巴塞罗那的经验，既纵观全局，强调不同类型绿色空间和资源的连通性，形成网络化发展格局，也注重细节，将以往生态实践中常常忽视的非常规的、有可能的绿色空间和资源全面纳入城市绿色发展体系。

（二）行动层面，注重科学性与民众参与

巴塞罗那制定的行动方案中特别强调保护过程的科学性，无论宏观城市

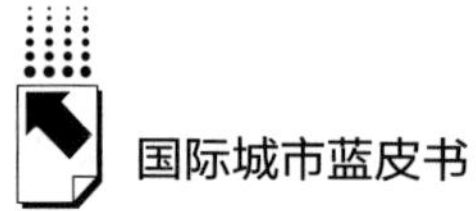

规划，抑或微观区域绿色发展行动，均要依据合理科学的标准制定计划和协议，搭建相关资源数据库和监测系统。这对中国城市绿色基础设施建设和生物多样性保护提出了较高要求，主要是城市中微观区域，存在数量繁多、类型复杂、分布零散、归属难以划分等特征，科学管理和维护的难度大、成本高、回报周期长。

除绿色基础设施和生物多样性常见的生态环境效应外，巴塞罗那特别明确了社会文化效应，指出其对城市居民生活质量提升、幸福感塑造、休闲娱乐享受供给的贡献，计划通过教育、培训等途径使居民认识到其重要性，明确保护工作与每位公民息息相关，进而鼓励城市居民积极行动，参与相关计划制定、保护过程实施和私有资源共享等。中国城市绿色发展中长期存在民众参与度低的问题，应借鉴巴塞罗那经验，将绿色基础设施和生物多样性为社区居民带来的休憩休闲效应与居民日常保护行动连接起来，通过利益导向提升民众参与意愿。

参考文献

Ajuntament de Barcelona, "Barcelona Green Infrastructureand Biodiversity Plan 2020," 2020.

中华人民共和国国务院新闻办公厅：《中国的生物多样性保护》，2021 年 10 月 8 日。

《构建绿色基础设施体系 助力城市高质量发展》，http://www.chinajsb.cn/html/202102/26/18067.html，2021 年 2 月 26 日。

城市治理篇

Urban Governance

B.21 联合国探索后疫情时代城市公平绿色健康发展之路*

余全明**

摘 要： 基于联合国人居署于2021年5月发布的《城市和大流行：迈向更公正、绿色和健康的未来》，本报告探讨了城市危机对其未来发展的影响，指出城市在应对危机时存在系统性贫困和不平等现象，并且危机将会导致城市经济发展进入“新常态”。同时，危机为城市结构和功能的重塑提供了机会，能够推动城市治理机制重构，改善未来城市治理水平，并就中国城市公平、绿色和健康发展提出相关建议。

关键词： 城市危机　城市结构　城市功能　城市治理

---

* 本报告基于联合国人居署于2021年5月发表的《城市和大流行：迈向更公正、绿色和健康的未来》(Cities and Pandemics: Towards a More Just, Green and Healthy Future) 展开介评，并提出了中国未来城市公平、绿色和健康发展建议，特此感谢。

** 余全明，上海社会科学院应用经济研究所博士研究生，主要研究方向：产业经济。

2021年5月，联合国人居署发布的《城市和大流行：迈向更公正、绿色和健康的未来》（Cities and Pandemics：Towards a More Just，Green and Healthy Future）探索了后疫情时代城市公平、绿色、健康发展之路，指出城市是应对疫情的关键防线，但即便是拥有良好卫生系统的城市在疫情期间也暴露了一系列缺陷，如基本服务、公平正义、社会保障体系、城市的韧性和可持续发展等方面的问题。疫情大流行加剧了城市面临的以上挑战，使其重新进行设定和定义，重新进行基础设施布局和规划，推动城市治理机制重构，以期提升未来城市治理效果。因此，疫情大流行下城市功能面临考验，未来城市将朝着公平、绿色和健康的方向发展。

一　提升城市包容性，强化城市功能

大流行对城市造成了毁灭性影响，也敲响了警钟。大流行凸显了公共服务、社会保障和卫生系统方面的不平等，促使城市更加关注健康权、水权、食物权、住房权、社会保障权等，以更公平和更公正地分享城市的集体资源和服务，强化城市韧性建设。

（一）扩大城市基本服务覆盖范围

各城市应扩大基本城市服务的覆盖范围，确保应急服务覆盖所有社区，确保每个未与城市基本服务系统连接的贫困社区都可以获得基本的供水、供电和公共卫生等服务。城市应完善供水、供电、公共卫生等基本服务，确保覆盖贫困社区，满足低收入社区的基本需求。城市应该制定最低水平的服务标准，维持最低水平的基本服务负担能力，防止价格成为获取基本服务的障碍，避免为应对危机引起的价格上涨最终转嫁至弱势群体，确保每个居民都可以获得可负担得起的基本服务。

（二）制定并实施社区全面升级的战略

城市应制定发展战略，确定需要升级和更新的社区。规划混合用途、社会多元化的社区，采用更具包容性的规划方法，避免在公共住房中建立隔离社区，建设有效保护体系。城市应增加对公平、包容的住房方案的投资，为弱势群体提供短期住房，寻求可持续的解决办法，为部分弱势群体提供解决住房问题的方案。城市的住房保障政策应兼顾房东的利益。

（三）确保互联互通，提供可负担的交通出行选择

交通部门应采取措施，加快支持绿色出行的设施建设，加大绿色出行模式的推广力度，鼓励绿色出行。城市应该通过保持公共交通服务的开放、安全和高效，增强城市居民对公共交通的信任，确保交通服务的可靠性。城市应加大数字基础设施投资，扩大宽带互联网和其他数字服务的覆盖范围。城市在制定无障碍的数字包容和培训计划时，应扩大社区使用新应用程序和工具的覆盖范围，提升居民的数字技能。

（四）为风险地区的劳动力和企业提供持续支持

城市应实施一系列具有针对性的战略，一方面支持脆弱部门的劳动力，维持其生计，另一方面为失业者提供就业机会和新的收入来源。城市应完善社会保障网络，将居民更公平地纳入社会保障网络，确保居民免受未来卫生、经济和气候危机的影响，降低危机造成的个人和社会成本。城市应提高社会保护措施的细致程度和拓展社会保护措施的覆盖范围，确保在城市福利方案中有效查明和处理与性别、年龄、族裔等特征有关的各种风险。

（五）对社区进行投资，解决政策中的歧视问题

城市不仅应通过包容性方法与社区协商，还应通过对社区主导的倡议进行投资，积极参与数据收集和决策过程。城市应增强边缘群体和少数群体的权能，提升其在包容性规划进程中的参与度，完善社会网络，增强认同感，提升社会凝聚力，以更公平的方式分配城市资源。

二 城市经济进入"新常态"，完善城市功能

没有一个城市能逃脱疫情大流行带来的破坏。实行封锁和限制措施引发的相关就业损失、公共卫生系统崩溃等问题反映了全球经济发展面临的潜在压力。在此背景下，针对新冠肺炎疫情带来的深刻变化，城市需要对现有体系进行改革，以增强城市功能。

（一）为城市提供充足的财政支持，刺激经济快速复苏

政府应提供公共卫生服务，保障基础设施运转，支持生产部门的运营，增强劳动力供给韧性。依据社区分布，城市应提供社会保护、减税、救济等相关方案，推动社会稳定和经济恢复。城市应增强自身获得融资和信贷的能力，拓展资金来源，建立更具韧性的预算和财政框架，提升城市服务供应能力，保障经济发展。城市应积极参与国际组织、开发银行和国家政府等部门组织的多边行动，以应对公共卫生危机和气候变化等带来的挑战，促进地方经济发展。城市应采用新的融资机制，通过土地融资和财产税等机制获得资金，为福利体系提供资金保障。

（二）通过补贴和知识转让激励可持续的生产和消费模式

城市可以通过财政激励、补贴政策，向农民和生产者提供可负担的绿色技术，避免污染环境的做法，推动绿色屋顶、太阳能板等清洁能源发展。地方政府应该消除导致污染行为的隐性激励，对商业、开发等活动的补贴政策要附加绿色考核条件，针对土地使用和住房市场构建明确的监管框架，保障城市居民的权利，防止城市经济的长期低效、扭曲增长。

（三）加强城市劳动权利和保护，保障弱势群体的就业

福利法案、基本收入计划、最低工资和健康保险等有助于增强劳动力韧

性，并间接保障农村和城市周边地区的居民收入。城市应制定有针对性的措施，为妇女、青年、移民等弱势群体提供培训、再培训等服务，扩大弱势群体的就业机会，提升劳动力的韧性。

（四）投资数字技术，加快推广和应用数字技术，刺激物流和供应链发展

城市应加快数字化建设，缓解卫生危机给生产和消费系统带来的巨大压力，提高当地企业的抗风险能力。确保数字化公平和包容扩张，提高居民使用数字技术的必要技能，促进公平机会。

三　重塑城市结构和功能，加强城市功能建设

城市脆弱性是重塑城市结构和功能的重要因素。决定城市脆弱性的因素是广泛的，包括城市位置、建筑环境和建筑设计等维度。脆弱性因素导致城市极易受到危机的冲击，因此，有必要重塑城市结构，完善城市功能和布局。

（一）加强城际协作，提高城市间功能互联互通

区域应建设共享决策平台，加强城市间的沟通交流和协调合作。建立统一的城市网络管理机构有助于解决治理碎片化问题，强化各级部门的沟通协作。在区域维度上采取蓝绿网络、景观带、城市扩张边界等环境保护措施，限制土地利用转换，避免生态系统恶化。实施碳税和限额交易等政策，减少工业排放，限制建筑作业、拆除工程、砍伐森林等活动，减少粉尘排放，提高城市空气质量。制定并实施商品、服务和劳动力流动的政策和规划，加强城市间的互联互通。缩小现有差距、加强城乡联系、加快基础设施建设。推进粮食和医疗等基本物资供应的本地化，提升区域抵御全球供应链突发冲击的能力。各城市应鼓励对地方生产基础设施进行投资，缩短食品和医疗系统的供应链。

（二）合理规划城市的空间布局，改善城市功能辐射范围

城市可以通过增加投资，降低城市脆弱性，提高应对未来冲击和压力的抵御能力。通过空间混合用途开发，加强城市服务和便利设施获得的公平性，鼓励健康的生活方式，增强社区凝聚力。合理规划城市设施和功能分布，在社会、经济和环境可持续发展的同时，不降低城市宜居性，提升城市恢复能力。土地利用模式向以行人为导向、混合用途、多样化和紧凑的城市规划过渡，创造更灵活和适应性更强的城市结构，以应对未来可能出现的危机。确保公共交通的安全、可负担、可达性和高效，并制定明确和一致的战略，降低使用者的风险，推动公众对公共交通的信心恢复。投资公共交通，形成紧凑、无障碍的城市布局，倡导骑车和步行等绿色出行方式，致力于推进城市可持续发展。城市规划应通过有效的设计和流动战略，提升城市空间利用效率，减少环境污染。

（三）提升社区包容度，完善社区功能

城市应鼓励建设自给自足、包容的社区，推动无障碍设施和包容成为社区战略的核心，确保社区可以提供必要的服务和便利设施，满足居民的工作和生活需求。这种社区不仅可以支持小型企业的生产经营，提升社区经济效益，还可以减少私人或公共交通需求。城市应进行公共空间评估，创造更公平的公共空间分配方案，确保公共空间用途的多样性，满足不同群体的需求，鼓励积极、健康的生活方式。设计、提供和维护良好的公共空间系统，提升公共空间的连通性和可达性。

四　重构城市治理机制，优化城市治理方式

一些国家在疫情大流行前已经建成重要的卫生基础设施，但仍未取得积极的结果。这表明成功的发展战略不仅需要完善的公共卫生系统，还需要鼓励社区参与，保证信息透明。

（一）各部门应将空间治理办法纳入应对危机措施，完善城市治理机制

各级政府部门结合实际情况，优化空间治理，加强居民支持力度。推动区域、城市、社区等不同空间的整合，优化各层级合作方式，实现多层次治理的联动，避免治理碎片化。将危机管理战略纳入社会包容和城市可持续发展战略，以应对气候变化、移民等方面的挑战。

（二）城市应将应急准备措施有效地纳入各级危机治理，补齐危机治理短板

城市应建立适当的治理机制，完善预警机制和反应系统，并对各级系统进行整合，提升反应能力，有效应对未来可能出现的紧急情况。城市应维持和加强卫生保健、社会福利建设，提升公共部门应对危机的速度和能力。

（三）城市应改革财政政策，建立完善的社会福利体系

城市应改善税收模式和再分配财政政策，扩大预算支出，建立可获得的社会福利体系。城市应鼓励社会公众积极参与，提升资源利用透明度，增强公众信任。城市应建立参与式预算编制的机制，提高预算支出的针对性和效率，以便最大限度地获得公众支持。城市应利用数字技术改善治理方式，提高各类信息的透明度。

五　推进城市建设和功能的再完善，对未来城市公正、绿色和健康发展的启示

城市在确保人们渡过危机和应对未来危机方面有着至关重要的作用。中国城市既需要加强对危机的管控，还须采取措施增强城市的治理能力，完善城市功能。

（一）完善城市空间布局，提升城市服务水平

城市应将危机管理规划纳入城市空间规划，推动公共空间利用多样化，为未来应对危机提供空间支持。建设空间规划信息共享平台，鼓励各方积极参与空间规划，提升规划的推进速度和接受效果，增强居民信任度。加快基础设施建设，合理布局城市设施，提高设施的安全、可靠和高效性，确保基本服务设施覆盖所有社区。完善城市功能，扩大功能辐射范围，提升城市功能冗余度，提高城市服务水平。

（二）加大数字技术投资，提升供应链的数字水平

增加数字技术投资，推广数字技术应用。加快数字基础设施建设，扩大城市基础设施覆盖范围。加强城市服务人员培训，提升服务人员的数字技能。加快城市服务的数字化应用，提升城市服务的数字化水平。加强数字技术在供应链中的应用强度，推动物流各环节的数字技术无缝连接，提升物流的安全性和效率。

（三）加强各层级部门的协同，提升治理效率

建立信息共享平台，推动各层级部门的交流合作，避免各层级部门在应急工作中出现碎片化和混乱。完善治理机制，改善治理的空间规划，制定各种应急治理方案以应对不同的危机。完善危机预警机制，增强各层级部门应对危机的意识。建立应急反馈机制，加快危机处理速度，提高治理效率。加强各层级部门联动，提升各部门的合作水平，改善治理效果。

参考文献

United Nations Human Settlements Programme, "Cities and Pandemics: Towards a More Just, Green and Healthy Future," http://www.unhabitat.org, May 2021.

Council of Europe, "Initiatives of the City of Montreal During the COVID－19 Crisis," https：//www. coe. int/en/web/interculturalcities/－/initiatives－of－the－city－of－montreal－during－the COVID－19－crisis, April 2020.

C40, "Public Transport after COVID－19：Re-building Safe and Connected Cities," https：//www. c40knowledgehub. org/s/article/Public－transport－after－COVID－19－re－buildingsafe－and－connected－cities? language＝en_ US, June 2020.

B.22

香港“智慧城市蓝图2.0”运用创新科技打造城市治理全链条*

盛 垒**

摘 要： 在诸多全球城市评估中香港智慧城市建设成绩卓越，经验丰富。本报告基于《香港智慧城市蓝图2.0》，对香港促进智慧城市建设升级方案的愿景目标、策略框架及具体措施等进行了较为系统的分析，并提出了其对内地城市的智慧城市建设和发展的有益启示。

关键词： 香港 智慧城市 城市治理

当前全球处于信息和大数据双重叠加时代，新要素、新业态、新模式正在重塑城市新空间、新功能，城市发展进入新阶段。智慧城市被普遍认为是新时代城市发展的高级阶段，是近十多年来世界各国城市发展的方向。2020年12月，香港特区政府创新及科技局发布的《香港智慧城市蓝图2.0》明确了在现有智慧城市基础上进一步打造智慧香港升级版，并提出了一揽子的新策略和新举措。作为全球智慧城市建设的领先者，香港智慧城市新蓝图对内地城市的新型智慧城市建设具有重要启示意义。

---

* 本报告基于《香港智慧城市蓝图2.0》开展介评，并提出了其对内地智慧城市建设和发展的有益启示，特此感谢。

** 盛垒，博士，上海社会科学院世界经济研究所研究员，主要研究方向：城市创新、城市产业发展。

一　香港智慧城市2.0的愿景与目标

2017年12月，香港特区政府发布的《香港智慧城市蓝图》从智慧出行、智慧生活、智慧环境、智慧市民、智慧政府及智慧经济六个方面提出了76项具体发展措施。其中，数码基建项目和主要措施在近三年已相继实施，如快速支付系统“转数快”、增设免费公共WiFi热点和“智方便”一站式个人化数码服务平台等。

2020年出台的《香港智慧城市蓝图2.0》，是在2017年制定的规划1.0基础上的升级版，其发展的总体愿景是“拥抱创科，构建一个世界闻名、经济蓬勃及优质生活的智慧香港”，具体的发展目标包括以下四个方面。

（1）让市民的生活更愉快、健康，让城市更绿色、清洁、宜居并具有可持续性、抗御力、竞争力。

（2）让企业在友善的营商环境下加快创新，使城市转型为生活体验区及发展试点。

（3）更妥善关注长者及青年人，增强大众的社会归属感，同时让工商界、市民和政府进一步拥抱数字科技。

（4）降低资源消耗，让城市更加环保，同时保持城市的活力、效率和宜居性。

从新一轮智慧城市规划的愿景与目标不难看出，香港更加注重以人为本，“以人民为中心”正成为香港城市规划中的重要理念。同时，香港在建设智慧城市过程中，也更加强调科学技术创新对智慧城市建设和发展的关键支撑作用。比如，在智慧城市2.0规划中，基于新冠肺炎疫情对香港城市健康等带来的冲击，香港提出要“善用创新科技应对疫情”，并计划实施一系列新举措，包括：开发健康码以便有序恢复香港与其他地区的往来；鼓励在公共交通工具上广泛应用防菌科技；为不同业界和场所推行“安心出行”感染风险通知系统及流动应用程序；在公众街市应用科技以优化环境卫生；继续在公众街市推广使用非接触式付款；等等。通过将科技运用到城市医疗卫生防疫等诸多领域，有效提升香港的智慧化、智能化、数字化水平。

二 “智慧香港”建设的框架、策略及措施

在2017年智慧城市蓝图基础上，香港围绕出行、生活、环境、市民、政府、经济等6个方面提出了一系列新的策略和举措，以促进智慧城市提质升级。经过数年的实施，香港智慧城市建设取得了一系列成果。

（一）智慧出行

目前，香港的公共交通日均载客超过1200万人次，超过95%的市民在搭乘交通、购物消费或外出用餐时使用八达通代替现金，人们生活更便捷。此外，香港的城市道路密集，平均每公里有373辆有牌照车辆。根据新一轮智慧城市规划，香港智慧出行发展愿景有三：一是实现SIGMA，即安全（Safe）——降低交通伤亡的风险；信息（Informative）——为道路用户提供有用的信息；绿色（Green）——促进采用环保的交通运输方式；高流通性（Mobile）——提供高效的客货运输、满足乘客及营运商需求；便捷（Accessible）——提供便捷及可靠的交通运输服务。二是配合车联网（V2X）及自动驾驶车辆的技术和行业发展，引入配备车联网的自动车辆。三是提升易行度及优化行人导向系统。

为实现上述愿景，香港将落实和推进以下策略及措施：第一，强化智能化运输及交通管理。持续完善香港一站式移动应用程序“香港出行易”的功能，引导和鼓励市民步行或公交出行。推广不停车缴费系统，并在主要道路及所有干线安装约1200个交通探测器，提供实时交通信息。实施中环电子道路收费先导计划，试行在相关路口设置智能感应行人及车辆的实时交通灯调节系统，以优化分配给车辆及行人的绿灯时间。推动自动驾驶车辆的测试及使用。为提升可靠性、易用程度及效率，鼓励公共交通营运商引入新电

子支付系统。利用科技手段处罚不当使用装卸货区、违规泊车及其他交通违规行为。开发人流管理系统，并在专营巴士上应用科技以提升其安全性。设立智能交通基金，推动与车辆相关的科创研究及应用。开发交通数据分析系统，优化交通管理和提升效率。

第二，建设智能化的公交系统。在1300个巴士站或政府公共运输交汇处设置信息显示屏，提供专营巴士实时信息。安装支持不同支付系统的路边停车收费表，并提供实时停车位信息。鼓励公众停车场营运商提供实时停车位信息，并在土地契约及短期租约中增加“必须提供实时空置停车位信息”的相关规定。分批启用自动泊车系统先导项目，使其在短期租约公众停车场及政府场地的公众停车场得到更广泛的应用，并鼓励私营发展项目中公众停车场的应用。在部分不设收费表的路边停车位试行安装传感器，提供实时停车位信息。

第三，打造环境友善的交通运输体系。建设“单车友善”的新市镇及新发展区，继续推动“香港好·易行”，并推出一系列措施鼓励市民步行出行。实行“人人畅道通行”计划，在现有公共人行道增设无障碍人行道设施。实行新铁路项目，以减少路边空气污染物及温室气体排放。在本地渡轮中应用绿色科技，推行电动公共小型巴士试验计划。

第四，建设智能机场。在机场登记柜台、登机证检查站等使用生物识别技术，继续提升无缝的机场行程体验。将电子登机服务扩展至机场以外的区域，如主题公园、酒店、会议中心、交通枢纽等，为旅客提供轻松惬意的旅游体验。建立香港国际机场的“数字机场”，提供虚拟现实三维机场模型。应用5G技术，在机场提供独立及可靠的无线网络。在港珠澳大桥香港口岸为来自广东和澳门的私家车提供自动泊车系统。在机场营运中应用自动化、影像分析及物联网科技。

通过实施上述措施，香港将构建形成更加智能的出行系统，让市民能享用更环保的交通工具；可以利用实时交通信息，更有效地规划行程；通过智能机场享受轻松便捷的旅程；通过更广泛地分析城市数据，实现更妥善的交通规划和管理；行人能够享受更友善的出行环境。

（二）智慧生活

目前，香港共有超过37000个免费WiFi热点，移动电话服务用户渗透率为283.75%，10岁及以上人士智能手机渗透率达到90%。香港的快速支付系统“转数快”登记用户日均交易额30亿港元。在智慧生活方面，香港的愿景是促进包括公私营机构在内的社会更广泛地实现数字化；更广泛地使用移动电子支付方式，为顾客及商户带来更大便利；在不同环境（包括医院、安老院）推广健康生活，实现社区养老。

第一，在无线城市方面，继续推行“WiFi联通城市”计划，提供免费公共WiFi服务，并为福利机构提供WiFi服务先导计划。

第二，在数码支付方面，继续推广使用快速支付系统“转数快”，在已制定的共享二维码标准基础上，继续推动零售业更广泛使用移动支付方式，为顾客及商户带来更大便利。

第三，在个人身份数字化方面，推出“智方便”一站式个人化服务平台，方便居民使用数字政务服务和进行商业交易。

第四，在长者与残疾人士支持方面，继续推行乐龄及康复科创应用基金，资助养老及康复服务机构试用、租借或购置科技产品。

第五，在支援医疗服务方面，香港医院管理局的数据实验室积极构建大数据分析平台，以促进医疗相关研究，并将分阶段推行智慧医院措施。积极完善第二阶段电子健康记录互通系统，将互通范围扩大至中医药数据及放射图像等领域，开发互通限制功能及“病人平台”作为香港的公共医疗平台，加强系统核心功能和隐私保障。大力发展基因组医学，开展远程医疗、视像及远程诊疗。探讨利用区块链技术提升药剂制品的可追踪性，分辨药物供应的行业及季节模式，并有效促进药物回收。

第六，在康乐、体育及文化方面，开发全新智能康体服务预订信息系统和智能图书馆系统，并推出试验计划，应用科技提升在只有微弱或没有网络覆盖的偏远地区追踪远足人士位置的能力。

通过实施上述举措，香港希望在智慧生活建设方面让市民能更方便和更广泛地通过单一的数码身份获得电子服务及进行电子交易，可以随时随地使用便利的移动支付方式，更方便地享用由公私营机构提供的免费公共 WiFi 服务，采用更多科技应用以支持长者享用新科技的医疗服务。

（三）智慧环境

2018 年，香港 66% 的碳排放源自发电，碳排放强度较 2005 年基准年下降了 36%。未来，香港将采用新的绿色科技，实现低碳和可持续发展，并善用城市资源，包括减少废物、循环再利用和再造。

第一，实施《香港气候行动蓝图 2030 +》。推行各项减碳措施，2030 年碳强度较 2005 年基准年降低 65% ~70%，争取 2050 年前实现碳中和。以天然气及非化石能源逐步取代燃煤发电，降低煤在发电燃料组合中的占比。率先应用市场上已成熟的技术，广泛和大规模地使用可再生能源。在居民区进一步推广新能源和节能技术，特别是提升建筑物的节能表现。

第二，提高绿色、智慧建筑的能源效益。推动“重新校验”和采用以建筑物为本的智能/信息科技。逐步推行发光二极管公共照明更换计划，在公共照明系统安装 LED 灯，并鼓励现有政府建筑物更换 LED 照明。在新建地区建设绿色和智慧小区，采用绿色建筑设计，提供智能水表系统、电动车充电设施和实时空置泊车位信息等。推行先导资助计划，在现有私人住宅楼宇停车场安装电动车充电设施。

第三，加强废物管理、污染监测和环境保护。推行智能回收系统先导计划以提升小区废物回收水平，使用遥测感应装置监测空气污染情况，采用无人船监测河流水质，实施加入噪声缓解设计的预防性规划，以减小新建住宅所受的噪声影响，并开展浮游植物物种监测系统试验。探讨利用新设施（例如智慧灯柱）或应用科技优化环境卫生工作。推出“智慧厕所”试验计划，研究在公厕应用科技。推出利用物联网传感器的防治鼠患试验计划，研究应用科技提升防治虫鼠工作效果。

通过落实上述措施，香港将让市民居于具备更多智能和节能功能的绿色建筑，在室内外均能享受更优的空气质量，提高能源效益和节约能源，减少家居及工作中的日常废物量。

（四）智慧市民

香港特区政府为市民提供 12 年免费中小学教育，约 90% 的参加幼儿园教育计划的半日制幼儿园不收取学费。2019～2020 学年，有 60% 的高中学生修读最少一科与 STEM（科学、技术、工程和数学教育）相关的选修科目。香港共有 8 所由政府资助的大学，2019～2020 学年，共有 86867 名学生修读由教资会资助的学士学位课程，其中有 30580 名学生修读 STEM 相关课程；共有 11251 名学生修读由教资会资助的研究院修课及研究课程，其中 5412 名学生修读 STEM 相关的研究院课程。2018 年香港本地研发经费支出约 244.97 亿港元，比 2017 年增加了约 10%。2019～2020 年度，约 62000 名公务员参与了各类与科创有关的培训。未来，香港将采取一系列新的措施，以培育适应力强的人口（特别是年轻一代），迎接科技时代，并建设知识型社会，支持科创发展。

第一，培育青年人才。香港已为中小学课程主任等提供 STEM 教育培训，鼓励他们推出更多与 STEM 相关的课程和活动。向全港公办中学提供资助，推行中学 IT 创新实验室计划，加强中学生课程以外的信息科技知识培训。利用“研究人才库”，鼓励企业雇用 STEM 毕业生从事研发工作。吸引更多生物科技、数据科学、人工智能、机械人和网络安全等领域的科创专业人才。推出“粤港澳大湾区青年创科产业实习计划”。

第二，营造创新及创业文化。香港将为青年创业者和初创企业提供财政和非财政支持，以发展更浓厚的科创文化。扩大香港科学园的培育计划及数码港的共享工作间。吸引风险投资基金，实施科创实习计划，支持本地科创初创企业的发展。继续加强对公务员在应用科技方面的培训。

通过实施上述举措，香港将力争为本地发展提供更多科技专才及从业人员，以支持科创发展。同时，让更多香港的学生选择以 STEM 作为学术和专业发展方向，并涌现出更多成功的新企业和创业者。

（五）智慧政府

目前，香港的政府一站式入门网站“资料一线通”已有超过4180个数据集和1390个应用程序编程接口，可为市民提供约800项免费电子信息查询服务。2018～2019年，香港特区政府的信息及通信科技开支预算为100亿港元。在新的规划期内，香港将鼓励公私营机构开放数据，并通过采用科技（包括本地创新项目及产品）不断改善公共服务。

第一，促进智慧城市基础设施升级，主要包括：采用“智方便”平台并应用人工智能、聊天机械人及大数据分析等技术来提升电子服务水平。推行多功能智能灯柱试验计划，收集实时城市数据，优化城市管理及其他公共服务。利用新的大数据分析平台，让政府部门能互相传送和分享实时数据。采用公共云端服务，让政府部门能提供有效和灵活的电子服务。更新政府云端基础设施平台，通过政府部门、信息科技服务供应商及其他第三方的协作和合作，提供数字政府服务。提升政府的网络安全能力，以应对新的网络安全风险，并促进部门间协作，提高社会对网络安全的认知和应变能力。采用各种低功耗广域网（LPWAN）技术，强化政府物联通（GWIN），加强城市管理。

第二，强化科技应用。加快建设智能政府创新实验室，鼓励信息科技界提供技术解决方案及产品，以提升公共服务水平，应对城市挑战。在“精明规管”计划下使所有牌照申请均可通过电子方式提交，到2022年全面实现牌照申请电子化。推动工程监督系统数字化，加强基本工程项目的监督及管理。在楼宇设施管理方面，推广应用“建筑信息模拟—资产管理/设施管理”（BIM－AM/FM）平台。采取“智管网”等智慧供水措施，监测用水分配情况，通过自动读表系统提升服务水平等。为监狱注入智能元素，利用创新科技使惩教设施更加现代化。基于“智慧海关蓝图”，运用创新科技提升通关效率、执法成效。利用新一代个案简易处理系统提升核心入境服务。运用射频识别追踪系统及物联网简化危险药物的处理、补给及采购程序，提升紧急救护服务水平。

上述措施有助于香港开发更多基于开放数据的创新应用及服务，提供更

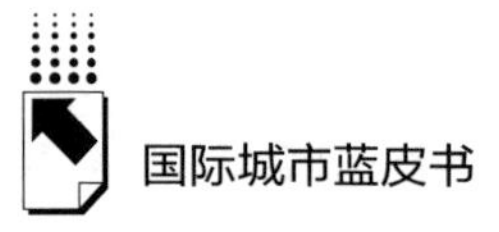

广泛、便捷的数码公共服务，并借助“建筑信息模拟”技术及“空间数据共享平台”提升效率和推动创新。

（六）智慧经济

截至2018年底，香港共有1400万个网上银行账户，月均网上银行交易额超过9万亿港元。为促进智慧型经济发展，香港将采取更多措施，加快商业数字化转型，进一步完善科创生态系统，吸引更多优秀人才及投资，推动经济蓬勃发展。

第一，利用科创强化香港的经济支柱——金融科技。继续推动金融科技发展，在贸易融资、跨境联通及保险单认证等不同领域应用分布式分类账技术。继续监控虚拟银行在推出银行服务后的营运情况、顾客反应及其对本地银行体系稳定性的影响。针对强制性公积金计划的行政工作开发“积金易”平台，继续采取“银行易”措施。

第二，利用科创强化香港的经济支柱——智慧旅游。通过智能机场、WiFi联通城市计划及智慧灯柱提升旅客体验。鼓励旅游业善用创新科技增强自身竞争力。优化香港旅游发展局的智慧旅游平台。

第三，利用科创强化经济支柱——法律科技。发展网上平台，提供便捷和更具效率的网上争议解决及交易促成服务。

第四，发展新的经济支柱——推动研发和再工业化。建立重点科技合作平台，引进国际知名的大学、研发机构和创科公司。为企业符合条件的研发开支提供额外税费扣减，促使公司增加科技研发方面的投资。与深圳合作在落马洲河套区发展港深创新及科技园，面向本地、国际及内地的科创企业、大学及研发中心开放。

第五，促进创新及新经济发展。通过实施“科技券”计划鼓励本地企业和机构采用科技服务或方案提高营运效率。探讨使用新科技和新兴技术标准，以促进公司的认证。

上述措施的落实，有助于香港成为科技投资的首选地、创新及科技先进的旅游目的地、实现创新营商构思的理想地点。

三　对内地智慧城市建设的启示

中共十九届五中全会提出“加强数字社会、数字政府建设，提升公共服务、社会治理等数字化智能化水平”。智慧城市是提升我国“数字化智能化水平”极为重要的载体。香港智慧城市建设成效在诸多全球城市评估中成绩卓越，其积累的丰富经验，有助于促进内地城市的智慧城市建设。

（一）智慧城市建设应覆盖城市治理全链条

国际知名城市策略师布特·高汉参考各项主要指数和排名后于 2012 年提出“智慧城市轮”（Smart City Wheel），提出智慧城市的特征、功能、目标与发展模式，涵盖“智慧经济”“智慧环境”“智慧市民”“智慧流动”“智慧生活”“智慧政府”等六大范畴 18 个分领域。香港的智慧城市发展规划在横向领域涵盖出行、生活、环境、市民、政府及经济等主要范畴，在纵向领域涉及从政府到市民的城市治理全链条。香港的实践经验表明，智慧城市的建设远非城市的智能化、数字化、科技化这般简单，而是涉及城市治理的全领域、全链条的一个复杂系统工程。不论对城市政府还是市民来说，智慧城市建设都将可能带来颠覆性变革。对于内地城市来说，建设智慧城市应避免将其简单地看成对城市的某些方面的局部智能化改造，而应从城市经济、社会、环境、生活、交通、政府、市民等各个方面统筹推进，系统谋划，实现智慧科技全覆盖。

（二）智慧城市的建设与发展应以市民需求为导向

从香港智慧城市规划和实践可以看出，其智慧城市建设的宗旨是以人为本，依据市民的需要来构建，让本地居民及外来游客都可以感受到其建设成效。而从香港建设智慧城市的具体策略和措施来看，香港特区政府也充分将以人为本的理念贯穿于智慧城市建设和发展的方方面面。例如，香港制定的智慧出行政策是让乘客可选择有效的综合多模式运输方式、短途行程采用非机动交通模式，尽量善用公共交通工具。智慧生活的主要政策包括增强市民在与公私营机构进行有关的电子交易时的信心和能力；实现长者社区养老，增进市民的福祉等。因此，无论是城市规划还是城市建设，都要坚持以民众为中心，让市民有更多的获得感，为市民创造更加幸福的美好生活。

（三）注重科技创新和智慧科技应用

智慧城市之“智”，主要体现为区块链、物联网、大数据、“互联网+”、云计算等新一代信息技术及“维基、社交网络、Fab Lab、Living Lab”等工具和方法的协同应用。从智慧城市蓝图1.0到2.0，香港始终将科技创新和新科技应用作为智慧城市建设和发展中的关键支撑，充分吸收和运用本土及来自国际的大数据、云计算、区块链、人工智能等前沿信息技术，为智慧城市持续赋能，以不断推动智慧城市建设及管理手段、模式和理念的创新。内地城市在建设和发展智慧城市的过程中，在广泛应用数字化、网络化、智能化的前沿科学技术的同时，应牢牢牵住科技创新的“牛鼻子”。要以推行电子政务、建设智慧城市等为抓手，以数据集中和共享为途径，推动技术融合、业务融合、数据融合，打通信息壁垒，形成覆盖全国、统筹利用、统一接入的数据共享大平台，构建全国信息资源共享体系，实现跨层级、跨地域、跨系统、跨部门、跨业务的协同管理。

参考文献

王春林：《习近平关于智慧城市建设重要论述的三重维度》，《理论研究》2021年第3期。

徐斌：《香港智慧城市建设路径与湾区融合战略》，《深圳信息职业技术学院学报》2021年第2期。

B.23

解决城市关键岗位人员住房困难的国际经验*

林 兰　王嘉炜**

摘　要： 2021年6月，国务院发布《关于加快发展保障性租赁住房的意见》，首次从国家层面提出了住房保障体系建设需求，主要面向城市中低收入群体，而这一群体也往往处于城市生产的关键岗位，是城市建设的攻坚力量。本报告充分借鉴了美国、英国、澳大利亚等国在保障城市关键岗位人员住房方面的一些经验和做法，结合国内实际，提出了增供应、调结构、加补贴、多调研等解决城市关键岗位人员住房问题的思路。

关键词： 关键岗位人员　中低收入群体　住房

城市关键岗位人员住房问题是伴随城市发展而出现的慢性病。城市关键岗位人员住房问题单靠市场力量难以解决，需要政府出台随着城市的发展而不断调整的干预政策。澳大利亚 AHURI 研究机构对这一现象进行了研究，并总结了国际社会应对此类问题的经验。

---

* 本报告基于《关键岗位人员住房问题：澳大利亚城市面临的挑战、未来愿景和政策措施》开展介评，并就其对中国城市的参考借鉴意义予以分析，特此致谢。

** 林兰，博士，上海社会科学院城市与人口发展研究所研究员，主要研究方向：技术创新、高技术产业、城市文化；王嘉炜，上海社会科学院城市与人口发展研究所硕士研究生，主要研究方向：人口资源、环境经济学。

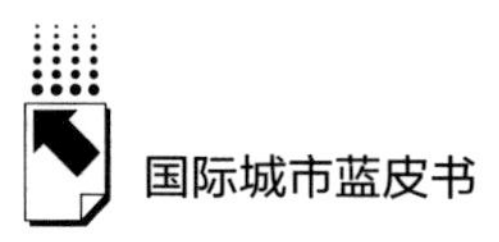

一　城市关键岗位人员概念的兴起

危机到来时，城市中的许多中等收入与中低收入就业人员在维持城市功能和城市韧性方面发挥了关键性支撑作用，新冠肺炎疫情期间便是很好的例证。疫情不仅凸显了城市对这些工作人员的依赖性，还显露了由于数量不足或居住地离其所服务的人口较远，无法及时应对紧急情况或服务需求激增而对城市整体恢复造成的影响。

关键岗位人员的收入通常处于中低水平，这使得其很难在工作地点附近获得适当的、可负担的住房。因此，关键岗位人员的住房问题将会对城市的功能运作及宜居性产生重要影响。在此背景下，针对关键岗位人员的住房问题的研究、政策及资助项目逐渐出现。

关于“关键岗位人员”这一术语尚未形成统一定义，泛指那些为保障城市运作提供至关重要的服务且收入处于中低水平的工作人员。一般而言，关键岗位人员包括教育、护理和其他医疗保健人员，以及警务和应急服务等人员。查阅英国、美国和澳大利亚等国家促进城市关键岗位人员获得住房的研究文献、政策及资助项目可以发现，这一术语在实践中覆盖的职业各不相同，如表1所示。

表1　“关键岗位人员”的定义及不同维度的指代范围

项目		定义及概述
传统或核心定义		教育、医疗健康、警务和应急服务等公共部门的中低收入雇员
拓展维度	辅助行业工作人员	教育、医疗健康、警务和应急服务等领域的准专业人员和辅助人员，如行政人员、清洁工
	更广泛的公共部门	公务员/各级政府雇员
	支撑就业的工作	儿童看护、信息和通信技术支持人员
	对当地经济有重要意义的工作	零售工人、酒店工作人员、大学工作人员
	在危机时期支持城市运转的工作	送货司机和快递员；特定行业的零售工人，如超市员工；公共交通服务人员
	对维持城市产业结构有重要意义的工作人员	制造业工人（特别是蓝领），甚至是流动营业的小商品摊贩

在英国，“关键岗位人员”一词通常为工资处于中低收入水平的公共部门工作人员。根据2004年英格兰发布的早期关键岗位人员生活方案，关键岗位人员被定义为国家卫生服务工作者（包括护士、治疗师和社会工作者，但不包括医生和牙医）、教师、警察、缓刑官、教育心理学家、消防和救援服务人员以及地方政府和地方教育部门的雇员。美国多数的关键岗位人员项目只关注一两个特定的职业群体，如教师或警察；其延伸项目覆盖范围更广，包括在基本服务（如医疗保健、教育）领域的准专业人员和辅助人员，以及各级政府公共部门的雇员。在澳大利亚，针对关键岗位人员没有正式的定义，通常是指包括教师、护士、警察、消防和急救人员在内的主要公共服务人员。这些差异反映了关键岗位人员是一个极具地方性色彩的名词，它取决于当地的经济结构、文化特质、社会组织特点，并受到经济、技术发展趋势以及经济景气度、政局稳定性等因素的影响。

二　城市关键岗位人员面临的居住问题

（一）关键岗位人员居住地远离中心城区

近年来，全球大城市，特别是在内环和内城地区的中低收入家庭的住房负担能力明显下降。一方面工作岗位（包括知识型和服务型）向大城市中心区域集中；另一方面是高薪部门的就业人员对居住地点的偏好转向交通、工作和服务便利的内城地区。而政府对城市和内城重建项目的支持不仅加剧了这种情况，还在一定程度上造成了其未能按照承诺提供大量的、新的、可负担的保障性住房。

（二）房地产投资加剧房价与当地工资的脱节现象

经济发展水平较高的城市已成为国内和国际房地产投资的热门地区，这些投资进一步加剧了房价的上涨。例如，悉尼和墨尔本的许多中环甚至外环地区在历史上曾为初次就业者提供了许多可负担的房屋，而现在，初次就业者难以负担这些地区的高房价。这意味着，有就业意愿的人正在寻找离工作地点更远的地方居住。这种趋势，特别是经济适用房与就业的空间错位，对城市的经济发展产生了重要影响。

（三）长距离通勤带来的潜在风险

一些低收入者为了获得能力承受范围内的住房，只能选择在远郊地区居住。这可能在某种程度上掩盖了住房负担能力下降对劳动力所造成的影响，但其不可避免地产生了城市生产活动的负外部性，表现最为突出的就是制造业转型后，由于工厂缺乏工人宿舍，城市留不住关键的制造人员。

对城市来说，最明显的问题之一是长距离的私家车通勤对环境的影响。对个体来说，一是增加个人财务负担，私家车长距离通勤的成本对其食品、医疗、服装等部分的支出形成挤出效应；二是影响身体健康，长距离通勤占据了其更多的休闲娱乐时间；三是对心理健康产生负面影响，主要表现为长距离通勤造成工作时的情绪恶化、疲劳症状，以及更高的因病缺席率。可以说，长距离通勤是对经济生产力的一种高度消耗。

（四）拥挤的居住环境带来的潜在风险

为了避免长距离通勤，部分就业人员选择在工作地点附近与他人合租。一般而言，合租房屋中的人员分布相对密集，这不利于其身体健康；而疫情更是引发了人们对合租加剧疾病传播的担忧，这种过度拥挤的居住环境可能引发更广泛的公共卫生事件。一方面，环境拥挤迫使人与人之间的社交距离缩短；另一方面，人们在合租住房中难以实现自我隔离。

三　发达国家解决城市关键岗位人员住房问题的主要做法

包括英国、美国及澳大利亚在内的国家都为解决城市关键岗位人员的住房问题都做很大努力。通常，通过国家、州和城市的一些支持性项目（包括住房类支持项目和非住房类支持项目）来保障城市关键岗位人员在工作所在的高成本地区获得住房，如表 2 所示。住房类支持项目包括直接为符合条件的关键岗位人员购买一般住房行为提供财政支持；帮助其获得私人开发商或经济适用房供应商提供的特定补贴住房产品；通过规划、资金拨款等方式降低开发商融资成本等。非住房类支持项目主要是为在房价较高地区工作的关键岗位人员提供交通补贴等。但在根本上，这些措施不能解决日益上升的住房成本问题。

表 2　主要国家住房政策支持类型及内容

支持类型	案例	支持内容
采购费用	美国—隔壁项目	该项目提供小额赠款(4000～6000 美元)、首付援助(约 1 万美元)、产权费用折扣及优惠价格，帮助关键岗位人员获得住房贷款
	美国加州—学校教师和员工援助计划	加州住房金融局(CalHFA)通过学校教师和雇员援助计划向学校教师和雇员提供融资优惠条件，提高学校工作人员的购房负担能力
	美国纽约—纽约警察局家庭项目	该项目支持警局成员购买公寓、合作社中的房产以及最多有三间卧室的家庭住宅；符合条件的买家可获得最高 3500 美元的结算成本援助
抵押贷款融资	美国纽约—纽约警察局家庭项目	符合条件的购买者可通过汇丰银行获得 95%～100% 的抵押贷款融资
股权贷款或沉默的第二抵押贷款	美国旧金山—首付贷款援助计划	该项目为首次购房者提供高达 37.5 万美元的首付贷款，以便其在旧金山的开放市场上购买房产(作为主要住宅) DALP 贷款：属于沉默的第二抵押贷款，30 年无须偿还，或直到其出售房产。买家可以以市场价格转售该房产，但必须偿还本金，并增加一定的升值份额
为中等收入人员提供新的低租金住房	美国马萨诸塞州—劳动力住房倡议	该计划提出的住房租金，是收入在地区中位数收入 60%～120% 的个人和家庭皆可负担得起的
开发商自愿提供经济适用房	澳大利亚悉尼—“自愿规划”协议	通过与开发商签订“自愿规划”协议，悉尼政府在 2016 年获得了 27 套住宅，这些住宅由单位以较低的租金出租给城市关键岗位人员
开发商依据相关规划，将开发可负担住房作为企业职责之一	澳大利亚悉尼—包容性分区政策	悉尼的包容性分区政策实施范围主要是大学和研究型园区周围。例如，在悉尼的港湾区，就打造了集知识密集型就业、具有社会包容性、交通便利、住房选择多样化于一体的区域

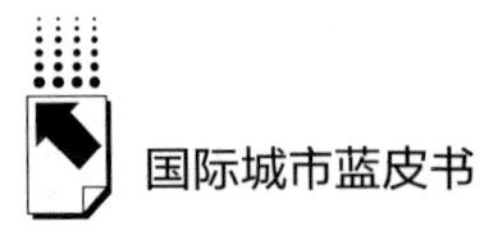

总结发达国家采取的措施，可得出以下经验。

（一）做好城市关键岗位人员住房的统计工作

住房统计工作在于发现需求、找到缺口，发现关键岗位人员的年龄、收入以及住房需求特点。关键岗位人员的住房负担不仅仅体现为相应人群获得住房的高成本，还包括其在租赁市场上的低竞争力。例如，刚刚完成学业或培训的年轻工人缺乏收入证明、临时工或短期合同工缺乏持续性收入证明，这些因素都使他们在竞争激烈的租赁市场上处于相对不利的地位。即使收入较高，但如果收入来源单一，这样的关键岗位人员也会面临较重的住房负担。例如，许多居住在出租房的担任社会服务和福利支持角色的老年单身女性，其退休后将面临陷入贫困的风险。

（二）鼓励关键岗位人员主动采取措施应对住房挑战

解决关键岗位人员住房问题的措施包括共享住房、搬到房价较便宜的地区或长距离通勤。解决不同类型的关键岗位人员的住房问题采取的措施是不同的。对年轻人而言，为了在市中心工作或获取特定工作经验，其更倾向于在高租金地区与他人共享住房或与父母共同居住。伴随年龄增长以及职业发展方向和生活阶段的变化，年轻关键岗位人员的住房分享意愿则会降低。

（三）结合关键岗位人员的工作性质分区规划住宅

与许多专业级别的工作不同，关键岗位人员的工作需要在现场，不能远程开展，无法选择通过定期居家工作来弥补漫长的通勤时间。因此，结合城市主要类型关键岗位人员的工作性质实行住宅分区规划就显得十分必要。

分区规划住宅的重点服务人群是那些在正常工作时间、在特定地点履行职责的工作人员。其虽然有很大的机会通过使用公共交通来管理通勤费用，但由于工作场所的特殊性和与社会作息相反的工作时间，关键岗位人员乘坐公共交通通勤的机会实际上受到了限制。例如，社区服务、老年和残疾护理、儿童护理、教学和医疗保健（医院以外）等工作区域往往是高度分散在远离高频公共交通系统的郊区，这使得从业人员不得不开车通勤。而开车通勤会导致高额的私家车成本、道路通行费以及停车费用，这些费用常常占总工资的相当比重；长时间通勤也容易带来高度压力和疲劳感。

四　经验与启示

（一）加大投资，增加保障性住房的整体供应

城市住房的系统性问题会使中低收入的关键岗位人员难以进入高成本地区居住。为此，需要加大经济型的保障性用房供给，鼓励住房使用权和援助形式多样化，拓展受援助的住房所有权类型；对于城市需要更新改造的居住区域，盘活区域内闲置房产，支持有条件的企业、单位建设人才公寓，提供低于市场价一定比例的优惠住房。同时，加大对公共交通基础设施的投资，最大限度减少通勤的经济成本、时间成本和精神成本。

（二）提供差异化的保障性租赁住房服务

根据城市产业结构与产业布局特点，结合关键岗位人员的年龄、收入、住房实际情况，做好关键岗位人员租赁住房的统筹规划，建立面向不同层次人才、满足不同居住需求的租赁住房保障体系。在租赁住房选址方面，应适当考虑周边学校、医院、交通及生活、文化设施等配套建设，采用“租售同权”策略，赋予租房者与购房者同等的享受社会福祉的权利。例如，保障人才公寓的员工子女享有就近入学权利。具体到细节，可提供差异化的人才公寓住房选项，在内部采用不同装修品质与配置，满足多样化的居住需求。

（三）加强存量住房的保障性供应

针对年轻关键岗位人员（含临时工）缺乏收入证明或持续性收入来源而在租赁市场缺乏竞争力的情况，应增加存量住房的保障性供应。一是鼓

励关键岗位人员雇主（例如医院、学校）与大型房东合作，为在该地区工作的关键岗位人员分配部分居住空间，或在申请者中优先考虑关键岗位人员。刚开始工作的关键岗位人员可以由雇主向特定的大型房东推荐，帮助其在短时间内解决住房问题。二是利用城市更新的机遇，在一些重建区为关键岗位人员提供保障性房屋。例如，通过老厂房改造，在产业园区周边区域改建部分厂房为人才公寓，更好推进产城融合与职住平衡。三是通过政府购买公寓长租服务，以较低价格转租给制造业与服务业重点产业链环节的关键岗位人员。

（四）提供支持长期可负担的住房模式

利用规划工具和其他杠杆工具，鼓励增加经济适用型房屋供应，推进住房所有权多样化。鼓励在租金较低的地区增加专门建造、专业管理的出租房；鼓励雇主在自有土地上建造保障性住房或混合用途住房供雇员居住。同时，增加对首次购房者的低息贷款与长期补贴，开发共享所有权模式。在两者都可选择时，以后者为佳。对首次购房者进行补贴可能会导致通货膨胀，而共享所有权模式提供了回收补贴的机会。

（五）加强调研分析与深入研究，服务政策制定工作

一是更精细的可承受能力分析。例如，在更精细的空间尺度上开展可负担性分析，模拟不同家庭的收入和组成情景（如有无受抚养子女），利用房地产交易大数据，研究关键岗位人员能够负担的房屋价格、区域各类组合。二是纵向分析。随着时间推移，以上因素均可能发生变化，防止政策无效。三是对关键岗位人员和雇主开展深入调研，包括关键岗位人员的住房需求及愿望、住房负担能力、日常通勤成本，以及职业类型、收入水平、家庭结构特征对承担能力的影响度。四是城乡维度对比分析。这涉及对“城中村”问题的思考，以及对城市边缘缓冲地带的功能定位与空间改造安排。

参考文献

Camilla R. De Camargo, Lilith A. Whiley, " The Mythologisation of Key Workers: Occupational Prestige Gained, Sustained and Lost?" *International Journal of Sociology and Social Policy*, 2020, 40 (9/10).

Mike Raco, " Key Worker Housing, Welfare Reform and the New Spatial Policy in England," *Regional Studies*, 2008, 42 (5).

韩会然、杨成凤、宋金平:《城市居住与就业空间关系研究进展及展望》,《人文地理》2014 年第 6 期。

孙婧婧:《英国关键劳动力住房政策体系的演变与启示》,《国际城市规划》2021 年 12 月 11 日。

城市空间篇

Urban Space Development

B.24

“多伦多2020”构建多规合一动态治理的城市规划体系*

蒋 励　樊豪斌**

摘　要： 本报告总结了多伦多市过去五年城市空间规划、开发和管理的情况，剖析了城市空间开发演进中的规划思想、路径和管理模式，详述了多伦多官方计划引导城市扩张至特定增长区的核心理念，分析了二级规划指导城市开发和投资的具体路径以及省级增长计划对城市人口、就业和住房预测的重要性，进而探讨了多伦多城市空间开发管理中的重点和难点及其对中国大型城市空间规划体系的启示。

* 本报告主要基于加拿大多伦多市政府的《2020 多伦多城市开发演进报告》展开介评，并就其对中国城市的相关借鉴意义进行了分析，特此致谢。

** 蒋励，美国杜克大学桑福德公共政策学院国际发展政策研究生，主要研究方向：社会政策、国际关系；樊豪斌，上海社会科学院城市与人口发展研究所助理研究员，上海市人民政府发展研究中心与复旦大学博士后，主要研究方向：城市经济。

关键词： 城市空间规划 城市开发管理 动态管理 多伦多

多伦多市是加拿大东海岸的核心城市，近年来城市开发项目激增，给多伦多的空间规划管理带来了新的挑战。多伦多市政府城市规划部门为了更好地监管城市开发项目，每五年发布一次《多伦多城市开发演进报告》（Toronto Development Pipeline）。最新发布的《2020 多伦多城市开发演进报告》，涵盖了 2016～2019 年多伦多城市开发中所有竣工、在建、在审项目，是了解多伦多城市未来住房和非住房供应趋势的参考依据。该报告指出，近年来多伦多城市开发项目激增，形成了以市中心和滨水区为焦点，以四周核心区为居住中心，发挥城市走廊作用引导和鼓励混合用途区同步发展的城市空间规划格局。报告就多伦多官方规划、二级规划以及省级增长计划三个重点城市规划分析了多伦多城市空间开发的核心理念、具体路径以及管理模式。

一 多伦多市政官方规划的主要目标

官方计划的核心理念是将城市边界的扩张引导到合理的地区，并实现这些区域在基础设施、交通和其他社区服务方面的全面覆盖，形成稳定的城市副中心。多伦多市政官方规划于 2006 年 6 月首次发布，是多伦多未来几十年发展的指南。在官方规划中以下四个地区被规划为居住和就业的目标增长区域（见图 1）：城市走廊（Avenues）、核心区（Centres）、就业区（Employment Areas）、市中心和滨水区（Downtown and Central Waterfront）。

（一）官方规划的城市结构地图和开发演进概况

为配合官方规划以精准预测城市空间发展，多伦多城市开发演进管理系统不断更新，全面披露了五年内城市竣工、在建以及在审项目。2016 年以前，多伦多开发演进报告只披露了五年内已获批的所有申请项目。但随着城

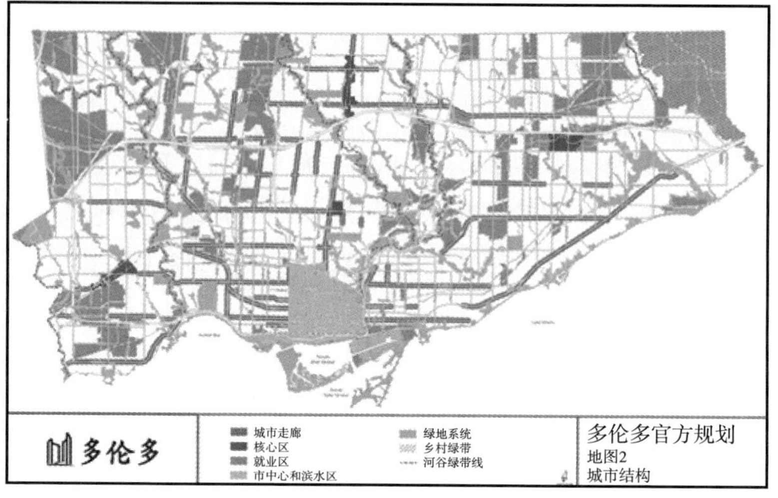

图1　多伦多市政官方规划——城市结构

市的发展，未被报告收录但处在开发审批程序流程中的项目越来越多，且项目规模和复杂程度，平均拟建单元和建筑面积也在不断增加。为了更准确地追踪城市项目开发情况，2016 年起多伦多加强了城市开发演进管理，以收录在五年内任何批准或在建的项目，从而为该市近期住宅和非住宅供应提供更准确的参考。

（1）官方规划中的竣工项目集中在市中心和滨水区，但在建和在审项目逐步向核心区和核心区边缘地带分散（见图 2）。多伦多城市开发项目按竣工项目（Built Projects）、在建项目（Active Projects）和在审项目（Projects Under Review）进行划分和管理。竣工的住宅和非住宅项目基本集中在市中心和滨水区；在建项目集中在市中心和滨水区以及就业区；在审项目也高度集中在市中心和滨水区，尤其是非住宅项目。

（2）全市超过 3/4 的住宅单元和非住宅建筑面积已提交申请但尚未建造，未来几年多伦多的建筑开发活动将继续保持强劲增长态势。2015 ~ 2019 年开发项目大多已投入使用或竣工，竣工项目占项目总数的 34%。在演进报告中，710 个项目已完成施工或获得部分使用许可证。竣工项目为多伦多提供了 92641 套新建住宅和近 2293315 平方米的非住宅建筑面积。在建项目亦占项目总数的 34%。在建项目涵盖 148797 个住宅单元和 5258052 平方米的非住宅建筑面积。考虑到施工的平均速度和范围，已批准但尚未建造的住宅项目大约代表未来 8～13 年的潜在住房供应情况。在审项目占项目总数的 32%，该类项目包含 193631 个住宅单元和 4533781 平方米的非住宅建筑面积。

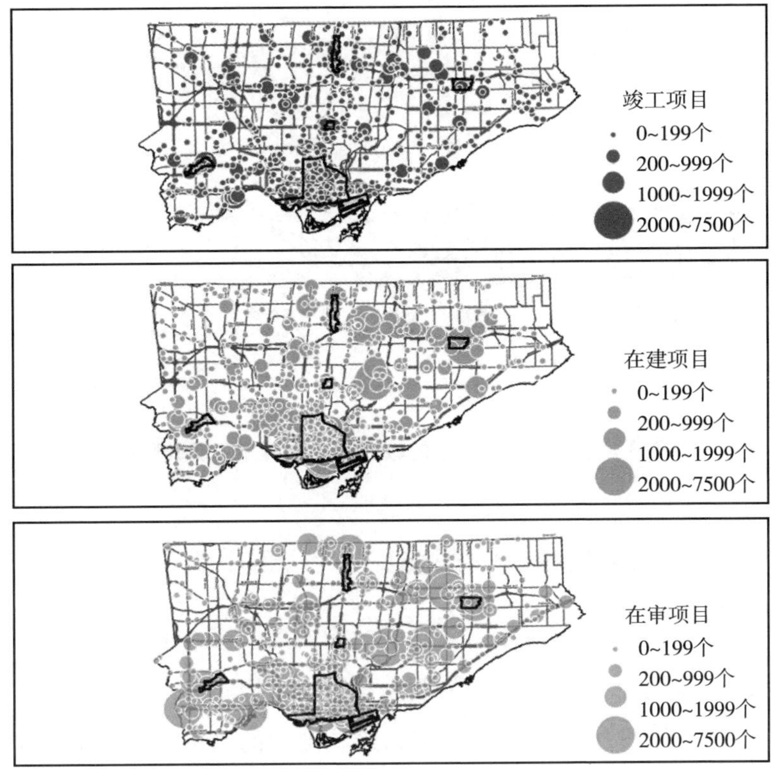

图 2　多伦多官方规划竣工、在建、在审项目整体分布情况

（3）多伦多城市开发的住宅项目持续增长，且规模和复杂程度在提升，并高度集中在核心区、市中心和滨水区（见图 3）。2019 年开发演进报告收录 2112 个开发项目。这些项目的住宅建筑达到创纪录的 435069 套，而非住宅建筑面积达到 12085148 平方米。2019 年开发演进报告包含的在建住宅单元较 2018 年报告增加 37742 个。这一增长代表了近期住宅供应量在一年内增长了9.5%。非住宅项目方面，2019年报告中的非住宅总建筑面积增加了929022平方米，较2018年报告面积增加了8.3%。与上次报告期相比，由于非住宅项目近五年的规模更大、结构更复杂，本年度报告的建筑面积虽然增长明显，但2019年在建项目却同比减少了80个。

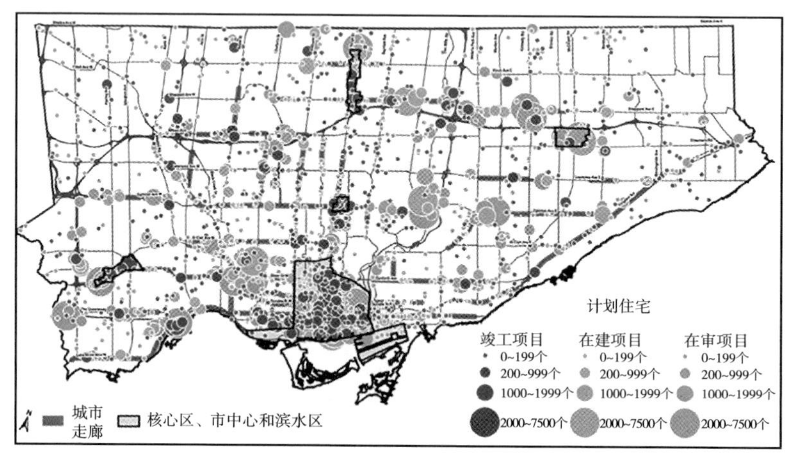

图3　多伦多官方规划的城市住宅项目开发演进情况

（二）官方规划的城市开发战略——目标增长区开发

官方规划则是多伦多城市未来开发的指导性框架，是城市规划多规合一体系的核心。多伦多市政官方规划制定了城市结构地图以指导未来几十年的发展。官方计划同时制定了基于该城市结构地图的城市开发战略，并通过土地利用和运输的一体化，制定了管理城市开发变化政策。城市中一些被确定为增长点的区域则需要更详细的规划指导，如二次规划、区域研究、政策指导、地方规划和创新的实施方案等。

官方计划的开发战略旨在促进私营部门调集资源以帮助实现公共政策目标。官方计划的目标是使社区中所有人在其生活的各个阶段都能选择合适的住房。2019年的开发演进报告显示，86%的住宅开发和60%的非住宅开发拟建于该市官方规划的增长区域，包括市中心和滨水区、核心区、城市走廊和混合用途区。

（1）市中心和滨水区是整个城市开发活动的最核心区域，拟建多个混合使用新型社区。在发展计划中，该地区提交的项目拟新建住宅152775套，非住宅建筑面积4709101平方米，占全市35%的住宅单元和39%的非住宅建筑面积。图4显示了整个市中心住宅和非住宅项目的分布情况。央街走廊和中央滨水区吸引了越来越多的大型住宅开发项目。摄政公园（Regent Park）是一个公私合作开发项目，致力于恢复现有的社会存量住房。建成后，摄政公园将坐拥混合收入和混合使用的基础设施，是一个包括新零售、公共空间、社区服务的新型社区。市中心和滨水区为承担非住宅活动的重要空间区域。在开发活动中，有10个非住宅建筑面积超过100000平方米的项目坐落在市中心和滨水区。许多非住宅的大型项目是混合用途项目。虽然大多数项目以办公空间为主，但也有其他用途的非住宅项目，如正在进行的联合车站振兴61前街西项目、位于11Centre Ave的经批准的新法院项目，以及位于Jarvis街202号的Ryerson大学学生公寓项目。

（2）核心区是多伦多就业、住房和社会服务的高密度中心。核心区共有四个区，对城市的发展管理战略至关重要。开发中的97个项目位于这些核心区，占该市拟建住宅单元的10.1%。因为核心区内近73%的住宅单元已获批但尚未兴建，所以核心区在未来数年内可能会有大量在建项目。核心区的住宅项目通常是高密度开发项目，平均每个项目有453个住宅单元，为开发演进报告中住宅密度规模之最。相比之下，市中心的住宅项目平均密度为331套，而全市平均密度为206套。

（3）城市走廊结构决定了城市的发展模式，是市中心和核心区周围再开发的重要区域。随着城市开发的演进，城市走廊逐步重建，成为城市交通的主要服务载体，为核心区和市中心以外的再开发提供了空间。交通要道和公共交通结构决定了城市发展模式，交通枢纽区域是高密度开发的重点区域。城市走廊上包含有96534个住宅单元和926645平方米的非住宅建筑面积，占多伦多市22%的拟建住宅单元和8%的拟建非住宅建筑面积。城市走廊上超过四分之三的拟建住宅单元项目为在建或正在审查的项目，代表了住

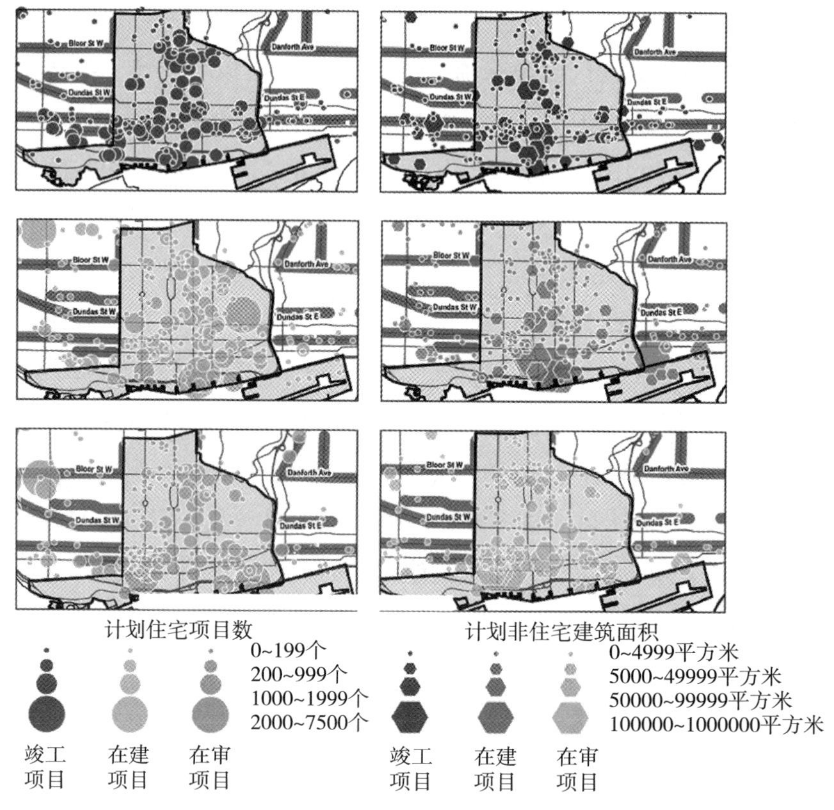

图4　多伦多市中心和滨水区城市开发演进情况

房供应量将扩大为过去5年的4.8倍。

（4）混合用途区鼓励开发服务于商业、住宅和机构的混合用途建筑。除市中心和滨水区、核心区和城市走廊之外，还有许多区域被指定为混合用途区，鼓励开发商业、住宅和机构用途的建筑。新增的混合用途区有81661个住宅单元和13256.82亿平方米的非住宅建筑面积，占该市住宅总面积的18.8%、非住宅总面积的11.0%。在这些地区，超过89%的住宅单元处于在建或者在审状态，约86%的非住宅开发计划正在审批中。

（5）在除上述增长区外的区域实施小型填充式开发。多伦多13.8%的拟建单元位于市中心和滨水区、核心区、城市走廊和混合用途区以外的区域。这些项目通常是在指定地区开展的小型置换填充式开发。填充式开发区域的非住宅建筑面积为4805470平方米，其中3/4的空间位于指定的核心或一般就业区，可见官方计划也将这些其他区域作为非住宅开发的主要目标区域之一。

二　多伦多的二级规划特点

二级规划旨在指导城市空间开发和投资，明确城市开发的具体路径。35个二级规划区域涵盖了城市的大部分区域。一些二级规划还与其他官方规划存在区域重叠的情况，如市中心和滨水区、核心区和城市走廊。图5显示了现行二级规划的区域以及每个二级规划内开发项目的位置。二级规划区拟建853个项目，占开发总规模的40.4%。

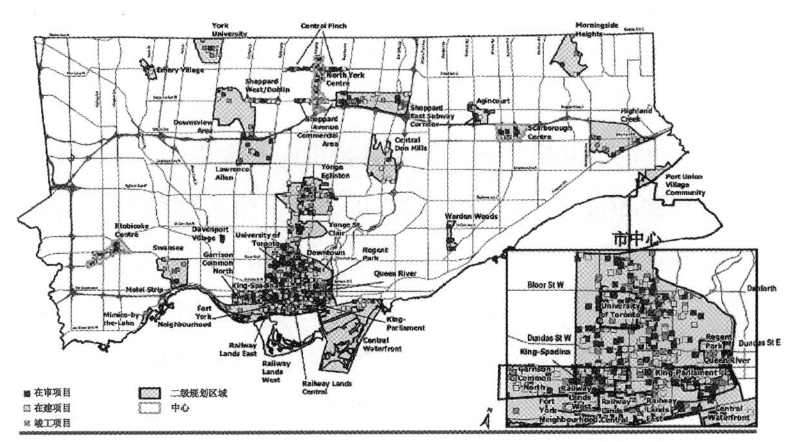

图5　多伦多二级规划项目空间分布情况

（一）市区的二级规划

市区规划为未来25年最大规模的长期规划，为多伦多的文化、居民、零售和经济中心指明了发展方向。市区规划首次发布于2018年5月24日，并于2019年6月5日进行了修订。修订后的市区二级规划（不包括巴佛士街以西和当河以东的中心滨水区）为这一快速发展的地区提供了更细致的

开发管理框架。

市区规划要求新开发项目具有混合使用功能，以满足广泛的商业、住宅、机构、文化、娱乐和开放空间需求。市区规划是多伦多对于地理空间最大的二级规划。多伦多作为地方和国家经济中心，其市区规划有独特之处。市区规划包括 8 个二级规划，以及约克堡街区二级规划与一部分市中心和滨水区二级规划。在所有二级规划区（449 个）中，市区规划包含的开发项目最多。这些项目合计拟建住宅 150552 套，占全市拟建住宅的 35%。非住宅建筑面积 4637160 平方米，占本市所有拟建非住宅建筑面积的 38%，占二级规划区所有拟建非住宅建筑面积的 3/4。

（二）市中心和滨水区以外的二级规划区

（1）央街—艾格林顿（Yonge Eglinton）为市中心和滨水区以外的二级规划重点区域。新拟定的央街—艾格林顿二级规划区改变了以前的二级规划边界，将辖区面积缩小了 9%。该二级规划于 2019 年 6 月 5 日获批，尽管面积有所减少，但央街—艾格林顿二级规划是市中心规划区和国王士巴丹拿区以外的第三大开发区，包含 79 个项目，即 20581 个拟建住宅单元和 148918 平方米非住宅建筑面积。央街—艾格林顿二级规划区占所有二级规划区内拟建住宅单元的 8%。国王士巴丹拿区二级规划将重点关注遗产保护方面。

（2）怡陶碧谷中心（Etobicoke Centre）二级规划目标是将其建设为城市西部枢纽中心。怡陶碧谷中心和约克地区的所有二级规划包括项目数量 20 个、拟建住宅单元 8445 个以及拟建的非住宅建筑面积 49164 平方米。该市几乎完成了吉卜林、邓达斯和布洛尔六点交叉口的重建工作，以支持怡陶碧谷中心发展为充满活力的混合用途公交社区。这个社区的重建将为市民中心、康乐中心、图书馆、儿童保育设施和私人发展提供新空间。

（3）多伦多制造业就业岗位数量持续上升，二级规划采用核心就业区与一般就业区的分离模式。1983 年以来，多伦多制造业的就业率几乎每年都在下降，从占所有就业岗位的 22% 下降到 2016 年的 9%。然而，多伦多就业调查报告显示，过去四年制造业就业人数开始增加，2016 ~ 2019 年增长了10%，合计增加了12300个就业岗位。2019年，制造业就业岗位占就业岗位总数的30%，且多伦多市92%的制造业就业岗位位于就业区。与此同时，多伦多就业活动日趋多样化。因此，保护就业区对城市的经济健康发展至关重要。随着已获批准项目的推进，预计在就业区内，97个项目的非住宅建筑面积将增加2096721平方米。另有77个非住宅总建筑面积为1048844平方米的项目正在审查中，最终可能获批并在就业区施工。核心就业区位于就业区内，禁止会吸引公众进入并可能扰乱工业运营的企业进驻。这种分离优先考虑核心就业区内的物流，并为企业提供最高效的运营环境。核心就业区允许的内容包括各类制造、加工、仓储、批发、分销、储存、运输设施、车辆维修和服务、办公室、研发设施、公用事业、废物管理系统、工业贸易学校、媒体、信息和技术设施以及垂直农业。一般就业区通常位于就业区外围，零售店、服务店和餐厅可以为就业区的工人提供服务，并可以基于曝光度和交通条件吸引更多的公众。

三　城市区域增长计划的支撑

人口、就业、住房预测为省级增长计划的核心内容，并依据动态预测不断探索城市发展的新模式和新路径。从人口和就业的角度来预测和分析多伦多的发展至关重要。安大略省于2019年5月16日发布大金马蹄增长计划（Greater Golden Horseshoe Growth，以下简称"增长计划"），以管理从尼亚加拉大瀑布到彼得伯勒的安大略湖周边地区的城市区域的扩张和发展，多伦多被指定为安大略省的发展中心。人口和就业预测是该增长计划的核心内容，并依据动态预测不断探索城市发展的新模式和新路径。截至2020年7月，省级增长计划中预测到2041年多伦多将有340万人和172万个就业岗位。

（一）人口预测

多伦多的实际人口增长情况与增长计划中的预测基本保持一致，预计

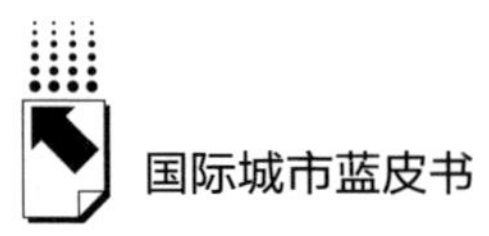

2041 年人口达到 340 万人，但新冠肺炎疫情对人口增长的长期影响尚不能确定。2019 年增长计划预测基于亨森（Hemson）咨询有限公司 2012 年预测的背景研究，2016 年人口为 2865000 人（包括覆盖范围内人口普查），2019 年人口为 2931000 人。

2020 年 2 月 13 日，加拿大统计局（Statistics Canada）公布了最新的人口估计数，估计 2019 年多伦多的人口为 2965713 人。这比预期人口仅多 34713 人。多伦多市的经济增长与增长计划的预测基本保持稳定。由于疫情原因，人口长期增长趋势尚不能完全确定，但已被纳入 2020 年亨森机构研究的重点，以支持修订后的增长计划。

（二）就业预测

多伦多实际就业人数应高于增长计划中的预测人数，2041 年就业岗位达到 172 万个，但新冠肺炎疫情对中长期就业的影响需要持续监测。在过去的 37 年里，城市规划部每年都会进行多伦多就业调查，从该市的每个商业机构收集就业信息。2019 年，共有 76560 家商业机构参与调查。因为以机构作为调查对象，所以多伦多就业调查并没有囊括所有在家工作和没有固定工作场所的人，如建筑工人。因此，该市的总就业人数应高于调查报告中披露的数据。

截至 2020 年 7 月，2019 年增长计划中预测多伦多市到 2041 年将有 172 万个就业岗位。如果 2019 年多伦多就业调查报告的平均就业增长率保持不变（过去十年每年增长 2.1%），多伦多很可能在 2023 ~ 2025 年，至少比预测年份早 16 年，达到 2041 年增长计划中所预测的岗位总数。因此，以前的预测没有完全反映出本市近期的就业增长情况。此外，新冠肺炎疫情对就业的中长期影响尚不清楚。修订后的增长计划中考虑了 2020 年的严重经济萎缩，同时预计在三年内恢复到疫情前水平。然而，新冠肺炎疫情也有可能影响预测的假设，因此需要持续监测。

（三）住房预测

多伦多未来几年内住房短缺现象仍然明显，但 2041 年潜在的住房供应能完全满足预测的住房需求。截至2020年7月，多伦多的住房增长与2019年增长计划中的住房需求保持一致。如图6所示，多伦多市在2001～2041年需要容纳399270户家庭（Households）。依据加拿大抵押和住房公司（CMHC）报告，2002～2019年已建造（Completions）256674个住宅单元，仅为所预测的住房需求的64%。开发演进报告中包含了2112份开发提案，包括435069个住宅单元。其中，有148797套在建项目（Approved & Not Yet Built），这些项目至少获得了首次规划批准，但尚未建成，为住宅单元需求的37%，因此多伦多近几年内住房短缺现象仍然明显。然而，2002～2019年建造的单元和已批准但尚未建造的单元合计405471个单元。但到2041年，潜在的住房供应将达到增长计划中所预测的住房需求的102%，能完全满足增长计划中所预测的增长需求。

依据2051年的住房增长预测（见图7），2012～2019年（含）共竣工129193套。另有148797个单元在开发项目，已获得第一次批准，但尚未建成，已覆盖40年预测增长所需单元的56%。另有193631个单元仍在审查（Under Review）之中。所有项目可以覆盖95%的单元需求以适应增长计划中的2051年预测值。虽然不是所有提交的提案都得到批准，也不是所有批准的项目都能顺利施工。但根据目前的趋势，多伦多预期很快就可以容纳预测的增长人口。

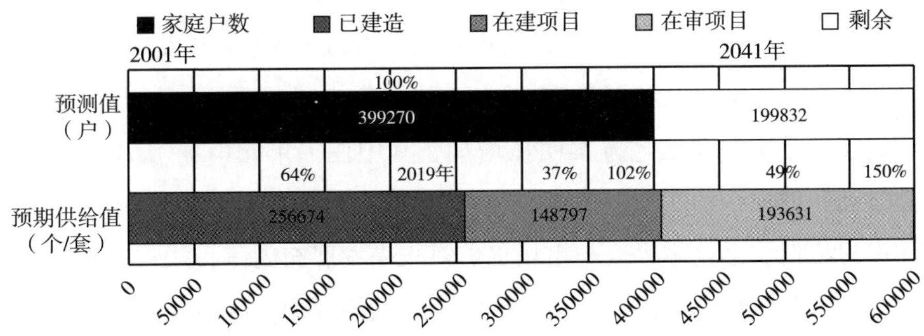

图6　省级增长计划2041年住房预测与供应情况

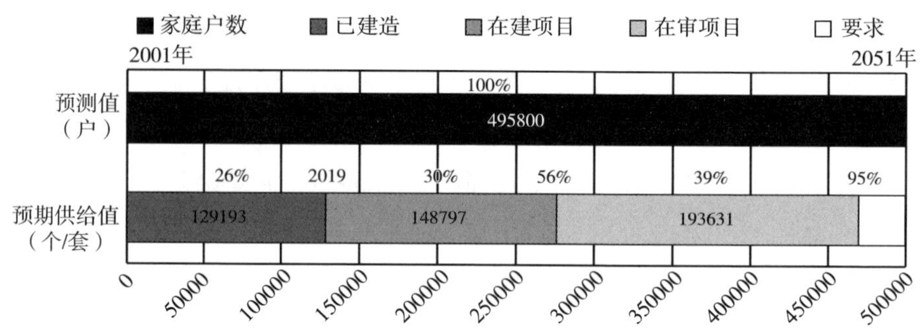

图 7　省级增长计划 2051 年住房预测与供应情况

四　多伦多城市空间开发管理中的重点与难点

（一）疫情下城市开发的动态管理

多伦多城市规划署积极响应防疫号召，完善线上服务，疫情并未对城市开发演进过程造成明显负面影响。为应对 2019 年新冠肺炎疫情的全球大流行，多伦多市通过实施远程工作迅速响应防疫要求，并继续通过在线形式提供服务。在这段时间内，城市规划署和多伦多建筑事务处继续接受规划申请和建筑许可证申请，审核开发建议，签发建筑许可证，并对最近的竣工建筑进行验收。在 2020 年前六个月，城市规划署共收到 93 个开发项目的申请，包含 33171 个住宅单元和 177477 平方米的非住宅建筑面积。与上年同期相比，提交的住宅和非住宅方案明显增加，其中住宅单元增加了 78%，非住宅建筑面积增加了约 53%。2020 年提交的开发提案数量大幅上升，这表明即使面对疫情，多伦多民众与市场仍然对未来发展充满信心。

必须不断监测开发活动，以评估疫情的长期影响和经济复苏的进展。尽管计划及房屋委员会取消了原定于 2020 年 3 月、4 月及 5 月的会议，但与 2019 年同期相比，2020 年上半年批准的开发项目及住宅单元数目基本保持不变。2020 年上半年，共有 33 个项目提出的 5528 套住宅，至少获得了首次批准，而2019年上半年为29个项目和5584套住宅。因此，疫情并没有减缓整个城市的建筑活动。然而，因为这些项目中的许多单元可能已经预售，并在疫情袭击多伦多之前就处于开发过程，所以必须不断监测开发活动，以评估疫情的长期影响和经济复苏的进展。

（二）城市开发兼顾文化保护

开发管理应鼓励建设和规划与环境相适应的、保护文化遗产资源的综合用途区域，改善和扩大城市公共区域。文化遗产在各个方面都是可持续发展的基本组成部分，文化遗产资源是多伦多悠久历史的体现和不断发展的城市景观。过去的城市开发中，虽然人们认识到保护历史遗迹的重要性，但遗产保护和开发常被视为独立或对立的领域。目前在全球范围内，可持续发展框架已成为新的发展模式，城市开发应将文化置于核心地位。多伦多当前的土地利用规划和遗产保护条例协调统一，共同保护城市遗产，也为振兴城市经济提供了重大机遇。

利用城市规划工具——遗产保护区（HCD），对该地区特色的遗产建筑进行保护和适应性再利用。根据安大略省《遗产法》第五部分的规定，市政当局可以在其官方计划概述的条款中建立HCD。多伦多市的官方计划支持HCD的鉴定、评估和指定。HCD以地方政策为基础，保护和改善有文化遗产的街区，并指导与环境相适应的空间增长和调整。21个HCD（58%）坐落于多伦多市中心规划区之内或有所重叠。在21个HCD中，有6个HCD坐落于在建的开发计划区域内：椰菜镇（西北）、东附区、皇后街西、南罗斯代尔、联合车站和约克维尔哈泽尔顿。

位于多伦多市中心金融区两侧的国王士巴丹拿区和国王议会区的遗产开发是土地兼容使用的经典案例。“两王”指的是两个领域，包括两个多伦多最古老的街区，以及反映其动态演变历史的各种建筑、街景和公共空间的集合，具体包括国王议会区内约克镇最初的十个街区，如前街、滨海广场、教堂和市场。直到20世纪中叶，这两个地区一直都是混合用途街区，住宅、商业、机构和工业活动都十分活跃。但伴随着制造业向郊区或离岸地区转移时工业部门的衰落，这两个地区也逐渐落寞。1995 年，在多伦多市前市长芭芭拉·霍尔（Barbara Hall）的领导下，制定国王区再生计划，“两王”区域被重新指定为混合用途的城市街区。计划在该区域进行适应性整合，再利用其历史建筑存量，取消限制性分区。1996 年，市议会通过了国王士巴丹拿区二级计划和国王议会区二级计划，1998 年通过了这两区的社区改善计划，目的是鼓励再投资。该规划包括一系列政策，鼓励对该地区特色的遗产建筑进行保护和适应性再利用，并增加了对各种用途项目的批准。作为增长和新投资的目标领域，二级规划建议开发提供与现有规划环境相适应的综合用途，保护文化遗产资源，改善和扩大公共领域。如今，国王士巴丹拿区和国王议会区再次成为市中心充满活力的混合使用区，是遗产保护与城市开发完美结合的经典案例。

五　多伦多开发管理模式对中国大型城市的启示

2020 年 9 月 28 日，我国自然资源部发布《市级国土空间总体规划编制指南（试行）》，明确指出总体城市设计作为《市级国土空间总体规划编制指南（试行）》重要专题。2020 年 10 月 19 日，《国土空间规划城市设计指南》（征求意见稿）发布，说明总体城市设计已经成为新时期国土空间规划的重要组成部分。借鉴多伦多城市空间开发管理模式，课题组建议中国大型城市可以从以下两个方面加强城市空间开发的规划和管理。

（一）完善大型城市多规合一的规划体系

建议进一步推进国家战略规划、大都市圈整体规划和地方二级规划在规划性质、目的上的统一。允许规划界面和对象因地制宜地重叠并协同发展。尤其在混合用途区的开发过程中，应更加注重多规合一的开发规划原则。从总规划到地方规划应基于空间开发的框架下沉到具体社区的开发。

建议完善大型城市的人口、就业和住房供应预测体系。对人口、就业和住房供应的预测范围应从地级市上升为大型城市或都市圈。持续分析人口和就业增长、分布、迁徙的特征和原因。动态监测住房供应的缺口以及弥补缺口的所需年限。及时在预测模型中反映重大应急事件的影响。

建议以多规合一为路径实现文化保护和空间利用的开发目标。过去的城市空间规划一直将文化遗产保护和土地开发放在对立面，但借鉴多伦多的开发理念，城市开发可以赋予文化遗产新的利用和投资价值。可持续发展模式要求我们应将城市文化置于首位，因此通过各级规划逐一完善对文化遗产的保护和再利用是未来城市开发的重点。

（二）加强大型城市空间开发的动态管理

建议建立以追踪房地产住宅和非住宅项目开发为基础的演进管理体系。可以按项目申报年份划分持续追踪该年度项目的审批、在建、竣工及使用情况。定期统计竣工、在建和在审项目的数量和空间分布，以此监测城市空间开发的动态变化。

建议加强开发管理系统对重大应急事件的响应能力。可以完善线上房地产开发项目的审批工作流程，提高远程服务开发管理能力。建立对突发事件，如新冠肺炎疫情的中期和长期的监测和分析项目，以更准确的评估重大应急事件对城市开发的影响。

建议加强都市圈内各城市走廊的再开发和动态管理。可以进一步完善大型城市或都市圈内的交通基础设施，并助力城市交通要道上的空间再开发。在服务都市圈层面，逐步加强产业走廊和扇面的空间连接。从饼式扩张模式转变为以轨道交通为引导的开发模式。

参考文献

冯宇晴：《后疫情时代：面向“韧性”和健康城市规划与治理》，《中国房地产报》2020 年 4 月 13 日。

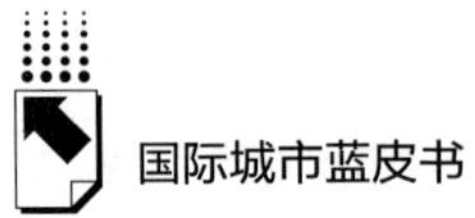

熊健、孙娟、王世营、马璇、张振广、刘晟：《长三角区域规划协同的上海实践与思考》，《城市规划学刊》2019 年第 1 期。

Luo, X. , & Shen, J. , " Why City - region Planning does not Work Well in China: The Case of Suzhou-Wuxi-Changzhou," https: //doi. org/10. 1016/j. cities. 2008. 04. 003, *Cities*, 2008 (4) .

B.25

墨尔本内城行动计划激发中心城区活力*

程 鹏**

摘 要： 2005 年以来，墨尔本已发布了两版内城行动计划（IMAP），在此框架下滚动实施了多个三年计划和年度计划，其独特之处在于，建立了中心城区多个行政区之间的治理伙伴关系，制定和实施共同的行动计划，以保持和提升墨尔本中心城区的活力和宜居性。本报告基于2019 年修订的《墨尔本内城行动计划（2016～2026）》，重点介绍了建立治理伙伴关系、落实上位规划要求、衔接既有规划框架和形成目标策略体系等经验举措。在此基础上，结合新冠肺炎疫情带来的流动性受阻等问题，提出促进中国特大和超大城市中心地区发展的启示：建立城市中心地区专项工作推进机制，推动核心功能和产业转型升级，识别和响应多社会群体的差异化诉求，推动公共空间提质和闲置空间再生。

关键词： 墨尔本 行动计划 城市中心

墨尔本在 2005 年和 2016 年发布了两版内城行动计划（Inner Melbourne Action Plan，IMAP），旨在建立中心城区多个行政区之间的治理伙伴关系，制定和实施共同的行动纲领，并在此框架下滚动实施三年计划和年度计划。本

---

* 本报告基于澳大利亚墨尔本内城行动计划实施委员会的《墨尔本内城行动计划（2016～2026）》（2019 年修订）开展介评，并就其对中国城市的参考借鉴意义予以研究分析，特此感谢。

** 程鹏，博士，上海社会科学院城市与人口发展研究所助理研究员，主要研究方向：城市开发与规划控制、公平城市与城市治理。

报告重点介绍了2019年修订的《墨尔本内城行动计划（2016~2026）》，探讨了墨尔本内城如何应对经济快速增长带来的挑战，以提升其宜居性和确保国际知名大都市地位，并提出了促进中国特大和超大城市中心地区发展的启示。

一 墨尔本内城行动计划（IMAP）的基本概况

墨尔本（Melbourne）是澳大利亚的第二大城市、维多利亚州首府，大墨尔本地区面积约8831平方公里，2018年人口约500万人，包含32个地方议会，是世界著名的旅游城市和国际大都市。墨尔本曾荣获联合国人居奖，并连续多年被经济学人智库评为“全球最宜居城市”，尽管近年来受到新冠肺炎疫情等影响排名有所下滑，但其优越的城市环境仍具有极强的竞争力。

2005年以来，墨尔本已发布了两版内城行动计划（Inner Melbourne Action Plan，IMAP）。其中，2005年发布的第一版墨尔本内城行动计划，范围包括Melbourne、Port Phillip、Yarra、Stonnington和Docklands共5个地方议会区域，面积约90平方公里，人口约26万人；2016年发布的第二版墨尔本内城行动计划（2019年修订），范围向东西方向扩展，包含Maribyrnong等区域（见图1），面积约140平方公里，人口约50万人；远期预计人口规模将达到100万人和就业岗位将达到100万个。

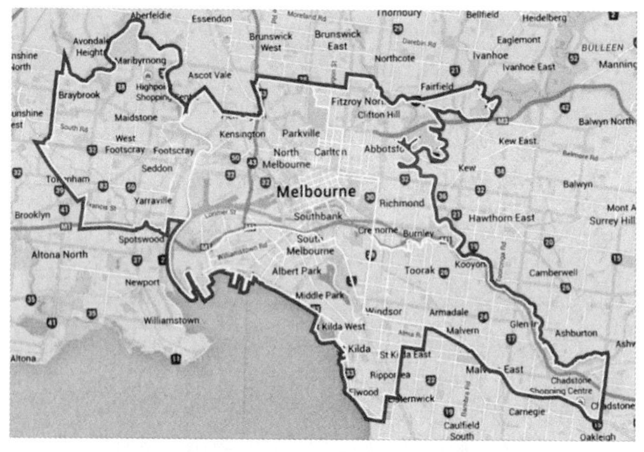

图1 墨尔本内城范围（2019年）

墨尔本内城行动计划指出，城市吸引投资、应对挑战和提供品质生活的能力是未来大都市取得成功的关键，在人口增长和城市更新过程中保护和提高墨尔本内城的宜居性是其未来面临的最大挑战和核心任务。为此，墨尔本内城行动计划提出了 5 个方面的发展目标：全球重要的、强大的和多样化的经济；高效的交通网络；多样化、充满活力、健康和包容的社区；有特色、高水平的社区和场所；在实现可持续性发展和适应气候变化方面发挥领导作用。为实现上述愿景和目标，墨尔本内城行动计划的实施委员会及各个理事会将执行 4 个方面的主要任务：在共同的优先事项和项目上发出共同的声音；推进区域性重大工程建设；对整个地区面临的问题进行研究并予以解决；共享各类资源。

二　墨尔本内城行动计划（IMAP）的主要举措

为保持和提升墨尔本中心地区的活力和宜居性，需要统筹整合内城的空间、经济、文化和社会等要素，墨尔本内城行动计划具体的经验和举措包括如下几个方面。

（一）建立治理伙伴关系：推动多元主体之间形成共同协商、实施和评估的合作机制

墨尔本内城行动计划由墨尔本内城行动计划执行委员会具体负责监督执行，该执行委员会由 5 名议员代表、5 名高级官员代表和合伙人代表组成，议员代表和高级官员代表分别来自构成墨尔本内城的 5 个区域。在执行委员会之上，5 个内城区域的议会决定了区域整体合作关系，并负责协调更大范围内维多利亚州的相关合作机构，其下设的墨尔本内城行动计划执行论坛和议员论坛直接领导执行委员会开展工作。在执行委员会之下，结合墨尔本内城行动计划提出的 5 个目标，分别建立指导小组和具体的项目团队，按照与目标的契合性、项目的可行性和实施的有效性选择实施项目，定期开展评估工作并向执行委员会报告。由此，形成了以墨尔本内城行动计划执行委员会

为中心，上传下达、左右协调的治理伙伴关系，围绕共同的优先事项、区域性重大工程、地区问题研究和资源共享等展开合作，构成了墨尔本内城行动计划的实施基础（见图2）。

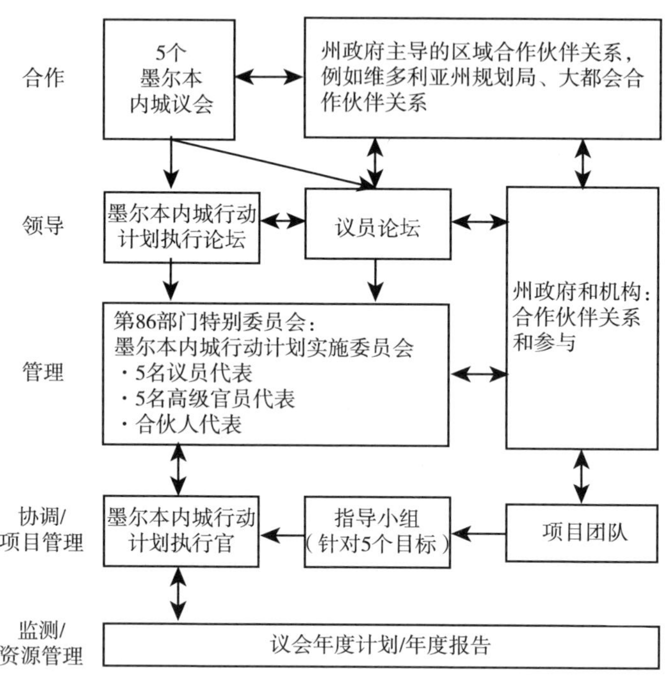

图2　墨尔本内城行动计划治理框架

（二）落实上位规划要求：响应《墨尔本规划（2017～2050）》长期发展战略

《墨尔本规划（2017～2050）》是现行的第二版墨尔本内城行动计划（2019年修订）的上位规划，围绕整个墨尔本地区制定了长期的发展战略，以应对从现在到2050年在全州、区域、地方等尺度上可能面临的机遇和挑战，并为政府投资确立优先次序。其中，《墨尔本规划（2017～2050）》中一些关键目标和要求构成了墨尔本内城行动计划制定的重要依据。在产业维度，墨尔本是一个富有生产力的城市，吸引投资，支持创新，创造就业；在住房维度，墨尔本能够提供靠近企业和便于获得公共服务的多元化住房选择；在交通维度，墨尔本需要一个使人口与就业、服务、商品和市场高效连接的综合交通系统；在环境维度，墨尔本要塑造一个独特而宜居的城市，营造高质量、舒适的环境；在社会维度，墨尔本需要更加强调包容、健康和充满活力；在可持续发展维度，墨尔本需要成为一个低碳城市，以应对气候变化的影响。墨尔本内城是推动落实《墨尔本规划（2017～2050）》长期发展战略的关键区域，涉及其规定的3个需要分别制定土地使用框架计划的区域，墨尔本内城行动计划随着该上位规划的出台而进行了响应性修订。

（三）衔接既有规划框架：形成墨尔本内城行动计划与其他规划之间相辅相成的关系

在墨尔本内城行动计划出台之前，墨尔本内城的各个地区已经形成了一套完整的综合规划框架。其中，综合规划框架的核心内容是地区议会在赢得选举后的任期内计划，以及市政战略公报与公共卫生和福利计划两项市政规划。市政战略公报，即依据包括《墨尔本规划（2017～2050）》在内的上位规划要求，各个地区制定战略性的土地使用目标和相应的政策；公共卫生和福利计划，即各个地区提出预防或减少公共卫生风险的行动，力求居民能够实现最大程度的健康和福利。在这类短期发展规划之上，部分地区还制定社区规划来描述社区的长期发展愿景，指导短期规划和预算编制的优先次序。此外，还有其他一些针对特定服务、特定社区，或者某个优先事项的战略规划和政策。而在具体实施层面，还包括年度计划和预算，以及相应的年度评估报告。在这样一套较为完整成熟的综合规划框架之外，墨尔本内城行动计划更加突出主体之间和规划之间的协同性，各个地方规划为墨尔本内城行动计划提供支撑，反过来，墨尔本内城行动计划也协调其他相关规划和项目。

（四）形成目标策略体系：提出5项目标和27项策略并制定实施三年计划和年度计划

墨尔本内城行动计划的总体愿景是让墨尔本内城地区更加宜居，该计划主要侧重于通过区域合作实现共同目标，并动态制定实施三年行动计划和年度计划，具体提出了5项目标和27项策略：其一，建设一个全球性、强大且多元的经济体，重点聚焦引领墨尔本内城经济增长的关键部门，提出推动知识经济和创意产业发展、打造世界级旅游目的地等策略；其二，建设高效交通网络，提供多元化的出行选择，重点聚焦数据开发以解决交通的时空冲突，提出具体交通策略；其三，建设多元、活力、健康和包容的社区，重点聚焦住房多样性、设施共享和提升安全感，提出针对住房、设施和服务等策略；其四，打造独特的、高水平的社区和场所，重点聚焦为各类新旧社区提供充足的、可达的开放空间和基础设施，提出具体的开放空间策略；其五，发挥在环境可持续和适应气候变化方面的领导作用，重点聚焦饮用水消耗量、雨水量和温室气体排放量的变化，提出5项具体的环境策略。

表1　墨尔本内城行动计划概览

目标	聚焦重点	策略
一个全球性、强大且多元的经济体	引领墨尔本内城经济增长的关键部门	①促进知识经济和创意产业的发展 ②促进对专业经济集群的投资 ③将墨尔本内城打造为世界级旅游目的地 ④确保墨尔本内城娱乐区被认为是安全、方便和充满活力的地方
一个能够提供多元出行选择的高效交通网络	数据开发以解决交通的时空冲突	①发展一体化、互联互通的区域交通网络 ②倡导改善墨尔本内城的公共交通 ③让墨尔本内城成为“自行车友好”地区 ④让墨尔本内城成为一个便于散步的好地方 ⑤减少穿越交通对墨尔本内城的影响 ⑥倡导重新规划道路空间，在选定的道路上分配步行、自行车和公共交通的优先次序 ⑦划定货运优先交通网络，以满足增加货运任务的需要
多元、活力、健康和包容的社区	住房多样性、设施共享和提升安全感	①倡导大幅增加经济适用房的供应 ②倡导提高公寓和所有新建与翻建住宅的设计质量、内部舒适标准、环境可持续性和多样性 ③为不断增长的居民和工作人口提供区域和地方社区基础设施和服务 ④提供区域体育和娱乐设施，提供多样化的机会 ⑤合作改善墨尔本内城的综合社区和教育环境 ⑥改善墨尔本内城社区的健康、福祉和安全情况

续表

目标	聚焦重点	策略
独特的、高质量的社区和场所	为各类新旧社区提供充足的、可达的开放空间和基础设施	①为墨尔本内城规划和提供一个完整的开放空间网络 ②将水敏感景观、生物多样性和栖息地等因素融入公园和公共空间的设计 ③制定设计标准,以确保新的城市发展能保护和改善城市环境 ④推动城市更新计划,在中高密度环境中创造独特的高品质社区 ⑤致力于改善重要公共空间、滨水目的地及水道的规划、设计和管理
发挥在环境可持续和适应气候变化方面的领导作用	饮用水消耗量、雨水量和温室气体排放量的变化	①减少人均饮用水消耗量,增加使用替代(非饮用水)水源,减少水体中的总氮量 ②制定区域防洪措施 ③减少温室气体总排放量以及与议会运作相关的排放量 ④增加应用环境可持续设计(ESD)成果 ⑤提高议会和社区对气候变化影响的抵御能力

三　对中国超大和特大城市中心地区发展的启示

城市中心地区作为国际大都市的控制中枢，核心功能具有典型的外向性、多元化和动态性特征。新冠肺炎疫情突袭而至，封城和流动性受阻对伦敦、纽约等国际大都市的诸多行业造成了沉重打击，不仅包括金融、保险、外贸等全球资源配置功能受到全球经济下行的持续影响，也包括商业、酒店和休闲等功能的持续萧条，由此造成了大面积的失业和商业办公空间空置现象。强化城市中心地区的引领地位，尤其是推进后疫情时代的城市中心地区经济复苏，成为纽约、伦敦、新加坡等全球城市当前重要的战略举措之一。尽管我国疫情防控取得重大战略成果，但特大和超大城市中心地区发展短期内也受到影响，并将长期面临集聚核心功能、放大“中心辐射”作用的现实挑战。为此，借鉴墨尔本内城行动计划激发城市中心活力的经验，提出促进中国特大和超大城市中心地区发展的几点建议。

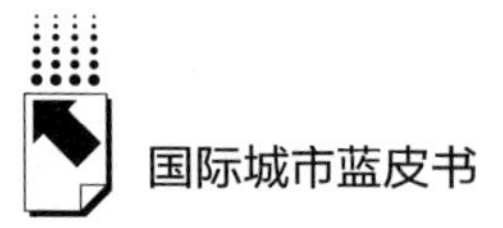

（一）建立城市中心地区专项工作推进机制

我国超大和特大城市中心地区的区级行政单元普遍较小，城市中心地区作为一个综合性功能区域往往面临与多个行政区的分散管理之间缺少规划协调推进机制的制约。以《上海市城市总体规划（2017—2035 年）》提出的打造 75 平方公里中央活动区（CAZ）为例，范围主要涉及黄浦、静安、徐汇、长宁、虹口、杨浦和浦东 7 个区级行政单元，除黄浦区外，其他 6 个区都是部分地区纳入。为此，有必要借鉴墨尔本内城多个地方议会区域建立治理伙伴关系，以及伦敦中央活动区编制《中央活动区补充规划导则》的经验，在我国特大和超大城市中心地区探索建立特定地区专项工作推进机制。近年来，在长三角生态绿色一体化发展示范区，沪苏浙两省一市搭建了“理事会 + 执委会 + 发展公司”的“三层次”管理架构；在虹桥国际开放枢纽，国家推动长三角一体化发展领导小组办公室批复同意建立了虹桥国际开放枢纽“1 +2 +14”的建设协调推进机制，这些都是跨行政区域建立专项工作推进机制的有益尝试。

（二）推动城市中心地区功能和产业升级

顺应全球城市经济、文化、科技等多元功能融合发展的态势，全球主要国际大都市城市中心的核心功能迭代，从传统的经济、文化向科技领域扩展，并且更加注重生态、生活等多个维度的支撑功能建设。如伦敦作为全球顶级的文化创意和消费中心城市，城市中心地区高度集聚了商业、文化、时尚和旅游等产业，伦敦全市 1/7 的就业岗位集中在旅游和酒店业，加上零售商业，这一比例达到 1/5，这也是受新冠肺炎疫情影响最大的产业。随着我国主要超大和特大城市普遍进入存量时代，需要更加突出城市更新工作在推动功能和产业转型升级方面的重要使命。2021 年以来，《深圳经济特区城市更新条例》《上海市城市更新条例》陆续施行，明确要求关注城市功能完善和产业发展统筹，聚焦重点功能区的示范引领和辐射带动作用。构建城市中心地区非核心功能有序疏解、促进核心功能高效集聚的发展路径，提升核心功能的集聚度、辨识度和显示度，成为我国超大和特大城市普遍面临的一项长期工作。

（三）识别和响应多社会群体的差异化诉求

我国超大和特大城市的发展正经历从投资驱动向创新驱动的转型，人才资源成为推动功能集聚创新的核心要素；从全面建成小康社会到促进全体人民共同富裕，城市功能的转型升级应不断满足人民整体上从以生存需求为主向以发展需求乃至精神需求为主的转型，社会群体的差异化诉求更加凸显。尤其是城市中心地区，更加需要针对加强识别和响应多社会群体的差异化诉求，细致研究人群画像，制定针对特定人群的一系列专项发展规划和建设行动，推动分类精准施策，使得每一类人群的潜能都得到激发，每一类人群都有获得感。一方面，城市中心地区集聚了最具活力、最具创新性的人才，应重点细致研究与超大和特大城市提升区域辐射力、国际性影响力和全球性联系度相关的人群特征和诉求；另一方面，城市中心地区发展需要多元化、包容性的各类人群共同参与，在城市更新带来的绅士化现象日益突出的背景下，需要考虑匹配一定数量的常住人口和多元化的人群结构。

（四）推动公共空间提质和闲置空间再生

创造更多的高品质公共空间不仅是保持和改善墨尔本中心地区活力和宜居性的重要举措，也是新冠肺炎疫情以来全球主要国际大都市的共同选择。一是病毒的传播特征促使人们回到户外进行散步、用餐、购物和社交等活动，对于步行友好型户外公共空间的需求越来越大；二是流动性降低和在线零售崛起造成了大量的零售空间空置，重塑零售空间环境成为经济复苏的关键组成部分。我国超大和特大城市中心地区的大规模存量空间面临物质性老化与功能性衰退问题，需要城市更新项目的大力推动。结合集聚核心功能的内涵迭代和后疫情阶段对公共空间的更高品质需求，在提供更多更富有人性和文化内涵的公共绿地和公共空间的同时，需要赋予更多开发控制弹性，出台相关政策措施鼓励充分利用闲置空间，包括鼓励酒店、创意和文化行业利用弹性空间和混合使用等。

参考文献

"Inner Melbourne Action Plan 2016 - 2026," Inclusive of Editorial Changes Approved by the IMAP Implementation Committee, https://www.melbourne.vic.gov.au/building-and-development/urban-planning/city-wide-strategies-research/Pages/inner-melbourne-action-plan.aspx, 30 August 2019.

"A Roadmap to the Safe and Full Reopening of London's Economy: the Next 12 Months," https://www.london.gov.uk/publications/roadmap-safe-and-full-reopening-londons-economy-next-12-months.

程鹏：《上海中心城区打造具有活力的世界级城市中心研究》，《科学发展》2020 年第 10 期。

B.26
温哥华市中心公共空间战略聚焦改善人民生活体验*

樊豪斌　蒋 励**

摘　要： 2021年温哥华凭借“以人为本”的市中心公共空间战略入围了本年度全球最幸福城市前五强。本报告基于《温哥华市中心公共空间战略》，详述公共空间战略与温哥华城市发展的关系、战略愿景与价值观、战略的发展方向和开发格局，并进一步探讨中国城市应如何通过优化公共空间格局与改善公共生活体验来实现品质生活共享的城市目标。

关键词： 公共空间　公共生活　市中心规划　温哥华

温哥华是加拿大西海岸大都市群的核心城市，拥有活力、多样与互动的城市文化。随着温哥华市中心人口的增长，居民对公共空间的需求也在增加。温哥华政府着力寻找释放和管理公共空间的新方法，考虑气候变化、雨水管理、海平面上升、人口结构变化、科技变革、无家可归者和住房负担能力等问题，并兼顾家庭组成变化和紧凑性居住需求增加等情况。2021年，温哥华市发布《温哥华市中心公共空间战略》，明确提出了一个

* 本报告主要基于加拿大温哥华市政府发布的《温哥华市中心公共空间战略》，并就其对中国城市的相关借鉴意义进行了分析，特此致谢。

** 樊豪斌，上海社会科学院城市与人口发展研究所助理研究员，上海市人民政府发展研究中心与复旦大学博士后，主要研究方向：城市经济；蒋励，美国杜克大学桑福德公共政策学院国际发展政策研究生，主要研究方向：社会政策、国际关系。

完整的公共空间以及公共生活网络的30年愿景，以期打造一个活力、公平和互联的市中心。该战略给中国城市如何在空间规划领域建设品质共享的城市提供了新思路。

一　温哥华市中心公共空间的发展战略方向

（一）市中心公共空间战略与城市发展

1. 城市理念

该战略以公共生活的循证理解为基础，将人们的体验感置于公共空间设计和决策的首位，这种“以人为本”的核心理念将被运用于温哥华全市的空间项目。这一设计理念将贯穿温哥华构思、规划、设计和建设公共空间的全过程。市中心公共空间战略是第一个“以人为本”的公共空间政策，将为全市推广公共政策提供经验和模式。

2. 城市目标

该战略将助力关键城市目标的实施，以构建一个更公平、可负担、可持续和有弹性的城市，具体目标包括：①和解与补救：该战略将助力城市加强与原住民部落的关系建设。城市承诺与土著社区就公共空间项目开展合作，旨在增加土著人民的存在感和知名度以及促进更具包容性的空间倡议，包括推进和解之城的建设框架。②公平与可及性：该战略将助力城市赋予社区、组织和群众积极参与公共空间的规划、设计和管理等，减少所有社区成员，包括最弱势群体和个人参与的障碍。③住房可负担性与宜居性：公共空间的质量直接关系到市民的宜居性和幸福感。在当下的住房负担危机中，温哥华最大的挑战之一是在更紧凑的环境中提供高质量的生活。在居民增加和居住面积减少的背景下，公共空间将在休息、娱乐和工作方面发挥更大的作用。④气候行动与弹性：公共领域是城市应对气候变化的关键领域。生态功能、栖息地保护、雨水管理、热岛缓解和灾害应对等必须纳入公共空间规划和设计，以确保健康、有弹性的城市环境。⑤发展地方经济：良好的公共空间可以支持充满活力和弹性的经济，为所有市民提供一个可负担的宜居城市。公共空间网络将覆盖热闹的购物街、餐厅和咖啡厅天井以及受欢迎的旅游胜地，并提供低障碍的商业机会，如街头艺人和生计小贩。⑥艺术与文化：公共领域在支持全市文化活动，包括节日和户外表演以及公共艺术方面发挥着重要作用。该策略与全市文化转变策略中设定的方向一致。⑦户外活动与娱乐：户外休闲空间是温哥华文化基因的典型组成部分，尤其是公园空间。该战略将支持公园和娱乐委员会于2019年完成的VanPlay公共娱乐总规划。

3. 城市角色

该战略要求城市政府各部门与社会各界在公共空间的规划、测试、设计、运营和管理方面通力合作，主要的合作领域包括：①规划与设计：温哥华在公共空间规划和设计方面有着卓越的传统，产生了斯坦利公园和罗布森广场等世界级的公共空间案例。公共空间规划也被纳入社区规划，如东北部的假溪和杰里科土地。社区的公共空间规划将成为温哥华城市规划中的最终考虑环节。②实施与建设：温哥华在创新公共空间的交付方面处于领先地位，包括将多余的车辆车道转换为“公共场所”，以便扩建自主型交通项目（如人行横道和广场）；通过“私有公共空间”发展计划（使私有空间承担部分公共空间用途的改造计划）确保公共开放空间的安全性；将绿色和雨水基础设施融入公共领域等。③战术城市主义[①]：比如“温哥华战术城市计划”（VIVA）项目指对城市中已建成的项目进行低成本的临时性改造，以促进社区激活公共空间，以及创新和整合新的公共空间。温哥华已经示范运行了几种新型的公共空间场所（如停车场、路边露台和广场人行道），以及新的公共空间用途（如街头食品自动售货机和公共自行车共享）。④维护与运营：温哥华力争达到良好的维修和运营标准，以确保公共空间资产得到保护。城市将动员社会各界的力量，采用创新的方法提供高效、公平的服务，

① 战术城市主义：21世纪初起源于北美，提倡使用低成本的临时性行动来实现长久性的改变，鼓励使用低成本且灵活的改造方式加快城市空间更新进程。

例如，近期的一个公共空间试点雇用社会企业在广场提供微清洁和一对一的引导服务。⑤公共节目与活动许可：温哥华支持各种公共空间规划，以促进公共生活，并进行从被动（如可移动座位和互动艺术）到主动（如表演和市场）的转变。城市致力于通过社区主导的规划以及和社会各界的合作降低市民参与障碍，例如，“温哥华万岁”项目公开呼吁公共空间活动的试点运营，以及小型社区活动（如共享一个广场）的免费许可项目。⑥管理与合作：管理是指对公共空间的治理、管理、运营和规划的闭环管理。温哥华目前正在制定全市性的广场管理战略，旨在鼓励广泛多样的社区伙伴关系参与战略制定。这些合作伙伴包括当地企业、社区团体、原住民和城市土著社区等，以及以公平为使命参与广场管理的社会团体。⑦温哥华公园局：城市公园管理是提供优质公共空间的重要部分。温哥华公园局与城市通力合作，以保证统一的公共空间规划。

4. 城市空间文化

居民种族的多样性造就了温哥华多元并存的城市文化，并促进了市中心独特风格的形成。

温哥华的居民主要由原住民、欧洲移民和中国移民组成。沿海萨利什人：马斯奎安（Musqueam）、史夸米殊（Squamish）和堤斯李瓦图斯（Tsleil-Waututh）等原住民部落在这块土地上繁衍生活了几千年。如今，原住市民也继续生活在这座城市。在过去，市中心和假溪地区被这些部落大量用于捕鱼、收割和狩猎。每个部落都有着与这片土地的紧密联系，包括他们自己的地名、土地和资源用途。欧洲移民：1791 年，西班牙的何塞·玛丽亚·纳瓦雷斯（José María Narváez）是第一个探索现今灰角海岸和伯拉德海湾部分地区的欧洲人。1865 ~ 1890 年，欧洲人定居温哥华。第一个定居点位于温哥华在伯拉德海湾南岸的黑斯廷磨坊周围。中国移民：到 1884 年，有一小部分中国人定居于拥有悠久历史的市中心地区，他们大多是锯木厂工人和商人。

20 世纪 80 年代居民对市中心的公共空间需求开始增加。罗布森广场（1979 ~ 1983 年）包括市中心的三个城市街区。该项目由亚瑟·埃里克森

（Arthur Erickson）设计，作为温哥华地标性的市民中心和公共广场，为市中心增加了开放空间，缓解了市中心公共空间短缺的问题。

20 世纪 90 年代市区滨水区重建：新的混合用途社区取代了工业海岸线。城市设计理念融入了裙楼风格，包括沿街的划船屋、精心分布的零售活动以及裙楼上面的纤细尖塔，这种开发形式被建筑师称为“温哥华化”（Vancouverism）。开发重点放在沿街创建高质量的公共领域，增加新的公园和广场，以及拓宽通往海滨的通道。

21 世纪初奥运会的成功举办促成居民优先的城市公共空间和街道建设计划。温哥华战术城市计划（VIVA）正式启动。罗布森街的 800 街区被重新定义为永久广场。温哥华美术馆北广场被重新命名，新名称体现了原住民文化和历史。温哥华计划在东北部福溪（False Creek）建立一个新的街区，包括新的广场、公园和活跃的街道和巷道。

2020 年起“以人为本”的市中心公共空间战略将在未来 30 年内帮助温哥华打造高质量、多样化且灵活的公共空间。根据温哥华对市中心人口和就业情况的预测，市民对现有公共空间的需求将持续增加。因此，需要在市中心的所有区域提供额外的公共空间。因为持续增长的人口所产生的需求难以通过释放新的公共空间来得到满足，所以在紧凑的城市环境中保持公共空间的供应水平是一项艰巨的挑战。这就需要城市探索更具创造性的方法来维持足够的公共空间供应，提供全方位的公共生活体验。这种挑战还要求温哥华注重提高公共空间的高质量、多样性、灵活性。市中心公共空间战略提出了提供额外公共空间的创造性解决方案，以及改善现有公共空间网络的方法，以实现市中心公共空间和公共生活的战略愿景。

（二）市中心公共空间战略的愿景与价值观

1. 战略愿景

“以人为本”的市中心空间战略不仅采用创新性方案优化公共空间格局，而且将提供互联共享、安全舒适且有趣诱人的公共生活体验。在温哥华总人口和就业岗位不断增加的环境下，温哥华市中心居民的平均年龄低于该城市的其他区域。目前温哥华市中心在公共空间方面战略亟待解决以下问题：①公共空间生活的包容性不够，不是所有人都感到受欢迎；②可负担性危机加剧以及生活空间趋于变小；③许多人行道人满为患或缺乏行人便利设施，如座位或植物等；④孤独且脆弱的社交网络；⑤日新月异的生活态度和工作方式；⑥市中心难以落实城市的总体规划和顶层设计；⑦公共空间的互联性和可及性不足。通过市中心空间战略，温哥华将着力实现以下具体目标：①建立良好互联的街道电网和流行的零售街；②建设充满活力的社区和参与文化浓厚的社区；③建成高品质的城市绿地和互联的滨水区；④建成紧凑的混合用途街区；⑤形成步行文化；⑥举办活跃的夏季活动、享誉世界的艺术和文化节目。

2. 战略价值观

这些价值观来自公众对公共空间和公共生活的体验和愿望，并为发展指明了方向。这些价值理念包括：①尊重土著文化和历史：温哥华地处马斯奎安部落、史夸米殊部落和堤斯李瓦图斯部落的混居传统领土，这些土地自古以来就是原住民的家园。公共空间的任何决策应采用非殖民化的方法审议和通过，并向东道国和城市土著居民提供代理权，承认和反映城市所建土地的历史。②公平、包容和开放：温哥华市中心的公共空间必须是受欢迎和包容的，并且需要对所有性别、年龄、能力、收入和种族群体开放。③互联与参与：公共空间应支持社会联系、社区和公民参与，并鼓励聚会和集会。④步行适宜度和可及性：公共空间应提供愉快的步行体验，配备良好的连接、直观的路线、开放的空间，提供安全舒适的步行体验。⑤闹中取静：市中心应该配备安静的空间，有舒适的休憩和放松之处，以促进身心健康。宁静空间与活力活动空间相平衡，优先考虑不同空间的适当使用。⑥亲近自然：公共空间应将绿色和自然空间结合起来，与自然环境紧密相连，同时融入适应气候变化的系统。⑦游戏元素：市中心应该为所有年龄段的人整合游戏元素，培养自发性和异想天开的人，同时保持该核心功能。⑧安全舒适：公共空间应该让所有人在任何时候都感到安全、干净和舒适。⑨创意与文化：公共空间应具有适应性，并为艺术、音乐和即兴文化表达提供机会。⑩独特的空间：公共空间网络应加强和反映独特的街区、城市特色区域和市中心的文化多样性。⑪蓬勃发展的当地企业：公共空间和充满活力的当地企业应该相辅相成。应该提升公共空间里的餐馆和商店的吸引力，吸引人们穿梭、观看和参观。⑫社区伙伴关系和赋予公众权力：城市应继续与居民、雇员、社区团体和企业建立社区伙伴关系，并应提供更多渠道让公众参与公共空间的共建。

二　温哥华市中心空间的战略发展方向

为实现优化公共空间格局和改善公共生活体验的战略愿景，温哥华市中心公共空间战略制定了六个战略目标。

（一）共建共享的机制

为所有年龄、性别、背景和能力的人提供舒适和安全的公共空间，鼓励人们共同创造、激活和管理公共空间。

1. 在城市范围内与原住民社区紧密合作

让土著社区参与城市空间的规划和设计，以推动反映其人民生活文化和历史的倡议，并创造更具包容性的公共空间。支持在公共空间识别、管理和访问具有土著文化意义的场所的机会。通过与 MST 国家和公共资产命名协会的持续合作，探索新的和现有的公共空间使用土著语言命名的机会。

2. 建立无障碍的公共空间

让所有人，包括弱势群体可以无障碍地参与公共生活。优先为被历史边缘化的群体提供公共空间。当设计和规划公共空间时，考虑公众的社会经济、文化、生理和心理可及性需求，并与相关社区进行接触。通过交叉视角进行设计和规划，反映性别、种族、文化的不同需求。公共空间的使用要充分咨询利益相关者，如老年人咨询委员会、残疾人咨询委员会。让儿童、青年、老年人及其家庭成员参与公共空间规划和设计，并为所有年龄段的人提供优质的公共空间体验，确保他们的需求被满足。

3. 加强社会联系和鼓励社区活动

探索居民塑造和管理公共空间的机会。无论是在现有的街区还是在批准新的住宅建筑时，考虑利用住宅（半私人和私人）前后的空间增加社区归属感。利用可靠的数据收集和分析（即健康指标），监测公共场所的社会关系质量，特别是老年人和弱势群体的社会关系质量。

4. 确保公共空间的安全性

通过公共空间具有多样化的用户、节目和相邻用途，提高社区安全感。将“环境设计预防犯罪（CPTED）原则”纳入设计和规划。城市其他公共机构和社区合作伙伴之间开展合作，以确定最需要 CPTED 改进的地点。将交叉方法应用于公共空间和交通设计项目，认识到妇女和弱势群体不同的安全需求。将人群保护和活动安全的最佳实践融入公共领域设计，特别是用于容纳重要活动的开放空间（如市民广场、邻里广场、大街等）。与居民和社区团体合作，确保无家可归者成为与安全和包容性设计相关的公平计划的一部分。

5. 让居民和社会组织参与公共空间管理

在公共空间的创造、设计、激活和管理方面促进社区参与。鼓励青年参与公共空间活动，支持社区项目，让青年参与公共咨询，并利用学术工作经验要求计划，让青年参与公共空间活动（如绿色学者计划①、SFU 对话项目②）。减少参与障碍，使更多社区提出的公共空间倡议成为可能。对城市许可流程进行改进，以社区驱动方案使流程简单、价格合理且易于操作。改进温哥华街道和未充分利用地段（如小巷、街道广场、游乐街道、弹出窗口等）搭建临时项目的城市法规和审批流程。

---

① 绿色学者计划（Green Scholar Program）由温哥华政府发起，2010 年以来，已邀请了 100 多名加拿大不列颠哥伦比亚大学的研究生一起参与可持续发展项目相关工作。

② SFU 对话项目（SFU Semester in Dialogue）为加拿大西蒙菲莎大学举办的全日制课程，旨在培养学生的公民责任感，激发他们对改善社会状况的热情。

（二）匹配需求的供给

实现市中心公共空间公平且适宜的分布，使公共空间的供应与需求相匹配。

1. 提供公平且均衡分布的公共空间

基于公共空间差距分析，为每个市中心街区提供满足以下功能的公共空间：吸引人的社交空间、包容的社会空间，支持人们认同他们的社区和邻里关系，减弱社会孤立感；休息和沉思的空间，提供一个可安静散步或坐着享受自然环境的绿色空间，提供一个恢复身心和感受自我的时刻；在刺激的、创造性的、冒险的游戏空间方面，在传统的游乐场之外，游戏特色和欢乐元素可以融入更广阔的公共领域，激发一种冒险的感觉，而这种感觉是城市的常规功能所不能带来的。一个与众不同的空间设计、五颜六色的铺路图案、广场上的一组秋千，或者口袋公园里的现场音乐活动，都可以带来乐趣和惊喜，并邀请各个年龄段的人来玩耍；创新活力的商业空间、活动与展会空间。

2. 通过创造性手段增加空间供给

通过收购、用途调整、改进、合作、互联、测试和管理，发掘提供新公共空间的可能性。①收购：收购并扩大私人财产的法定通行权，以便在最需要的地方提供新的公共空间。②用途调整：在可行的情况下，重新利用街道用地，更新基础设施以支持这些新空间的释放。③改进：更新现有公共空间以增加其效用，更好地将其连接到更广泛的公共空间网络，并为更广泛的用户服务。④合作：与开放空间的其他所有者合作，包括学校、体育和文化设施（如体育场馆和剧院）以及私人拥有的多功能无障碍空间等，利用这些开放空间填补公共空间网络的空白。⑤互联：加强关键公共空间之间的联系，建设一个有凝聚力的步行和自行车网络，并将公共空间体验扩展到传统公园和广场之外。⑥测试：继续测试和评估潜在的公共空间项目，并通过“温哥华万岁”计划让社区参与公共空间的创造。⑦管理：建立伙伴关系和管理计划，支持公共空间的维护、运营和规划，以维持和保护公共空间资产。

3. 私有公共空间（Private Own Public Space, POPS）——保留和增加可持续性的私有公共空间

继续确保新的私有公共空间作为发展进程的一部分，重点关注目前服务最不足的领域。鼓励改进和更新现有的私有公共空间，使其为更广泛的用户和用途服务，并更好地与公共空间网络连接。确保新的和更新的私有公共空间达到与多功能公共空间相同的高质量设计标准，具有包容性、可访问性、用途多样性，并充分融入更广泛的公共空间网络。建立私有公共空间管理计划以支持其运营。确保私有公共空间有清晰的可访问标识。

（三）以人为本的设计

提供高质量、精心设计的公共空间以丰富公共生活体验。

1. “暂停的空间”：给人们驻足交流的机会

在可行的情况下，通过重新分配道路空间减少建筑物对道路的阻挡，在人行道上引入新的停车和停留空间。鼓励多样性的公共座位选择。沿街道每100米（或每个街区）提供一组座位，重点关注座位不足的街区。促进无障碍选择和更多的临时座位活动。在公共设施上建立无缝连接，可使用私有领域的家具和各种元素以提供温馨的体验。保留当地街道的特色，美化公共区域，使其具有本土性和适应性，并进行雨水管理。鼓励角落的特殊处理，将主要街道交叉口明确为明显的公共场所以管理较高的行人流量。探索创造新的或更大的公共空间的可能性，如步行10分钟内的袖珍公园和邻里广场，通过交通设计、人行道和广场计划、专用设施和私人公共空间的交付等机会寻找“暂停的空间”。

2. 活动的边界：加强开放商业区一楼正面的行人互动

建筑的正面在细节、触觉和材料上应与人的尺度相适应。正面的第一层或第二层应具有最高水平的细节、优质材料和设计多样性。街道使用：在商业街道和开放空间（如商店、餐厅、咖啡馆、服务设施、会议空间等）鼓励公共可访问的混合用途，不鼓励非活动用途，如办公室。透明的正面：一楼大部分正面设计为透明样式（避免有色或反光玻璃），并鼓励窗口向街道

开放。推广户外零售展示：不鼓励大型的生活海报和贴花阻碍能见度，以及阻碍行人移动的标志结构。密集的入口：鼓励商业街道沿街的狭窄的店面和密集的入口，目标是每百米有 10～15 个入口。交互式建筑边缘：鼓励建筑边缘模糊公共空间和私人空间之间的界限，包括休憩和驻足欣赏的地方。通过添加座椅结构、游戏元素、壁画、窗口供应商等使现有建筑的“空白”正面更具吸引力。一楼住宅临街：鼓励住宅建筑的设计对公共空间开放，但同时确保一楼居民拥有足够的隐私

3. 街道空间：鼓励街道作为公共空间，同时保持交通功能和其他街道用途

根据街道在网络中的功能作用，突出街道的特色。基于城市遗产和文化属性，设计具有吸引力的街道景观（如家具、标牌、装饰照明、铺路和园艺），同时支持无障碍的交通功能。在交通功能可行的情况下，在人行道、广场、停车场、路边露台区域探索将街道用地改造为公共空间的可能性。

4. 全龄参与：将游戏和惊喜元素融入公共空间

设计并整合各种公共空间（街道、广场等）中的游戏空间和欢乐元素，使所有年龄、能力和收入阶层的用户都能寻找到乐趣。根据位置和邻里关系，改变游戏装置的规模和类型。鼓励非正式的游戏活动（如滑板）。鼓励商业和住宅在前院融入游戏元素。将“艺术即游戏”融入公共艺术设计，包括雨水的利用等。

5. 阳光场所：保护公共场所的阳光

保护重要公共空间和公园免受新建筑或其他结构的阴影影响。新开发项目产生的阴影应根据以下层次结构最小化。

公园、广场、校园和商业街应根据现有的指导方针和政策，在指定时段内不造成新的光照阴影（无新的净阴影）；人行道应尽量减少阴影，优先考虑街道北侧；私有公共空间尽量减少阴影，同时考虑场地和环境因素；对于高度暴露的开放空间（如滨水区），要考虑更易受天气影响的人群（如老人和儿童），探索荫凉和遮蔽的可能性。

6. 社区特色：通过公共空间设计，增强每个街区的特色

通过突出不同历史、文化和土地利用特点，增强每个街区的特色。在每

个街区的公共空间使用一致的设计元素（如材料、照明、家具、铺路等）。通过多样性政策鼓励开发新用途及混合用途，以增强邻里认同感。促进当地居民和企业共同探索设计创新。

7. 灵活和易读的空间：增强公共空间设计的灵活性和自发性

鼓励社区循序渐进地帮助塑造公共空间。增强空间记忆力，通过独特的设计、公共艺术和标志性特征，挖掘空间潜在的独特性和易读性。

8. 景观保护：保护和保留原有景观

应保护公共空间现有的行人层景观，并在可能的情况下，创建有趣的新景观。比如，从街道高度，特别是从靠近海滨的街道末端，可以看到山和水；地标建筑、桥梁、艺术作品和特殊景观；观看重大市民活动和城市主要节目的有利位置。

9. 设施和维护：确保聚集空间配备基础设施和规律维修，以支持多样化的节目和活动

设计广场和其他公共开放空间，提供充足、灵活的基础设施，以支持一系列规模的特殊活动、节日和社区聚会。设计与广场连接的街道和巷道，提高活动和节日用的区域的安全性和便捷性。确保相邻的土地用途可以共同支持活动空间，并在建筑设计中考虑额外的噪声等因素。确保在交通规划和设计中考虑到因节日和活动而关闭街道的可行性。清洁维护：提供适当的垃圾箱以及对公共空间进行常规的维护、维修和清洁。探索有效的、创新的公共空间维护、清洁和废物管理方法，如社会企业为广场提供的微清洁试点等。

10. 公共艺术：宣传标志性的公共艺术作品，鼓励市民参与文化实践

通过反映场所和公众的复杂性，鼓励市民参与文化实践和进行批判性思考，赋予公共空间新的意义。支持公共场所的永久性公共设施和临时公共艺术项目。让艺术家参与塑造公共空间，使公共艺术与城市战略和优先事项相一致，包括私有公共空间中的艺术装饰。

（四）四季皆宜的考虑

在设计中考虑时间与季节因素，提供随时享受公共空间的机会。

1. 四季空间：通过各种天气条件的设计和规划，增加四季皆可的活动

结合天气保护、遮蔽和其他防雨设计特点，推广适宜雨天使用的公共空间。在人行道上提供保护行人和商业活动的天井设计。利用雨水设计节目和活动，包括雨水相关的公共艺术（如伞间生活设计比赛）[①]。利用色彩、灯光和其他元素，增加夜间活动。使用照明增加行人通道的安全和舒适感。将创意照明功能融入公共空间设计，可特别关注聚集空间。利用暖光灯照明和远程/可编程的颜色变化，增强视觉兴趣。探索临时照明功能的可能性，比如灯光艺术照明节等。延长本地企业全年使用户外市场、摊位和售货亭的时间。为沿着商业建筑行走的人们提供持续的天气保护，并在可能的情况下，鼓励对室外座位区（如露台和咖啡厅座位）提供额外的天气保护。

2. 夜间活动：鼓励安全和热情的夜晚体验，扩大充满活力的夜间区范围

将夜生活区的邀请范围扩大到更多人群，并鼓励更多样化的活动。使用创意照明提高公共空间的安全性，同时创造难忘的地方场景。在晚间活动明显减少的地区（如 CBD），探索新的晚间商业活动（如现场娱乐）。提供便利设施和服务，以提高公共空间的安全性和舒适性，如公共洗手间和洗手间护理。提供更多的夜间支持服务（如食物、交通、通信和厕所），以支持安全、愉快的夜间生活。

（五）自然坚韧的生态

在规划公共领域时，考虑自然环境、城市水文、灾害响应和气候弹性等。

1. 生态功能：在公共空间设计中融入生态功能

充分利用本地的灌木和地表植物。整合雨水管理技术，使自然元素和功能可以被人们看到和体验。确保树木和土壤面积符合当前行业和市政标准，并探索将雨水用作水源的可能性。通过使用适当的植物，创造关键的食物来源和栖息地，增加本地鸟类和传粉昆虫种类。加强树木和林下种植，为迁徙

① 伞间生活设计比赛（Life Between Umbrellas Competition）是温哥华于 2019 年举办的一场雨水友好型公共空间设计理念竞赛，为改善温哥华公共空间在雨季的体验感提供了大量创意。

物种提供食物来源。建立高黏性的绿色生态网络，增加栖息地和树冠覆盖，促进城市可持续发展。加强绿地和公园之间传粉昆虫和鸟类栖息地的联系。优化生物多样性廊道和城市森林冠层，种植成熟的中大型树木。

2. 蓝色生态体系：学习公园走廊网络设计，使水资源服务于城市森林并与交通设计相融合

通过连接公园内较大的栖息地板块和生态多样园艺的公共空间，为传粉昆虫提供自然通道。通过整合绿色雨水基础设施，特色化设计，使雨水管理在公共空间有一个直观且美观的表达。探索通过雨水友好型设计提供教育和促进创新的机会。通过社区管理支持资产维护，比如绿色街道志愿者计划。开发绿色通道，增强步行和骑自行车的体验，将人们与自然、目的地有机联系起来。

3. 雨水资源：让空间助力城市雨水的水文循环

确保公共领域的改善符合雨水城市战略和综合雨水管理计划的要求。挖掘利用雨水作为新公共空间所有绿化水源的可能性。将雨水输送和管理系统与现有的绿色基础设施网络连接起来。加强公共空间的吸收性景观建设，包括广场和街景。在公共空间设计中添加互动和教育元素，让公众了解雨水在城市环境中的作用。鼓励私人业主将绿色雨水基础设施纳入其景观和广场的设计。

4. 应对气候变化：考虑洪水、海平面上升和热岛效应，利用公共空间打造韧性城市

加强高洪水恢复力的公共空间设计。积极探索公共空间如何应对洪涝和干旱。考虑收集全区范围内的雨水，以替代和/或补充饮用水。应对海平面上升：确保公共空间的设计能应对海平面上升。将抗洪能力融入滨水区和受海平面上升影响的部分公共空间的设计。确保滨水区的所有元素设计都考虑到当前海平面上升的趋势。确保任何洪水管理基础设施（如海堤）符合当前省级结构标准和要求。设计洪水管理基础设施，并使用基于自然的方法来支持海岸线栖息地生态建设和生物多样性。缓解热岛效应：空间设计应融入缓解城市热岛效应的元素。优先考虑新街道的植树地点并扩大树冠覆盖。在更易受热的区域探索冷却站（如喷雾器）和阴影结构的可能性。在高需求地区设立新的饮水机、瓶装水补给站和散装水补给站等，以保证公众饮用水的充足供应。

5. 灾害准备：公共空间设计应考虑紧急情况下的空间利用

探索公共空间作为灾害支持中心发挥作用的可能性。使公共空间能够初步聚集且协调应急工作，并向社区其他成员提供帮助。探讨公共空间在地震和洪水等灾害发生时的作用，以及这些灾害发生后所需遵循的公共规定。考虑作为灾害准备空间的连通性、位置和邻域函数。

（六）人与空间的互联

确保公共空间网络连接良好，便于人们步行与骑行。

1. 步行城市：设计街道和人行道，鼓励步行和骑行文化

采用临时封闭街道的方式来评估将选定街道重新用作人行道的潜在好处和挑战。探索交通管理的创新方法，以实现功能、安全、公共卫生、商业和公共生活之间的最佳平衡，如降低最高限速要求等。改善过街体验，优先考虑在交通网络中处在关键商业区、生态系统和主干街道上高交通量交叉口的人群。市中心环路：提升罗伯森、登曼街、戴维斯街和格兰维尔大街的步行体验。通过渐进的、战略性的公共空间改进，加强主要街道的步行连接性。探索一种功能强大、直观易用的增强型寻路策略，并将市中心环路设定为统一的实体。使用公共空间设计元素来统一环路设计设置，如照明策略。让社区参与每个商业街的公共空间设计。

2. 海岸与核心区的连接：加强步行和骑行穿越市中心半岛的网络设计

建立从 CBD 到滨水区更直接的空间连接，注重改善主干道的交叉路口状况。建立一个包括标牌、地标和其他提示在内的寻路系统，以优化海滨、CBD 和街区之间的通道。

以温哥华作为一个可步行城市的愿景为基础，支持和提升高质量的多样化步行体验。通过获得私有空间的法定通行权，进行公共空间连接，打造更畅通的市中心。探索人行道拓宽的可能性，重点关注人行道拥挤的大街和街区。确保新开发项目符合人行道净宽的现行标准。

3. 海堤环路：加强海滨绿道建设

改善螃蟹公园、缅因街以及卡罗街之间步行和骑行的连接状况。将海滨绿道融入未来滨水区规划和城市公共空间改善计划。通过滨水区提高滨水城市的宜居性，通过聚集空间、公共通道规划将城市与水连接起来。在海堤与关键街道交汇处设立“锚定点”，以支持寻路系统和标志性地点规划。

4. 清晰直观的寻路方式:整合寻路系统，提升市中心各入口的到达体验

保证寻路方式可行性，考虑所有用户的需求和能力。通过使用不同的参照物，如地标建筑、自然景观和公共艺术品等，提高公共空间的易读性。在主要步行街和关键目的地附近集中设置寻路提示和标牌。目的地体验：提升市中心各入口的到达体验。明确中转站区域和中转站作为公共空间网络的重要性，将其构建为进入市中心的入口。提供舒适的 5 分钟、10 分钟和 20 分钟等座位选择。提供天气保护。使用服务激活中转站，如公共信息服务亭。改善行程中途和结束时的服务设施，如垃圾箱、自行车停放站和洗手间。在桥梁、滨水区交叉口和其他通往市中心的关键入口，为步行和骑行的人们提供更好的体验。

5. 热闹的巷道：加强巷道作为公共空间和交通服务的双重用途

考虑如何改善车道环境以吸引行人，同时保持必要的交通服务能正常开展，如装载、停车、消防通道。保证基础设施适用于任何行人与场景，包括地下设施和照明。继续探索、确定和开发选定的巷道作为当地公共空间。探索巷道活动用途，包括零售、咖啡馆和餐厅露台。探索整合和简化公共服务（如垃圾和回收）的方案，增加行人和各场景利用巷道的时间。与社区组织合作，解决巷道升级过程中的装修问题，如建筑垃圾清运、噪声扰民等。

三　温哥华市中心空间建设的推进方向

（一）市中心空间开发的三种模式

温哥华市中心的空间开发将基于市中心现状，通过环路联结、海岸连接

和功能填充三种模式实现市中心空间的扩张、改善和互联。

环路联结：竣工的海堤环路和市中心环路（Davie、Denman、Robson 和 Granville Streets）为市中心公共空间网络提供了一个强大的框架，并连接了市中心的大部分开放空间和基础设施。应继续填补环路中的空隙，以提供连续、连贯的步行体验。

海岸连接：温哥华市中心的空间布局往往根据与水的互动关系而定。利用这独特的自然禀赋，海岸到海岸的连接将贯穿整个市中心半岛。应通过完善的交通路线、高效的雨水管理、多样化的生物栖息地将社区与海岸连接起来。

功能填充：目前温哥华市中心的大多数公共空间都能承受较大的使用需求和具备多种功能。新公共空间的释放和现有空间的更新或扩建将使整个市中心半岛更具空间可及性，并确保所有居民和上班族能够在其所在街区享受到一系列公共空间功能升级红利。

图 1　温哥华市中心公共空间战略的三种空间开发模式

（二）市中心公共空间开发框架

该框架收录了短期和长期空间开发演进项目情况，为投资和发展提供信息。市中心有许多公共空间项目和规划正在进行。该战略建立在这些开发项目的基础上，构建了公共空间框架，该框架还明确了需要进一步研究、投资和发展社区合作的优先事项（见图 2）。

温哥华市中心现有的公共空间网络包括主要的公园、广场、纪念街、商业街、绿道、人行道、当地街道、海滨绿堤等。

温哥华市中心公共空间可改善区域包括当前的资本投资计划和短期公共空间可改善区域、中长期公共空间可改善区域。

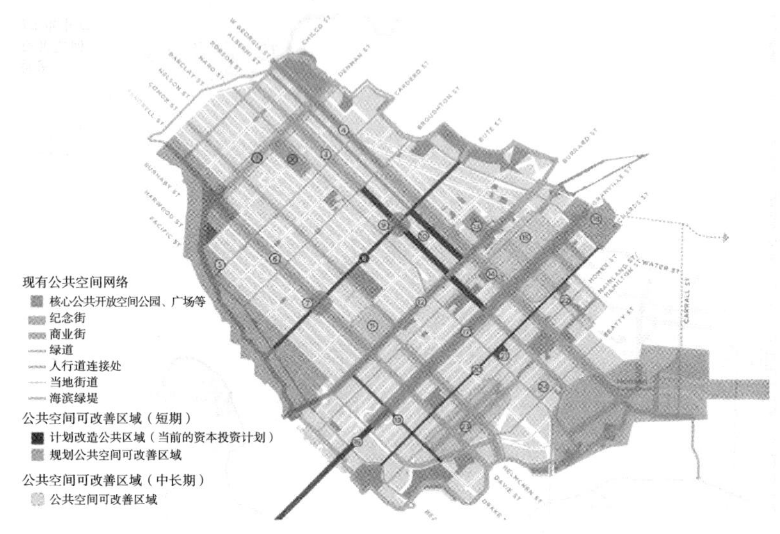

图2　温哥华市中心公共空间开发框架

四　温哥华经验对中国城市市中心公共空间发展的启示

（一）中国城市市中心公共空间面临的挑战

随着中国城市人口的不断增加，许多城市中心区的公共空间面临公平性、功能性和连贯性不足的问题。

公平性不足：市中心公共活动空间集中在商务区，设计时以商业为目的，对不同年龄、收入和能力的人群的包容度不足。比如许多城市夜间活跃的公共空间面向商务人士、年轻居民和游客，对老人、小孩和残疾人士的包容度不足。

功能性不足：市中心滨水区缺乏多功能的空间设计和有特色的空间。比如很多城市的滨江公园建设和布局都大同小异，缺少独具文化特质的空间。

商务区的公共空间除办公功能外，社交、游戏和商业等功能都有待释放。

连贯性不足：市中心旧城区滨水空间岸线断点多，连贯性不足。比如，一些城市的滨水区原本为工业园区，封闭的工厂阻断了滨水道路。

（二）对中国城市市中心公共空间建设的政策建议

借鉴温哥华市中心公共空间发展经验，建议从优化公共空间格局与改善公共生活体验两大方面解决中国城市中心公共空间公平性、功能性和连贯性不足的问题。

1. 优化公共空间格局

树立“以人为本”的公共空间规划理念，打造高质量的公共空间。在公共空间设计的各个环节将“以人为本”的理念置于首要位置。在规划、设计、施工、测试等各个步骤落实高质量发展的人民城市发展理念，如在公共空间的可及性、便捷性、美观性和灵活性上考虑所有使用者的感受，注重建筑物的正面、边缘的细节设计与人的尺度和触感相适应。

探索可以拓展潜在公共空间的新模式，以应对居住密度的上升。扩大市中心区域的公共空间是各大型城市面临的主要挑战。受经济聚集效应的影响，市中心居住密度不断上升，因此单纯地增加公共空间用地难度较大。可以赋能社会组织与社区群众参与公共空间的建设与管理。在公共空间多样性和灵活性领域挖掘创新模式。完善公共服务，升级高能级设施，提升公共活动的承载能力。增加私有公共空间，以服务更广泛的用户和用途。

加强公共空间布局互联，完善交通和设施的连接。交通上可以增加各公共空间之间的公共交通、人行道和骑行道的连接，加强核心区与滨水区的交通连接。设施上可以考虑保持某个区域内各公共空间在材料、装饰、休息区和寻路系统上的统一性。可以通过独特的设计、公共艺术和标志性特征，提升公共空间的易读性。

2. 改善公共生活体验

突出公共空间设计的公平性，拓展匹配需求的空间，如增加社区范围内老人和小孩可活动的公共空间，配备必要的基础设施和社区服务，如夜间公共交通和公共卫生间等。进一步释放社区公共空间的夜间活力，提供四季皆宜、全天适用的公共空间。加强天气保护的空间设计，如天井和其他遮蔽设计。

增强公共空间的功能性，丰富公共生活体验。随着市中心人口的增加，居住密度上升，人均公共空间面积下降。可以考虑完善现有公共空间的功能，丰富公共生活体验。比如，增加游戏设计元素，将公园、广场变成孩子的游乐场。增加天气保护功能和座椅，拓展邻里的社交公共空间。挖掘沿街的商业店铺和广场的商业功能，探索公共空间承接不同文化活动和节目的可能性。增加生态功能设计和雨水管理，利用自然资源丰富公共生活体验。

加强公共生活网络互联，加强生态和文化的连接。生态上可以增加植物的多样性、优化高黏性的绿色生态网络、构建各大绿地公园的生态走廊，连接滨水区和绿地公园。文化上落实历史文化遗产和自然文化景观的保护控制线。逐级分类，探索历史建筑再利用的创新模式，鼓励市中心历史建筑与周围公共空间形成连贯性的混合用途空间。

参考文献

戴雄赐：《紧凑城市理论与北京蔓延研究》，清华大学博士学位论文，2016。

彭一力：《旧城滨水公共空间慢行贯通策略研究——以上海市苏州河中心城段为例》，《建筑与文化》2021 年第 1 期。

宋敏：《从“扇叶城市”到“紧凑城市”》，东南大学博士学位论文，2017。

魏楚天、杨翠霞、田涛、杜学民：《基于 POI 提取的大连市中心城区无障碍设施空间分布特征研究》，《绿色科技》2021 年第 12 期。

章灿钢：《基于生态文明理念的城市滨水空间规划策略——以“黄浦江东岸滨江公共空间贯通工程”为例》，《上海城市管理》2019 年第 1 期。

钟炜菁、王德：《上海市中心城区夜间活力的空间特征研究》，《城市规划》2019 年第 6 期。

Wang, Y., & Chen, J., “Does the Rise of Pseudo-public Spaces Lead to the ‘End of Public Space’ in Large Chinese Cities? Evidence from Shanghai and Chongqing,” Urban Design International (London, England), https://doi.org/10.1057/s41289-018-0064-1, 2018 (3).

Abstract

The Blue Book of World Cities choose Resilient City as the theme of Year 2022, since resilience city construction has become a worldwide common topic, and it is also a major strategic choice that China has promoted in 14th Five - Year. Resilient city is a comprehensive system project spanning time and space and involving many fields such as politics, economy, culture, society and ecology. It needs to be planned, constructed and managed in all elements, all time and space and all cycle. Western countries have initially accumulated some basic experience in the construction of resilient cities. In the future, the construction of resilient cities in China should focus on functional resilience and process resilience, and the government, market and society should cooperate to form a stronger, safer and more effective comprehensive urban safety prevention system.

It has been five years since the launch of The Belt and Road Initiative Node City Index (Silk City Index 2. 0 in short) . This index witnesses the progresses of the Belt and Road Initiative framework. The newest round of evaluation identifies 35 important node cities, primarily in West Europe and Southeast Asia, 13 secondary node cities mostly in West Europe and East Asia, and 34 general node cities mostly in East Europe. These three types of node cities are the essential space carriers in promoting the Belt and Road Initiative.

Urban Innovation section introduces Singapore's Research, Innovation and Enterprise 2025 plan, Vienna's Economy and Innovation 2030 plan, and Sydney's urban smart transformation policies.

Urban Economy section introduces Melbourne's urban recovery plan, UK Core Cities' economic reconstruction strategies, and Luxembourg's digital-driven economy.

Urbansociety section introduces New York's innovative solution to urban housing problems, Alberta's urban social assistance reform and, digital medical care in Korean cities

Urban Culture section introduces Kyoto's creative space upgrading practices to enhance the city's soft power, London's plan to promote urban recovery via cultural and creative industries promotion, and Minneapolis' cultural district renewal.

Urban Ecology section introduces World Economic Forum's "Net Zero Carbon City" initiative, Tokyo's zero emission strategy, Los Angeles' zero-carbon buildings goal, and Barcelona's 30-year green development plan.

Urban Governance section introduces the UN's proposal on promote equitable, green and healthy urban development in the post-pandemic period as well as international experience in addressing housing difficulties for cities' key workers. Hong Kong's newest "Smart City Blueprint 2. 0" is analyzed too.

Urban Space Development section introduces Toronto's urban space planning, Melbourne's inner city action plan, and Vancouver's downtown public space strategy.

Contents

Ⅰ General Reports

Abstract: Resilient city is city novel coronavirus pneumonia since 1970s. Especially with the global influence of global climate change and new crown pneumonia epidemic, resilience city construction has become a worldwide common topic, and it is also a major strategic choice that China has promoted in 14th Five – Year. Resilient city is a comprehensive system project spanning time and space and involving many fields such as politics, economy, culture, society and ecology. It needs to be planned, constructed and managed in all elements, all time and space and all cycle. Western countries have initially accumulated some basic experience in the construction of resilient cities. In the future, the construction of resilient cities in China should focus on functional resilience and process resilience, and the government, market and society should cooperate to form a stronger, safer and more effective comprehensive urban safety prevention system.

Keywords: Resilient City; International City; City Function; Dynamics Risk

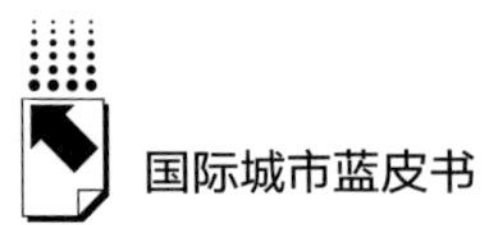

Abstract: This report updates the data of node city development and identifies core regions and cities under The Belt and Road Initiative framework by continuing to use the methodologies and logic of The Belt and Road Initiative Node City Index 2021. Based on the data we can access, The sample of this report contains 138 countries and 350 cities. The index system comprises three indicators: the partnership with China, regional influence, development potential, and "Five Cooperation Priorities," composed of policy coordination, facilities connectivity, unimpeded trade, financial integration, and people – to – people bonds. We identify 35 important node cities primarily in West Europe and Southeast Asia, 13 secondary node cities mostly in West Europe and East Asia, and 34 general node cities mostly in East Europe. These three types of node cities are the essential space carriers in promoting the Belt and Road Initiative. We also define 82 potential node cities mainly located in Southeast Asia, South Asia, and West Asia. Moreover, this report analyzes the node cities with excellent performance in "Five Cooperation Priorities" to meet personalized investment needs. By analyzing the node function by region, we found a significant gap of node function between different areas, and the gap has widened. The distribution of the top 100 node cities has shifted from Europe to Asia, the node function level in East Asia and South Europe has improved significantly, and opportunities and challenges coexist in West Asia.

Keywords: The Belt and Road; Node City; City Index; Five Connections City

Ⅱ Urban Innovation

Abstract: Research, Innovation and Entrepreneurship Plan (RIE) is the cornerstone of Singapore's strategy for developing a knowledge-and technology-intensive economy and further consolidating its global center position for technological innovation. In order to better cope with the new challenges in the post COVID – 19era, reshape the new developing force, RIE2025 has made positive adjustments compared with the ex-strategies: emphasizing more on the enhancement of national basic research capacity, the resilience and sustainability of development, maximally applying the science and technology and realizing value. More key strategic areas have been added, including trade and connectivity, enhancing human potential and digital economy. Investment in basic research, platform building, talent pooling and collaboration networks has been increased greatly. RIE2025 fully reflects Singapore government's development vision and boldness, and provides a useful reference for Chinese cities to enhance the capacity of science and technology innovation and develop innovative cities.

Keywords: Science and Technology Development Plan; Singapore; RIE2025

Abstract: To further maintain the critical position as the world's most livable city and European link hub, Vienna based on its unique strengths and enormous challenges in the future, adhered to the development concept of " people-centered", formulated "Vienna Economy and Innovation 2030" . Over the next decade, the strategy proposes to focus on six areas of leadership and ten strategic action areas using the specific flagship projects as a vehicle. By building the cooperation networks with kinds of social partners, the city will make efforts in response to the city's climate problems, reducing resource consumption, improving the level of urban intelligence and so on. The outstanding urban solutions and products, which have strong characteristics of Vienna, will be put forward to maintain people's high living standard and to gain opportunities for success in the global economy. Vienna's plan provides a useful reference for China to deal with urban challenges, build " People's city" and achieve high-quality development.

Keywords: Economy and Innovation; Vienna; High Quality Development

B.5 Sydney Shapes the Ecosystem of Urban smart Transformation

Xue Zelin, Wu Chen / 116

Abstract: Exploring effective strategies for urban smart transformation and building smart cities is the new frontier of competition for major cities around the world. As a world-renowned city, Sydney's smart city strategy can conclude as people centered. It has established a smart city strategic framework which include five strategic goals: " a city that supports interconnected and empowered community cities, enhances global economic competitiveness and attracts and retains global talents, adapts to the future environment and enhances resilience, builds a vigorous and livable city and a customer-centric and efficient service city. " At the same time, " development of smart infrastructure, creating a favorable external environment" are the two major promotion strategies. In one word, Sydney committed to build a prosperous, inclusive, and resilient city of wisdom. As an active promoter of smart city construction, the government can orderly promote the implementation of strategies based on interest-related perspectives and create favorable conditions to build future-oriented and smarter cities. This is the main experience of Sydney's smart city strategic framework.

Keywords: Smart City; Ecosystem; Sydney

Ⅲ Urban Economy

Abstract: This paper, based on Melbourne Covid – 19 Reactivation and Recovery Plan, try to analysis the main ideals and practice for Melbourne's post pandemic recovery strategy. It traced the seven initiatives represent Melbourne's plan for reactivation and recovery following the COVID – 19 pandemic. The paper outlines how the City of Melbourne aims to approach city reactivation and recovery, given the high levels of uncertainty and ambiguity related to this crisis; and the actions available to drive a robust regeneration of the city over time. It shows the character of the integration with the City of Melbourne's planning framework and existing strategic plans, leveraging the deep consultation, review processes and progressive policies integral to these.

Keywords: Melbourne; Economy; Sustainable Development

Abstract: The report focused the economic impact of Covid –19 on the 11 core cities of the UK, understanding how the epidemic affected the economic situation of cities in terms of the labor market, consumption spending and changes in transport, and observing how urban economy recovered during the first national lockdown, to realize how cities and governments can respond positively to the continuing economic level-down under the influence of constraints by exploring a package of direct or indirect support strategies. From the macro-control level, it's necessary to understand the importance of improving the capacity of urban emergency prevention and control. Finally, on the basis of the efforts made by the British government to strive for economic recovery, some thoughts were put forward on the direction of urban development in China in the post-epidemic era.

Keywords: UK; Core Cities Alliance; Economy Recovery; City Defense and Control

B.8 Luxembourg's Digital Innovation Drives Sustainable Economic Development

Ji Weihua / 169

Abstract: Post-COVID-19 era, the global digital process has accelerated significantly, global competitiveness and development pattern have been significantly changed. In 2019, Luxembourg launched a new "Data-driven Innovation Strategy" in order to change the dominance of the financial sector, achieve economic sustainability, consolidate the position as EU's economic hub and the most trustable data hub. The strategy is based on the EU's data policy contexts and Luxembourg's present status of data-driven economy. The strategy is highly systematic and practical, which contains the goals for the next five years, three pillars, seven priority areas and specific implementation measures. If seen as a "city-state", Luxembourg's data transformation exploration can provide a series of useful references to the numerous small cities and new towns emerging under China's new urbanization strategy. These cities should grasp the historical opportunity of the digital revolution to redefine the strategic objectives and find their own individualistic development path.

Keywords: Data-driven Strategy; Digital Economy; Luxembourg

Ⅳ Urban Society

Abstract: As a world-famous international metropolis, New York is facing a severe housing crisis. In order to solve the housing problem, New York has successively launched housing plans 1.0 and 2.0, which aims to protect and build affordable housing. Since the launch of housing plan 1.0 in 2014, New York has made progress in providing legal aid, protecting the needs of special groups, ensuring the steady growth of housing supply and using new financing tools. Nearly six years after the implementation of housing plan 1.0, New York City launched the implementation of housing plan 2.0 again, and put forward new policies and measures to creatively solve the housing problems in New York City, including ensuring the housing needs of the elderly, helping low-income and middle-income people become part of the community, providing community-based anti-migration strategies Promote the innovation of housing types and construction methods and activate underutilized land. The practices and experiences of New York are worthy of reference and reference for domestic cities.

Keywords: New York; Housing; Affordable Housing; Housing Plans 1.0

Abstract: With the continuous development of modern cities, the connotation of urban livability is constantly expanding, and new concepts such as innovation, inclusiveness and fairness are increasingly becoming the new orientation of building livable communities in American cities. Based on the analysis of the new trend of the construction of livable cities in the United States, combined with specific urban practice cases, this paper summarizes some new practices and new practices in the construction of livable urban communities in the United States. This can provide reference and inspiration for the construction of livable cities and livable communities in China.

Keywords: Livable City; Innovative; Inclusive; Fair; Livable Communities

Abstract: Effective social assistance systems should provide appropriate support for those in need and help them return to normal life. Based on *Mending the Safety Net: Social Assistance Reform in Alberta.* This Commentary evaluates Alberta's social assistance programs-Income Support (IS) and Assured Income for the Severely Handicapped (AISH) -in light of international best practices for reforming social assistance, especially with a view to improving labor-market attachment and reducing any potential risks of fraud and error. Shifting the focus in disability support programs from the inability to work to the ability to work, removing supplemental benefits from social assistance programs, formulating the proactive employment policy are required to achieve these goals. The reform of urban social assistance in Alberta is of great reference significance to China.

Keywords: Alberta; Urban Social Assistance; Safety Net; Work Incentives

Abstract: With the rapid advancement of the concept of a digital medical city and the emergence of digital medical service platform, South Korea's U-healthcare Center, as a digital medical service platform covering six cities in South Korea, has adopted a series of fruitful development measures, which has contributed important practical experience to the development of digital medical city. The platform collects health data in real time through smart devices and feeds back the results, assists disease prediction and intervention services based on big data and artificial intelligence, and supports the generation of electronic medical records with cloud-based data storage. In view of this, in the process of China's medical digital city construction, it is necessary to learn from the development experience of this model, to promote healthy city construction measures step by step, actively promote the health management model, improve the health management data system, in order to further improve the development level of urban digital medical care.

Keywords: South Korea; Smart Service Platform; Digital Medical City

Ⅴ Urban Culture

Abstract: Based on "Cities Culture Creativity: Leveraging culture and creativity for sustainable urban development and inclusive growth", published by the UNESCO and the World Bank on May 21, 2021, this paper explores the impact of cultural creativity on sustainable urban development. The report not only points out that cities are the center of the cultural and creative economy, but also that cultural and creative ideas can promote urban spatial regeneration, enhance economic development, improve social cohesion and promote sustainable urban development. The report also analyzed the cost of living and working, facilities and services, and diversity as important factors affecting the development of cultural and creative industries. Based on the analysis of the report, the author puts forward some suggestions on how to tap the cultural and creative economic potential of

Chinese cities and promote the sustainable development of cities.

Keywords: Cultural Creativity; Urban Space Regeneration; Sustainable Development; Social Cohesion

B.14 Kyoto Upgrades Creative Space to Enhance the City's Soft Power *Liu Yubo* / 230

Abstract: The World Bank Tokyo Development Learning Center released the report "A creative city Kyoto: leveraging creativity for city competitiveness and inclusive urban transformation" in June 2021. This report introduces the practices of upgrading creative space to support the development of creative industries in Kyoto, and the main content of related supporting policies. It can be found that, in order to support the development of creative industries, the Kyoto government puts special emphasis on creating creative spaces with three roles: catalyzer, amplifier, and contributor. What's more, the government continues to enrich the creative content in the three types of creative spaces, and strategically intervenes in the development of major cultural and creative projects. At the same time, the government has introduced a series of supporting policies including financial incentives to support the development of Head enterprises. On the basis of combing the development practice of creative space and creative industries in Kyoto, it made suggestions for the development of creative space and creative industries to enhance urban soft power in Chinese cites.

Keywords: Creative Space; Creative Industry; City Soft Power; Kyoto

B.15 London Plan to Promote Urban Recovery with Cultural and Creative Industries *Li Yajuan* / 241

Abstract: COVID -19 has brought serious challenges and challenges to the city development worldwide. London, as an international metropolis, has been more affected. In order to promote urban recovery, London's municipal authorities, enterprises, experts and scholars have jointly established Culture & Commerce Taskforce chaired by the mayor of London to investigate how to promote urban recovery with cultural and creative industries. After months of investigation, statistics and round table meetings, Culture & Commerce Taskforce formulated five priority development plans have been formulated: maintaining the sustainable development and stable investment of cultural and creative industries, ensuring the safety of urban space, strengthening professional skills and training professionals, accelerating the digital transformation of cultural and creative industries, and strengthening the international links of cultural and creative industries. In the future, the development of cultural and creative industries in large cities in China should also deeply understand the important position of cultural and creative industries in the new development pattern of cities in China; Accelerate the integration of culture and industry, and innovate the development model of cultural and creative industries; Build a multidimensional and effective data platform; Build flagship cultural and creative activities and actively participate in international exchanges.

Keywords: London; Cultural Creative; Commercial; Urban Recovery

Abstract: Minneapolis, the United States released the 38th Street Thrive Cultural District Plan, centered on the equitable development of the community, through cultural revival, economic revival, and basic protection for the low-income groups in the community, so as to promote the district cultural renewal and the inclusiveness of the city, and achieve the co-construction, sharing and equitable development of community residents including low-income residents and immigrant people of color and other minorities. The plan puts forward five implementation strategies and various specific measures. Multi-angle planning is carried out around the construction and integration of cultural attributes and community attributes of the cultural district, which realizes the renewal and expansion of the cultural diversity of the street and the inclusiveness of the city, getting rid of the one-sided view that only focuses on the protection and transformation of cultural signs in the construction of traditional historical and cultural blocks. This kind of forward-looking thinking on the protection and development of cultural districts has a strong enlightening effect on the strategic development plan and construction of urban historical and cultural districts in our country.

Keywords: Cultural District; Urban Inclusiveness; Minneapolis

Ⅵ Urban Ecology

B.17 World Economic Forum's "Net Zero Carbon City" Initiative Promotion on Urban Decarbonization System

Tao Xidong, Zhao Tingting / 263

Abstract: Since urban decarbonization and sustainable development have been endowed with more profound connotations and missions under global carbon neutrality, Schneider Electric and Enel has released the plan of "Net Zero Carbon City: Integrated Approach" on WEF in 2020, proposing to gradually realize the goal by "energy saving and efficiency enhancement of the whole system". It offers the potential to accelerate the decarbonization and resilience of cities worldwide, including super-efficient buildings, smart energy infrastructure, clean electrification, compact cities and circular economy approaches to water, waste and materials. This paper will analyze the core implications of the report and explore the implications for China to achieve "carbon neutrality" by 2060.

Keywords: Carbon Neutrality; Net Zero Carbon City; Urban Decarbonization

Abstract: In the year of 2019, The Tokyo Metropolitan Government released The Report "Zero Emission Tokyo Strategy", aiming to achieve net zero carbon dioxide emissions by 2050. The base year of this strategy is 2000. The implementation path is divided into three stages: establishing the zero emission strategy (strategy proposal year); A 10 - year period to advance and accelerate action (until 2030); Net zero emissions (2050). The strategy sets out specific strategies for zero emissions in six areas, including energy, buildings, transportation, resources and industries, climate and cooperation, as well as specific actions to support policies and meet the 2030 goals. This strategy can be used as a reference for the strategic deployment of carbon peak and carbon neutrality actively promoted by Chinese cities.

Keywords: Tokyo; CO_2; Zero Emission

Abstract: In recent years, cities all over the world have realized that architecture is a dynamic participant in climate activities. Through ARUP's analysis of the cost and benefit of efficiency upgrades in large commercial office buildings and multifamily residential buildings in Los Angeles, the report compared the electrification options and energy-saving measures of typical buildings built in different vintage to explain the feasibility of the zero-carbon building target, and pointed out the more profitable energy conservation and emission reduction plan. Finally, under the background of China's "Carbon Peak, Carbon Neutrality" goal, the recommendations about the climate action of urban buildings were put forward based on the study of decarbonization action in the Green New Deal of Los Angeles.

Keywords: Los Angeles; Green New Deal; Zero-Carbon Building; Electrification; Carbon Neutral

B.20 Barcelona 30-year Green Development Plan: Focusing on Green Infrastructure and Biodiversity *Xin Xiaorui* / 298

Abstract: In order to preserve and enhance the existing natural heritage present, and further enable every citizen to benefit from it, Barcelona has drawn up a 30-year green development plan focusing on green infrastructure and biodiversity. The plan shows the reasons, connotation and values of building green infrastructure and maintaining biodiversity, analyzes the current progress of Barcelona in this regard, and points out Barcelona's goals, strategic lines and actions. This plan is a reference for China's metropolis to improve the breadth and depth of green development.

Keywords: Barcelona; Green Infrastructure; Biodiversity

Ⅶ Urban Governance

B.21 The UN Explore the Way to Promote Equitable, Green and Healthy Urban Development in the Post-pandemic Period

Yu Quanming / 309

Abstract: Based on "Cities and Pandemics: Towards a More Just, Green and Healthy Future", published by United Nations Human Settlements Program in May 2021, this paper discusses the impact of urban crisis on urban future development. The report points out that there are systematic poverty and inequality in cities in response to the crisis, which leads to the new normal of urban future economic development. The report also points out that the crisis provides an opportunity for the reconstruction of urban structure and function, and can promote the reconstruction of urban governance and improve the mechanism and effect of urban governance in the future. Based on the analysis of the report, the paper puts forward some suggestions for the just, green and healthy development of Chinese cities in the future.

Keywords: Urban Crisis; Urban Structure; Urban Function; Urban Governance

Abstract: Hong Kong's smart city construction has achieved outstanding results in many global city assessments and accumulated rich experience. Based on Hong Kong Smart City Blueprint 2.0, this paper systematically addresses the vision, objectives, strategic framework and specific measures of Hong Kong's plan to promote the construction and upgrading of smart cities, and on this basis, puts forward beneficial enlightenment for the construction and development of smart cities in mainland China.

Keywords: Hong Kong; Smart City; Urban Governance

Abstract: In June 2021, the State Council issued the Opinions on Accelerating the Development of Guaranteed Rental Housing, which put forward the need for a housing guarantee system at the national level for the first time. Its main target is the low and middle-income groups in the city, which also tend to occupy the key positions of urban production and are the attacking force of urban construction. This paper draws on some of the experiences and practices of the United States, Britain and Australia in guaranteeing housing for key workers, and combines them with the actual situation in China to put forward the idea of solving the housing problem of key workers by increasing supply, adjusting structure, increasing subsidies and conducting more research.

Keywords: Keyworkers; Low and Middle-income Groups; Housing

Ⅷ Urban Space Development

Abstract: By analysing the pipeline of urban space planning, development, and management in the city of Toronto in the past five years, this report summarizes the planning ideas, paths, and management modes of the Toronto pipeline development. We elaborate how the Toronto Official Plan guides urban development expanding to specific target areas, how the Secondary Plan makes detail planning for the urban development and investment, and how the Provincial Growth Plan manages the prediction of the urban population, employment, and housing. Finally, we highlight the emphases and difficulties in Toronto city planning and provide suggestions for improving the city planning system of Chinese large cities.

Keywords: Urban Space Planning; Urban Development Pipeline; Dynamic Management; Toronto

Abstract: Since 2005, Melbourne has issued two editions of Inner Melbourne

Action Plan (IMAP). Under this framework, several three-year and annual plans have been implemented on a rolling basis. Its uniqueness lies in the establishment of a governance partnership between multiple administrative districts in the city center, formulating and implementing a common action plan to maintain and improve the vitality and livability of the inner Melbourne region. Based on the "Melbourne Inner City Action Plan (2016 – 2026)" revised in 2019, this article focuses on the establishment of governance partnerships, the implementation of planning requirements, the integration of existing planning frameworks, and the formation of a target strategy system. Then, combined with the problems of blocked liquidity caused by COVID – 19, this article proposes four inspirations for the development of the central areas of Chinese megacities. Including the establishment of a special work promotion mechanism for urban central areas, promoting core functions and industrial transformation and upgrading, identifying and responding to the differentiated demands of multiple social groups, and promoting the improvement of public space and the regeneration of idle space.

Keywords: Melbourne; Action Plan; City Center

Abstract: Vancouver ranked among the top five happiest cities globally in 2021 by the "Places for People" Downtown Public Space Strategy. Based on the Downtown Public Space Strategy, this report describes the relationship between the public space strategy and Vancouver urban development, the visions and values of the plan, the development directions, and the design patterns. Moreover, this report gives suggestions on how Chinese cities can achieve the goal of quality life sharing by optimizing the public space pattern and improving the public life experience.

Keywords: Public Space; Public Life; Downtown Planning; Vancouver

皮书

智库成果出版与传播平台

❖ 皮书定义 ❖

皮书是对中国与世界发展状况和热点问题进行年度监测，以专业的角度、专家的视野和实证研究方法，针对某一领域或区域现状与发展态势展开分析和预测，具备前沿性、原创性、实证性、连续性、时效性等特点的公开出版物，由一系列权威研究报告组成。

❖ 皮书作者 ❖

皮书系列报告作者以国内外一流研究机构、知名高校等重点智库的研究人员为主，多为相关领域一流专家学者，他们的观点代表了当下学界对中国与世界的现实和未来最高水平的解读与分析。截至 2021 年底，皮书研创机构逾千家，报告作者累计超过 10 万人。

❖ 皮书荣誉 ❖

皮书作为中国社会科学院基础理论研究与应用对策研究融合发展的代表性成果，不仅是哲学社会科学工作者服务中国特色社会主义现代化建设的重要成果，更是助力中国特色新型智库建设、构建中国特色哲学社会科学“三大体系”的重要平台。皮书系列先后被列入“十二五”“十三五”“十四五”国家重点出版规划项目；2013~2022 年，重点皮书列入中国社会科学院国家哲学社会科学创新工程项目。

权威报告·连续出版·独家资源

皮书数据库

ANNUAL REPORT(YEARBOOK) DATABASE

分析解读当下中国发展变迁的高端智库平台

所获荣誉

- 2020年，入选全国新闻出版深度融合发展创新案例
- 2019年，入选国家新闻出版署数字出版精品遴选推荐计划
- 2016年，入选“十三五”国家重点电子出版物出版规划骨干工程
- 2013年，荣获“中国出版政府奖·网络出版物奖”提名奖
- 连续多年荣获中国数字出版博览会“数字出版·优秀品牌”奖

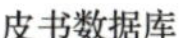

皮书数据库

“社科数托邦”
微信公众号

成为会员

登录网址www.pishu.com.cn访问皮书数据库网站或下载皮书数据库APP，通过手机号码验证或邮箱验证即可成为皮书数据库会员。

会员福利

- 已注册用户购书后可免费获赠100元皮书数据库充值卡。刮开充值卡涂层获取充值密码，登录并进入“会员中心”—“在线充值”—“充值卡充值”，充值成功即可购买和查看数据库内容。
- 会员福利最终解释权归社会科学文献出版社所有。

数据库服务热线：400-008-6695
数据库服务QQ：2475522410
数据库服务邮箱：database@ssap.cn
图书销售热线：010-59367070/7028
图书服务QQ：1265056568
图书服务邮箱：duzhe@ssap.cn

社会科学文献出版社 SOCIAL SCIENCES ACADEMIC PRESS (CHINA) 皮书系列
卡号：573546562493
密码：

中国社会发展数据库（下设 12 个专题子库）

紧扣人口、政治、外交、法律、教育、医疗卫生、资源环境等 12 个社会发展领域的前沿和热点，全面整合专业著作、智库报告、学术资讯、调研数据等类型资源，帮助用户追踪中国社会发展动态、研究社会发展战略与政策、了解社会热点问题、分析社会发展趋势。

中国经济发展数据库（下设 12 专题子库）

内容涵盖宏观经济、产业经济、工业经济、农业经济、财政金融、房地产经济、城市经济、商业贸易等12个重点经济领域，为把握经济运行态势、洞察经济发展规律、研判经济发展趋势、进行经济调控决策提供参考和依据。

中国行业发展数据库（下设 17 个专题子库）

以中国国民经济行业分类为依据，覆盖金融业、旅游业、交通运输业、能源矿产业、制造业等 100 多个行业，跟踪分析国民经济相关行业市场运行状况和政策导向，汇集行业发展前沿资讯，为投资、从业及各种经济决策提供理论支撑和实践指导。

中国区域发展数据库（下设 4 个专题子库）

对中国特定区域内的经济、社会、文化等领域现状与发展情况进行深度分析和预测，涉及省级行政区、城市群、城市、农村等不同维度，研究层级至县及县以下行政区，为学者研究地方经济社会宏观态势、经验模式、发展案例提供支撑，为地方政府决策提供参考。

中国文化传媒数据库（下设 18 个专题子库）

内容覆盖文化产业、新闻传播、电影娱乐、文学艺术、群众文化、图书情报等 18 个重点研究领域，聚焦文化传媒领域发展前沿、热点话题、行业实践，服务用户的教学科研、文化投资、企业规划等需要。

世界经济与国际关系数据库（下设 6 个专题子库）

整合世界经济、国际政治、世界文化与科技、全球性问题、国际组织与国际法、区域研究 6 大领域研究成果，对世界经济形势、国际形势进行连续性深度分析，对年度热点问题进行专题解读，为研判全球发展趋势提供事实和数据支持。

法律声明